國家社科基金後期資助項目《王陽明瀕危軍事著作校注》(18FJS009)最終成果

王陽明軍事著作校注

The Collation and Annotation of Wang Yangming's Military Works

上 册

〔明〕王守仁 編撰
蘇成愛 校注

圖書在版編目(CIP)數據

王陽明軍事著作校注/(明)王守仁編撰;蘇成愛校注. —北京:中華書局,2022.10
(國家社科基金後期資助項目)
ISBN 978-7-101-15915-8

Ⅰ.王… Ⅱ.①王…②蘇… Ⅲ.王守仁(1472~1528)-軍事-著作-研究 Ⅳ.E20

中國版本圖書館 CIP 數據核字(2022)第 184970 號

書　　名	王陽明軍事著作校注(全二册)
編　　撰	〔明〕王守仁
校　　注	蘇成愛
叢 書 名	國家社科基金後期資助項目
責任編輯	石　玉
責任印製	管　斌
出版發行	中華書局 (北京市豐臺區太平橋西里 38 號　100073) http://www.zhbc.com.cn E-mail:zhbc@zhbc.com.cn
印　　刷	三河市宏盛印務有限公司
版　　次	2022 年 10 月第 1 版 2022 年 10 月第 1 次印刷
規　　格	開本/710×1000 毫米　1/16 印張 50¾　插頁 4　字數 670 千字
國際書號	ISBN 978-7-101-15915-8
定　　價	198.00 元

◎兵者國之大事

◎經之以五事

◎校之以計而索其情

校之以計而索其情是兵家秘訣即下文所謂權也詭也

◎道者令民與上同意

新鐫武經七書卷之一

孫子

始計第一

孫子曰：兵者，國之大事，死生之地，存亡之道，不可不察也。故經之以五事，校之以計而索其情：一曰道，二曰天，三曰地，四曰將，五曰法。道者，令民與上同意，可與之死，可與之生，而不畏危也。天者，陰陽、寒暑、時制也。地者，遠近

孫子　卷一之一

遼寧省圖書館藏《王陽明評注武經七書》

（首卷卷端題名爲《新鐫武經七書》）書影

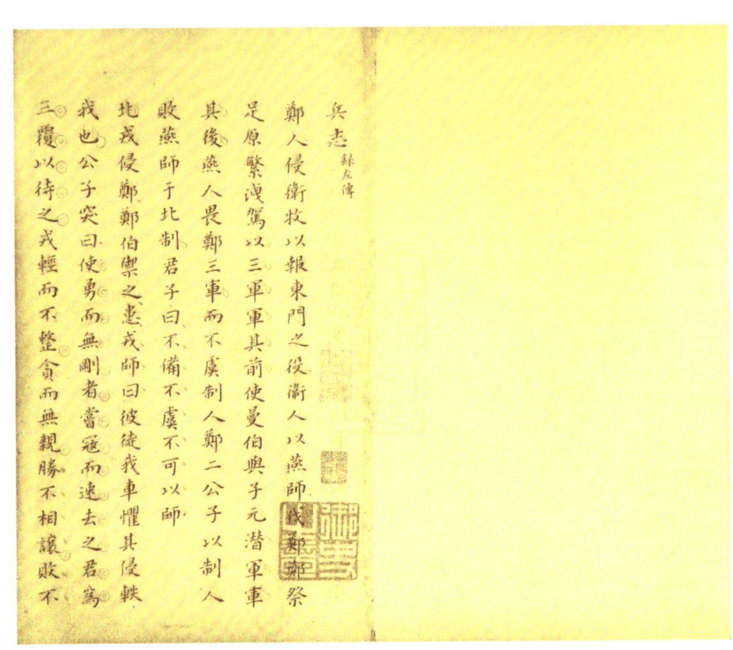

兵志 錄左傳

鄭人侵衛牧以報東門之役衛人以燕師伐鄭鄭祭足原繁洩駕以三軍軍其前使曼伯與子元潛軍軍其後燕人畏鄭三軍而不虞制人鄭二公子以制人敗燕師于北制君子曰不備不虞不可以師

北戎侵鄭鄭伯禦之患戎師曰彼徒我車懼其侵軼我也公子突曰使勇而無剛者嘗寇而速去之君為三覆以待之戎輕而不整貪而無親勝不相讓敗不

上海圖書館藏孤本《兵志》之首頁書影

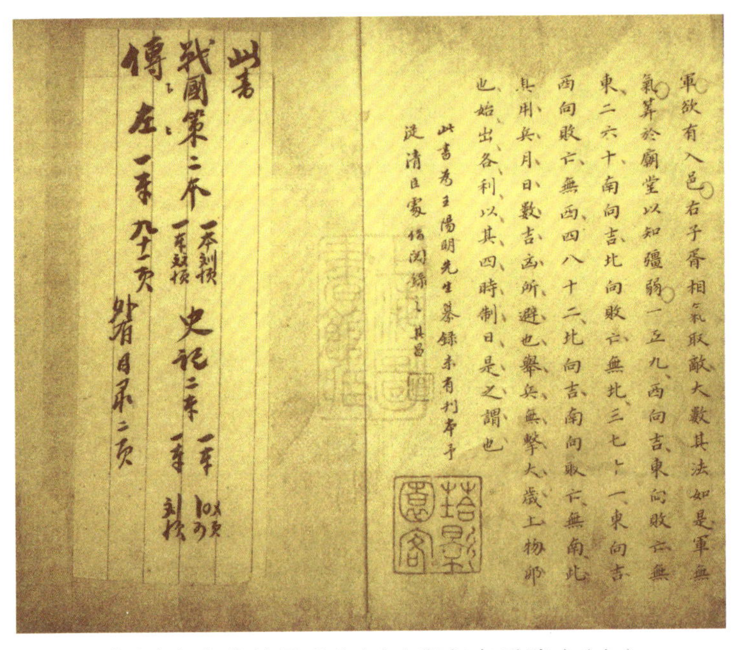

軍欲有入邑右子胥相氣取敵大數其法如是軍無氣算於廟堂以知彊弱一五九西向吉東向敗亡無東二六十南向吉北向敗亡無北三七十一東向吉西向敗亡無西四八十二北向吉南向敗亡無南此其用兵月日數吉凶所避也擊兵無擊大歲上物耶也始出各利以其四時制日是之謂也

此書為王陽明先生摹錄未有刊本予從清臣處借閱錄之 其昌

此書

戰國策二本

史記二本

傳左一本 九十二頁

外有目錄二頁

《兵志》中董其昌跋文（右）與無名氏跋文（左）

國家社科基金後期資助項目出版説明

後期資助項目是國家社科基金設立的一類重要項目，旨在鼓勵廣大社科研究者潛心治學，支持基礎研究多出優秀成果。它是經過嚴格評審，從接近完成的科研成果中遴選立項的。爲擴大後期資助項目的影響，更好地推動學術發展，促進成果轉化，全國哲學社會科學工作辦公室按照"統一設計、統一標識、統一版式、形成系列"的總體要求，組織出版國家社科基金後期資助項目成果。

全國哲學社會科學工作辦公室

目　録

上編：王陽明評注武經七書

下編：兵志

上編：王陽明評注武經七書

一介廢人何以能三不朽(代前言)

"'太上有立德,其次有立功,其次有立言。'雖久不廢,此之謂不朽。"(《左傳·襄公二十四年》)二千五百多年前,魯國的賢大夫叔孫豹提出了"三不朽"之説。關於人生的理想和追求,中國古代的聖哲們還有"内聖外王"之説。三不朽之中,"立德""立言"大致可歸於内聖,"立功"可歸於外王。自三不朽之説提出以來,實現"立德""立功""立言"三不朽的理想、達到内聖外王的境界就成了無數仁人志士的畢生追求。然而,歷史上真正實現"三不朽"人生目標、真正成爲"内聖外王"的人物寥寥無幾。王陽明是這爲數不多的人物之一。

一、王陽明其人

王陽明(1472~1529),名守仁,字伯安,號陽明山人,又號陽明子,世稱陽明先生。浙江餘姚人,明弘治十二年(1499)進士,官至南京兵部尚書,封新建伯,卒後三十八年,即隆慶元年(1567),追贈新建侯,謚"文成",萬曆十二年(1584)從祀於孔廟。王陽明與孔子、孟子、朱熹並稱爲"孔孟朱王",是儒家四大聖哲之一。

與孔、孟、朱不同的是，王陽明具有多方面的才能，在軍事、哲學、政治、文學、法學、教育和書法等方面都取得了突出的成就，尤以軍功著稱，《明史》本傳稱“終明之世，文臣用兵制勝，未有如守仁者”。他不僅是明代“第一流人物”，也是我國古代史上罕見的能够在“立德、立功、立言”三方面“皆居絶頂”的偉大人物①，梁啓超譽爲“百世之師”②。

王陽明一生曲折坎坷而富有傳奇色彩。陽明雖生於狀元之家，但幼年喪母，由祖母撫養成人。步入仕途不久，因仗義執言，觸怒了權閹劉瑾，正德元年（1506）受到了“廷杖四十”的處罰，被貶爲龍場驛驛丞。貶謫期滿後，王陽明得以不斷升遷，正德十一年九月升任都察院左僉都御史，巡撫南、贛、汀、漳等處。正德十二年至十三年，王陽明先後平定了贛閩粤湘四省的叛亂。正德十四年，王陽明又平定了寧王朱宸濠發動的叛亂。朱宸濠企圖成爲“第二個永樂皇帝”，爲了奪取帝位，蓄謀十多年，然而王陽明僅用三十五天就徹底平定了這場叛亂。平定寧藩之亂是王陽明最爲後人稱道的軍功，然而在當時，卻遭羣小誣陷，險遭不測。嘉靖六年（1527）至七年，又先後平定了思恩、田州以及八寨的叛亂。民國學者馮俠夫曾總結出王陽明的八大軍功：平漳州、平大庾、平横水與左溪、平桶岡、平大浰、平寧藩、平思田、平八寨③。儘管如此，在其卒後不久又遭宵小誣陷。不過，王陽明對自己生前身後的榮辱早就不那麼在意了，在其臨終之時，有人問他有何遺言，陽明答道：“此心光明，亦復何言！”

---

①（清）王士禛：《池北偶談》，北京：中華書局，1982年，第122頁。

②（清）梁啓超：《梁啓超全集》，北京：北京出版社，1999年，第4164頁。

③ 馮俠夫：《王陽明之事功及其學説》，《仁愛月刊》1卷9期，1936年1月。

另外,王陽明大半生都在多種疾病折磨中度過,長期與絶症作鬬爭,最終死於絶症。他在世時多次自稱“廢人”。正德三年(1508),時年三十七歲的王陽明在《答人問神仙》中自述,因自幼體弱多病,自己自八歲即好神仙之説,“今已餘三十年矣”,然而獲得的功效卻是“齒漸摇動,髪已有一二莖變化成白,目光僅盈尺,聲聞函丈之外,又常經月卧病不出”。此時的陽明在身體上已經是他後來所説的“廢人”。早在弘治五年(1492),二十一歲的王陽明就染上了“肺疾”。這種“肺疾”,今人根據王氏文集所描述的症狀,認爲是肺結核。弘治十五年,三十一歲的王陽明爲了治療肺疾,在四明山築陽明洞,開始行導引之術(練習氣功),“敝力於此”,直至次年方才結束修煉,前後長達一年多。正德元年(1506),三十五歲的王陽明因得罪權閹劉瑾,遭到廷杖四十的處罰,傷病交攻,幾乎喪命。四十五歲升任都察院左僉都御史,開始有機會接觸軍事。四十六歲到達目的地,先後平定漳州、横水、桶岡諸地叛亂。此後又屢立奇功。四十七歲時,平定大帽、浰頭諸地叛亂;四十八歲在江西平定寧王之亂;五十六歲平定思恩、田州叛亂,剿滅斷藤峽、八寨匪患。正德十三年(1518)三月四日,四十七歲的王陽明,剛剛平定南贛的叛亂,就上《乞休致疏》,云“但惟臣病月深日亟,百療罔效,潮熱咳嗽,瘡疽癰腫,手足麻痺,已成廢人”,而“去歲二月往征閩寇,五月旋師,六月至於九月俱有地方之警,十月攻横水,十一月破桶岡,十二月旋師,未幾,今年正月又復出剿浰賊。前後一歲有餘,往來二三千里之内,上下溪澗,出入險阻,皆扶病從事”。同年三月十五日,王陽明歸至贛州,並致書弟子論征剿之事,《與顧惟賢書(其三)》云:“數日前已還軍贛州,風毒大作,壅腫坐卧,恐自此遂成廢人。”同年六月十八日,王陽明《辭免陞廕乞以原職致仕疏》

云："臣驅逐之餘，疾病交作，手足麻痺，漸成廢人。"正德十四年正月十四日，王陽明上《乞放歸田里疏》："臣比年以來，百病交攻，近因驅馳賊壘，瘴毒侵陵，嘔吐潮熱，飢（肌）骨羸削，或時昏眩，偃几仆地，竟日不惺，手足麻痺，已成廢人。"是年，王陽明請求致仕，"疏三上而未遂欲"，便致書弟子，《答甘泉》云："僕年未半百而衰疾已如六七十翁，日夜思歸陽明，爲夕死之圖。"嘉靖六年（1527），王陽明向推薦他的權臣張璁謝絶總督兩廣及江西、湖廣軍務之職，在《與張羅峰》中云："腐劣多病，已成廢人，豈能堪此重任！"

然而，就是這麽一介"廢人"，卻是中國歷史上屈指可數的實現"三不朽"理想的人物。在學術方面，他是心學的集大成者，是心學大師，是繼朱熹以後最負盛名的儒家人物。在事功方面，他是爲明朝立下曠世軍功的巨擘，是一代"軍神""戰神"。

二、王陽明評注《武經七書》

一介廢人何以能成爲三不朽的人物和一代"軍神""戰神"？我們有必要先來瞭解王陽明的著作及其整理情況。

毛澤東詩《送縱宇一郎東行》稱贊陽明云："名世於今五百年，諸公碌碌皆餘子。"作爲五百年一遇的偉人，其著作自不乏整理與研究者。早在陽明在世時就有不少人刻意地去搜集他的各種著作及佚文墨寶。

時至今日，王陽明重要的哲學著作已經得到了較爲全面的整理，而王陽明重要的軍事著作整理僅僅完成了其中的一部分。本書上編所收《王陽明評注武經七書》就是王陽明至爲重要的軍事著作。

《王陽明評注武經七書》中的批語與評語,或提要鉤玄,直揭要義,或借助經文,顯其洞見,可謂“武經之管鑰,心學之喉衿”,對於研究《武經七書》與陽明兵學都不無裨益。

北宋元豐三年(1080),國子司業朱服等受神宗之命,從三百四十多種兵書中精選出了《孫子兵法》《吴子》《司馬法》《黄石公三略》《尉繚子》《六韜》《唐太宗李衛公問對》七種兵書作爲武學必讀的教科書,這就是著名的《武經七書》。《武經七書》是我國古代軍事論著的傑出代表,是我國古代軍事家經驗的總結和智慧的結晶,不僅對我國軍事理論與軍事實踐産生了巨大的影響,而且對非軍事領域的理論和實踐也産生了不小的影響。長期以來,《武經七書》在我國古代居於正統地位,宋明兩代常用作武學考試的命題範圍。

《武經七書》注家甚多,然僅注其一經者多,遍注七經者少。在僅注其一經的注家當中,以三國時代注解《孫子》的曹操最爲著名。曹操曾親歷戎行,有着豐富的實戰經驗,其注語簡潔明了,易爲讀者所接受,影響大,流傳廣。遍注七經的注家,大多無實戰經驗,注解煩瑣。王陽明對於七經的注評來源於豐富的實戰經驗,且要言不煩。王陽明評注的《武經七書》本當成爲流傳最廣、影響最大的注本,然而由於種種客觀原因,是書流傳甚稀,罕有人知。國内有數家圖書館和一家文物收藏單位有藏本,我們曾經多次向這幾家單位提出過閲讀的請求,但一直未能如願。多年後,我們注意到美國亞利桑那大學圖書館藏有明代茅震東考訂、閔昭明刻印的朱墨套印本,這一版本的影印本收入到南懷瑾主編《正統謀略學彙編初輯》,但當時多方努力仍未獲得,原出版社也無庫存,後得知美國亞歷桑那大學圖書館藏有這一影印版本,便將之複印,並以之作爲底本進行整理。另整理者本人藏有茅震東考訂本的墨印重刻本,雖是僅存《孫子》部分的殘本,完整程度和印刷質量均不及套印本,但有一則申用懋撰寫的序文爲該版本所獨有。

《王陽明評注武經七書》書名有多種:《新鐫武經七書》《新鐫標題武經七書》《陽明先生硃批武經七書》《新鐫硃批武經七書》《陽明先生批武經七書》《武經七書》等。古書往往一書多名,當代目録學著作及圖書館所編目録通常是依據正文卷端題名著録,現存兩種明版王陽明評注《武經七書》正文卷端所題書名皆爲《新鐫武經七書》,但這種書名無法體現出王陽明的評論與圈注。該書業已指出其"評注"者爲王陽明,故本書將該書的書名擬爲"王陽明評注武經七書"。

該書對陽明學研究、哲學研究、軍事學研究都具有重要的意義。

王陽明自幼有經略四方之志,至二十六歲,即弘治十年(1497),"凡兵家秘書,莫不精究"。論者或據此以爲《評注武經七書》即作於是年,是其青年之作。此説非是,《吴子·勵士》王陽明批語曰"身試之,頗有成效",由此可見,王陽明此時已親歷戎行。而王陽明直到四十五歲時,即正德十年(1515)九月,升任都察院左僉都御史,巡撫南、贛、汀、漳等處,次年才到達目的地,蕩平漳州叛亂。所以,《評注武經七書》是王陽明四十六歲以後才完成的,是其中年或晚年之作,其價值不容小覷。

陽明哲學是"心學",陽明軍事學也是"心學",二者有很多方面是相通的,縱觀陽明哲學方面與軍事學方面的文獻,我們認爲,陽明軍事學要義可以大致概括爲"修己心""攻敵心"。

"修己心"包括道德和認識兩個方面。

一是要修成不妄動的良知之心。

錢德洪《征宸濠反間遺事》載陽明之語云:"用兵何術?但學問純篤,養得此心不動,乃術爾。凡人智能相去不甚遠,勝負之決,不待卜諸臨陣,只在此心動與不動之間。"當然,這種不動心並非"不動謀慮",陽明云:"此心當對敵時且要制動,又誰與發謀出慮耶?"這種不動心是"不動真體"的"心不妄動",即讓良知之心不爲私欲所蔽:"若人真肯在良知上用功,時時精明,不蔽於欲,自能臨事不動。不動真體,自能應變無言。"有了這種良知之心便能無所畏懼,勇往直前:"此曾子之所謂守約,自反而縮,雖千萬人,吾往者也。"陽明此言出自《孟子·公孫丑》。"守約"意爲簡易可行。《易》云:"易則易知,簡則易行。"陽明文集中多處强調大道易知易行,至簡至易。只要是符合良知的事情,就不必考慮其他任何因素,勇敢地去踐行。"自反而縮"句意思是:經反躬自問,只要認爲是合乎良知,即使是遇到千萬人,我也會勇往直前。"心不妄動"説見於《評大學》:"心不妄動而能静,則其日用之間,從容閒暇而能安矣。能安,則凡一念之發,一事之感,其爲至善乎?其非至善乎?吾心之良知自有以詳審精察之,而能慮矣。能慮則擇之無不精,處之無不當,而至善於是乎可得矣。"與之相通相近的説法還見於陽明的軍事專著《評注武經七書》。陽明在《孫子·軍爭》"以治待亂,以静待譁"旁批"治心"二字;在《孫子·地形》篇中,陽明評語又進一步申説:"今之用兵者,只爲求名避罪一箇念頭先横胸臆,所以地形在目而不知趨避,敵情我獻而不爲覺察。若果'進不求名,退不避罪',單留一片報國丹心,將苟利國家,生死以之,又何愁不能'計險阨遠近',而'料敵制勝'乎?"這種"苟利國家,生死以之"的報國丹心,正是陽明所謂的能讓人不爲私欲所動的良知之心,它可以使人"進不求名,退不避罪",不爲名利所動,一心禦敵。

這種不爲私欲所蔽的良知之心是非常崇高的,用《評大學》中的話來説,那是“以天地萬物爲一體”之仁,是“視天下猶一家,中國猶一人”之心。

正德十四年(1519)六月,疾病纏身的王陽明奉命前往福建勘察叛軍,途中聞知寧王朱宸濠發動以奪取皇位爲目標的叛亂。朱宸濠企圖成爲“永樂第二”。陽明如果從個人私利出發的話,有三種選擇:一是繼續前往福建,奉命行事,坐觀帝位爭奪戰的成敗,雖與成功無緣,亦與失敗無關,不會惹來任何非議。二是首鼠兩端,在最後的勝負即將見分曉之時而助其强者。三是在一開始即助其强者,即朱宸濠一方。朱宸濠當時借鑒了燕王朱棣奪取帝位的做法,早已大肆收買宫中太監、大臣,極有希望成爲“永樂第二”。據王畿《讀先師再報海日翁吉安起兵書序》記載:“宸濠逆謀已成,内外協應,虐焰之熾,熏灼上下,人皆謂其大事已定,無復敢攖其鋒者。”但陽明深知朱宸濠是比時任皇帝朱厚照還要邪惡的惡棍,奪得帝位以後必將致使天下大亂,生靈塗炭,因此他放下自己原先的任務,返回到吉安,倡義起兵,以消滅朱宸濠勢力。王陽明《擒獲宸濠捷音疏》云:“臣以孱弱多病之質,才不逮於凡庸,知每失之迂繆,當兹大變,輒敢冒非其任,以行旅百數之卒,起事於顛沛危疑之中,旬月之間,遂能克復堅城,俘擒元惡,以萬餘烏合之兵而破强寇十萬之衆。”陽明能够在極短的時間内,在極端不利的條件下,以極小的代價,以少勝多,以弱勝强。“才不逮於凡庸,知每失之迂繆”是自謙之言,其卓越的軍事才能是獲大勝立大功必備的條件。然而没有一片報國丹心,没有“以天地萬物爲一體”之仁,没有“視天下猶一家,中國猶一人”之心,一切都是不可能的。修成不妄動的良知之心,在陽明評注《武經七書》中有多處體現。如,《孫子·軍爭》王陽明給經文"治心"二字畫上着重號。再如《六韜·文師》"嘿嘿昧昧,其光必遠"旁也做了圈點,評語又云:"看'嘿嘿昧昧'一語,而《韜》之大義,已自了然。""嘿嘿昧昧"指不爲私欲所蔽的"不動心"的精神狀態,是陽明心目中的韜略要義。

二是要修成與"行"合一的良知之心。

陽明有名言曰:"知是行的主意,行是知的功夫;知是行之始,行是知之成。"(《傳習録》上)又云:"知之真切篤實處,即是行;行之明覺精察處,即是知。"(《傳習録》中)陽明所説的知與行的關係,論者多解釋爲道德觀念決定道德行爲。實際上,這些説法的外延很廣,包括所有類型的認識與實踐的關係。陽明反對知行脱節,偏廢其中任一方面,《答友人問》云:"若行而不能精察明覺,便是冥行,便是'學而不思則罔',所以必須説個知;知而不能真切篤實,便是妄想,便是'思而不學則殆',所以必須説個行;元來只是一個工夫。凡古人説知行,皆是就一個工夫上補偏救弊説,不似今人截然分作兩件事做。某今説知行合一,雖亦是就今時補偏救弊説,然知行體段亦本來如是。吾契但著實就身心上體履,當下便自知得。今卻只從言語文義上窺測,所以牽制支離,轉説轉糊塗,正是不能知行合一之弊耳。"若再結合陽明的軍事實踐和《評注武經七書》,我們就會發現,陽明所言知與行大致相當於今天人們説的思想與行動、認識與實踐,可見陽明哲學講究思想與行動、認識與實踐的統一,並不如很多論者所説的那樣:知專指道德意識和思想理念,行專指道德踐履;這種"專指"之説是建立在陽明對《大學》闡釋上的,殊不知陽明在解釋《大學》時只是就事論事,隨文釋義,即"因時立論""因事立論"。陽明軍事學也貫徹這種知行合一的原則。據錢德洪《征宸濠反間遺事》記載,有人曾問:"人能養得此心不動,即可與行師否？”陽明的回答是：“也須學過。此是對刀殺人事，豈意想可得？必須身習其事，斯節制漸明，智慧漸周，方可信行天下；未有不履其事而能造其理者。”可見陽明反對行師用兵僅憑“意想”的唯心主義做法，他認爲必須“身習此事”，只有“履其事”，才能“造其理”。這種思想在陽明《評注武經七書》中有較多的反映，特别體現在他對於《孫子·始計》“校之以計而索其情”一語的垂青上。《孫子》一書凡十三篇，但在其中六篇，陽明八次强調了此語的重要性。陽明於《孫子》首篇評語和注語中，即反對用兵“全以陰謀取勝”的説法，他認爲用兵的“神明妙用”以及“兵家秘密”全都在於“校之以計而索其情”上。所謂的“計”是主觀的，“情”是客觀的，陽明追求二者的統一。能够體現其唯物主義觀念的論述，在陽明對《武經七書》其他幾經的批語中也不少見，《六韜·兵徵》批語云：“‘望氣’之説，雖似鑿鑿，終屬英雄欺人。如所云强弱徵兆，‘精神先見’，則理寔有之。”可見陽明反對貌似鑿鑿的望氣之説，他認爲强弱的徵兆可以從客觀存在着的軍隊的精神狀況看出。

總之，作爲王陽明之術兩大要義之一的“養得此心不動”，内涵豐富。這裏的“心”首先具有倫理學意涵，是指道德之心。王陽明把道德之心看作人的一切行爲的動力之源和總開關。王陽明具有“苟利國家，生死以之”的報國丹心，一種讓人不爲私欲所動的良知之心，它可以使人“進不求名，退不避罪”，不爲名利等個人欲望所動，全心全意地爲國禦敵、爲民除害。這種不爲私欲所蔽的良知之心，是“視天下猶一家，中國猶一人”之心，是“以天地萬物爲一體”之仁，是崇高的精神境界。

其次，“養得此心不動”之“心”還具有心理學意涵，是認識之心、情感之心和意志之心。“不動之心”指的是猶如明鏡一樣能客觀地認識現實的心理狀態,愛國愛民、悲天憫人的情感以及不被各種干擾因素左右的堅强意志品質。王陽明常以明鏡喻心,並説到做到,在指揮作戰時,還能若無其事地給弟子們講學。《明史》稱王陽明"當危疑之際,神明愈定,智慮無遺,雖由天資高,其亦有得于中者",誠非虚語。當然,心如明鏡的心理狀態不是僅僅依靠道德修養就能實現的,還要靠在實踐中提高認識,不斷鍛煉。王陽明平時講學,要求弟子們既要"心上修"(内聖),更要"事上煉"(外王),即通過實幹提高本領。所以,王陽明説:"凡人智能相去不甚遠,勝負之決不待卜諸臨陣,只在此心動與不動之間。""凡人智能相去不甚遠"已經被現代心理研究成果證明是正確的,那麽,能不能常勝不殆,關鍵取決於是否具有"德義之勇"(仁、勇)。具有强烈的德義之勇,會自然而然地到書本上去全力搜尋並潛心研讀戰例,到實戰中去抓住一切機會潛心學習打仗,自然會具有更高的"智能",知行合一,無論何時何地都能讓"此心不動"。

陽明所説的"養得此心不動",實際上是要真心地做一個無我無私、悲天憫人的仁者,一個心如明鏡、臨危不亂的智者,更要真心地做一個爲了道義能够奮不顧身的勇者,從而"致良知"。做一位智者、仁者相對來説是容易的,但同時做一位踐行道義、知行合一的勇者,是十分困難的,非意志堅强者不能。不過,真的能够"養得此心不動",從而"致良知",這樣的人生境界才是真正快樂的。

"攻敵心"包括兩種情況。

其一是單純攻敵之心,"不戰而屈人之兵"。

《孫子·謀攻》有"不戰而屈人之兵"一語,王陽明在文旁畫下了着重符號,可見他對這一謀略的重視。他在實際行動中也注重實踐這一謀略。嘉靖年間廣西盧蘇、王受發動叛亂，提督都御史姚鏌集四省之數萬之兵征討，久而不果。嘉靖六年（1527），朝廷勒令姚鏌致仕，命令王陽明前往平定。陽明經查，得知叛亂的發生，乃當地官員長期處理不當以及少數民族内訌所致，於是便改剿爲撫，命令全部撤回從四個省份調集來的數萬人馬，僅留下數千因路途遥遠而解甲修養的湖南士卒。盧蘇、王受等受其感化，率領數百頭領前往王陽明處請罪，並願誓死報效。陽明接受了他們的投降，這樣"不折一矢，不戮一卒，而全活數萬生靈"。雖然陽明深知這種做法會受到好大喜功的嘉靖帝的責罰，但他不願看到一將成名萬骨枯的後果，故而敢於忤逆皇帝的本意，誠如他在評論《孫子・地形》所説的那樣："進不求名，退不避罪，單留一片報國丹心。"此外，陽明還在《地形》"進不求名，退不避罪，唯民是保，而利於主"旁畫下了圈點符號，此亦可見其報國丹心，以及由這種丹心驅使方能想出的不戰而勝的謀略。王陽明後又藉助了盧蘇、王受的部隊以及回歸湖廣等地的部隊，順便平定了自明代開國以來一直没有能够很好地平定的八寨、斷藤峽等地的武裝叛亂，又以不戰而勝之兵戰勝必戰而勝之兵。

今人介紹王陽明的軍功，鮮有人提及王陽明成功勸説安貴榮謹守臣職，協助平息叛亂之事。實際上在這一事件中，王陽明僅憑數頁書信就達到出兵平叛並消弭安貴榮不臣之心的目的，以極小的代價换取了豐厚的回報。正德三年（1508），王陽明因忤逆權閹劉瑾獲罪被貶至貴州龍場任驛丞。在任驛丞期間，遭到時任貴州巡撫王質及其爪牙的百般凌辱。彝族首領、土司安貴榮卻給這位前任兵部主事送來了貴重禮物並遣人伐薪汲水，有拉攏以爲己用之意。王陽明爲了不傷遠人之意，只是象徵性地收下了並不貴重的柴炭和米糧。安貴榮"多智謀，善用兵"[①],號稱"連地千里,擁衆四十八萬,深坑絶坉,飛鳥不能越,猿猱不能攀"[②],日趨驕蹇,"不受節制,即聽調從征,非重賞不赴,且眇(藐)視官軍,嘗睥睨貴州城"[③],早有不臣之心。適逢遇到苗民叛亂,當權者命令安貴榮討伐,安氏消極抵制命令,坐山觀虎鬭,以期相機謀取其地,甚至把已經發出的軍隊偷偷地撤回。王陽明寄去《與安宣慰書》,動之以情,曉之以理,成功地勸説安氏遵制履職,迅速平息叛亂,讓"貴榮之世,不敢跋扈"。史稱陽明"一書能抵十萬兵"。

其二是在戰爭中攻敵之心,即在必戰而勝之戰中攻心克敵。

王陽明在《綏柔流賊》一文中云:"用兵之法,伐謀爲先;處夷之道,攻心爲上。""伐謀"與"攻心"對舉,其義相近。"伐謀"一詞見於《孫子·謀攻》。《謀攻》云"上兵伐謀",在陽明看來,它的意思是説用兵的上策是挫敗敵人的謀略。何以挫敗敵謀?攻心以亂其謀是也。《孫子·用間》中,王陽明的第一個批語云:"不愛爵禄,捐金反間,是一要着。"不要小看這一個批語,它内涵豐富,意義非凡。"捐金反間"用的是楚漢戰爭中劉邦用陳平之計離間項羽君臣,使漢由弱變强的典故。劉邦給予陳平"黄金四萬斤",恣其所爲,不問出入,"陳平既多以金縱反間於楚",結果使項羽"不信"鍾離眛等骨鯁之臣,又"大疑"亞父,致使其黯然離去,病死歸途,反間計大獲成功,讓劉邦轉弱爲强(見《史記·陳丞相世家》)。陽明在平定南昌寧藩之亂的過程中,創造性地運用了這一做法,收到了神奇的效果。據黄綰《年譜》記載,王陽明戰前分析:"濠若出上策,直趨京師,出其不意,則宗社

① (清)黄宅中主修:《[道光]大定府志》卷四十七,第十七 a 頁,貴陽:貴州人民出版社,2017 年影印。
② (明)郭子章:《黔記》,貴陽:貴州人民出版社,2012 年,第 2324 頁。
③ (清)黄宅中主修:《[道光]大定府志》卷四十七,第十八 a、b 頁,貴陽:貴州人民出版社,2017 年影印。

危矣。若出中策,則趨南都,大江南北亦被其害。若出下策,但據江西省城,則勤王之事尚易爲也。"當時南北二京皆無防備,若是宸濠攻打任一京城,就會獲得稱帝的資本,所以勤王之師唯有將之滯留他地才有可能獲得準備應敵的時間。爲了暫時留住宸濠勢力,陽明借鑒了劉邦的做法,大行反間。不過,劉邦用的是"黄金四萬斤",而陽明用的是一張張虚假文書。據《征宸濠反間遺事》載,陽明命人僞造文書,並故意洩露僞造的文書以散佈假消息:各路兵馬八十餘萬即將形成對朱宸濠的合圍,朱宸濠主要謀士李士實、劉養正等,主要將領凌十一、閔廿四等,皆已準備"反戈立功報效",朱宸濠未經戰陣,頓生疑懼,猶豫觀望,不敢發兵攻打南京。同時,"宸濠由是愈疑劉、李,劉、李亦各自相疑懼,不肯出身任事,以故上下人心互生疑懼,兵勢日衰"。半個月過去後,朱宸濠不見各路大軍蹤影,方知中計,但爲時已晚,二京已經做好了防備。

《司馬法·定爵》王陽明批語云:"凡戰,因心之動。"其意蓋謂因敵心之動而攻其心。據錢德洪《征宸濠反間遺事》載,陽明與寧王決戰於鄱陽湖上,陽明命人急取免死木牌數十萬放於湖中,任其順流而下。死心塌地地爲寧王賣命的畢竟只是極少數,寧王士卒見到水浮木牌,"一時爭取,散去,不計其數"。激戰中,寧王尚未就擒,但寧王士卒見到一塊陽明事先備好的大木牌,上面寫着:"寧王已擒,我軍毋得縱殺!"寧王部隊"一時驚擾",遂不戰而大潰。次日,寧王就擒。

由以上論述可以看出,陽明兵學與其心學思想有着密切的聯繫。陽明心學是具有革命性的學説,注重"致良知",注重求之於人的内心,使得很多人敢於衝破支離繁瑣的程朱理學,進行獨立的思考,打破了長期以來官方提倡的程朱理學一統天下的局面。陽明心學對當時社會的各個領域都産生了很大的影響,對軍事學的影響尤爲巨大。明代抗倭英雄胡宗憲仰慕陽明其人,並在陽明批點評論過的《武經七書》上寫下了自己的評論,受其影響之深,自不待言。明代的另一位著名的抗倭英雄戚繼光"私淑陽明,大闡良知,胸中澄澈如冰壺秋月"[①]。戚繼光多次感歎"去外寇易,去心寇難",這與陽明所説的"破山中賊易,破心中賊難"如出一轍。戚繼光《練兵紀實·練將》總結了練將二十六條法則,首條就是"正心術",並將二十六條法則"約之以一言,曰'正心術'"。戚氏還要求將領們要"堅心忍性,苦心窒欲"。這些説法與王陽明的主張都是一致的。陽明後學不僅傳播王陽明的心學,也弘揚王陽明的兵學,其他軍事家也對王陽明兵學思想多有關注。陽明後學樊良樞輯録過一本名爲《陽明兵策》的書,書中附有明萬曆年間兵部尚書郭子章的批點評論。到了清代民國時期,陽明兵學對曾國藩、左宗棠、林則徐等産生了巨大影響。林則徐説的"苟利國家生死以,豈因禍福避趨之",就化用了王陽明的"苟利國家,生死以之"。

以上只是整理者的一點粗淺的認識,是否有一言得當,尚祈讀者諸君賜教。

---

① 戚祚國:《戚少保年譜耆編》,北京:中華書局,2003年,第2頁。

校注凡例

一 今所見《王陽明評注武經七書》共有三種版本:一是明天啓元年(1621)序、茅震東考訂朱墨套印本(簡稱茅本),二是明末申用懋序、據茅本重刻墨印本(簡稱申本),三是清刻本,今澳大利亞國家圖書館有藏。茅本内容完備,印刷精美。申本版式與茅本幾乎完全相同,爲單色印刷,比茅本少了部分批語,比茅本多了一篇申用懋撰寫的序文。澳大利亞國家圖書館藏本暫未目驗。美國亞利桑那大學圖書館藏茅本文字清晰,無任何殘缺,今以此爲底本,以申本爲通校本,以1935年上海商務印書館《續古逸叢書》影印静嘉堂藏宋本《武經七書》(簡稱宋武經本)、1987年上海古籍出版社影印文淵閣《四庫全書》本《武經七書》(簡稱四庫本)爲對校本。《孫子兵法》傳世版本較多,除以上述宋武經本、四庫本對校外,還參校了1961年中華書局影印宋本《十一家注孫子》(簡稱十一家注本),並積極吸收了楊丙安《十一家注孫子校理》及其所引各家校勘成果,稱其校勘所用各本為"各本",對各本的簡稱亦與之相同。對於《武經七書》中除《孫子》之外的其他諸書,校記中所言"各本"是指收入《中國兵書集成》《四庫全書》的相關典籍。本書中“羣書所引”是指《四庫全書》所收各書的引用情況。

另外,該書另有日本藏本,未及目驗,但部分王陽明評語見於《王陽明全集》(吴光、錢明、董平、姚延福編校,浙江古籍出版社 2010 年版)引佐藤一齋録文(稱佐藤氏藏本),以及永富青地《王守仁著作の文獻學的研究》一書的録文(稱永富青地引尊經閣本),今皆用於參校。

二 底本中的批語作爲單獨一欄放在經文之上,今悉移植於相應的經文之後。原書經文有各種批注符號,今皆移録,詳見該部分《凡例》。原書偶有標明“梅林曰”的胡宗憲批語,可以看作古人給王注作的注釋,今照録,但一般不加注釋。

三 本次整理以王陽明批語、評語以及文中標記爲主,故注釋以此爲主。對於王陽明所批所評的《武經七書》經文原文,以校勘爲主;王陽明加某種標記者,酌情加注。

四 陽明文集中有據《武經七書》立論者,或引申其義,或反用其謀,或加以闡發,“大都以我説書,不以書繩我;借書揣事,亦不就書泥書”(見下文《孫元化叙》),注釋中酌加引用,以備參考。《評注武經七書》原有文中注音,今皆移至注釋之中,並注明今音。

徐光啓序[①]

武書之不講也久矣，釋樽俎而談折衝[②]，不已迂乎？然天下有握邊筭、佐廟籌者[③]，其人則又如蟋蟀鳴堂除[④]，纔振響，已爲兒童子物色[⑤]，而卒不得一，何者？夏蟲難語堅冰，斥鷃奚知南冥也[〔一〕][⑥]。

明興二百五十餘年，定鼎有青田策勳[⑦]，中興稱陽明靖亂[⑧]。二公偉績，竹帛炳然。乃其揣摩夫"正合""奇勝""險依""阻截"諸書[⑨]，白日一氈，青宵一炬[⑩]，人固莫得而窺也。

嘉靖中，有梅林胡公筮仕姚邑[⑪]，而得《武經》一編，故陽明先生手批遺澤也。丹鉛尚新，語多妙悟，輒小加研尋。後胡公總制浙、直，會值倭警，遂出曩時所射覆者爲應變計，往往奇中，小醜遂戢。則先生之於胡公，殆髣髴黄石與子房[⑫]，而獨惜是書之未見也。時余被命練兵，有門人初陽孫子攜一編來謁[⑬]，且曰："此吴興鹿門茅先生參梅林公幕謀[⑭]，獲此帳中秘，貽諸後昆，兹固其家藏也。緣其世孫生生氏欲授剞劂[⑮]，屬請序於先生。"余視陽明先生之手澤宛然，而慚碌碌靡所樹奇分[〔二〕]，不當先生功。臣第竊喜"正合""奇勝""險依""阻截"諸書實用，固彰彰不誣也。然則今日果有握邊算、佐廟籌，如鹿門先生之於胡公者乎？余又請以新建餘烈[16]，拭目竢之，是書或可借籌遼者之一箸云。是爲序。

時天啓元年歲辛酉重陽前一日，賜進士第、中議大夫、贊治尹、詹事府協理府事少詹事、前兼河南道監察御史奉勅總理練軍事務、左春坊左贊善、國史檢討、直起居注、編纂章奏、翰林院庶吉士徐光啓撰〔三〕。

【校】

〔一〕斥鷃　原作"鷃斥"，申本同。《莊子・逍遥遊》有斥鷃笑鵬的典故，據改。"斥鷃"有作"尺鷃""斥鴳"者，未見有作"鷃斥"或"鷃斥"者。

〔二〕碌碌靡所樹奇分　樹奇分，疑爲"樹奇功"之誤。"樹奇功"乃古人習語。明人文集習見"碌碌"而無所"樹奇功"之説。行書、草書"分""功"寫法相近，多有互譌之例。碌碌靡所樹奇功，指平庸而没有樹立奇功。

〔三〕賜進士第中議大夫贊治尹詹事府協理府事少詹事前兼河南道監察御史奉勅總理練軍事務左春坊左贊善國史檢討直起居注編纂章奏翰林院庶吉士徐光啓撰　申本作"賜進士出身奉議大夫奉勅訓練新兵詹事府少詹事兼河南道監察御史徐光啓撰"。

【注】

① 原題作"陽明先生批武經序"，全文行書。徐光啓：1562～1633，明代南直隸松江府上海縣（今屬上海）人，字子先，號玄扈，天主教名保禄（Paul），謚文定，官至禮部尚書兼文淵閣大學士，政治家、軍事家、思想家、科學家。

② 樽俎：原指盛酒食的器皿。樽以盛酒，俎以盛肉。後引申爲宴席之義。這裏泛指文事。○折衝：使敵方戰車折返，克敵制勝。衝，衝車，戰車之一種。這裏泛指武事。

③ 邊筭：守邊的謀劃。筭，古代計數用的籌碼。○廟籌：廟堂的籌劃。廟，古代君主帝王供祀先祖的房舍，也是進行重大決策之處。籌，古代進行計數的籌碼。

④ 堂除：堂下臺階。《文選・潘岳〈懷舊賦〉》李善注引《説文》："除，殿堦也。"

⑤ 物色：搜捕。

⑥ 夏蟲難語堅冰：喻指人囿於見聞，知識短淺。○斥鷃奚知南冥：與“夏蟲”句義同。斥鷃是生活於小澤中的小雀。典出《莊子・逍遥遊》。

⑦ 青田策勳：指劉基的功勞。劉基（1311～1375），元末明初青田（今浙江文成縣）人，字伯温，謚文成，封誠意伯。精通兵法、經史百家以及天文地理，輔佐朱元璋開創帝業、平定天下，多次被朱元璋稱爲“吾之子房也”，名滿天下，後人比之於諸葛亮。

⑧ 陽明靖亂：馮俠夫嘗云陽明有八大武功：平漳州，平大庾，平横水、左溪，平桶岡，平大浰，平寧藩，平思田，平八寨，其中以平定宸濠之亂最爲著名。

⑨ “正合”“奇勝”“險依”“阻截”諸書：主要内容是講述“正合”“奇勝”“險依”“阻截”的兵書，泛指兵書，非確指，亦非實有其書。

⑩ 青宵：黑夜。青，黑。

⑪ 梅林胡公：胡宗憲（1512～1565），明南直隸徽州府績溪（今安徽績溪）人，抗倭名將。○筮仕：古人將出做官，卜問吉凶。《左傳・閔公元年》：“初，畢萬筮仕於晉，遇《屯》之《比》。”後指初出做官。胡宗憲嘉靖二十六年（1547）始任餘姚知縣，在此之前，曾於嘉靖十九年（1540）任山東益都知縣，故此處“筮仕”指爲官初期。

⑫ 黄石與子房：黄石公與張良。張良，字子房，是西漢開國功臣和謀略家，“漢初三傑”之一。《史記》記載張良未爲劉邦效力前嘗遇異人黄石公，黄石公授予張良《太公兵法》一書，並謂張良曰：“讀此書可以爲王者師。”

⑬ 初陽孫子：孫元化，徐光啓門生。詳見下篇注①

⑭ 鹿門茅先生：茅坤（1512～1601），明歸安（今浙江吴興）人，字順甫，號鹿門，政治家、文學家、藏書家。嘉靖十七年（1538）進士，嘉靖二十六年（1557）任胡宗憲幕僚。輯有《唐宋八大家文鈔》，“唐宋八大家”之名肇始於此。《明史》有傳。其世孫有茅震東。

⑮ 生生氏：茅震東，號生生，茅坤後世子孫。據氏著《小引》，茅坤係茅震東高祖。○剞劂：原指鏤刻的工具，後指雕版刻印。

⑯ 新建：指王陽明。陽明卒後三十八年，即隆慶元年（1567），明廷追贈新建侯，謚文成。

孫元化叙[①]

余非知武者，然能讀武書。少好奇服[②]，已而捐卻一切嗜好，獨於武事，猶時思簡練，以爲揣摩，不以後於舉子業也。頃者，將圖北上，辭友人於苕水[③]，偶從通家第生生氏案頭，見《武經》一編，不覺踴躍神動，輒展而閲之，則王文成公所手批而胡襄懋公參閲者也[④]。大都以我説書，不以書繩我；借書揣事，亦不就書泥書；提綱挈要，洞玄悉微，真可衙官孫、吴而奴隸司馬諸人者矣[⑤]。因思文成當年，討逆藩，平劇寇，功名蓋天地，智略冠三軍，不過出此編之緒餘而小試之耳。即厥後襄懋公誅徐海，擒汪直[⑥]，幾與文成爭烈者，亦安知不從此編得力哉！

余遂欲請而讀之，生生不許，曰："先大夫鹿門先生與襄懋公同榜[⑦]，相友善，入其帳中贊謀畫而得此，傳至今四世矣，相誡秘不示人。"予曰："否！否！方今遼事未息[⑧]，川禍又烈[⑨]，當局者恨不能起文成、襄懋兩公於九原而用之[⑩]，然兩公不可得，猶幸而兩公秘授在，則廣傳之，未必無讀其書即繼其人者，而文成不死於昔，襄懋再見於今也。"因請以付之剞劂。

龍飛天啓改元辛酉歲之冬日[⑪]，古膠孫元化撰並書。

【注】

① 原題作“叙”,全文草書。孫元化:1581~1632,明松江府嘉定縣(今上海嘉定區)人,字初陽,又字火東,天主教徒,聖名伊納爵(Ignacio),萬曆四十年(1612)舉人。自幼好奇略巧謀,喜讀兵書,萬曆二十七年(1599)始師從徐光啓學習火器與數學。天啓三年(1623),任兵部職方主事,贊畫袁崇焕守寧遠,購置並鑄造火炮以用於守城。天啓三年(1626)以火器擊退努爾哈赤所率十萬後金部隊,努爾哈赤受重傷,不久身亡,史稱“寧遠大捷”。後多次參戰,屢立奇功。終因首輔温體仁構陷被冤殺。

② 奇服:原指新異的服飾,後喻指高潔的志行和特異的才能。《楚辭·九章·涉江》“余幼好此奇服兮,年既老而不衰”,王夫之通釋:“奇,珍異也。奇服,喻其志行之美,即所謂修能也。”光緒《嘉定縣志·人物》稱孫元化自幼“天資異敏,好奇略”。

③ 苕水:水名,在今浙江省境内。

④ 王文成公:王陽明。〇胡襄懋公:胡宗憲。

⑤ 孫:孫武,春秋時軍事家。〇吴:吴起,戰國時軍事家。〇司馬:司馬穰苴,春秋時齊國軍事家。

⑥ 徐海:?~1556,明代徽州歙縣(今屬安徽)人。少時嘗爲僧,法號普淨,又稱“名山和尚”或“明山和尚”;後勾結倭寇,成爲首領;嘉靖年間佔據烈港,自稱“天差平海大將軍”。〇汪直:?~1559,明代徽州歙縣(今屬安徽)人,或作“王直”,號五峰,倭寇首領。

⑦ 先大夫鹿門先生與襄懋公同榜:茅坤與胡宗憲同爲嘉靖十七年(1538)進士。

⑧ 遼事未息:天啓元年(1621)三月,後金接連攻克瀋陽、遼陽。

⑨ 川禍又烈:當後金崛起於遼之時,明軍屢敗,明廷調征永寧宣撫使奢崇明(?~1629)率所部兵馬救援。天啓元年九月,崇明乘機殺死巡撫徐可求等二十餘人,發動叛亂,佔領重慶,攻打合江、瀘州、遵義,叛明自立,建國號“大梁”,割據西南,舉國震動。

⑩ 九原:原指春秋時期晉國卿大夫墓地,後泛指墓地。

⑪ 龍飛:《易·乾》“飛龍在天,利見大人”,孔穎達疏:“若聖人有龍德,飛騰而居天位。”後遂以“龍飛”指帝王的興起或即位。

胡宗憲序①

余諸生時,輒豔慕陽明先生理學勛名,前無古,後無今,恨不得生先生之鄉,遊先生之門,執鞭弭以相從也②。通籍來③,幸承乏姚邑。姚邑,故先生桑梓地。因得瞻先生之遺像,與其門下士及子若侄輩遊,而夙念少償,可知也。一日,購求先生遺書,先生猶子二千石龍川公出《武經》一編相示④,以爲此先生手澤存焉。啓而眎之⑤,丹鉛若新。在先生,不過一時涉獵,以爲游藝之資⑥;在我輩,得之,則片言隻字亦可以想見先生矣。退食⑦,丙夜讀之⑧,覺先生之教我者不啻面命而耳提也。敬爲什襲⑨,以識不忘。

時嘉靖二十有二年歲在癸卯暮春之初,新安梅林山人胡宗憲漫識於舜江公署。

【注】

① 原無標題,整理者擬加。全文楷書。

② 鞭弭:原指馬鞭和弓。《左傳·僖公二十三年》"若不獲命,其左執鞭弭,右屬櫜鞬,以與君周旋",杜預注:"弭,弓末無緣者。"後代指戎馬生活。

③ 通籍:意謂朝中已有了名籍,指初作官。

④ 猶子:侄子。《禮記·檀弓上》"喪服,兄弟之子,猶子也,蓋引而進之

也”,本指喪服而言,謂爲己之子期,兄弟之子亦爲期。後因稱兄弟之子爲猶子。○二千石:漢制,郡守俸禄爲二千石,即月俸百二十斛,世因稱郡守爲“二千石”。明清知府與漢代郡守相當,亦稱“二千石”。○龍川公:指王守仁的侄子王正思,嘉靖元年(1522)舉人,嘉靖八年(1529)進士,嘗任建寧(今屬福建)知府,故有“郡守”之稱。光緒《餘姚縣志·金石志下·復勝歸山形勝碑》記:“邑人郡守龍川王子正思,以近北山宕六畝,具書契以歸。”又同碑碑陰記王正思自署職銜云:“賜進士出身中順大夫知建寧府事邑人龍川王正思。”王正思係王袞次子王守信的長子,王正憲係王守信第五子,後守憲過繼給王陽明。茅震東《小引》云:“携一《武經評》歸,又梅林公所得於陽明先生之門者也。”蓋是書流傳歷程爲:由王陽明傳給王正憲,王正憲傳給其親兄王正思,王正思贈予胡宗憲。

⑤ 眎:同“視”。

⑥ 游藝:謂游憩於六藝之中,後泛指學術或技藝的修養。《論語·述而》“志於道,據於德,依於仁,游於藝”,何晏集解:“藝,六藝也,不足據依,故曰游。”邢昺疏:“六藝謂禮、樂、射、馭、書、數也。”

⑦ 退食:退朝就食於家或公餘休息。《北史·高允傳》:“〔司馬消難〕因退食暇,尋季式,酣歌留宿。”

⑧ 丙夜:三更時候,爲晚上十一時至翌日淩晨一時。

⑨ 什襲:重重包裹,謂鄭重珍藏。什,十。

申用懋叙[①]

明興,設制科取士,士舉功令,惟是帖括爲兢兢[②],左枝右梧[③],好誦瀍孔子不暇,遑暇及《武經》者!乃綜覽之家,載籍極博,猶沾沾驚此,若嘉與赳赳之輩同類而講求之[④]。此何説與?蓋通傳習之,可以資異日之作用[⑤]。韎韐[⑥],藉之亦可掇其糟粕以獵顯庸[⑦],故《武經》足貴也,誠謂其適於用也。此猶人人不可不知《春秋》意也。然亦有習有弗習者,又何説與?則曲士不可語於道也,局於器也,猶之乎夏蟲不可語於冰也。

今寓内眷眷多事[⑧],其需《武經》也甚矣!人之言曰:"家有敝帚,享之千金。"惟此《武經》,固曲士之所棄,而通儒之所必需者也。抑聞之老氏曰,"天下無事,卻走馬以糞",洎乎有事,"戎馬生於郊"。睠兹戎馬紛紛□萬方多難,則斯編也,尤當宁之所急需[⑨],而非祇以供世人之游藝、筆陣之空談者矣。獨念比來英君在宥[⑩],且後先疏附[⑪],並皆名世耆臣。政宜海晏河清,垂衣裳而致治,豈所至見告羽檄交馳,玄黄之戰,靡有寧宇?三韓不戢而黔蜀繼之,鄒魯又繼之。所賴天子赫斯,羣公嵩目一怒而鄒魯定,再怒而黔蜀平。仗此皇威稍以謝元元之痛。究竟奴酋未殄,尚厪拊髀枚卜廷臣,[⑫]計必得曉暢軍事如孫、吴諸人者,併統朕師⑬,用張撻伐,庶足稱任,而今稔輔道將其選也。按其書而從之,遼左其有瘳乎⑭。想玄菟樂浪之墟,不日復見漢官威儀矣,績孰偉兮!

憶余嘗承乏奉本兵,留心當世之務,縱觀往代成敗得失之林,每至此編,首若加肯,沉酣其中,寢食幾廢。一日出遊塞上臨眺、居庸等關,立馬踟蹰,悉笥諸腹,歸,著有《職方考》,大司馬李霖寰公聞而索之⑮,且閱且賞,亟欲以之行世,而歎昌病革,遂不果録。此《考》具在,似亦《武經》之羽翼,籌邊之彀音也。此書故有舊本,厥氏張子因念時事孔棘,欲重梓一過,以廣其傳。來屬余叙,余嘉其意,而慶諸君子之得此功臣也。覼然叙焉⑯,倘嗣此而有抱請纓之思者乎?便須時挾此編,置之座右,迨揣摩既就,出而試之,恐宋人不龜手之藥不神於此矣⑰。"蔽帚"云乎哉?

賜進士第、中憲大夫、太僕寺少卿、奉敕提督京邊東西二路馬政、前兵部武選職方車駕武庫四司郎中員外主事吴郡申用懋譔。

薊門山人雲間後學金燮公理父書。

【注】

① 原題作"刻武經七書叙",全文行草相雜。文中所提李霖寰病革之事,在萬曆三十九年(1611),文末署職銜"太僕寺少卿",據《明熹宗實録》,申用懋在天啓元年(1621)十一月癸卯開始改任其他寺少卿,故此文作於1611至1621年之間。申用懋:1560~1638,字敬中,號元渚,長洲(今江蘇蘇州)人,萬曆十一年進士,首輔申時行長子,曾任兵部職方郎中、兵部侍郎、兵部尚書等。徐光啓、孫元化、胡宗憲所作序文皆已收入2010年浙江古籍出版社出版的新版《王陽明全集》,唯獨此序未收。

② 帖括:唐制,明經科以帖經試士。把經文貼去若干字,令應試者對答。後考生因帖經難記,乃總括經文編成歌訣,便於記誦應時,稱"帖括"。

③ 左枝右梧:又作"左支右吾"。原指左右抵拒,後引申爲多方面窮於應付之義。

④ 嘉與：獎勵優待，獎掖扶助。《漢書・武帝紀》："朕夙興夜寐，嘉與宇内之士臻於斯路。"

⑤ 作用：作爲，行爲。《魏書・孫紹傳》："治乖人理，雖合必離；作用失機，雖成必敗。"

⑥ 靺韐：亦作"韎韐"，赤色皮蔽膝。

⑦ 顯庸：明顯的功勞。《新唐書・韓愈傳》："東巡泰山，奏功皇天，具著顯庸，明示得意，使永永年服我成烈。"

⑧ 寓：同"宇"。

⑨ 當宁：原指處在門屏之間。宁，古代宫室門内屏外之地。君主在此接受諸侯的朝見。《禮記・曲禮下》"天子當宁而立，諸公東面，諸侯西面，曰朝"，孔穎達疏："天子當宁而立者，此爲春夏受朝時也。宁者，《爾雅》云：'門屏之間謂之宁。'郭注云：'人君視朝所宁立處。'"後以"當宁"指皇帝。

⑩ 比來：近來。○在宥：《莊子・在宥》："聞在宥天下，不聞治天下也。"成玄英疏："宥，寬也。在，自在也。……寓言云，聞諸賢聖任物，自在寬宥，即天下清謐。"後因以"在宥"指任物自在，無爲而化。多用以讚美帝王的仁政、德化。

⑪ 疏附：使疏遠者親附。

⑫ 廑：亦作"廑"，"勤"的古字，此處有殷切之義。○拊髀：以手拍股，表示激動、贊賞等心情。《漢書・馮唐傳》："上既聞廉頗、李牧爲人，良説，乃拊髀曰：'嗟乎！吾獨不得廉頗、李牧爲將，豈憂匈奴哉！'"○枚卜：一一占卜。古代以占卜法選官，因以指選用官員。《書・大禹謨》"枚卜功臣，惟吉之從"，孔傳："枚謂歷卜之而從其吉。"明代專指選人臣爲人學士，入内閣主事。

⑬ 朕師：我衆。《書・舜典》："帝曰：'龍，朕堲讒説殄行，震驚朕師。命汝作納言，夙夜出納朕命。'"《大禹謨》："汝惟不怠，總朕師。"

⑭ 遼左：遼東。

⑮ 李霖寰：李化龍（1554~1611），明代長垣（今屬河南）人，字于田，號霖寰，萬曆二年（1574）進士，二十八年以平定楊應龍叛亂之功任兵部尚書，三十一年任工部右侍郎，三十五年官戎政尚書，三十六年以戎政尚書掌兵部事，三十七年任兵部尚書，三十九年八月加少傅，十二月卒，謚襄毅。著有《平播全書》《治河奏疏》《場居集》。

⑯ 囅然:笑貌。《文選・左思〈吴都賦〉》“東吴王孫囅然而咍”,劉逵注:“囅,大笑貌。”

⑰ 龜手:凍裂手上皮膚。龜,通“皸”。語見《莊子・逍遥遊》。

茅震東小引[①]

余不佞，方雍雍俎豆之不遑，奚暇談軍旅事哉！庖人而尸祝之，聞者掩口耳，顧亦有説焉。竊以丈夫生世如處子然，十年乃字，以前此身，未知何屬。而要其蘋蘩箕帚[②]，宜家保赤之事[③]，胸中已宛具之〔一〕，詎待學而後嫁者哉？説者謂江左之亂[④]，肇自清談[⑤]；梁園之變[⑥]，由於佞佛[⑦]，則何以故？課虛無而薄經濟，正坡老所詆爲賦詩却敵者也[⑧]。

先高祖憲副鹿門[⑨]，以明經起，其於公車業之外，上自《典》《墳》，下逮秕史，靡所不窺，而旁尤究心於《韜》《略》等編，謂夫修文事者不廢講武〔二〕，亦聊爲盛世未雨之桑土也。厥後世宗末年，濱海州郡悉罹倭患，而吾淛特甚[⑩]。時有梅林胡公統戎討賊，約先高祖爲幕謀，抵掌運筭〔三〕，如畫地印沙，不崇朝而醜夷殄滅。凡其所出奇運智，逍逍與孫、吴合轍[⑪]，而妙解其神。讀書至此，迺真經濟。已而携一《武經評》歸，又梅林公所得於陽明先生之門者也。淵源既遥，什襲亦久。方今東隅弗靖，九邊諸臣旦夕蒿目，即山林草澤間罔不思效一得，以繫單于頸。爲今日計，莫若多讀武書，可操勝筭。昔季子相六國而《陰符》蚤精，留侯師漢高而《素書》先受。古未有揣摩無成而能佐霸王不拔之業者也。

所藏書具在〔四〕，不欲秘爲家珍，敢畀梓匠，自附當事者之前箸。嵇叔夜有云："野人有快炙背而美芹子者，欲獻之至尊。雖有區區之意，亦已疎矣。"⑫ 余大類之，庖人耶？處子耶？亦何暇計當世之掩口也。

防風茅震東生生甫書。

【校】

〔一〕宜家保赤之事胸中已宛具之　保赤之事胸中已宛，《全集》引佐藤氏藏本無。

〔二〕謂夫修文事者不廢講武　者，《全集》引佐藤氏藏本無。

〔三〕抵掌運筭　筭，《全集》引佐藤氏藏本作"籌"。整理者按：亞利桑那大學圖書館藏茅本此字爲行書，但顯然是"筭"而非"籌"。

〔四〕所藏書具在　所，《全集》引佐藤氏藏本作"以"。"以"的異體字"目"行書寫法雖與"所"不無相似之處，但該字顯然是"所"。

【注】

① 原題作"小引"，全文行書。茅震東：字生生，明代文學家茅坤（1512~1601）之後，本居歸安，後徙居武康（明武康縣屬湖州府，清沿襲之，1958 年武康縣劃入德清縣）。道光《武康縣志》卷一五《藝文志》"茅震東《朱批武經七書》"條云："震東，鹿門之來孫，入籍武康，考訂是書。"鹿門是茅坤的號。

② 蘋蘩：《詩・召南》有《采蘋》及《采蘩》篇。後以"蘋蘩"借指能遵祭祀之儀或婦職等。○箕帚：本指畚箕和掃帚，二者皆掃除之具，後指以箕帚掃除，操持家内雜務。

③ 宜家：《詩・周南・桃夭》"之子于歸，宜其室家"，朱熹集傳："宜者，和順之意。室者，夫婦所居。家，謂一門之内。"後稱家庭和睦爲"宜家"。○保赤：養育、保護幼兒。語本《書・康誥》："若保赤子，惟民其康乂。"孔傳："愛養人如安孩兒赤子，不失其欲。"

④ 江左之亂：兩晉發生的"八王之亂"等一系列戰亂。

⑤ 清談：這裏指兩晉時期崇尚老莊、空談玄理的風氣，亦稱玄談。清談的重心集中在有無、本末之辨。

⑥ 梁園之變：南朝梁武帝統治末年，東魏降將侯景發動武裝叛亂，攻入都城建康（今南京），致使武帝被困而死，梁朝元氣大傷，不久滅亡。

⑦ 由於佞佛：南朝齊中興二年（502），齊和帝被迫禪位於蕭衍（464~549），是爲梁武帝。梁武帝在位之初，尚能改革時政，頗得人心，國力較爲强盛。普通元年（520）被史家視爲南朝梁發展的分水嶺，自此以後梁武帝多次出家，幾乎每次出家，梁國羣臣都要用錢上億才能贖回。梁武帝晚年篤信佛教，過於寬仁，縱容貪腐，使大量的財富爲佛寺所有。《南史·郭祖深傳》云："都下佛寺五百餘所，窮極宏麗，僧尼十餘萬，資産豐沃，所在郡縣不可勝言。"武帝佞佛致使吏治敗壞，國力轉衰，人民痛苦，大失人心，終於引發了侯景之亂。

⑧ 坡老：對北宋文學家蘇軾的敬稱。蘇軾（1037~1101），字子瞻，號東坡居士。○賦詩却敵：今遍尋東坡文集，未見是説。今考宋王十朋（1112~1171）《王梅溪文集》載《觀國朝故事》詩云："昔在景德初，旄頭震邊關。朝廷用萊公，決策幸澶淵。高瓊雖武夫，能發忠義言。咏詩退敵騎，用媿樞相顏。"詩所記本事見《續資治通鑑長編》"景德元年冬十月丙子"條："是日次南宫，將止焉。寇準固請幸北城，曰：'陛下不過河，則人心危懼，敵氣未懾，非所以取威決勝也。四方征鎮赴援者日至，又何疑而不往？'高瓊亦固以請，且曰：'陛下若不幸北城，百姓如喪考妣。'簽書樞密院事馮拯在旁呵之。瓊怒曰：'君以文章致位兩府，今敵騎充斥如此，猶責瓊無禮，君何不賦一詩詠退敵騎耶！'即麾衛士進輦上，遂幸北城。"王十朋文名亦甚盛，宋孝宗稱之"南宋無雙士，東都第一臣"。作者將"賦詩却敵"歸在蘇軾的名下，或係誤記。

⑨ 憲副：指擔任幕僚。舊時尊稱上官爲"憲臺"。○鹿門：指茅坤，茅坤號鹿門。

⑩ 淛：同"浙"。

⑪ 逞逞：往往。《説文·辵部》："逞，往也。"

⑫ 嵇叔夜：嵇康，三國時期魏國譙郡（今安徽省濉溪縣）人，字叔夜，著名思想家、音樂家、文學家。正始末年，與阮籍等竹林名士共倡玄學，主張"越名教而

任自然”,“審貴賤而通物情”(《晉書·嵇康傳》),爲“竹林七賢”領袖。官曹魏中散大夫,世稱嵇中散。後因得罪鍾會,爲其誣陷,被司馬昭處死,年僅三十九歲。“野人”句見氏著《與山巨源絶交書》。

新鐫硃批武經七書凡例[①]

一　是書悉遵陽明先生手批原本,不同坊刻。

一　原本句讀、音切全無,不便初學。今句讀悉加"、"字樣,難認者音之於旁,平仄須辨者加一小"○"。〔**整理者按**:現將"、""○"號全部删除。〕

一　原批緊要處○,次則O,又次則、。今恐辨别不明,故○則易以◎,O則易以○,其、則又易以丶,以别於句讀之、。〔**整理者按**:注文中有未加任何符號者則加"※"。〕

一　原評有在上,有在旁,雜出無定,今悉移置於上。其一篇總評向在題下者,今移置於篇尾。其係梅林先生者,則特加"梅林曰"三字以别之。〔**整理者按**:今將批語置於相應的經文之中。〕

一　先生是書原爲登壇者挈領,不資應試者揣摩,故不附標題。今特備查,論題録之於本文之上,較評語低一字,仍或加◎或加○,以示甲乙。其策題則在主司者臨時割裂配搭,難以盡述,故不録。

【校】

① 申本題作"新鐫標題武經七書凡例"。

姓氏[①]

批評:王守仁伯安,餘姚人。

參評:胡宗憲汝欽,績溪人。

標題:孫元化初陽,嘉定人。

考訂:茅震東生生,武康人[②]。

參閱:王承錦絅父,餘姚人。

閔昭明伯弢,烏程人[③]。

潘榮銓子儀,歸安人[④]。

施元熊尚父,歸安人。

【注】

① 此篇申本無。此部分下原有《目録》,今删。

② 武康:明湖州府武康縣,縣治在今浙江湖州市德清縣德清鎮。

③ 烏程:明湖州府烏程縣,縣治在今浙江湖州市南部。

④ 歸安:明湖州府歸安縣,縣治在今浙江湖州市北部。

新鐫武經七書卷之一

孫　子

始計第一

孫子曰：兵者，國之大事，◎兵者，國之大事。死生之地，存亡之道，不可不察也。

故經之以五事，○經之以五事。校之以計而索其情。◎校之以計而索其情。※“校之以計而索其情”是兵家秘密藏，即下文所謂“權”也，“詭”也。一曰道，二曰天，三曰地，四曰將，五曰法。道者，令民與上同意，○道者，令民與上同意。可與之死，可與之生，而不畏危也。天者，陰陽、寒暑、時制也。地者，遠近、險易、廣狹、死生也。將者，智、信、仁、勇、嚴也。○將者，智、信、仁、勇、嚴。法者，曲制、官道、主用也。凡此五者，將莫不聞，知之者勝，○五者，知之者勝。不知者不勝。故校之以計而索其情。曰：主孰有道？將孰有能？天地孰得？法令孰行？兵衆孰强？士卒孰練？賞罰孰明？吾以此知

勝負矣。

將聽吾計,用之必勝,留之。將不聽吾計,用之必敗,去之。

計利以聽,乃爲之勢,以佐其外。勢者,因利而制權也。◎勢者,因利而制權。※"權"正對前"經"字而言。

兵者,詭道也。故能而示之不能,用而示之不用,近而示之遠,遠而示之近。利而誘之,亂而取之,實而備之,强而避之,怒而撓之,卑而驕之,佚而勞之,親而離之。攻其無備,出其不意。此兵家之勝,不可先傳也。◎兵家之勝,不可先傳。

夫未戰而廟筭勝者,得筭多也;◎廟算勝者,得算多。**未戰而廟筭不勝者,得筭少也。多筭勝,少筭不勝,而況於無筭乎!吾於此觀之,勝負見矣。**

談兵者皆曰:"兵,詭道也,全以陰謀取勝[①]。"不知陰非我能謀,人不見人,自不能窺見我謀也,蓋有握算於未戰者矣。孫子開口便説"校之以計而索其情"[②],此中校量計畫,有多少神明妙用在,所謂"因利制權","不可先傳"者也[③]。

【注】

①陰謀取勝:兵家以陰謀取勝,是古人習見的説法。明蔡清《四書蒙引》卷九引王若虚曰:"晉文伐衛致楚,陰謀取勝。"

②校之以計而索其情:王陽明甚重此論,《孫子》凡十三篇,王氏在其中的六篇中,共八次提到此語,所著《陳言邊務疏》有詳述,頗可參看:"臣聞古之善戰者,'先爲不可勝,以待敵之可勝'。蓋中國工於自守,而外寇長於野戰。今邊卒新破,寇勢方劇,若復與之交戰,是投其所長而以勝予敵也。爲今之計,惟宜嬰城固守,遠斥堠以防奸,勤間諜以謀寇,熟訓練以用長,嚴號令以肅惰,而又頻加犒饗,使皆畜力養鋭。譬之積水,俟其盈滿充溢,而後乘怒急決之,則其勢并力驟,至於崩山漂石而未已。昔李牧備邊,日以牛酒享士,士皆樂爲一戰,而牧屢抑止之。至其不可禁遏,而始奮威并出,若不得已而後從之,是以一戰而獲大勝。今我食既足,我威既盛,我怒既深,我師既逸,我守既堅,我氣既鋭,則是周悉萬全,

而所謂'不可勝'者,既在於我矣。由是,我足則寇日以匱,我盛則寇日以衰,我怒則寇日以曲,我逸則寇日以勞,我堅則寇日以虚,我鋭則寇日以鈍。索情較計,必將疲罷奔逃,然後用奇設伏,悉師振旅,出其所不趨,趨其所不意,迎邀夾攻,首尾横擊。是乃以足當匱,以盛敵衰,以怒加曲,以逸擊勞,以堅破虚,以鋭攻鈍。所謂勝於萬全,'立於不敗之地,而不失敵之敗'者也。"

③ 此段文字爲總評。下同。

作戰第二

孫子曰:凡用兵之法,馳車千駟,革車千乘,帶甲十萬,千里饋糧,内外之費,賓客之用,膠漆之材,車甲之奉,日費千金,然後十萬之師舉矣。※ 兵衆用繁如此,自不得久戰於外[①]。

其用戰也勝,久則鈍兵挫鋭,攻城則力屈,久暴師則國用不足。夫鈍兵挫鋭[一],屈力殫貨,則諸侯乘其弊而起,雖有智者,不能善其後矣。故兵聞拙速,○兵聞拙速。未覩巧之久也。夫兵久而國利者,未之有也。故不盡知用兵之害者,則不能盡知用兵之利也。※ 趨利者先遠害[②]。

善用兵者,役不再籍,○善用兵者,役不再籍。糧不三載,取用於國,因糧於敵,○因糧於敵。故軍食可足也。

國之貧於師者遠輸,遠輸則百姓貧。近師者貴賣,貴賣則百姓財竭,財竭則急於丘役。力屈財殫,中原内虚於家。百姓之費,十去其七。公家之費,破車罷馬,甲胄弓矢,戟楯矛櫓,丘牛大車,十去其六。故智將務食於敵,◎智將務食於敵。食敵一鍾,當吾二十鍾;萁秆一石[③],當吾二十石。

故殺敵者,怒也。取敵之利者,貨也。車戰,得車十乘以上,賞其先得者,而更其旌旗,車雜而乘之,卒善而養之,是謂勝敵而益强。○勝敵而益强。

故兵貴勝,不貴久。

故知兵之將,民之司命,○智將,民之司命。**國家安危之主也。**

兵貴"拙速",要非臨戰而能速勝也,須知有箇先着在④,"校之以計而索其情"是也。總之,不欲久戰於外以疲民耗國,古善用兵之將類如此。

梅林曰:拙速巧久之論,恐未可拘。

【校】

〔一〕夫鈍兵挫鋭 夫,原脱,據宋武經本、十一家注本補。

【注】

① 兵衆用繁如此,自不得久戰於外:王陽明《陳言邊務疏》有相近的表述:"《兵法》曰:'日費千金,然後十萬之師舉。'夫古之善用兵者,取用於國,因糧於敵,猶且日費千金,今以中國而禦外寇,非漕輓則無粟,非征輸則無財,是固不可以言'因糧於敵'矣。然則今日之師可以輕出乎?"《疏》言兵衆用繁不可輕易出師,此言兵衆用繁不可久戰於外,可參看。

② 趨利者先遠害:《文子·符言》云:"欲利,先遠害。"與此説相近。

③ 萁秆:旁注音"忌題",今音 qí gǎn。原注"萁"音爲"忌"有誤。"萁"或讀去聲,係草名,《康熙字典·艸部》云"《唐韻》奇寄切,《集韻》渠記切,音忌";又讀平聲,與"萁"通。"萁秆一石",曹操注:"萁,豆稭也。"王晳注:"萁,今作萁。"《文選·潘安仁〈馬汧督誄〉》云:"萁稈空虚。"

④ 先着:事先預備好的計謀。

謀攻第三〔一〕

孫子曰:夫用兵之法,全國爲上,○用兵,全國爲上。**破國次之;全軍爲上,破軍次之;全旅爲上,破旅次之;全卒爲上,破卒次之;全伍爲上,破伍次之。是故百戰百勝,非善之善者也;不戰而屈人之兵,**◎不戰而屈人之兵。**善之善者也。**

故上兵伐謀，◎上兵伐謀。**其次伐交，其次伐兵，其下攻城。攻城之法，爲不得已。修櫓轒轀**[①]**，具器械，三月而後成，距堙**[②]**，又三月而後已。將不勝其忿而蟻附之，殺士卒三分之一而城不拔者，此攻之災也。故善用兵者，屈人之兵而非戰也，拔人之城而非攻也，毁人之國而非久也，必以全爭於天下，**◎善用兵者，以全爭於天下。**故兵不頓而利可全，此謀攻之法也。**

故用兵之法，十則圍之，五則攻之，倍則分之，敵則能戰之，少則能逃之〔二〕**，不若則能避之**〔三〕**。故小敵之堅，大敵之擒也。**

夫將者，國之輔也。○將者，國之輔。**輔周則國必强，**○輔周則國强。**輔隙則國必弱。**

故軍之所以患於君者三〔四〕**：不知軍之不可以進而謂之進，不知軍之不可以退而謂之退，是謂縻軍。不知三軍之事，而同三軍之政，則軍士惑矣。不知三軍之權，而同三軍之任，則軍士疑矣。三軍既惑且疑，則諸侯之難至矣，是謂亂軍引勝。**

故知勝有五：知可以與戰不可以與戰者勝，識衆寡之用者勝，上下同欲者勝，以虞待不虞者勝，◎以虞待不虞者勝。**將能而君不御者勝。**◎將能而君不御者勝。**此五者，知勝之道也。**◎五者，知勝之道。

故曰：知彼知己，百戰不殆。不知彼而知己，一勝一負。不知彼不知己，每戰必敗。

兵凶戰危，聖人不得已而用之者也[③]。故孫子作《兵法》，首曰"未戰"[④]，次曰"拙速"[⑤]，此曰"不戰""屈人兵"。直欲以"全國""全軍""全旅""全卒""全伍"。"全"之一字，爭勝於天下。"上兵伐謀"，第"校之以計"，"知勝之道"而已。"輔周則國必强"，其在此將乎[⑥]！

梅林曰：看到此處，纔見孫子伎倆不與世之好戰輕戰者同。

【校】

〔一〕謀攻第三　謀攻，原作“攻謀”，旁注“謀攻”，據宋武經本、十一家注本乙。

〔二〕少則能逃之　逃，原作“守”，旁注“逃”，據宋武經本、十一家注本改。

〔三〕不若則能避之　能，原脱，旁注補，據宋武經本、十一家注本補。

〔四〕故軍之所以患於君者三　《武經七書直解》本同，各本“軍”“君”二字互乙，“軍”受“君”之害可説是“軍”對“君”之害也，義同。

【注】

① 轒轀：原有注音“墳温”，今音 fén wēn。

② 堙：原有注音“因”，今音 yīn。

③ 兵凶戰危，聖人不得已而用之者也：是語蓋本《六韜・兵道》引太公之言曰：“聖王號兵爲凶器，不得已而用之。”又，《尉繚子・武議》：“兵者，凶器也；爭者，逆德也；將者，死官也，故不得已而用之。”漢晁錯《言兵事疏》：“兵，凶器；戰，危事也。故以大爲小，以强爲弱，在俛仰之間耳。”《黄石公三略・下略》曰：“夫兵者，不祥之器，天道惡之。不得已而用之，是天道也。”《李衛公問對》卷中引李靖之言曰：“兵，不得已而用之。”皆可參看。

④ 未戰：《孫子・始計》云：“夫未戰而廟筭勝者，得筭多也；未戰而廟筭不勝者，得筭少也。”

⑤ 拙速：《孫子・作戰》云：“兵聞拙速，未覩巧之久也。”

⑥ “輔周則國必强”，其在此將乎：《陳言邊事疏》亦言將之重要性：“將者，三軍之所恃以動，得其人則克以勝，非其人則敗以亡。”可參看。

軍形第四

孫子曰：昔之善戰者，先爲不可勝，◎善戰者，先爲不可勝。**以待敵之可勝。不可勝在己，可勝在敵。故善戰者能爲不可勝，不能**

使敵之必可勝。故曰：勝可知而不可爲。◎勝可知而不可爲。

不可勝者，守也。可勝者，攻也。守則不足，攻則有餘。善守者藏於九地之下，善攻者動於九天之上，故能自保而全勝也。○善戰者，自保而全勝。

見勝不過衆人之所知，非善之善者也。戰勝而天下曰善，○戰勝而天下曰善。**非善之善者也。故舉秋毫不爲多力，見日月不爲明目，聞雷霆不爲聰耳。古之所謂善戰者，勝於易勝者也。**○善戰者，勝於易勝。**故善戰者之勝也，無智名，無勇功，**○善戰者，無智名，無勇功。**故其戰勝不忒。不忒者，其所措勝，勝已敗者也。故善戰者立於不敗之地，**○立於不敗之地。**而不失敵之敗也。是故勝兵先勝而後求戰，**◎勝兵先勝而後戰。**敗兵先戰而後求勝。善用兵者，修道而保法，**○善兵者，修治而保法〔一〕。**故能爲勝敗之政。**

兵法：一曰度，二曰量，三曰數，四曰稱，五曰勝。地生度，度生量，量生數，數生稱，稱生勝。故勝兵若以鎰稱銖，○勝兵若以鎰稱銖。**敗兵若以銖稱鎰。勝者之戰，若決積水於千仞之谿者，形也。**○勝兵若決積水。

“修道保法”，就是“經之以五事”①。其勝也，“無智名，無勇功”，所謂“不戰而屈人之兵”也。此真能先爲“不可勝”，以“立于不敗之地”者，特形藏而不露耳。

【校】

〔一〕修治而保法　治，經文作“道”，作“治”亦可通。

【注】

① 經之以五事：語見《孫子·始計》：“故經之以五事，校之以計而索其情。”

兵勢第五

孫子曰：凡治衆如治寡，分數是也。鬭衆如鬭寡，形名是也。

○分數、形名。三軍之衆,可使必受敵而無敗者,奇正是也。兵之所加,如以碫投卵者,虚實是也。

凡戰者以正合,以奇勝。故善出奇者,無窮如天地,○善出奇者,無窮如天地。不竭若江海〔一〕。終而復始,日月是也。死而復生,四時是也。聲不過五,五聲之變不可勝聽也。色不過五,五色之變不可勝觀也。味不過五,五味之變不可勝嘗也。戰勢不過奇正,○戰勢不過奇正。奇正之變不可勝窮也。◎奇正之變不可勝窮。※變動不居,周流六虚①,此《易》理也。※奇兵作用,悉本于此。奇正相生,如循環之無端,孰能窮之哉?

激水之疾,至於漂石者,勢也。鷙鳥之疾②,至於毁折者,節也。故善戰者,其勢險,其節短。○善戰者,勢險節短。勢如彍弩③,節如發機。

紛紛紜紜,鬭亂而不可亂。渾渾沌沌,形圓而不可敗。亂生於治,怯生於勇,弱生於强。治亂,數也。勇怯,勢也。强弱,形也。故善動敵者,形之,敵必從之;○善動敵者,形之,而敵必從。予之,敵必取之。以利動之,以本待之。

故善戰者,求之於勢,不責之於人〔二〕,故能擇人而任勢。○善戰者,擇人而任勢。任勢者,其戰人也,如轉木石。木石之性,安則静,危則動,方則止,圓則行。※動静方圓,奇而不雜于正。故善戰人之勢,如轉圓石於千仞之山者,勢也。

莫正於天地、江海、日月、四時,然亦莫奇於天地、江海、日月、四時者,何?惟"無窮",惟"不竭",惟"終而復始",惟"死而復生"故也。由此觀之,不變不化,即不名奇,"奇正相生,如環無端"者〔三〕,兵之勢也。任勢即不戰而氣已吞,故曰"以正合","以奇勝"。

【校】

〔一〕不竭若江海　若，宋武經本、十一家注本皆作“如”。

〔二〕不責之於人　之，宋武經本、十一家注本皆無。

〔三〕奇正相生如環無端　《孫子・兵勢》原作“奇正相生如循環之無端”。

【注】

① 變動不居，周流六虚：謂事物不斷變化，無固定形態，猶如《易》六十四卦每卦六爻的位置往復不斷地變動。語見《周易・繫辭下》：“《易》之爲書也不可遠，爲道也屢遷，變動不居，周流六虚，上下無常，剛柔相易，不可爲典要。”韓康伯注：“六虚，六位也。”孔穎達疏：“變動不居者，言陰陽六爻更互變動，不恒居一體也。周流六虚者，言陰陽周徧流動在六位之虚。六位言虚者，位本無體，因爻始見，故稱虚也。”王陽明崇尚此理，《傳習録》卷下云：“良知即是《易》‘其爲道也屢遷，變動不居，周流六虚，上下無常，剛柔相易，不可爲典要’。”

② 鷙：旁注音執，今音 zhì。

③ 彍：旁注音濆，今音 guō。

虚實第六

孫子曰：凡先處戰地而待敵者佚，後處戰地而趨戰者勞。故善戰者致人而不致於人。○致人而不致於人。能使敵人自至者，利之也。能使敵人不得至者，害之也。◎善戰者，能使敵人自至。故敵佚能勞之，飽能饑之，安能動之。

出其所不趨，趨其所不意。行千里而不勞者，行於無人之地也。攻而必取者，攻其所不守也。守而必固者，守其所不攻也。故善攻者，敵不知其所守；善守者，敵不知其所攻。微乎微乎，至於無形。神乎神乎，至於無聲。故能爲敵之司命。○無形無聲，爲敵之司命。進而不可禦者，衝其虚也。退而不可追者，速而不可及也。故我欲戰，敵雖高壘深溝，不得不與我戰者，攻其所必救也。我不欲戰，雖畫地而守之，敵不得與我戰者，乖其所之也。

故形人而我無形，◎形人而我無形。則我專而敵分。我專爲一，敵分爲十，是以十攻其一也，則我衆敵寡。能以衆擊寡，則吾之所與戰者約矣。吾所與戰之地不可知，不可知，則敵所備者多，敵所備者多，則吾所與戰者寡矣。故備前則後寡，備後則前寡，備左則右寡，備右則左寡，無所不備則無所不寡。寡者，備人者也。衆者，使人備己者也。

故知戰之地，知戰之日，則可千里而會戰。不知戰地，不知戰日，則左不能救右，右不能救左，前不能救後，後不能救前，而況遠者數十里〔一〕，近者數里乎！以吾度之，越人之兵雖多，亦奚益於勝哉？故曰：勝可爲也，敵雖衆，可使無鬬。

故策之而知得失之計，作之而知動静之理，形之而知死生之地，角之而知有餘不足之處。故形兵之極，至於無形。◎形兵之極，至于無形。無形則深間不能窺，智者不能謀。因形而措勝於衆，衆不能知。人皆知我所以勝之形，而莫知吾所以制勝之形。故其戰勝不復，而應形於無窮。○形兵應形于無窮。

夫兵形象水，○兵形象水。水之形避高而趨下，兵之形避實而擊虚。水因地而制流，兵因敵而制勝。故兵無常勢，水無常形，能因敵變化而取勝者，謂之神。○因敵變化而取勝，謂神。故五行無常勝，四時無常位，日有短長，月有死生。

蘇老泉云①："有形勢，便有虚實。"蓋能爲校計索情者，乃能知虚實；能知虚實者，乃能避實擊虚，因敵取勝。"形兵之極，至於無形"，微乎神乎，此乃其所以"致人而不致於人"者乎！

【校】

〔一〕而況遠者數十里　十，原作"千"，據宋武經本、十一家注本改。

【注】

① 蘇老泉：一説指蘇洵，一説指蘇軾，莫衷一是。"蘇老泉曰：有形勢，便有

虚實”又見於李贄《孫子參同》卷四，據該書卷首《今古評注考訂姓氏》，“蘇老泉”指蘇洵，但遍檢蘇洵文集，未見“有形勢，便有虚實”之句，其出處待考。

軍爭第七

孫子曰：凡用兵之法，將受命於君，合軍聚衆，交和而舍，莫難於軍爭。軍爭之難者，以迂爲直，以患爲利。故迂其途而誘之以利，後人發，先人至，此知迂直之計者也。

故軍爭爲利，衆爭爲危，舉軍而爭利則不及，委軍而爭利則輜重捐。是故捲甲而趨，日夜不處，倍道兼行，百里而爭利，則擒三將軍，勁者先，疲者後，其法十一而至；五十里而爭利，則蹶上將軍，其法半至；三十里而爭利，則三分之二至。是故軍無輜重則亡，無糧食則亡，無委積則亡。

故不知諸侯之謀者，不能豫交；○不知諸侯之謀者，不能豫交。不知山林、險阻、沮澤之形者，不能行軍；不用鄉導者，不能得地利。○不用鄉導者，不能得地利。故兵以詐立，以利動，以分合爲變者也。◎兵以分合爲變。故其疾如風，其徐如林，侵掠如火，不動如山，難知如陰，動如雷霆〔一〕。掠鄉分衆，廓地分利，懸權而動，○懸權而動。先知迂直之計者勝，○先知迂直之計者勝。此軍爭之法也。

《軍政》曰：言不相聞，故爲之金鼓。視不相見，故爲之旌旗。夫金鼓旌旗者，所以一人之耳目也。○金鼓旌旗，所以一人之耳目。人既專一，則勇者不得獨進，怯者不得獨退，此用衆之法也。故夜戰多火鼓，晝戰多旌旗，所以變人之耳目也。

三軍可奪氣，○三軍可奪氣。將軍可奪心。◎將軍可奪心。是故朝氣鋭，晝氣惰，暮氣歸。善用兵者，避其鋭氣，擊其惰歸，此治氣者也①。以治待亂，以静待譁，此治心者也②。以近待遠，以佚待勞，以飽待饑，此治力者也。◎治氣、治心、治力。無邀正正之旗，

無擊堂堂之陣〔二〕,此治變者也。

故用兵之法,高陵勿向,背丘勿逆,佯北勿從,鋭卒勿攻,餌兵勿食③,歸師勿遏,圍師必闕,窮寇勿追〔三〕,此用兵之法也。

善戰不戰,故於軍爭之中寓不爭之妙④。"以迂爲直,以患爲利","分合爲變","懸權而動",而必申之以避鋭擊惰;"以治""以靜""無邀""無擊""勿向""勿逆"等語,所謂"校之以計而索其情"者,審也。匪直能以不爭勝,爭抑亦能不即危,故無失利。

【校】

〔一〕動如雷霆　霆,各本多作"震",孫星衍校本據《通典》《太平御覽》改爲"霆",義近。

〔二〕無擊堂堂之陣　陣,宋武經本、十一家注本皆作"陳"。"陳"通"陣"。此字下同,不再出校。

〔三〕窮寇勿追　追,旁注"迫",宋武經本、十一家注本皆作"迫"。

【注】

① 治氣:王陽明於此有所論述,正德十四年(1519)七月三十日所作《擒獲宸濠捷音疏》云:"先出鋭卒,乘其惰歸,要迎掩擊,一挫其鋒,衆將不戰自潰,所謂'先人有奪人之氣'、'攻瑕則堅者瑕'也。"

② 治心:據王陽明大弟子錢德洪《征宸濠反間遺事》記載:"或問:'用兵有術否?'夫子曰:'用兵何術?但學問純篤,養得此心不動,乃術爾。凡人智能相去不甚遠,勝負之決,不待卜諸臨陣,只在此心動與不動之間。'"這是王陽明所闡釋的"治心",可參看。

③ 佯北勿從,锐卒勿攻,餌兵勿食:王陽明於此有所論述,《陳言邊務疏》云:"臣聞之《兵法》曰'將欲取之,必固與之',又曰'佯北勿從'、'餌兵勿食',皆捐小全大之謂也。今寇勢方張,我若按兵不動,彼必出鋭以挑戰,挑戰不已,則必設詐以致師,或捐棄牛馬而僞逃,或拚匿精悍以示弱,或詐潰而埋伏,或潛軍而請和,是皆誘我以利也。信而從之,則墮其計矣。"

④ 不爭之妙：陽明早年好道，道家推崇"不爭"。《老子》云："善爲士者不武，善戰者不怒，善勝敵者不爭，善用人者爲之下，是謂不爭之德。"

九變第八

孫子曰：凡用兵之法，將受命於君，合軍聚衆，圮[①]地無舍，衢地合交，絶地無留，圍地則謀，死地則戰。途有所不由，軍有所不擊，城有所不攻，地有所不爭，君命有所不受。故將通於九變之利者，知用兵矣。◎通九變之利者，知用兵。※ 九者，數之極。變者，兵之用。**將不通於九變之利，雖知地形，不能得地之利矣。治兵不知九變之術，雖知五利，不能得人之用矣。**

是故智者之慮必雜於利害。◎智者雜于利害。**雜於利而務可信也，雜於害而患可解也。**

是故屈諸侯者以害，役諸侯者以業，趨諸侯者以利。

故用兵之法，無恃其不來，恃吾有以待之；○恃吾有以待之。**無恃其不攻，恃吾有所不可攻也。**

故將有五危：必死可殺，必生可虜，忿速可侮，廉潔可辱，愛民可煩。凡此五者，將之過也，用兵之災也。覆軍殺將，必以五危，不可不察也。

從古"有治人無治法"[②]。國家誠得通於"九變"之將，則於"五利""五危"之幾，何不燭照數計，而又何"覆軍殺將"之足虞乎？"智者能慮，雜於利害"〔一〕，此正通於"九變"處，常見在我者有可恃，而可以屈服諸侯矣。

【校】

〔一〕智者能慮雜於利害　能，各本作"之"。各本"雜"前有"必"字。

【注】

① 圮：旁注音痞，今音 pǐ。

② 有治人無治法：有能够治理好國家的人，没有能够治理好國家的法，强調人比法重要。語本《荀子・君道篇》："有亂君，無亂國；有治人，無治法。"

行軍第九

孫子曰：凡處軍相敵，絶山依谷，視生處高，戰隆無登，此處山之軍也。絶水必遠水；客絶水而來，勿迎之於水内，令半渡而擊之，利；欲戰者，無附於水而迎客〔一〕；視生處高，無迎水流，此處水上之軍也。絶斥澤，唯亟去勿留〔二〕①；若交軍於斥澤之中，必依水草而背衆樹，此處斥澤之軍也。平陸處易，右背高，前死後生，此處平陸之軍也。凡此四軍之利，黄帝所以勝四帝也。○黄帝所以勝四帝。

凡軍好高而惡下，貴陽而賤陰，養生處實，軍無百疾，是謂必勝。丘陵隄防，必處其陽而右背之，此兵之利、地之助也。上雨，水沫至，欲涉者，待其定也。凡地有絶澗、天井、天牢、天羅、天陷、天隙，必亟去之，勿近也。吾遠之，敵近之。吾迎之，敵背之。軍旁有險阻、潢井、林木、蒹葭②、翳薈者③，必謹覆索之，此伏奸之所也。

近而静者，恃其險也。遠而挑戰者，欲人之進也。其所居易者，利也。衆樹動者，來也。衆草多障者，疑也。鳥起者，伏也。獸駭者，覆也。塵高而鋭者，車來也。※相敵情，有如燭照④，得之幾先⑤，非關揣摩。卑而廣者，徒來也。散而條達者，樵採也。少而往來者，營軍也。辭卑而益備者，進也。辭强而進驅者，退也。輕車先出，居其側者，陣也。無約而請和者，謀也。奔走而陳兵者，期也。半進半退者，誘也。仗而立者，饑也〔三〕。汲而先飲者，渴也。見利而不知進者，勞也。鳥集者，虚也。夜呼者，恐也。○鳥集者虚，夜呼者恐。軍擾者，將不重也。旌旗動者，亂也。吏怒者，倦也。殺馬食肉者，軍無糧也。懸瓴不返其舍者，窮寇也。諄諄諭諭[四]，徐與人言者，失衆也。數賞者，窘也。數罰者，困也。先暴而後畏其衆者，不精之至也。來委謝者，欲休息也。兵怒而相迎，久而不合[五]，又不解去[六]，必謹察之。

兵非貴益多，惟無武進[七]，足以併力、料敵、取人而已。夫惟無慮而易敵者，必擒於人。

卒未親附而罰之，則不服，不服則難用也。卒已親附而罰不行，則不可用也。故令之以文，齊之以武，○令之以文，齊之以武。是謂必取。令素行以教其民，則民服。◎令素行以教民，則民服。令不素行以教其民，則民不服。令素行者，與衆相得也。○令素行者，與衆相得。

“處軍相敵”，是行軍時事。“行令教民”，是未行軍時事。然先處軍而後相敵，既相敵而又無武進，所謂“立于不敗之地”，而兵出萬全者也。

【校】

〔一〕無附於水而迎客　於，原脱，據各本補。

〔二〕唯亟去勿留　勿，各本皆作“無”，唯日藏櫻田迪所校古本作“莫”。“無”通“勿”，與“莫”義近。

〔三〕仗而立者饑也　仗，各本作“杖”。

〔四〕諄諄諭諭　諭諭，宋武經本、十一家注本皆作“翕翕”。

〔五〕久而不合　原作“久不合戰”，據各本改。

〔六〕又不解去　解，日藏櫻田迪所校古本、《武備志》所引、杜牧注所引、梅堯臣注所引、張預注所引作“解”，其他各本皆作“相”。

〔七〕惟無武進　惟，宋武經本、魏武帝注本、日藏櫻田迪所校古本作“雖”，字通。

【注】

① 亟：旁注音“急”，今音 jí。

② 蒹葭：旁注音“兼佳”，今音 jiān jiā。

③ 翳薈：旁注音“衣貴”，今音 yì huì。

④ 燭照：原指黑夜中燭光照射，這裏指明察秋毫，洞悉敵情。

⑤ 幾先：猶言機先，先兆。宋蘇舜欽《蜀士》詩：“吾相柄天下，處事當幾先。”

地形第十

孫子曰：地形有通者，有掛者，有支者，有隘者，有險者，有遠者。我可以往，彼可以來，曰通。通形者，先居高陽，利糧道，以戰則利。可以往，難以返，曰掛。掛形者，敵無備，出而勝之；※能就地形趨避，而無蹈六敗，則戰必勝矣。敵若有備〔一〕，出而不勝，難以返，不利。我出而不利，彼出而不利，曰支。支形者，敵雖利我，我無出也；引而去之，令敵半出而擊之，利。隘形者，我先居之，必盈之以待敵；若敵先居之，盈而勿從，不盈而從之。險形者，我先居之，必居高陽以待敵；若敵先居之，引而去之，勿從也。遠形者，勢均，難以挑戰，戰而不利。凡此六者，地之道也，○六者，地之道。將之至任，不可不察也。

故兵有走者，有弛者，有陷者，有崩者，有亂者，有北者，凡此六者，非天地之災，將之過也。夫勢均，以一擊十，曰走；卒强吏弱，曰弛；吏强卒弱，曰陷；大吏怒而不服，遇敵懟而自戰，將不知其能，曰崩；將弱不嚴，教道不明，吏卒無常，陳兵縱横，曰亂；將不能料敵，以少合衆〔二〕，以弱擊强，兵無選鋒，曰北。凡此六者，敗之道也，將之至任，不可不察也。

夫地形者，兵之助也。○地形者，兵之助。料敵制勝，計險阨遠近，上將之道也。○料敵制勝，上將之道。知此而用戰者，必勝；○知此而用戰者，必勝。不知此而用戰者，必敗。故戰道必勝，主曰無戰，必戰可也；戰道不勝，主曰必戰，無戰可也。故進不求名，退

不避罪，唯民是保〔三〕，而利於主，○惟民是保，而利於主。**國之寶也。**

視卒如嬰兒，故可與之赴深谿。視卒如愛子，故可與之俱死。愛而不能令，厚而不能使〔四〕，亂而不能治，譬如驕子，不可用也。

知吾卒之可以擊，而不知敵之不可擊，勝之半也。知敵之可擊，而不知吾卒之不可以擊，勝之半也。知敵之可擊，知吾卒之可以擊，而不知地形之不可以戰〔五〕，勝之半也。故知兵者，動而不迷，舉而不窮。○知兵者，舉而不窮。**故曰：知彼知己，勝乃不殆。知天知地，勝乃可全。**◎知天知地，勝乃可全。

今之用兵者，只爲求名避罪一箇念頭先横胸臆，所以地形在目而不知趨避，敵情我獻而不爲覺察。若果"進不求名，退不避罪"，單留一片報國丹心①，將苟利國家，生死以之，又何愁不能"計險阨遠近"，而"料敵制勝"乎？

【校】

〔一〕敵若有備　敵，原脱，旁注補，據宋武經本、十一家注本補。

〔二〕以少合衆　少，原脱，旁注補，據宋武經本、十一家注本補。

〔三〕唯民是保　民，十一家注本作"人"。

〔四〕愛而不能令厚而不能使　十一家注本二句互乙，作"厚而不能使愛而不能令"。

〔五〕而不知地形之不可以戰　不，原脱，旁注補，據宋武經本、十一家注本補。

【注】

① 報國丹心：報效國家的赤誠之心。王陽明用人强調一個"忠"字："夫朝廷用人，不貴其有過人之才而貴其有事君之忠。苟無事君之忠，而徒有過人之才，則其所謂才者，僅足以濟其一己之功利，全軀保妻子而已耳。"（見王守仁《辭免重任乞恩養病疏（嘉靖六年六月）》）

九地第十一

孫子曰：用兵之法，有散地，有輕地，有爭地，有交地，有衢地，有重地，有圮地①，有圍地，有死地。諸侯自戰其地者，爲散地。入人之地而不深者〔一〕，爲輕地。我得亦利，彼得亦利者〔二〕，爲爭地。我可以往，彼可以來者，爲交地。諸侯之地三屬，先至而得天下之衆者，爲衢地。入人之地深，背城邑多者，爲重地。山林、險阻、沮澤，凡難行之道者，爲圮地。所由入者隘，所從歸者迂，彼寡可以擊吾之衆者，爲圍地。疾戰則存，不疾戰則亡者，爲死地。是故散地則無戰，輕地則無止，爭地則無攻，交地則無絶，衢地則合交，重地則掠，圮地則行，圍地則謀，死地則戰。

古之所謂善用兵者〔三〕，能使敵人前後不相及，衆寡不相恃，貴賤不相救，上下不相收，卒離而不集〔四〕，兵合而不齊。合於利而動，不合於利而止。敢問：敵衆整而將來，待之若何？曰：先奪其所愛，則聽矣。兵之情主速，○兵情主速。乘人之不及，由不虞之道攻其所不戒也。

凡爲客之道，深入則專，主人不克；掠於饒野，三軍足食；謹養而勿勞，并氣積力；運兵計謀，爲不可測。○運兵計謀，爲不可測。投之無所往，死且不北。死焉不得，士人盡力。兵士甚陷則不懼，無所往則固，入深則拘，不得已則鬭。是故其兵不脩而戒，不求而得，不約而親，不令而信，禁祥去疑，至死無所之。吾士無餘財，非惡貨也；無餘命，非惡壽也。令發之日，士卒坐者涕沾襟，偃卧者涕交頤，投之無所往，則諸、劌之勇也②。

故善用兵者，譬如率然。○善兵者，譬如率然。率然者，常山之蛇也，擊其首則尾至，擊其尾則首至，擊其中則首尾俱至。敢問：可使如率然乎？曰：可。夫吴人與越人相惡也，當其同舟濟而遇風，其相救也，如左右手。是故方馬埋輪，未足恃也。齊勇若一，政之道也。○齊勇若一，政之道。剛柔皆得〔五〕，地之理也。故善用兵者，攜手若使一人，不得已也。○善兵，携手若使一人③。

將軍之事，靜以幽，正以治。○將事，靜、幽、正、治。能愚士卒之耳目，使之無知。易其事，革其謀，使人無識。易其居，迂其途，使人不得慮。帥與之期，如登高而去其梯；帥與之深入諸侯之地，而發其機，若驅羣羊，驅而往，驅而來，莫知所之。聚三軍之衆，投之於險，此將軍之事也。九地之變，屈伸之利，人情之理，不可不察也。○人情之理，不可不察。

凡爲客之道，深則專，淺則散。去國越境而師者，絶地也。四通者，衢地也。入深者，重地也。入淺者，輕地也。背固前隘者，圍地也。無所往者，死地也。※通局開闔④，真如常山之蛇，首尾擊應。是故散地吾將一其志〔六〕，輕地吾將使之屬，爭地吾將趍其後，交地吾將謹其守，衢地吾將固其結，重地吾將繼其食，圮地吾將進其途，圍地吾將塞其闕，死地吾將示之以不活。故兵之情，圍則禦，不得已則鬭，過則從。

是故不知諸侯之謀者，不能預交〔七〕；不知山林、險阻、沮澤之形者，不能行軍；不用鄉導者，不能得地利。四五者，一不知，非霸王之兵也。大霸王之兵，伐人國，則其衆不得聚；威加於敵，則其交不得合。是故不爭天下之交，不養天下之權，信己之私，威加於敵。故其城可拔，其國可隳。施無法之賞，懸無政之令，犯三軍之衆，若使一人。犯之以事，勿告以言；犯之以利，勿告以害。投之亡地然後存，陷之死地然後生。夫衆陷於害，然後能爲勝敗。故爲兵之事，在順詳敵之意，○兵事，在順詳敵意。并力一向〔八〕，千里殺將，是謂巧能成事。

是故政舉之日，夷關折符，無通其使，※幾事不密則害成⑤，此

《易》理也。故夷關折符，無通其使。**厲於廊廟之上**〔九〕**，以誅其事。敵人開闔，必亟入之。先其所愛，微與之期。踐墨隨敵，以決戰事。**◎踐墨隨敵，以決事。**是故始如處女，敵人開户；後如脱兔，敵不及拒。**◎處女，脱兔。

以地形論戰而及九地之變⑥，九地中，獨一死地則戰，戰豈易言乎哉！故善用兵者之於三軍，“携手若使一人”，且如出一心，使人常有“投之無所往”之心，則戰未有不出死力者，“有不戰，戰必勝矣”⑦。

【校】

〔一〕入人之地而不深者　而，原脱，據各本補。

〔二〕彼得亦利者　者，原脱，據各本補。

〔三〕古之所謂善用兵者　古之所謂，除漢簡本作“所胃古”，各本皆作“所謂古之”。

〔四〕卒離而不集　離，原作“雜”，旁注“離”，據各本改。

〔五〕剛柔皆得　皆，原作“相”，據各本改。

〔六〕是故散地吾將一其志　一其志，原作“一其心”，“心”旁注“志”，除漢簡本作“壹其志”外，各本皆作“一其志”，據改。

〔七〕不能預交　預，宋武經本、魏武帝注本作“豫”。

〔八〕并力一向　力，四庫本同，其他各本皆作“敵”。

〔九〕厲於廊廟之上　廊廟，原作“廟廊”，據宋武經本、魏武帝注本、十一家注本乙正。

【注】

① 圮：旁注音“起”，今音 pǐ。

② 劌：旁注音“貴”，今音 guì。

③ 携手若使一人：指三軍之衆齊心協力，使用起來如同調遣一人一樣。

④ 通局：猶言全局。

⑤ 幾事不密則害成：語見《周易・繫辭上》。“幾”，《漢書・王莽傳》引作“機”。

⑥ 九地之變：九種作戰地形的變换。九地，指《孫子・九地》介紹的九種地形，包括散地、輕地、爭地、交地、衢地、重地、圮地、圍地、死地。不同的地形有不同的應變方法，如處於“疾戰則存，不疾戰則亡”的“死地”，應對原則是“死地則戰”。地形之於作戰十分重要，《孫子・九地》云：“九地之變，屈伸之利，人情之理，不可不察也。”

⑦ 有不戰，戰必勝矣：語見《孟子・公孫丑下》：“得道者多助，失道者寡助。寡助之至，親戚畔之。多助之至，天下順之。以天下之所順攻親戚之所畔，故君子有不戰，戰必勝矣。”

火攻第十二

孫子曰：凡火攻有五：○火攻有五。一曰火人，二曰火積，三曰火輜，四曰火庫，五曰火隊。行火必有因，烟火必素具〔一〕。發火有時，起火有日。時者，天之燥也。日者，月在箕、壁、翼、軫也〔二〕。凡此四宿者①，風起之日也。

凡火攻，必因五火之變而應之。火發於内，則早應之於外〔三〕。火發而其兵静者，待而勿攻，極其火力，可從而從之〔四〕，不可從則止〔五〕。火可發於外，無待於内，以時發之。火發上風，無攻下風。晝風久，夜風止〔六〕。凡軍必知五火之變〔七〕，以數守之。

故以火佐攻者明，以水佐攻者强。水可以絶，不可以奪。

夫戰勝攻取而不脩其功者凶，命曰費留。○費留。故曰：明主慮之，良將脩之。非利不動，非得不用，非危不戰。主不可以怒而興師，將不可以愠而致戰。合於利而動，不合於利而止。○明、良合利而動。怒可以復喜，愠可以復悦〔八〕，亡國不可以復存，死者不可以復生。故曰明主慎之〔九〕，良將警之，此安國全軍之道也。※ 安國全軍，便是常勝之家②。

火攻亦兵法中之一端耳，用兵者不可不知，實不可輕發，故曰：“非利不動，非得不用，非危不戰。主不可以怒而興師,將不可以愠而致戰。”是爲“安國全軍之道”。

【校】

〔一〕烟火必素具　烟,宋武經本、十一家注本作“煙”。

〔二〕月在箕壁翼軫也　壁,原作“璧”,據各本改。

〔三〕則早應之於外　則,原作“即”,據各本改。

〔四〕可從而從之　從之,原作“攻之”,據各本改。

〔五〕不可從則止　則,原作“而”,據各本改。

〔六〕夜風止　止,原作“上”,據宋武經本、十一家注本改。

〔七〕凡軍必知五火之變　必,原作“不”,據各本改。

〔八〕愠可以復悦　悦,宋武經本、魏武帝注本作“説”。

〔九〕故曰明主慎之　曰,《羣書治要》《通典》《太平御覽》所引同,其他各本皆闕。○主,宋武經本、魏武帝注本、日藏櫻田迪所校古本、《羣書治要》、《通典》、《太平御覽》所引皆同,其他各本皆作“君”。

【注】

① 宿:旁注音繡,今音 xiù。

② 常勝之家:用東漢光武帝事。《後漢書·臧宫傳》云:“宫以謹信質樸,故常見任用。後匈奴饑疫,自相分爭,帝以問宫。宫曰:‘願得五千騎以立功。’帝笑曰:‘常勝之家,難與慮敵,吾方自思之。’”後臧宫與其他將領聯合上書,要求乘機攻打匈奴,光武帝下詔婉拒道:“誠能舉天下之半以滅大寇,豈非至願?苟非其時,不如息人。”要求謹慎持重的常勝將軍臧功要謹慎,不可擅開戰端,以期“安國全軍”。

用間第十三

孫子曰:凡興師十萬,出征千里,百姓之費,公家之奉,日費千金,内外搔動〔一〕,怠於道路,不得操事者,七十萬家。相守數年,以爭一日之戰,而愛爵禄百金,※不愛爵禄,捐金反間①,是一要着②。**不知敵之情者,不仁之至也,非人之將也,非主之佐也,非**

勝之主也。故明君賢將,所以動而勝人,○明君動而勝人。成功出於衆者,○明君成功出衆。先知也。先知者,不可取於鬼神,不可象於事,不可驗於度,必取於人,○明君成功必取於人。知敵之情者也。

故用間有五:有因間,有内間,有反間,有死間,有生間。五間俱起,莫知其道,是謂神紀,人君之寶也。因間者,因其鄉人而用之。内間者,因其官人而用之。反間者,因其敵間而用之。死間者,爲誑事於外,令吾間知之,而傳於敵間也。生間者,反報也。

故三軍之事,莫親於間,○三軍莫親乎間。賞莫厚於間,事莫密於間。非聖智不能用間,非仁義不能使間,非微玅不能得間之實。微哉微哉,無所不用間也。間事未發而先聞者,聞與所告者皆死。

凡軍之所欲擊,城之所欲攻,人之所欲殺,必先知其守將、左右、謁者、門者、舍人之姓名,令吾間必索知之。必索敵間之來間我者,因而利之,導而舍之,故反間可得而使也。因是而知之,故鄉間、内間可得而使也。因是而知之,故死間爲誑事,可使告敵。因是而知之,故生間可使如期。五間之事,主必知之,知之必在反間,故反間不可不厚也。

昔殷之興也,伊摯在夏;周之興也,吕牙在商〔二〕。故明君賢將能以上智爲間者,必成大功。○以上智爲間,必成大功。此兵之要,三軍之所恃而動也。

用間與乘間不同,乘間必間自人主〔三〕,用間則間爲我用。知此一法,任敵之堅壁完壘,而無不可破,横行直撞,直遊刃有餘了。總之,不出"校之以計而索其情"一語。

梅林曰:用間是制勝第一妙法,故孫子作十三篇,以此結之。其寓意遠矣,有志當世者,不可不留心焉。

【校】

〔一〕内外搔動　搔,各本皆作"騷"。

〔二〕吕牙在商　商,各本皆作"殷"。

〔三〕乘間必間自人主　主,茅本、申本、佐藤氏藏本皆作"生"。"人生"於此處不辭,當爲"主"之譌。行書"生""主"形近易譌,據改。

【注】

① 捐金反間:捐棄黄金實行反間計。據《史記·陳丞相世家》記載,楚漢戰爭前期,楚强漢弱,項羽圍劉邦於滎陽,劉邦欲以滎陽以西之地請和,項羽不許。劉邦問計,陳平曰:"彼項王骨鯁之臣亞父、鍾離眛、龍且、周殷之屬,不過數人耳。大王誠能出捐數萬斤金,行反間,間其君臣,以疑其心。項王爲人意忌信讒,必内相誅。漢因舉兵而攻之,破楚必矣。"劉邦從之,"乃出黄金四萬斤,與陳平,恣所爲,不問其出入"。於是,"陳平既多以金縱反間於楚軍",結果使項羽"不信"鍾離眛等骨鯁之臣,又"大疑"亞父,致使其黯然離去,病死歸途,反間計大獲成功,讓劉邦轉弱爲强。"捐金反間"一詞至遲在元代已經出現。元尚仲賢雜劇《漢高皇濯足氣英布》第一折引《詩》云:"説英布舉兵歸漢,絶勝他捐金反間。"

② 要着:重要的計策。王陽明用反間計離間寧王與其心腹謀臣之間的關係,致使寧王不信其心腹之謀,内部上下人心不穩,互生疑懼,兵勢日衰,與陳平之計相類,是王陽明平定寧王叛亂的一大要着。

新鐫武經七書卷之二

吴　子

圖國第一

吴起儒服以兵機見魏文侯。○吴起儒服以兵機見。文侯曰："寡人不好軍旅之事。"

起曰："臣以見占隱，以往察來，※"占隱""察來"二語，便是兵機。主君何言與心違？今君四時使斬離皮革，掩以朱漆，畫以丹青，爍以犀象①，冬日衣之則不温，夏日衣之則不涼。爲長戟二丈四尺，短戟一丈二尺，革車掩户，縵輪籠轂②，觀之於目則不麗，乘之以田則不輕〔一〕，不識主君安用此也。若以備進戰退守而不求能用者，譬猶伏雞之搏狸〔二〕、乳犬之犯虎，雖有鬬心，隨之死矣。

"昔承桑氏之君，脩德廢武，以滅其國家；有扈氏之君③，恃衆好勇，以喪其社稷。明主鑒兹，必内脩文德，○明元修文治矣〔三〕。外治武備。故當敵而不進，無逮於義矣；僵屍而哀之，無逮於仁矣。"

於是文侯身自布席，夫人捧觴，醮吴起於廟，立爲大將〔四〕，守西河。與諸侯大戰七十六，全勝六十四〔五〕，餘則均解。闢土四面，拓地千里④，皆起之功也。

吴子曰："昔之圖國家者〔六〕，必先教百姓而親萬民。○國家教百姓而親萬民。有四不和：不和於國，不可以出軍；不和於軍，不可以出陳；不和於陳，不可以進戰；不和於戰，不可以決勝。是以有道之主，將用其民，必先和而造大事〔七〕。○國家先和而造大事。不敢信其私謀，必告於祖廟⑤，啓於元龜，參之天時，吉乃後舉。民知君之愛其命，惜其死，若此之至，而與之臨難，則士以進死爲榮，退生爲辱矣。"※語合聖賢，兵機實不外此。

吴子曰："夫道者，所以反本復始；※起語腐。義者，所以行事立功；○義者，所以行事立功。謀者，所以違害就利；要者，所以保業守成。○要者，所以保業守成。若行不合道，舉不合義，而處大居貴〔八〕，患必及之。是以聖人綏之以道〔九〕，○聖人綏之以道。理之以義，○聖人理之以義。動之以禮，○聖人動之以禮。撫之以仁。○聖人撫之以仁。此四德者，修之則興，○四德修之則興。廢之則衰。故成湯伐桀而夏民喜悦〔一〇〕，○湯武舉順天人。周武伐紂而殷民不非〔一一〕。舉順天人，故能然矣。"

吴子曰："凡制國治軍，必教之以禮，勵之以義，○制國治軍，必以禮義。使有恥也。夫人有恥，在大足以戰，在小足以守矣。然戰勝易，守勝難。◎戰勝易，守勝難。故曰，天下戰國，五勝者禍，四勝者弊，三勝者霸，二勝者王，一勝者帝。◎天下一勝者稀。是以數勝得天下者稀，以亡者衆。"

吴子曰："凡兵之所起者有五：一曰爭名，二曰爭利，三曰積惡，四曰内亂，五曰因饑。其名又有五：一曰義兵，二曰强兵，三曰剛兵，四曰暴兵，五曰逆兵。禁暴救亂曰義，恃衆以伐曰强，因怒興師曰剛，棄禮貪利曰暴，國亂人疲、舉事動衆曰逆。五者之服，各有其道：○五者之服，各有其道。義必以禮服，强必以謙服，剛必以辭服，暴必以詐服，逆必以權服。”

武侯問曰：“願聞治兵、料人、固國之道。”○料人、固國之道。

起對曰：“古之明王，必謹君臣之禮。○明王謹君臣之禮。餙上下之儀，安集吏民，順俗而教，○明王順俗而教。簡募良材，以備不虞。※明王簡募良材，以備不虞。昔齊桓募士五萬，以霸諸侯；晉文召爲前行四萬，以獲其志；秦繆置陷陳三萬⑥，以服鄰國〔一二〕。故强國之君，必料其民。○强國之君，必料其民。民有膽勇氣力者，聚爲一卒；樂以進戰効力以顯其忠勇者，聚爲一卒；能踰高超遠、輕足善走者，聚爲一卒；王臣失位而欲見功於上者，聚爲一卒；棄城去守〔一三〕，欲除其醜者，聚爲一卒。此五者，軍之練鋭也。○五者，軍之練鋭。有此三千人，内出可以決圍〔一四〕，外入可以屠城矣。”

武侯問曰：“願聞陳必定、守必固、戰必勝之道。”○守固、戰勝之道。

起對曰：“立見且可，豈直聞乎！君能使賢者居上，不肖者處下，則陳已定矣；民安其田宅，親其有司，則守已固矣；百姓皆是吾君而非鄰國，則戰已勝矣。”※先自治而後治人〔一五〕⑦，不謂吴起見亦及此。

武侯嘗謀事，羣臣莫能及，罷朝而有喜色。起進曰：“昔楚莊王嘗謀事，羣臣莫能及，罷朝而有憂色。申公問曰：‘君有憂色，何也？’曰：‘寡人聞之，世不絶聖，國不乏賢。能得其師者王，○能得其師者王。能得其友者霸。今寡人不才而羣臣莫及者，楚國其殆矣。’此楚莊王之所憂，而君悦之〔一六〕，臣竊懼矣。”於是武侯有慚色。

【校】

〔一〕乘之於田則不輕　於,宋武經本作“以”。○輕,原作“識”,涉下句“不識主君安用此也”之“識”而誤,據宋武經本、四庫本改。

〔二〕譬猶伏雞之搏狸　搏,原誤作“摶”,據宋武經本、四庫本改。又《淮南子·説林》云:“乳狗之噬虎也,伏雞之搏狸也,恩之所加,不量其力。”

〔三〕明元修文治矣　元,據經文,當係“主”之譌。

〔四〕立爲大將　“將”後原有“軍”字,據宋武經本、四庫本删。

〔五〕全勝六十四　勝,原作“戰”,旁注“勝”,宋武經本、四庫本作“勝”,據改。

〔六〕昔之圖國家者　原作“昔之圖謀國家者”,衍一“謀”字,據宋武經本、十一家注本删。

〔七〕必先和而造大事　必,原脱,據宋武經本、四庫本補。

〔八〕而處大居貴　居,原作“富”,旁注“居”。“處”與“居”文義相對,宋武經本、四庫本皆作“居”,據改。

〔九〕是以聖人綏之以道　以,四庫本作“故”。

〔一〇〕故成湯伐桀而夏民喜悦　伐,宋武經本、四庫本及羣書所引均作“討”。“湯伐桀”之説見於《書·湯誓序》等。今存之。

〔一一〕周武伐紂而殷民不非　民,宋武經本、四庫本皆作“人”。

〔一二〕以服鄰國　國,原作“敵”,據宋武經本、四庫本改。

〔一三〕棄城去守　原作“棄其城守”,據宋武經本、四庫本改。

〔一四〕内出可以決圍　圍,原作“圖”,旁注“圍”,據宋武經本、四庫本改。

〔一五〕先自治而後治人　後,永富青地引尊經閣本作“復”。“後”“復”行書形近,句中“先”與“後”對舉,“復”當爲“後”之譌。

〔一六〕而君悦之　悦,宋武經本、四庫本皆作“説”。“説”通“悦”。

【注】

① 爍:旁注音“芍”,今音 shuò。○犀:旁注音“西”,今音 xī。

② 縵:旁注音“滿”,今音 màn。

③ 扈:旁注音“户”,今音 hù。

④ 拓:旁注音“摭”,今音有三:zhí、tuò 與 tà。“拓(tuò)地”乃古人習語,係

"開辟土地，擴充疆域"之義，故"拓"當讀 tuò。

⑤ 告：旁注音"谷"，今音 gào。

⑥ 繆：旁注音"穆"，今音 mù。

⑦ 先自治而後治人：是語蓋本揚雄《法言·先知》所闡發的孔子之意："或曰：'齊得夷吾而霸，仲尼曰小器，請問大器。'曰：'大器其猶規矩準繩乎？先自治而後治人之謂大器。'"《論語·子路》："子曰：'其身正，不令而行；其身不正，雖令不從。'"王守仁甚重此言，氏著《論元年春王正月（戊辰）》："豈《春秋》'忠恕'，'先自治而後治人'之意乎？"王陽明《第五道》云："《春秋》之道，責己嚴而待人恕；吾夫子之訓，先自治而後治人也。"

料敵第二

武侯謂吴起曰："今秦脇吾西[①]，楚帶吾南，趙衝吾北，齊臨吾東，燕絶吾後，韓據吾前。六國之兵四守，勢甚不便。憂此，奈何？"

起對曰："夫安國家之道，先戒爲寶。〇安國家之道，先戒爲寶。今君已戒，禍其遠矣。臣請論六國之俗：夫齊陳重而不堅，秦陳散而自鬭，楚陳整而不久，燕陳守而不走，三晉陳治而不用。

"夫齊性剛，其國富，君臣驕奢而簡於細民，其政寬而禄不均，一陳兩心，前重後輕，故重而不堅。擊此之道，必三分之，獵其左右，脇而從之，其陳可壞。

"秦性强，其地險，其政嚴，其賞罰信，其人不讓，皆有鬭心，故散而自戰。擊此之道，必先示之以利而引去之，士貪於得而離其將，乘乖獵散，設伏投機，其將可取。

"楚性弱，其地廣，其政騷，其民疲，故整而不久。擊此之道，襲亂其屯，先奪其氣，輕進速退，弊而勞之，勿與爭戰，其軍可敗。

"燕性慤，其民慎，好勇義，寡詐謀，故守而不走。擊此之道，觸而迫之，陵而遠之，馳而後之，則上疑而下懼。謹我車騎，必避之路，其將可虜。

“三晉者，中國也，其性和，其政平，其民疲於戰，習於兵，輕其將，薄其禄，士無死志，故治而不用。擊此之道，阻陳而壓之，衆來則拒之，去則追之，以捲其師〔一〕。此其勢也。

“然則一軍之中必有虎賁之士，力輕扛鼎，足輕戎馬，搴旗斬將〔二〕②，必有能者。若此之等，選而别之，愛而貴之，是謂軍命。其有工用五兵，材力健疾，志在吞敵者，必加其爵列，可以決勝〔三〕。厚其父母妻子，勸賞畏罰，此堅陳之士，可與持久。能審料此，可以擊倍。”○能審料此，可以擊衆。

武侯曰：“善！”

吴子曰：“凡料敵，有不卜而與之戰者八：◎不卜而與敵戰者八。一曰疾風大寒，早興寤遷，剖冰濟水，不憚艱難。二曰盛夏炎熱，晏興無間，行驅饑渴，務以取遠〔四〕。三曰師既淹久，糧食無有，百姓怨怒，妖祥數起〔五〕，上不能止。四曰軍資既竭，薪蒭既寡〔六〕，天多陰雨，欲掠無所。五曰徒衆不多，水地不利，人馬疾疫，四鄰不至。六曰道遠日暮，士衆勞懼，倦而未食，解甲而息。七曰將薄吏輕，士卒不固，三軍數驚，師徒無助。八曰陳而未定，舍而未畢，行阪涉險〔七〕，半隱半出。諸如此者〔八〕，擊之勿疑〔九〕。有不占而避之者六：○不占而避之者六。一曰土地廣大，人民富衆。二曰上愛其下，惠施流布。三曰賞信刑察，發必得時。四曰陳功居列，任賢使能。五曰師徒之衆，兵甲之精。六曰四鄰之助，大國之援。凡此不如敵人，避之勿疑，所謂‘見可而進，知難而退’也。”

武侯問曰：“吾欲觀敵之外以知其内，察其進以知其止，以定負勝，可得聞乎？”

起對曰：“敵人之來，蕩蕩無慮，旌旗煩亂，人馬數顧，一可擊十，必使無措。諸侯未會，君臣未和，溝壘未成，禁令未施，三軍洶洶〔一〇〕,欲前不能,欲去不敢〔一一〕,以半擊倍,百戰不殆。"

武侯問敵必可擊之道。

起對曰:"用兵必須審敵虚實而趨其危。○用兵先審敵虚實。敵人遠來新至,行列未定,可擊;既食,未設備,可擊;奔走,可擊;勤勞,可擊;未得地利,可擊;失時不從,可擊;涉長道後行未息,可擊;涉水半渡,可擊;險道狹路,可擊;旌旗亂動,可擊;陳數移動,可擊;將離士卒,可擊;心怖,可擊。凡若此者,選鋭衝之,分兵繼之,急擊勿疑。"

【校】

〔一〕以捲其師　捲,宋武經本、四庫本皆作"倦"。

〔二〕搴旗斬將　斬,宋曾慥《類説》卷三十九引作"取"。

〔三〕可以決勝　勝,原作"戰",據宋武經本、四庫本改。

〔四〕務以取遠　以,宋武經本、四庫本皆作"於"。

〔五〕妖祥數起　妖,宋武經本、四庫本皆作"祅"。

〔六〕薪蒭既寡　蒭,宋武經本、四庫本皆作"芻"。

〔七〕行阪涉險　阪,原作"陂"。阪,指山坡或其他斜坡,與"險"文義相對。宋武經本、四庫本皆作"阪",據改。

〔八〕諸如此者　諸,原作"敵",據宋武經本、四庫本改。

〔九〕擊之勿疑　疑,原作"從",據宋武經本、四庫本改。

〔一〇〕三軍洶洶　洶洶,四庫本同,宋武經本作"匈匈",義同。

〔一一〕欲去不敢　去,原作"止",旁注"去",據宋武經本、四庫本改。

【注】

① 脇:同"脅"。旁注音"血",今音 xié。

② 搴:旁注音"牽",今音 qiān。

治兵第三

武侯問曰:"用兵之道〔一〕,何先?"○用兵之道,何先?

起對曰："先明四輕、二重、一信。"○先明四輕、二重、一信。

曰："何謂也？"

對曰："使地輕馬，馬輕車，車輕人，人輕戰。明知險易，則地輕馬；芻秣以時，則馬輕車；膏鐗有餘①，則車輕人；鋒鋭甲堅，則人輕戰。進有重賞，退有重刑。行之以信。審能達此，勝之主也。"

武侯問曰："兵何以爲勝？"

起對曰："以治爲勝。"○兵以治爲勝。

又問曰："不在衆乎？"

對曰："若法令不明〔二〕，賞罰不信，金之不止，鼓之不進，雖有百萬，何益於用？所謂治者，居則有禮，動則有威，進不可當，退不可追，前却有節，左右應麾，雖絶成陣，雖散成行。與之安，與之危，其衆可合而不可離，可用而不可疲，投之所往，天下莫當，名曰父子之兵②。"

吴子曰："凡行軍之道，無犯進止之節，無失飲食之適，無絶人馬之力。此三者，所以任其上令。○三者，所以任其上令。任其上令，則治之所由生也。○三者，治之所由生。若進止不度，飲食不適，馬疲人倦而不解舍，所以不任其上令。上令既廢，以居則亂，以戰則敗。"

吴子曰："凡兵戰之場，止屍之地〔三〕，必死則生，幸生則死。其善將者，如坐漏船之中，伏燒屋之下，使智者不及謀，勇者不及怒，受敵可也。故曰：用兵之害，猶豫最大，三軍之災，生於狐疑。"※與"兵貴拙速"合。

吴子曰："夫人常死其所不能，敗其所不便，故用兵之法，教戒爲先。○用兵之法，教戒爲先。一人學戰教成十人，十人學戰教成百人，百人學戰教成千人，千人學戰教成萬人，萬人學戰教成三軍。以近待遠，以佚待勞，以飽待饑。圓而方之，坐而起之，行而止之，左而右之，前而後之，分而合之，結而解之。每變皆習，乃授其兵。是謂將事。”

吴子曰：“教戰之令：短者持矛戟，長者持弓弩，强者持旌旗，勇者持金鼓，弱者給廝役〔四〕，知者爲謀主〔五〕。鄉里相比，什伍相保。一鼓整兵，二鼓習陳，三鼓趨食，四鼓嚴辦〔六〕，五鼓就行。聞鼓聲合，然後舉旗。”

武侯問曰：“三軍進止，豈有道乎？”

起對曰：“無當天竈，無當龍頭。天竈者，大谷之口。龍頭者，大山之端。必左青龍，右白虎，前朱雀，後玄武。招摇在上，從事於下。將戰之時，審候風所從來〔七〕，風順致呼而從之，風逆，堅陳以待之。”

武侯問曰：“凡畜卒騎〔八〕，豈有方乎？”

起對曰：“夫馬必安其處所，適其水草，節其饑飽。冬則温廄，夏則凉廡。刻剔毛鬣，謹落四下。戢其耳目，無令驚駭。習其馳逐，閑其進止。人馬相親，然後可使。車騎之具，鞍勒銜轡〔九〕，必令完堅〔一〇〕。凡馬不傷於末，必傷於始；不傷於饑，必傷於飽。日暮道遠，必數上下。寧勞於人，慎勿勞馬〔一一〕。常令有餘，備敵覆我。能明此者，横行天下。”○能明此者，横行天下。

【校】

〔一〕用兵之道　用，宋武經本、四庫本皆作“進”。

〔二〕若法令不明　若，原闕，據宋武經本、四庫本補。

〔三〕止屍之地　止，宋武經本、四庫本皆作“立”。

〔四〕弱者給廝役　役，宋武經本、四庫本皆作“養”，“廝役”“廝養”義同。

〔五〕知者爲謀主　知，宋武經本、四庫本皆作“智”，“知”通“智”。

〔六〕四鼓嚴辦　辦，宋武經本、四庫本皆作“辨”，“辦”通“辨”，且形近。嚴辨，嚴格辨認、檢查。

〔七〕審候風所從來　候，原作“侯”，據宋武經本、四庫本改。

〔八〕凡畜卒騎　畜，《繹史》卷一〇五所引作“蓄”，“畜”通“蓄”。

〔九〕鞍勒銜轡　銜，原作“御”，旁注“銜”，據宋武經本、四庫本改。

〔一〇〕必令完堅　完堅，原作“堅完”，旁注“完堅”，據宋武經本、四庫本乙正。

〔一一〕慎勿勞馬　勿，宋武經本、四庫本皆作“無”，“無”通“勿”。

【注】

① 鐧：旁注音“鑑”，今音 jiàn。

② 父子之兵：弘治十二年（1499），王陽明《陳言邊務疏》云：“何謂敷恩以激怒？臣聞‘殺敵者，怒也’。今師方失利，士氣消沮。三邊之戍，其死亡者，非其父母子弟，則其宗族親戚也。今誠撫其瘡痍，問其疾苦，恤其孤寡，振其空乏，其死者皆無怨尤，則生者自宜感動。然後簡其强壯，宣以國恩，喻以寇讐，明以天倫，激以大義，懸賞以鼓其勇，暴惡以深其怒，痛心疾首，日夜淬厲，務與之俱殺父兄之讐，以報朝廷之德，則我之兵勢日張，士氣日奮。”可參看。又，王陽明《預整操練》云：“號令素習，自然如身臂手指之便。恩義素行，自然興父兄子弟之愛。居則有禮，動則有威。以是征誅，將無不可矣。”亦可參看。

論將第四

吴子曰：“夫總文武者，軍之將也；○總文武者，軍之將。**兼剛柔者，兵之事也。凡人論將，常觀於勇。勇之於將，乃數分之一爾。夫勇者必輕合，輕合而不知利，未可也。故將之所慎者五：**○將之所慎者五。**一曰理，二曰備，三曰果，四曰戒，五曰約。理者，治衆如治寡。備者，出門如見敵。果者，臨敵不懷生。戒者，雖克如始戰。約者，法令省而不煩。受命而不辭家，破敵而後言返〔一〕，將之禮也。故師出之日〔二〕，有死之榮，無生之辱。”**※有此五慎，有生之樂，無死之憂矣。

吴子曰：“凡兵有四機：○兵有四機。**一曰氣機，二曰地機，三**

曰事機，四曰力機。三軍之衆，百萬之師，張設輕重，在於一人，是謂氣機。路狹道險，名山大塞，十夫所守，千夫不過，是謂地機。善行間諜，輕兵往來，分散其衆，使其君臣相怨，上下相咎，是謂事機。※四機之中，事機尤要。車堅管轄，舟利櫓楫，士習戰陳，馬閑①馳逐，是謂力機。知此四者，乃可爲將。○知此四者，乃可爲將。然其威德仁勇，必足以率下安衆，怖敵決疑，施令而下不敢犯〔三〕，所在而寇不敢敵〔四〕。得之國强，去之國亡。是謂良將。"

吴子曰："夫鼙鼓金鐸，所以威耳。旌旗麾幟，所以威目。禁令刑罰，所以威心。耳威於聲，不可不清。目威於色，不可不明。心威於刑，不可不嚴。三者不立，雖有其國，必敗於敵。故曰：將之所麾，莫不從移，將之所指，莫不前死。"

吴子曰："凡戰之要，必先占其將而察其才，◎必先占其將而察其才。因其形而用其權，則不勞而功舉。其將愚而信人，可詐而誘〔五〕。貪而忽名，可貨而賂。輕變無謀，可勞而困。上富而驕，下貧而怨〔六〕，可離而間。進退多疑，其衆無依，可震而走。士輕其將而有歸志，塞易開險，可邀而取。進道易，退道難，可來而前。進道險，退道易，可薄而擊。居軍下濕，水無所通，霖雨數至，可灌而沈。居軍荒澤，草楚幽穢，飈風數至〔七〕，可焚而滅。停久不移，將士懈怠，其軍不備，可潛而襲。"

武侯問曰："兩軍相望，不知其將，我欲相之，其術如何？"

起對曰："令賤而勇者將輕鋭以嘗之，務於北，無務於得，觀敵之來，一坐一起，其政以理，其追北佯爲不及，其見利佯爲不知。如此將者，名爲智將，勿與戰矣。若其衆諠譁〔八〕，旌旗煩亂，其卒自行自止，其兵或縱或横，其追北恐不及，見利恐不得，此爲愚將，雖衆可獲。"

【校】

〔一〕破敵而後言返　破敵，宋武經本、四庫本作“敵破”。

〔二〕故師出之日　師出，宋武經本、四庫本作“出師”。

〔三〕施令而下不敢犯　敢，宋武經本無。

〔四〕所在而寇不敢敵　而，宋武經本無。

〔五〕可詐而誘　詐，原作“計”，據宋武經本、四庫本改。

〔六〕下而貧怨　貧，原作“貪”，旁注“貧”，“下貧”與前文“上富”相對成文，宋武經本、四庫本皆作“貧”，據改。

〔七〕颷風數至　颷風，宋武經本、四庫本皆作“風飄”。“颷”同“飄”。

〔八〕若其衆諠譁　諠，宋武經本、四庫本皆作“讙”，義近。

【注】

① 閑：義近於“習”。《詩·大雅·卷阿》“君子之馬，既閑且馳”，鄭玄箋：“閑，習也。”

應變第五

武侯問曰：“車堅馬良，將勇兵强，◎將勇兵强。卒遇敵人，亂而失行，則如之何？”

起對曰：“凡戰之法，晝以旌旗旛麾爲節，夜以金鼓笳笛爲節。麾左而左，麾右而右，鼓之則進，金之則止，一吹而行，再吹而聚，不從令者誅。三軍服威，士卒用命，則戰無强敵，攻無堅陳矣。”◎戰無强敵，攻無堅陣。

武侯問曰：“若敵衆我寡，爲之奈何？”

起對曰：“避之於易，邀之於阨。故曰：以一擊十，莫善於阨；以十擊百，莫善於險；以千擊萬，莫善於阻。今有少卒卒起①，擊金鳴鼓於阨路，雖有大衆，莫不驚動。故曰：用衆者務易，用寡者務隘〔一〕。”○務易，務隘。

武侯問曰：“有師甚衆，既武且勇，背大阻險，右山左水，深溝高壘，守以强弩，退如山移，進如風雨，糧食又多，難與長守，則如之何？”

起對曰：“大哉問乎！此非車騎之力，聖人之謀也。○大哉，聖人之謀。能備千乘萬騎，兼之徒步，分爲五軍，各軍一衢。夫五軍五衢〔二〕，敵人必惑，莫知所加。敵若堅守，以固其兵，急行間諜，以觀其慮。彼聽吾説，解之而去。不聽吾説，斬使焚書。※操刀必割②，是有殺手人③。分爲五戰，戰勝勿追，不勝疾歸〔三〕。如是佯北，安行疾鬬，一結其前，一絶其後，兩軍銜枚〔四〕，或左或右，而襲其處，五軍交至，必有其利。此擊强之道也。”

武侯問曰：“敵近而薄我，欲去無路，我衆甚懼，爲之奈何？”

起對曰：“爲此之術，若我衆彼寡，分而乘之；彼衆我寡，以方從之。從之無息，雖衆可服。”

武侯問曰：“若遇敵於谿谷之間，傍多險阻，彼衆我寡，爲之奈何？”

起對曰：“遇諸丘陵林谷，深山大澤，疾行亟去，勿得從容。若高山深谷，卒然相遇，必先鼓譟而乘之，進弓與弩，且射且虜。審察其政，亂則擊之勿疑〔五〕。”

武侯問曰：“左右高山，地甚狹迫，卒遇敵人，擊之不敢，去之不得，爲之奈何？”

起對曰：“此謂谷戰，雖衆不用。募吾材士，與敵相當，輕足利兵，以爲前行。分車列騎，隱於四旁，相去數里，無見其兵。敵必堅陳，進退不敢。於是出旌列旆，行出山外營之，敵人必懼。車騎挑之，勿令得休。此谷戰之法也。”

武侯問曰：“吾與敵相遇大水之澤，傾輪没轅，水薄車騎，舟楫不設，進退不得，爲之奈何？”

起對曰：“此爲水戰，無用車騎，且留其傍。登高四望，必得水情，知其廣狹，盡其淺深，乃可爲奇以勝之。敵若絶水，半渡而薄之。”

武侯問曰：“天久連雨，馬陷車止，四面受敵，三軍驚駭，爲之奈何？”

起對曰：“凡用車者，陰濕則停，陽燥則起，貴高賤下，馳其强車，若進若止，必從其道。敵人若起，必逐其迹。”

武侯問曰：“暴寇卒來，掠吾田野，取吾牛羊，則如之何？”

起對曰：“暴寇之來，必慮其强，善守勿應。彼將暮去，其裝必重，其心必恐，還退務速，必有不屬，追而擊之，其兵可覆。”

吴子曰：“凡攻敵圍城之道，城邑既破，各入其宫，御其禄秩，收其器物。軍之所至，無刊其木、發其屋、取其粟、殺其六畜、燔其積聚，示民無殘心。其有請降，許而安之。”

【校】

〔一〕用寡者務隘　寡，宋武經本、四庫本皆作“少”。

〔二〕夫五軍五衢　夫，原闕，據宋武經本、四庫本補。

〔三〕不勝疾歸　歸，原作“走”。“歸”與上句“追”爲韻，據宋武經本、四庫本改。

〔四〕兩軍銜枚　銜，原作“衙”，旁注“銜”，據四庫本改。宋武經本作“嗛”。“嗛”同“銜”。

〔五〕審察其政亂則擊之勿疑　政亂，原作“治亂”，據宋武經本改。亂則可擊，治則不可擊，故當作“政”。

【注】

① 卒起：突然發起進攻。卒，旁注音“測”，今音 cù，後世多作“猝”。

② 操刀必割：比喻行事應果斷，行動及時。《六韜·守土》：“日中必彗，操刀必割，執斧必伐。日中不彗，是謂失時。操刀不割，失利之期。執斧不伐，賊人將來。”

③ 殺手人：明代官軍、民兵以外以殺人爲業的武裝人員。明王守仁《議夾剿兵糧疏》：“彼巢峒既多，賊黨亦衆，東追西竄，此出彼藏。必須調發本省土漢官

軍、民兵、殺手人等共三萬員名，分立哨道，刻期進剿。”

勵士第六

武侯問曰：“嚴刑明賞，足以勝乎？”○嚴刑明賞，足以勝？

起對曰：“嚴明之事，臣不能悉，雖然，非所恃也。夫發號布令而人樂聞，興師動衆而人樂戰，交兵接刃而人樂死。此三者，人主之所恃也。”○三者，人主之所恃。

武侯曰：“致之奈何？”

對曰：“君舉有功而進享之〔一〕，無功而勵之。”

於是武侯設坐廟廷，爲三行，饗士大夫。上功坐前行，餚席兼重器上牢；次功坐中行，餚席器差減；無功坐後行，餚席無重器。饗畢而出，又頒賜有功者父母妻子於廟門外，亦以功爲差。有死事之家，歲使使者勞賜其父母，著不忘於心。行之三年，秦人興師，臨於西河，魏士聞之，不待吏令，介胄而奮擊之者以數萬〔二〕。

武侯召吴起而謂曰：“子前日之教行矣。”

起對曰：“臣聞人有短長，氣有盛衰。君試發無功者五萬人，臣請率以當之，脱其不勝，取笑於諸侯，失權於天下矣。今使一死賊伏於曠野，千人追之，莫不梟視狼顧，何者？恐其暴起而害己也。※精悍無前。是以一人投命，足懼千夫。○一人足懼千夫。今臣以五萬之衆而爲一死賊，率以討之，固難敵矣。”

於是武侯從之。兼車五百乘，騎三千匹，而破秦五十萬衆〔三〕。此勵士之功也。◎勵士之功。

先戰一日，吴起令三軍曰：“諸吏士當從受敵。車騎與徒，若車不得車，騎不得騎，徒不得徒，雖破軍，皆無功。”※激勵之法，至此可不謂嚴明乎！故戰之日，其令不煩，而威震天下。○令不煩，而威震天下。

吴子握機揣情，確有成畫，俱實實可見之行事，故始用於魯而破齊，繼入于魏而破秦，晚入於楚而楚伯。身試之，頗有成効[①]。彼《孫子兵法》較《吴》豈不深遠，而實用則難言矣。想孫子特有意于著書成名，而吴子第就行事言之，故其効如此。

【校】

〔一〕君舉有功而進享之　享，宋武經本、四庫本皆作“饗”，字通。

〔二〕以數萬　數萬，宋武經本、四庫本皆作“萬數”。

〔三〕而破秦五十萬衆　十，原作“千”，旁注“十”，據宋武經本、四庫本改。

【注】

① 身試之，頗有成効：正德十一年（1516），王陽明被擢爲右僉都御史，巡撫南、贛，正式開始其軍事生涯。次年，陽明用兵有神效，蕩平爲患數十年的反政府武裝。故陽明評注《武經》或當在其中年以後。

新鐫武經七書卷之三

司馬法

仁本第一

古者,以仁爲本、◎古者,以仁爲本。以義治之之謂正。正不獲意則權。○正不獲意則權。權出於戰,不出於中人。是故殺人安人,殺之可也;攻其國、愛其民,攻之可也;以戰止戰,雖戰可也。故仁見親,義見説,智見恃,勇見方〔一〕,信見信。内得愛焉,所以守也;外得威焉,所以戰也。

戰道,不違時,◎戰道,不違時。不歷民病,所以愛吾民也;不加喪,不因凶,所以愛夫其民也;冬夏不興師,○冬夏不興師。所以兼愛其民也。※總之"以仁爲本"之意居多,其猶有周家忠厚之遺乎①!故國雖大,好戰必亡;天下雖安,忘戰必危。天下既平,天子大愷。春蒐秋獮②,諸侯春振旅,秋治兵,所以不忘戰也。

古者逐奔不過百步,縱綏不過三舍,是以明其禮也;不窮不能而哀憐傷病，是以明其仁也；成列而鼓，是以明其信也；爭義不爭利，是以明其義也；又能舍服，是以明其勇也；知終知始，是以明其智也。六德以時合教，◎六德以時合教。以爲民紀之道也，○六德爲民紀之道。自古之政也〔二〕。

先王之治，順天之道，○先王順天之道。設地之宜，官民之德，而正名治物。立國辯職〔三〕，以爵分禄。諸侯説懷③，海外來服，獄弭而兵寢，聖德之至也。○先王聖德之至。

其次，賢王制禮樂法度，乃作五刑，興甲兵以討不義，巡狩省方，會諸侯，考不同。其有失命亂常、悖德逆天之時〔四〕，而危有功之君，徧告於諸侯，彰明有罪。乃告於皇天上帝、日月星辰，禱於后土、四海神祇、山川冢社，乃告於先王。然後冢宰徵師於諸侯曰："某國爲不道，征之。以某年月日，師至於某國會，天子正刑。"冢宰與百官布令於軍曰："入罪人之地，無暴神祇，無行田獵，無毁土功，無燔牆屋，無伐林木，無取六畜、禾黍、器械。見其老幼，奉歸勿傷〔五〕。雖遇壯者，不校無敵〔六〕。敵若傷之，醫藥歸之。"既誅有罪，王及諸侯脩正其國，舉賢立明，正復厥職。

王伯之所以治諸侯者六〔七〕④：◎王伯所以治諸侯者六。以土地形諸侯，以政令平諸侯，以禮信親諸侯，以財力説諸侯〔八〕⑤，以謀人維諸侯，以兵革服諸侯。同利同患以合諸侯〔九〕，比小事大以和諸侯。

會之以發禁者九：馮弱犯寡則眚之，賊賢害民則伐之，暴内陵外則壇之，野荒民散則削之，負固不服則侵之，賊殺其親則正之，放弑其君則殘之，犯令陵政則杜之，外内亂、禽獸行則滅之。

※ 即《周禮·大司馬》九伐之法⑥。

【校】

〔一〕勇見方　方，四庫本、續四庫本《羣書治要》卷三十三、《太平御覽》卷二百七十引《司馬法》經文及注文皆同，宋武經本作“身”。按：身，當爲“方”之譌，草書“身”“方”形近，古書多有互譌之例；又同書《定爵》“居國見好，在軍見方，刃上見信”，與本篇“仁見親，義見説，智見恃，勇見方，信見信”語義與句式皆近。

〔二〕自古之政也　自，原作“是”，據宋武經本、四庫本皆改。

〔三〕立國辯職　辯，宋武經本、四庫本皆作“辨”。“辯”通“辨”。

〔四〕悖德逆天之時　悖，宋武經本作“背”。

〔五〕奉歸勿傷　勿，四庫本作“無”，字通。

〔六〕不校無敵　無，宋武經本、四庫本皆作“勿”，字通。

〔七〕王伯之所以治諸侯者六　伯，宋武經本、四庫本皆作“霸”，字通。

〔八〕以財力説諸侯　財，宋武經本、四庫本皆作“材”，字通。《司馬法》重義輕利，“材力”即才智能力，係道義上的感化；“財力”即財物之力，係誘之以利。

〔九〕同利同患以合諸侯　同利同患，宋武經本、四庫本皆作“同患同利”。

【注】

① 周家：周朝。

② 獮：旁注音“癬”，今音 xiǎn。

③ 説：旁注“悦”，字通，今音 yuè。

④ 伯，旁注“霸”，字通，今音 bà。

⑤ 財，旁注“材”，字通，今音 cái。

⑥ 九伐：指對九種惡行劣德的討伐。《周禮·夏官·大司馬》云：“以九伐之灋正邦國：馮弱犯寡則眚之，賊賢害民則伐之，暴内陵外則壇之，野荒民散則削之，負固不服則侵之，賊殺其親則正之，放弑其君則殘之，犯令陵政則杜之，外内亂、鳥獸行則滅之。”與《仁本》所記同。

天子之義第二

天子之義，必純取法天地〔一〕，◎天子純法天。**而觀於先聖。**◎天子觀於先聖。**士庶之義，必奉於父母，而正於君長。故雖有明君，士不先教，不可用也。**◎士不先教，不可用。

古之教民，必立貴賤之倫經，使不相陵，德義不相踰，材技不相掩，勇力不相犯，故力同而意和也〔二〕。

古者，國容不入軍，軍容不入國，故德義不相踰。上貴不伐之士。○上貴不伐之士。不伐之士，上之器也。苟不伐則無求，無求則不爭。國中之聽必得其情，軍旅之聽必得其宜，故材技不相掩。從命爲士上賞，犯命爲士上戮，故勇力不相犯。既致教其民，然後謹選而使之。事極脩則百官給矣，教極省則民興良矣，○教極省則民興良。習貫成則民體俗矣，教化之至也。◎明君教化之至。

古者，逐奔不遠，縱綏不及。不遠則難誘，不及則難陷。以禮爲固，以仁爲勝。◎禮固仁勝。既勝之後，其教可復，是以君子貴之也。○其教可復，是以君子貴之。

有虞氏戒於國中，欲民體其命也。夏后氏誓於軍中，欲民先成其慮也。殷誓於軍門之外，欲民先意以待事也〔三〕。周將交刃而誓之，以致民志也。

夏后氏正其德也，未用兵之刃，故其兵不雜。殷，義也，始用兵之刃矣。周，力也，盡用兵之刃矣。※用兵之刃在周已然，況近代乎！

夏賞於朝，貴善也。殷戮於市，威不善也。周賞於朝，戮於市，勸君子、懼小人也。三王彰其德，一也。○三王彰其德。

兵不雜則不利，長兵以衛，短兵以守。太長則難犯，太短則不及。太輕則鋭，鋭則易亂。太重則鈍，鈍則不濟。

戎車，夏后氏曰鉤車，先正也。殷曰寅車，先疾也。周曰元戎，先良也。旂，夏后氏玄首，人之執也。殷白，天之義也。周黄，地之道也。章，夏后氏以日月，尚明也。殷以虎，尚威也。周以龍，尚文也。

師多務威則民詘，少威則民不勝。上使民不得其義，百姓不得其敘，技用不得其利，牛馬不得其任，有司陵之，此謂多威，多威則民詘。上不尊德而任詐慝，不尊道而任勇力，不貴用命而貴犯命，不貴善行而貴暴行，陵之有司，此謂少威，少威則民不勝。

軍旅以舒爲主，○軍旅以舒爲主。舒則民力足。雖交兵致刃，徒不趨，車不馳，逐奔不踰列，是以不亂。軍旅之固，不失行列之政，不絶人馬之力，遲速不過誡命。

古者，國容不入軍，軍容不入國。軍容入國則民德廢，國容入軍則民德弱。故在國言文而語温，○在國言文而語温。在朝恭以遜，脩己以待人，○修己以待人。不召不至，不問不言，難進易退。在軍抗而立，在行遂而果。介者不拜，兵車不式，城上不趨，危事不齒。故禮與法，表裏也；◎禮與法，表裏。文與武，左右也。

古者，賢王明民之德，○賢王明民之德。盡民之善，故無廢德，無簡民，賞無所生，罰無所試。有虞氏不賞不罰而民可用，至德也。夏賞而不罰，至教也。殷罰而不賞，至威也。◎至德、至教、至威。周以賞罰，德衰也。賞不踰時，欲民速得爲善之利也。罰不遷列，欲民速覩爲不善之害也。

大捷不賞，上下皆不伐善。上苟不伐善，則不驕矣；下苟不伐善，則必亡等矣。上下不伐善若此，讓之至也。大敗不誅，上下皆以不善在己。上苟以不善在己，必悔其過；下苟以不善在己，必遠其罪。上下分惡若此，讓之至也。

古者戍軍，三年不興〔四〕，覩民之勞也。上下相報若此，和之至也。得意則凱歌，示喜也。○得意則凱歌，示喜。偃伯靈臺，答民之勞，示休也。◎示喜，示休。

先之以教民，至誓師用兵之時，猶必以禮與法相表裏，文與武相左右，即賞罰且設而不用①，直歸之克讓克和②，此真天子之義，能取法天地而觀於先聖者也。

【校】

〔一〕必純取法天地　法,宋武經本作“灋”,“法”同“灋”。

〔二〕故力同而意和也　力,原作“方”,據宋武經本改。

〔三〕欲民先意以待事也　待,宋武經本作“行”。

〔四〕三年不興　興,原作“典”,據宋武經本、四庫本改。

【注】

① 賞罰且設而不用:古有此説。《管子·君臣上》:“明君順人心,安情性,而發於衆心之所聚,是以令出而不稽,刑設而不用。”《鶡冠子·王鈇》:“入以禁暴,出正無道,是以其兵能横行,誅伐而莫之敢禦,故其刑設而不用,不爭而權重。”

② 克讓:能謙讓,亦作“克攘”。《尚書·堯典》:“允恭克讓。”孔傳:“克,能。”孔穎達疏:“善能謙讓。”○克和:能和順。《尚書·畢命》:“惟君陳克和厥中。”

定爵第三

凡戰,定爵位,著功罪,收游士,申教令〔一〕,訊厥衆,求厥技,方慮極物,變嫌推疑,養力索巧,因心之動。○凡戰,因心之動。

凡戰,固衆相利,治亂進止,服正成恥,約法省罰,小罪乃殺。小罪勝,大罪因。

順天、阜財、懌衆、利地、右兵,是爲五慮〔二〕。◎五慮。順天,奉時。阜財,因敵。懌衆,勉若。利地,守隘險阻。右兵,弓矢禦,殳矛守,戈戟助。

凡五兵五當,長以衛短,短以救長,迭戰則久,皆戰則强。見物與侔,是謂兩之。主固勉若,視敵而舉。

將心,心也;衆心,心也;馬牛、車兵、佚飽,力也。教惟豫,戰惟節。○教惟豫,戰惟節。將軍,身也;卒,肢也〔三〕;伍,指拇也。

凡戰,智也;鬭,勇也;陳,巧也。用其所欲,行其所能,廢其不欲不能,於敵反是。

凡戰，有天，有財，有善。時日不遷，龜勝微行，是謂有天。衆有有，因生美，是謂有財。人習陳利，極物以豫，是謂有善。人勉及任，是謂樂人①。

大軍以固，多力以煩，堪物簡治，見物應卒〔四〕②，是謂行豫。輕車輕徒，弓矢固禦，是謂大軍。密靜多内力，是謂固陳。因是進退，是謂多力。上暇人教，是謂煩陳。然有以職，是謂堪物。因是辨物，是謂簡治。

稱衆，因地因敵令陳。攻戰守，進退止，前後序，車徒因，是謂戰參。不服、不信、不和、怠、疑、厭、慴③、枝柱、詘、頓〔五〕、肆、崩、緩，是謂戰患。驕驕、慴慴、吟曠④、虞懼、事悔，是謂毁折。大小、堅柔、參伍、衆寡、凡兩，是謂戰權。

凡戰，間遠觀邇，因時因財，貴信惡疑，作兵義，作事時，使人惠。見敵，靜。見亂，暇。見危難，無忘其衆。

居國惠以信，在軍廣以武，刃上果以敏。居國和，在軍法〔六〕，刃上察。居國見好，在軍見方，刃上見信。

凡陳，行惟疏，戰惟密，兵惟雜。人教厚，靜乃治，威利章。相守義則人勉，慮多成則人服。時中服，厥次治。物既章，目乃明。慮既定，心乃强。進退無疑，見敵無謀，聽誅。無誑其名，無變其旗〔七〕。

凡事，善則長，因古則行。○凡事，因古則行。誓作章，人乃强，滅厲祥。滅厲之道：一曰義，被之以信，臨之以强，成基一天下之形，○成基一天下之形。人莫不説⑤，是謂兼用其人。一曰權，成其溢，奪其好，我自其外，使自其内。

一曰人，二曰正，三曰辭，四曰巧，五曰火，六曰水，七曰兵，是謂七政。榮、利、恥、死，是謂四守。◎七政、四守。容色積威，不過改意，凡此道也。惟仁有親，有仁無信，反敗厥身。人人、正正、辭辭、火火。

凡戰之道，既作其氣，因發其政，假之以色，道之以辭。因懼而戒，因欲而事，蹈敵制地〔八〕，以職命之，是謂戰法〔九〕。

凡人之形，由衆之求，試以名行，必善行之。若行不行，身自將之〔一〇〕；若行而行，因使勿忘。三乃成章，人生之宜，謂之法〔一一〕。

凡治亂之道，一曰仁，二曰信，三曰直，四曰一，五曰義，六曰變，七曰專。

立法，一曰受，二曰法〔一二〕，三曰立，四曰疾，五曰御其服，六曰等其色，七曰百官宜無淫服。

凡軍，使法在己曰專〔一三〕，與下畏法曰法。軍無小聽，戰無小利，日成行微，曰道。

凡戰，正不行則事專，不服則法，不相信則一。若怠則動之，若疑則變之，若人不信上則行其不復，自古之政也。

【校】

〔一〕申教令　令，四庫本、宋武經本作"詔"。"教令""教詔"義同。

〔二〕是爲五慮　爲，宋武經本、四庫本作"謂"，字通。

〔三〕肢也　肢，宋武經本作"支"。"支"通"肢"。

〔四〕見物應卒　應卒，原作"卒應"，據宋武經本、四庫本乙正。

〔五〕詘煩　煩，宋武經本作"頓"。

〔六〕在軍法　法，宋武經本作"灋"。"法"同"灋"。

〔七〕無變其旗　旗，原作"旌"，據宋武經本、四庫本改。

〔八〕蹈敵制地　蹈，原作"陷"，據宋武經本、四庫本改。

〔九〕是謂戰法　法，宋武經本作"灋"。

〔一〇〕身自將之　自，宋武經本、四庫本皆作"以"，義近。

〔一一〕謂之法　法，宋武經本"灋"。

〔一二〕二曰法　法，宋武經本作"灋"。

〔一三〕使法在己曰專　法，宋武經本作"灋"。

【注】

① 樂：旁注音"洛"，今音 lè。

② 卒：旁注音"測"，今音 cù。後世多寫作"猝"。

③ 懾：旁注音"設"，今音 shè。

④ 嚝：旁注音烘，今音 hōng。

⑤ 説：旁注"悦"，今音 yuè。

嚴位第四

凡戰之道，位欲嚴，政欲栗，力欲窕，氣欲閑，心欲一。◎氣閑心一。

凡戰之道，等道義，立卒五〔一〕，定行列，正縱横，察名實。立進俯，坐進跪，畏則密，危則坐。遠者視之則不畏，邇者勿視則不散。位下左右，下甲坐。誓徐行之，位逮徒甲，籌以輕重。振馬噪，徒甲畏，亦密之。跪坐，坐伏，則膝行而寬誓之。起噪鼓而進，則以鐸止之。銜枚誓糗，坐，膝行而推之，執戮禁顧，譟以先之。若畏太甚，則勿戮殺，示以顔色，告之以所生，循省其職。

凡三軍，人戒分日，人禁不息，不可以分食；方其疑惑〔二〕，可師可服。

凡戰，以力久，以氣勝。以固久，以危勝。本心固，新氣勝，以甲固，以兵勝。

凡車，以密固。徒，以坐固。甲，以重固。兵，以輕勝。

人有勝心，惟敵之視。人有畏心，惟畏之視。兩心交定，兩利若一。兩爲之職，惟權視之。

凡戰，以輕行輕則危，以重行重則無功，以輕行重則敗，以重行輕則戰，故戰相爲輕重。

舍謹兵甲，行慎行列〔三〕，戰謹進止。

凡戰，敬則慊①，◎戰，敬則慊〔四〕。率則服②。上煩輕，上暇重。奏鼓輕，舒鼓重。服膚輕，服美重。

凡馬車堅，甲兵利，輕乃重。

上同無獲，上專多死，上生多疑，上死不勝。

凡人，死愛、死怒、死威、死義、死利。凡戰之道，教約人輕死，道約人死正。

凡戰，若勝若否，若天若人。凡戰，三軍之戒，無過三日；一卒之警，無過分日；一人之禁，無過皆息。

凡大善用本③，○大善用本。其次用末④。執略守微⑤，○大善執略守微。本末惟權⑥，戰也。

凡勝，三軍一人，勝。

凡鼓，鼓旌旗，鼓車，鼓馬，鼓徒，鼓兵，鼓首，鼓足，七鼓兼齊。

凡戰，既固勿重，重進勿盡，凡盡危。

凡戰，非陳之難，使人可陳難；非使可陳難，使人可用難；非知之難，行之難。

人方有性，性州異，教成俗，俗州異，道化俗。凡衆寡，既勝若否〔五〕，兵不告利，甲不告堅，車不告固，馬不告良，衆不自多，未獲道。

凡戰，勝則與衆分善。若將復戰，則重賞罰。若使不勝，取過在己。復戰則誓，己居前，無復先術。勝否勿反，是謂正則。

凡民，以仁救，以義戰，以智決，以勇鬬，以信專，以利勸，以功勝。故心中仁，行中義。堪物，智也；堪大，勇也；堪久，信也。

讓以和，人自洽，自予以不循，爭賢以爲人，説其心，効其力。○説心，効力。

凡戰，擊其微靜，避其强靜；擊其倦勞〔六〕，避其閒窕；擊其大

懼,避其小懼。自古之政也。

【校】

〔一〕立卒五　五,“伍”的古字,四庫本、宋武經本作“伍”。

〔二〕方其疑惑　惑,原脱,據宋武經本、四庫本補。

〔三〕行慎行列　慎,宋武經本作“陣”。

〔四〕戰敬則慊　慊,原脱,據經文補。

〔五〕既勝若否　既勝,原作“若勝”,據宋武經本、四庫本改。

〔六〕擊其倦勞　倦勞,原作“勞倦”,據宋武經本、四庫本乙正。“勞”與下句“窕”爲韻。

【注】

①敬則慊:上級對下級態度恭敬,下級就能够心悦誠服。慊,心常快足。《孟子·公孫丑上》:“行有不慊於心,則餒矣。”趙岐注:“慊,快也。”《莊子·天運》:“今取猨狙而衣以周公之服,彼必齕齧挽裂,盡去而後慊。”成玄英疏:“慊,足也。”一説,“慊”通“謙”,謙遜。

②率則服:上級對下級以身作則,下級就能够服從。

③大善用本:最好的策略是以仁義取勝。本,根本,即《仁本》“以仁爲本”。

④其次用末:其次使用權變的策略。末,即《仁本》“正不獲意則權”。

⑤執略守微:既把握全局性的謀略,又體察微小的細節。

⑥本末惟權:對本末進行權衡。

用衆第五

凡戰之道,用寡固①**,用衆治**②**。**○戰之道,用寡固,用衆治。**寡利煩,衆利正。用衆進止**〔一〕**,用寡進退。衆以合寡,則遠裹而闕之。若分而迭擊,寡以待衆。若衆疑之,則自用之。擅利則釋旗,迎而反之。敵若衆,則相衆而受裹。敵若寡若畏,則避之開之。**

凡戰,背風背高,右高左險,歷沛歷圮,兼舍環龜。

凡戰,設而觀其作,視敵而舉;待則循而勿鼓,待衆之作;攻則屯而伺之。

凡戰,衆寡以觀其變,○凡戰,衆寡以觀其變。進退以觀其固,危而觀其懼,静而觀其怠,動而觀其疑,襲而觀其治。擊其疑,加其卒,致其屈,襲其規,因其不避,阻其圖,奪其慮,乘其懼〔二〕。

凡從奔,勿息。敵人或止於路,則慮之。

凡近敵都,必有進路。退,必有反慮。

凡戰,先則弊,後則懾,息則怠,不息亦弊,息久亦反其懾。

書親絶③,是謂絶顧之慮。選良次兵,是謂益人之强。棄任節食,是謂開人之意。自古之政也。

【校】

〔一〕用衆進止　止,原作“正”,據宋武經本、四庫本改。

〔二〕乘其懼　懼,原作“懾”,據宋武經本、四庫本改。“懾”亦有“懼”義,然唯有“懼”方可與上句“慮”爲韻。

【注】

① 用寡固:作戰時用兵少,就應當力求軍心穩固。

② 用衆治:作戰時用兵多,就應當力求管理得好。

③ 書親絶:讓士卒斷絶與其親屬的通信。

新鐫武經七書卷之四

李衛公問對[1]

李衛公問對卷上

太宗曰："高麗數侵新羅，朕遣使諭，不奉詔，將討之，如何？"

靖曰："探知蓋蘇文自恃知兵，謂中國無能討，故違命。臣請師三萬擒之。"

太宗曰："兵少地遥，以何術臨之？"

靖曰："臣以正兵。"※當奇而奇，是之謂正。

太宗曰："平突厥時用奇兵，今言正兵，何也？"

靖曰："諸葛亮七擒孟獲，無他道也，正兵而已矣。"○諸葛正兵。

太宗曰："晉馬隆討涼州，亦是依八陳圖，作偏箱車。※真能用正者，是謂真奇。地廣則用鹿角車營，路狹則爲木屋施於車上，且戰且前。信乎，正兵，古人所重也！"◎正兵，古人所重。

靖曰："臣討突厥，西行數千里，若非正兵，安能致遠？偏箱、鹿角，兵之大要，一則治力，一則前拒，一則束部伍，三者迭相爲用，○三者迭相爲用。斯馬隆所得古法深矣！”○馬隆得古法。

太宗曰：“朕破宋老生，初交鋒，義師少却。朕親以鐵騎自南原馳下，横突之。老生兵斷後，大潰，遂擒之。此正兵乎？奇兵乎？”

靖曰：“陛下天縱聖武，非學而能。○聖武非學而能。臣按兵法，自黄帝以來，先正而後奇，◎先正而後奇。先仁義而後權譎。且霍邑之戰，師以義舉者，正也；○師以義舉者，正。建成墜馬，右軍少却者，奇也。”

太宗曰：“彼時少却，幾敗大事，曷謂奇耶〔一〕？”

靖曰：“凡兵以前向爲正，後却爲奇。且右軍不却，則老生安致之來哉？※天意所屬，偶然成功。《法》曰：‘利而誘之，亂而取之。’老生不知兵，恃勇急進，不意斷後，見擒於陛下。此所謂以奇爲正也。”

太宗曰：“霍去病暗與孫、吴合，◎霍去病暗與孫、吴合。誠有是夫！當右軍之却也，高祖失色。及朕奮擊，反爲我利。‘孫、吴暗合’，卿實知言。”

太宗曰：“凡兵却，皆可謂之奇乎？”

靖曰：“不然。夫兵却，旗參差而不齊，鼓大小而不應，令喧囂而不一〔二〕，此真敗者也〔三〕，非奇也。若旗齊鼓應，號令如一，紛紛紜紜，雖退走，非敗也，必有奇也。《法》曰：‘佯北勿追。’又曰：‘能而示之不能。’皆奇之謂也。”

太宗曰：“霍邑之戰，右軍少却，其天乎？老生被擒，其人乎？”

靖曰：“若非正兵變爲奇，奇兵變爲正，則安能勝哉？故善用兵者，奇正在人而已。變而神之，所以推乎天也。”○奇正在人而推于天。

太宗俛首②。

太宗曰："奇正，素分之歟？臨時制之歟？"

靖曰："按曹公《新書》曰：'己二而敵一，則一術爲正，一術爲奇；己五而敵一，則三術爲正，二術爲奇。'此言大略耳。唯孫武曰：'戰勢不過奇正，◎戰勢不過奇正。奇正之變，不可勝窮。奇正相生，如循環之無端，孰能窮之？'斯得之矣，安有素分之耶？若士卒未習吾法，偏裨未熟吾令，則必爲之二術。教戰時，各認旗鼓，迭相分合，故曰'分合爲變'，此教戰之術耳〔四〕。教閲既成，衆知吾法，然後如驅羣羊，由將所指，孰分奇正之别哉？孫武所謂'形人而我無形'，此乃奇正之極致。是以素分者，教閲也；臨時制變者，不可勝窮也。"◎臨時制變，不可勝窮。

太宗曰："深乎，深乎！曹公必知之矣！但《新書》所以授諸將而已，非奇正本法。"○《新書》非奇正本法。

太宗曰："曹公云'奇兵旁擊'，卿謂若何？"

靖曰："臣按曹公注《孫子》曰：'先出合戰爲正，後出爲奇。'此與旁擊之説異焉。臣愚謂大衆所合爲正，將所自出爲奇，○將所自出爲奇。烏有先後旁擊之拘哉？"

太宗曰："吾之正，使敵視以爲奇；吾之奇，使敵視以爲正，斯所謂'形人'者歟？以奇爲正，以正爲奇，變化莫測，斯所謂'無形'者歟？"

靖再拜曰："陛下神聖，迥出古人，○神聖，迥出古人。非臣所及。"

太宗曰："分合爲變者，奇正安在？"

靖曰："善用兵者，無不正，無不奇，◎善用兵者，無不正，無不奇。使敵莫測。◎善用兵者，使敵莫測。故正亦勝，奇亦勝。三軍之士，止知其勝，莫知其所以勝，非變而能通，安能至是哉？分合所出，惟孫武能之，吴起而下，莫可及焉。"※"無不正，無不奇"，即太宗所謂

"以奇爲正，以正爲奇"。"使敵莫測"，即太宗所謂"吾正使敵視以爲奇[五]，吾奇使敵視以爲正"。無二道也。

太宗曰："吴術若何？"

靖曰："臣請略言之。魏武侯問吴起兩軍相向，起曰：'使賤而勇者前擊，鋒始交而北，北而勿罰。觀敵進取，一坐一起，奔北不追，則敵有謀矣。若悉衆追北，行止縱横，此敵人不才，擊之勿疑。'臣謂吴術大率多類此[六]，○吴術大率類此。非孫武所謂以正合也。"

太宗曰："卿舅韓擒虎[七]，嘗言卿可與論孫、吴，亦奇正之謂乎？"

靖曰："擒虎安知奇正之極，但以奇爲奇，以正爲正耳[八]！曾未知奇正相變、循環無窮者也。"

太宗曰："古人臨陣出奇，○古人臨陣出奇。攻人不意，斯亦相變之法乎？"

靖曰："前代戰鬪，多是以小術而勝無術，以片善而勝無善，斯安足以論兵法也[九]！若謝玄之破苻堅[一〇]，非謝玄之善也，蓋苻堅之不善也。"

太宗顧侍臣，檢《謝玄傳》閱之，曰："苻堅甚處是不善？"

靖曰："臣觀《苻堅載記》曰：'秦諸軍皆潰敗，惟慕容垂一軍獨全。◎慕容垂一軍獨全。堅以千餘騎赴之，垂子寶勸垂殺堅，不果。'此有以見秦軍之亂，慕容垂獨全，蓋堅爲垂所陷，明矣。夫爲人所陷而欲勝敵，不亦難乎？臣故曰：無術焉，苻堅之類是也。"

太宗曰："《孫子》謂'多筭勝少筭'，有以知少筭勝無筭。凡事皆然。"

太宗曰："黄帝兵法，世傳《握奇文》[③]，或謂爲《握機文》，何謂也？”

靖曰：“‘奇’音機，故或傳爲‘機’，其義則一。考其詞云：‘四爲正，四爲奇④，餘奇爲握機⑤。’奇⑥，餘零也，因此音機〔一一〕。臣愚謂兵無不是機，◎兵無不是機。安在乎握而言也？當爲餘奇則是。夫正兵受之於君，奇兵將所自出者也。《法》曰：‘令素行以教其民，則民服〔一二〕。’此受之於君者也。又曰：兵不豫言，‘君命有所不受’，此將所自出者也。凡將，正而無奇則守將也，奇而無正則鬬將也。奇正皆得，國之輔也。○奇正皆得，國之輔。是故握奇、握機，本無二法，◎握奇、握機，本無二法。在學者兼通而已。”○奇正，在學者兼通。

太宗曰：“陳數有九，中心零者，大將握之。四面八向，皆取準焉。陳間容陳，隊間容隊。以前爲後，以後爲前。進無速奔，退無遽走。四頭八尾，觸處爲首，敵衝其中，兩頭皆救。※正如率然，首尾擊應。數起於五而終於八，◎陳勢起於五而終於八。此何謂也？”

靖曰：“諸葛亮以石縱横，布爲八行方陳之法，即此圖也。臣嘗教閲，必先此陳。世所傳《握機文》，蓋得其粗也。”

太宗曰：“天、地、風、雲、龍、虎、鳥、蛇，斯八陳何義也？”

靖曰：“傳之者誤也。古人秘藏此法，○古人秘藏此法。故詭設八名耳〔一三〕。八陣本一也，分爲八焉。◎八陣本一，分爲八。若天、地者，本乎旗號；風、雲者，本乎旛名；龍、虎、鳥、蛇者，本乎隊伍之别〔一四〕。後世誤傳，詭設物象，何止八而已乎？”

太宗曰：“數起於五而終於八，○數起於五而終於八。則非設象，實古制也。卿試陳之。”

靖曰：“臣按黄帝始立丘井之法，因以制兵，◎黄帝立丘井以制兵。故井分四道，八家處之，其形井字，開方九焉。五爲陳法，四爲閑地，此所謂數起於五也。虚其中，大將居之，環其四面，諸部連繞，此所謂終於八也。※數起於五人爲伍，井分於四正、四奇，爲八家處之。及乎變化制敵，則紛紛紜紜，鬬亂而法不亂；混混沌沌〔一五〕，形圓而勢不散，此所謂散而成八，復而爲一者也。”

太宗曰：“深乎，黄帝之制兵也！後世雖有天智神略，莫能出其閫閾，○智略能出閫閾。降此，孰有繼之者乎？”

靖曰：“周之始興，則太公實繕其法。○太公實繕其法。始於岐都，以建井畝；戎車三百輛，虎賁三百人，以立軍制；六步七步，六伐七伐，以教戰法。陳師牧野，太公以百夫制師，以成武功，○太公制師，以成武功。以四萬五千人勝紂七十萬衆。周《司馬法》，本太公者也。◎《司馬法》本太公。太公既没，齊人得其遺法。至桓公霸天下，任管仲，復修太公法，謂之節制之師，○管仲節制之師。諸侯畢服。”

太宗曰：“儒者多言管仲霸臣而已，殊不知兵法乃本於王制也。○兵法本于王制。諸葛亮王佐之才，◎諸葛亮王佐之才。自比管、樂，○諸葛亮自比管、樂。以此知管仲亦王佐也。但周衰，時王不能用，故假齊興師爾。”

靖再拜曰：“陛下神聖，知人如此，○神聖，知人如此。老臣雖死，無媿昔賢也。臣請言管仲制齊之法：○管仲制齊之法。三分齊國以爲三軍。五家爲軌，故五人爲伍；十軌爲里，故五十人爲小戎；四里爲連，故二百人爲卒；十連爲鄉，故二千人爲旅；五鄉一帥〔一六〕，故萬人爲軍。亦由《司馬法》‘一帥五旅，一旅五卒’之義焉。其實皆得太公之遺法〔一七〕。”○管仲皆太公之遺法。

太宗曰：“《司馬法》，人言穰苴所述⑦，是歟？否也？”

靖曰：“按《史記·穰苴傳》，齊景公時，穰苴善用兵，敗燕、晉之師⑧，景公尊爲司馬之官，由是稱司馬穰苴，子孫號司馬氏。

至齊威王，追論《古司馬法》，又述穰苴所學，遂有《司馬穰苴書》數十篇。今世所傳兵家者流，又分權謀、形勢、陰陽、技巧四種，皆出《司馬法》也。”◎四種皆出《司馬法》。

太宗曰：“漢張良、韓信，序次兵法，凡百八十二家，删取要用，定著三十五家。今失其傳，何也？”

靖曰：“張良所學，《太公六韜》《三略》是也；韓信所學，穰苴、孫武是也。然大體不出三門、四種而已〔一八〕。”◎張、韓不出三門、四種。

太宗曰：“何謂三門？”

靖曰：“臣按《太公謀》八十一篇，所謂陰謀，不可以言窮；《太公言》七十一篇，不可以兵窮；《太公兵》八十五篇，不可以財窮，此三門也。”

太宗曰：“何謂四種？”

靖曰：“漢任宏所論是也。凡兵家流，權謀爲一種，形勢爲一種，及陰陽、技巧爲二種〔一九〕，此四種也。”

太宗曰：“《司馬法》首序蒐狩⑨，○《司馬法》首序蒐狩。何也？”

靖曰：“順其時而要之以神，○順其時而要之以神。重其事也。周禮最爲大政，○周禮最爲大政。成有岐陽之蒐，康有酆宫之朝，穆有塗山之會，此天子之事也。及周衰，齊桓有召陵之師，晉文有踐土之盟，此諸侯奉行天子之事也。其實用九伐之法以威不恪，○九伐之法以威不恪〔二〇〕。假之以朝會，因之以巡狩，訓之以甲兵。言無事，兵不妄舉，必於農隙，不忘武備也。○天子不忘武備。故首序蒐狩，不其深乎？”

太宗曰：“春秋楚子二廣之法云：‘百官象物而動，○百官象物而動。軍政不戒而備。’○軍政不戒而備。此亦得周制歟？”

靖曰：“按《左氏》説：〔二一〕楚子乘廣三十乘〔二二〕，廣有一卒，卒偏之兩。軍行，右轅，以轅爲法，故挾轅而戰，皆周制也。臣謂百人曰卒，五十人曰兩，此是每車一乘，用士百五十人，比周制差多耳〔二三〕。周一乘，步卒七十二人，甲士三人。以二十五人爲一甲，凡三甲，共七十五人。楚，山澤之國，車少而人多，分爲三隊，則與周制同矣。"

太宗曰："春秋荀吴伐狄，毁車爲行⑩，亦正兵歟？奇兵歟？"

靖曰："荀吴用車法耳，雖舍車，而法在其中焉。一爲左角，一爲右角，一爲前拒，分爲三隊，此一乘法也，千萬乘皆然。臣按曹公《新書》云：'攻車七十五人，前拒一隊，左右角二隊，守車一隊，炊子十人，守裝五人，廄養五人，樵汲五人，共二十五人。攻守二乘，凡百人。興兵十萬，用車千乘，輕重二千。'此大率荀吴之舊法也。○大率荀吴之舊法也。又觀漢魏之間軍制：五車爲隊，僕射一人；十車爲師，率長一人；凡車千乘，將吏二人。多多倣此。臣以今法參用之，則跳盪，騎兵也；戰鋒隊，步騎相半也；駐隊，兼車乘而出也。臣西討突厥，越險數千里，此制未嘗敢易。蓋古法節制，信可重也。"○古法節制，可重。

太宗幸靈州，回，召靖賜坐，曰："朕命道宗及阿史那杜爾等討薛延陀〔二四〕，而鐵勒諸部乞置漢官，朕皆從其請。延陀西走，恐爲後患，故遣李勣討之⑪。今北荒悉平，然諸部番漢雜處，以何道經久，使得兩全安之？"○以何道經久，使得兩全？

靖曰："陛下勅自突厥至回紇部落，凡置驛六十六處，以通斥候〔二五〕，斯已得策矣。然臣愚以謂漢戍宜自爲一法，番落宜自爲一法，教習各異，勿使混同。或遇寇至，則密勅主將臨時變號易服，出奇擊之。"

太宗曰："何道也？"

靖曰："此所謂'多方以誤之'之術也。番而示之漢，漢而示之番，彼不知番漢之别，則莫能測我攻守之計矣。善用兵者，先爲不可測，○善用兵者，先爲不可測。則敵乖其所之也。”

太宗曰：“正合朕意。卿可密教邊將，只以此，番漢便見奇正之法矣。”◎只此，便見奇正之法。

靖再拜曰：“聖慮天縱，聞一知十，○聖慮聞一知十。臣安能極其説哉？”

太宗曰：“諸葛亮言：‘有制之兵，無能之將，不可敗也；無制之兵，有能之將，不可勝也。’朕疑此談非極致之論。”

靖曰：“武侯有所激而云爾。臣按《孫子》有曰：‘教習不明〔二六〕，吏卒無常，陳兵縱横，曰亂。’自古‘亂軍引勝’，不可勝紀。夫‘教道不明’者，言教閲無古法也；‘吏卒無常’者，言將臣權任無久職也；○將臣權任無久責。‘亂軍引勝’者，言己自潰敗，非敵勝之也。是以武侯言，兵卒有制，雖庸將未敗；若兵卒自亂，雖賢將危之，又何疑焉？”

太宗曰：“教閲之法，信不可忽。”

靖曰：“教得其道，則士樂爲用；教得其道，則士樂爲用〔二七〕。教不得法，雖朝督暮責，無益於事矣。臣所以區區古制，皆纂以圖者，庶乎成有制之兵也。”◎庶乎成有制之兵〔二八〕。

太宗曰：“卿爲我擇古陳法，悉圖以上。”

太宗曰：“番兵惟勁馬奔衝，此奇兵歟？漢兵惟强弩犄角〔二九〕，此正兵歟？”

靖曰：“按《孫子》云：‘善用兵者，求之於勢，不責於人，故能擇人而任勢。’夫所謂擇人者，各隨番漢所長而戰也。番長於馬，馬利於速鬬；漢長於弩，弩利於緩戰〔三〇〕。此自然各任其勢也，○自然各任其勢。然非奇正所分。臣前曾述番漢必變號易服者〔三一〕，奇正相生之法也。◎奇正相生之法。馬亦有正，弩亦有奇，何常之有哉？”

太宗曰：“卿更細言其術。”

靖曰：“先形之，使敵從之，是其術也。”

太宗曰：“朕悟之矣。《孫子》曰：‘形兵之極，至於無形。’又曰：‘因形而措勝於衆，衆不能知。’其此之謂乎？”

靖再拜曰：“深乎！陛下聖慮，已思過半矣。”

太宗曰：“近契丹、奚皆内屬⑫，置松漠、饒樂二都督⑬，統於安北都護，朕用薛萬徹，如何？”

靖曰：“萬徹不如阿史那杜爾及執失思力〔三二〕、契苾何力⑭，此皆番臣之知兵者也。臣嘗與之言松漠、饒樂山川道路，番情順逆，遠至於西域部落十數種，歷歷可信。臣教之以陳法，無不點頭服義。○點頭服義。望陛下任之勿疑。若萬徹，則勇而無謀，難以獨任。”

太宗笑曰：“番人皆爲卿役使！古人云：‘以蠻夷攻蠻夷，中國之勢也。’◎以蠻夷攻蠻夷，中國之勢。卿得之矣。”

【校】

〔一〕曷謂奇耶　耶，宋武經本作“邪”，字通。

〔二〕令喧囂而不一　囂，宋武經本作“嚻”，“囂”同“嚻”。

〔三〕此真敗者也　者，宋武經本作“却”。

〔四〕此教戰之術耳　耳，宋武經本作“爾”，字通。

〔五〕吾正使敵視以爲奇　吾，永富青地據尊經閣本録作“多”，蓋誤。二字行書字形相近。

〔六〕臣謂吴術大率多類此　類此，宋武經本作“此類”。

〔七〕卿舅韓擒虎　虎，原作“武”，唐人避唐高祖李淵祖父李虎諱，“虎”寫作“武”。此蓋唐人避諱而明人未回改者。韓擒虎（538～592），周、隋兩朝大將，原名豹，字子通，河南東垣（今河南省新安）人。宋武經本、四庫本皆作“虎”，據改。下同。

〔八〕以正爲正耳　耳,宋武經本作“爾”,字通。

〔九〕斯安足以論兵法也　斯,原闕,據宋武經本、四庫本補。

〔一〇〕若謝玄之破苻堅　苻堅,原作“符堅”,據宋武經本、四庫本改。下同。“苻”姓,本作“蒲”,至苻堅方改爲“苻”。《晉書・苻洪載記》:“時有説洪稱尊號者,洪亦以讖文有‘艸付應王’,又其孫堅背有‘艸付’字,遂改姓苻氏。”故“苻堅”不可寫作“符堅”。下同,校不悉出。

〔一一〕因此音機　音,原作“爲”,據宋武經本改。

〔一二〕令素行以教其民則民服　教其民則民服,宋武經本、四庫本作“教其民者則民服”,多一“者”字。此句引自《孫子・行軍》,傳世各本同,唯漢簡本作“教其民者民服”,闕“則”字;《通典》作“教其人者也令素行則人服”;《太平御覽》作“教其人也令素行則人服”。

〔一三〕故詭設八名耳　耳,宋武經本作“爾”,字通。

〔一四〕本乎隊伍之別　別,原作“列”,旁注“別”,據宋武經本、四庫本改。

〔一五〕混混沌沌　混混,宋武經本作“渾渾”。

〔一六〕五鄉一帥　帥,原作“師”,據宋武經本、四庫本改。下引《司馬法》同。

〔一七〕其實皆得太公之遺法　得,原脱,據宋武經本、四庫本補。

〔一八〕然大體不出三門四種而已　大,原作“太”,據宋武經本、四庫本改。

〔一九〕及陰陽技巧爲二種　爲,宋武經本闕。

〔二〇〕九伐之法以威不恪　九伐,原作“九法”,據經文改。

〔二一〕按左氏説　按,宋武經本作“案”,下同。

〔二二〕楚子乘廣三十乘　三,原作二,宋武經本作“三”。《左傳・宣公十二年》“其君之戎,分爲二廣”,杜預注云:“十五乘爲一廣。”則楚子之乘廣爲三十乘明矣。

〔二三〕比周制差多耳　耳,宋武經本作“爾”,字通。

〔二四〕朕命道宗及阿史那杜爾等討薛延陀　道宗,原作“宗道”,旁注“道宗”,據宋武經本、四庫本改。道宗,即李道宗(600或603~653),字承範,唐初名將,高祖李淵之族侄。〇陀,原作“佗”,四庫本作“陀”。薛延佗,或稱“薛延陁”,通作“薛延陀”,隋唐時期族名和國名,爲唐將李勣率軍攻滅。下“延陀”同,不再出校。

〔二五〕以通斥候　候，原作“侯”，旁注“侯”，據宋武經本、四庫本改。

〔二六〕教習不明　習，四庫本、《孫子·地形》作“道”。

〔二七〕則士樂爲用　士，原作“仕”，據經文改。

〔二八〕庶乎成有制之兵　之兵，原文字殘泐，據經文補。

〔二九〕漢兵惟强弩掎角　掎，宋武經本、四庫本皆作“犄”，“掎”同“犄”。

〔三〇〕弩利於緩戰　於，宋武經本、四庫本皆作“乎”。

〔三一〕臣前曾述番漢必變號易服者　述，宋武經本作“部”。

〔三二〕萬徹不如阿史那杜爾及執失思力　失，原作“矢”，據宋武經本、四庫本改。執失思力，原爲突厥酋長，後爲唐將領，娶九江公主，拜駙馬都尉，封安國公。

【注】

① 此處原無書題，現爲統一體例而加。此書分卷與宋武經本同，與四庫本異：四庫本從“太宗幸靈州”至“無泄於外”爲中卷，餘下二部分分别爲上下卷。

② 俛：旁注音“俯”，今音 fǔ。

③ 奇，旁注音“機”，今音 jī。

④ 奇，旁注音“機”，今音 jī。

⑤ 奇，旁注音“機”，今音 jī。

⑥ 奇，旁注音“機”，今音 jī。

⑦ 穰苴：旁注音“禳蛆”，今音 ráng jū。

⑧ 敗：旁注音“拜”，今音 bài。

⑨ 蒐：旁注音“搜”，今音 sōu。

⑩ 行：旁注音“杭”，今音 háng。

⑪ 勣：旁注音“债”，今音 jī。

⑫ 契：旁注音“挈”，今音 qì。

⑫ 樂：旁注音“落”，今音 lè。

⑬ 苾：旁注音“别”，今音 bié。

李衛公問對卷中

太宗曰："朕觀諸兵書，無出孫武。○兵書無出孫武。孫武十三篇，無出虛實。◎孫武十三篇，無出虛實。夫用兵識虛實之勢，○用兵識虛實之勢。則無不勝焉。今諸將中，但能言'備實擊虛'〔一〕，及其臨敵，則鮮識虛實者，蓋不能致人而反爲敵所致故也。如何？卿悉爲諸將言其要。"

靖曰："先教之以奇正相變之術，◎奇正相變之術。然後語之以虛實之形，可也。諸將多不知以奇爲正，以正爲奇，且安識虛是實，實是虛哉？"

太宗曰："'策之而知得失之計，作之而知動靜之理，形之而知死生之地，角之而知有餘不足之處。'此則奇正在我，虛實在敵歟？"

靖曰："奇正者，所以致敵之虛實也。○奇正，所以致敵虛實。敵實則我必以正，敵虛則我必以奇〔二〕。苟將不知奇正，則雖知敵虛實，安能致之哉？臣奉詔，但教諸將以奇正，然後虛實自知焉。"

太宗曰："以奇爲正者，敵意其奇，則吾正擊之；以正爲奇者，敵意其正，則吾奇擊之。使敵勢常虛，我勢常實。當以此法授諸將，使易曉耳。"

靖曰："千章萬句，不出乎'致人而不致於人'而已。臣當以此教諸將。"

太宗曰："朕置瑶池都督，以隸安西都護，番漢之兵，如何處置？"

靖曰："天之生人，本無番漢之别。然地遠荒漠，必以射獵而生，由此常習戰鬬。若我恩信撫之，衣食周之，則皆漢人矣。陛下置此都護，臣請收漢戍卒，處之内地，減省糧饋，兵家所謂'治力之法’也。但擇漢吏有熟番情者,散守堡障,此足以經久。或遇有警,則漢卒出焉。”

太宗曰:“《孫子》所言‘治力’如何〔三〕?”

靖曰:“以近待遠,以佚待勞,以飽待饑,此略言其槩耳。善用兵者,推此三義而有六焉:◎推此三義而有六。以誘待來,以靜待譟,以重待輕,以嚴待懈,以治待亂,以守待攻。反是,則力有弗迨〔四〕。非治力之術〔五〕,安能臨兵哉?”

太宗曰:“今人習《孫子》者,但誦空文,鮮克推廣其義。治力之法,宜徧告諸將。”

太宗曰:“舊將老卒,凋零殆盡,諸軍新置,不經陣敵。今教以何道爲要?”

靖曰:“臣常教士,分爲三等:○常教士,分爲三等。必先結伍法,伍法既成,授之以軍校,此一等也。軍校之法,以一爲十,以十爲百,此一等也。授之裨將,裨將乃總諸校之隊,聚爲陣圖,此一等也。大將軍察此三等之教,○大將軍察此三等之教。於是大閲,稽考制度,分别奇正,誓衆行罰。陛下臨高觀之,無施不可。”

太宗曰:“伍法有數家,孰者爲要?”

靖曰:“臣按《春秋左氏傳》云‘先偏後伍’,又《司馬法》曰‘五人爲伍’,《尉繚子》有《束伍令》,漢制有尺籍伍符,後世符籍,以紙爲之,於是失其制矣。臣酌其法,自五人而變爲二十五人,自二十五人而變爲七十五人,此則‘步卒七十二人,甲士三人’之制也。舍車用騎,則二十五人當八馬,此則五兵五當之制也。是則諸家兵法,惟伍法爲要。小列之五人,大列之二十五人,參列之七十五人,又五參其數,得三百七十五人。三百人爲正,六十人爲奇,此則百五十人分爲二正,而三十人分爲二奇,蓋左右等也。穰苴所謂‘五人爲伍,十伍爲隊’,至今因之,此其要也。"

太宗曰："朕與李勣論兵①，多同卿説，但勣不究出處爾〔六〕。卿所制六花陣法，出何術乎？" ○六花陣法，出何術？

靖曰："臣所本諸葛亮八陣法也。大陣包小陣，大營包小營，隅落鈎連，曲折相對，古制如此，臣爲圖因之，故外畫之方，内環之圓，是成六花，俗所號耳。"

太宗曰："内圓外方，何謂也？"

靖曰："方生於步，圓生於奇。方所以矩其步，圓所以綴其旋。是以，步數定於地，行綴應於天。步定綴齊，則變化不亂。八陣爲六，武侯之舊法焉。"

太宗曰："畫方以見步，點圓以見兵。步教足法，兵教手法，手足便利，思過半矣〔七〕。"

靖曰："吴起云'絶而不離，却而不散'，此步法也。教士猶布棊於盤，若無畫路，棊安用之？孫子曰〔八〕：'地生度，度生量，量生數，數生稱，稱生勝。勝兵若以鎰稱銖，敗兵若以銖稱鎰。'皆起於度量方圓也。"

太宗曰："深乎孫武之言〔九〕！不度地之遠近，形之廣狹，則何以制其節乎？"

靖曰："庸將鮮能知其節者也〔一〇〕。'善戰者，其勢險，其節短，勢如彍弩，節如發機'，臣脩其術：凡立隊，相去各十步，駐隊去師隊二十步〔一一〕；每隔一隊，立一戰隊。前進以五十步爲節，角一聲，諸隊皆散立，不過十步之内。至第四角聲，籠鎗跪坐。於是鼓之，三呼三擊，三十步至五十步以制敵之變。馬軍從背出，亦以五十步臨時節止〔一二〕。前正後奇，觀敵何如。再鼓之，則前奇後正，復邀敵來，伺隙擣虚。此六花大率皆然也。" ◎六花大率皆然。

太宗曰:“曹公《新書》云:‘作陳對敵,必先立表,引兵就表而陣。一部受敵,餘部不進救者,斬。’此何術也?”

靖曰:“臨敵立表,非也,此但教戰時法耳。古人善用兵者,教正不教奇,◎善用兵者,教正不教奇。驅衆若驅羣羊,與之進,與之退,不知所之也。曹公驕而好勝,當時諸將奉《新書》者莫敢攻其短。且臨敵立表,無乃晚乎?臣竊觀陛下所製破陳樂舞,前出四表,後綴八旛,左右折旋,趨步金鼓,各有其節,此即八陣圖四頭八尾之制也。人間但見樂舞之盛〔一三〕,豈有知軍容如斯焉!”

太宗曰:“昔漢高帝定天下,歌云‘安得猛士兮守四方’,蓋兵法可以意授,○兵法可以意授。不可以語傳。朕爲破陳樂舞,唯卿以曉其表矣,後世其知我不苟作也。”

太宗曰:“方色五旗爲正乎?旛麾折衝爲奇乎?分合爲變,其隊數曷爲得宜?”

靖曰:“臣參用古法,凡三隊合則旗相倚而不交,五隊合則兩旗交,十隊合則五旗交。吹角,開五交之旗,則一復散而爲十;開二交之旗,則一復散而爲五;開相奇不交之旗〔一四〕,則一復散而爲三。兵散則以合爲奇,合則以散爲奇。三令五申,三散五合,復歸於正〔一五〕,四頭八尾,乃可教焉,此隊法所宜也。”

太宗稱善。

太宗曰:“曹公有戰騎、陷騎、游騎,○曹公有戰騎、陷騎、遊騎。今馬軍何等比乎?”

靖曰:“臣按《新書》云:‘戰騎居前,陷騎居中,游騎居後。如此,則是各立名號,分爲三類耳。大抵騎隊八馬當車徒二十四人,二十四騎當車徒七十二人,此古制也。車徒當教以正,騎隊當教以奇。’據曹公,前後及中,分爲三覆,不言兩廂,舉一端言也。後人不曉三覆之義,則戰騎必前於陷騎、游騎,如何使用?

臣熟用此法，回軍轉陳〔一六〕，則游騎當前，戰騎當後，陷騎臨變而分，皆曹公之術也。”

太宗笑曰：“多少人爲曹公所惑！”

太宗曰：“車、步、騎三者，一法也。其用在人乎？”○三者，其用在人。

靖曰：“臣按春秋魚麗陣，先偏後伍，此則車步無騎，謂之左右拒，言拒禦而已，非取出奇勝也。晉荀吴伐狄，舍車爲行，此則騎多爲便，唯務奇勝，非拒禦而已。臣均其術，凡一馬當三人〔一七〕，車步稱之，混爲一法，用之在人。敵安知吾車果何出，騎果何來，徒果何從哉？或潛九地，或動九天，其知如神，惟陛下有焉，臣何足以知之？”

太宗曰：“太公書云：‘地方六百步，或六十步，表十二辰。’其術如何？”

靖曰：“畫地方一千二百步，開方之形也。每部占地二十步之方，横以五步立一人，縱以四步立一人，凡二千五百人，分五方，空地四處，所謂‘陣間容陣’者也。武王伐紂，虎賁各掌三千人②，每陣六千人，共三萬之衆，此太公畫地之法也。”◎太公畫地之法。

太宗曰：“卿六花陣畫地幾何？”

靖曰：“大閲：地方千二百步者，其義六陣，各占地四百步，分爲東西兩廂，空地一千二百步爲教戰之所。臣嘗教士三萬，每陳五千人，以其一爲營法，五爲方、圓、曲、直、鋭之形，每陳五變，凡二十五變而止。”

太宗曰：“五行陳如何？”

靖曰：“本因五方色立此名〔一八〕，方、圓、曲、直、鋭，實因地形使然。凡軍不習此五者〔一九〕，安可以臨敵乎？○軍不習此五者，安可臨敵？兵，詭道也〔二〇〕，故强名五行焉。文之以相生相剋之義〔二一〕，其實‘兵形象水’、‘因地制流’，此其旨也。”

太宗曰：“李勣言：牝牡、方圓伏兵法。古有是否？”

靖曰：“牝牡之法出於俗傳，其實陰陽二義而已。○其實陰陽二義。臣按范蠡云‘後則用陰，先則用陽。盡敵陽節，盈吾陰節而奪之’，此兵家陰陽之妙也。范蠡又云‘設右爲牝，益左爲牡，早晏以順天道’，此則左右、早晏臨時不同，在乎奇正之變者也。左右者，人之陰陽；早晏者，天之陰陽；奇正者，天人相變之陰陽。◎奇正者，天人相變之陰陽。若執而不變，則陰陽俱廢，如何？守牝牡之形而已。故形之者，以奇示敵，非吾正也；勝之者，以正擊敵，非吾奇也。此謂奇正相變。兵伏者，不止山谷草木，伏藏所以爲伏也；其正如山，其奇如雷，敵雖對面，莫測吾奇正所在，至此，夫何形之有哉？”

太宗曰：“四獸之陣，又以商、羽、徵、角象之，何道也？”

靖曰：“詭道也〔二二〕。”

太宗曰：“可廢乎？”

靖曰：“存之所以能廢之也。若廢而不用，詭愈甚焉。”

太宗曰：“何謂也？”

靖曰：“假之以四獸之陣及天地風雲之號，又加商金、羽水、徵火、角木之配，此皆兵家自古詭道。○兵家自古詭道。存之，則餘詭不復增矣；廢之，則使貪使愚之術，從何而施哉？”◎兵家使貪使愚。

太宗良久曰：“卿宜秘之，無泄於外。”

太宗曰：“嚴刑峻法，使人畏我而不畏敵，朕甚惑之。昔光武以孤軍當王莽百萬之衆，非有刑法臨之，此何由乎？”

靖曰：“兵家勝敗，情狀萬殊，不可以一事推也。○兵家情狀不可以一事推。如陳勝、吴廣敗秦師，豈勝、廣刑法能加於秦乎？光武之起，蓋順人心之怨莽也，況又王尋、王邑不曉兵法，徒誇兵衆，所以自敗。臣按《孫子》曰：'卒未親附而罰之則不服，已親附而罰不行則不可用。'此言凡將先有愛結於士，然後可以嚴刑也；若愛未加，而獨用峻法，鮮克濟焉。"

太宗曰："《尚書》云：'威克厥愛，允濟；愛克厥威，允罔功。'何謂也？"

靖曰："愛設於先，威設於後，不可反是也。若威加於前，愛救於後，無益於事矣。《尚書》所以慎戒其終，◎《尚書》慎戒其終。非所以作謀於始也。故《孫子》之法，萬世不刊〔二三〕。"○《孫子》之法，萬世不刊。

太宗曰："卿平蕭銑，諸將皆欲藉僞臣家以賞士卒，獨卿不從，以爲蒯通不戮於漢，既而江漢歸順。朕由是思古人有言曰'文能附衆，武能威敵'，其卿之謂乎？"

靖曰："漢光武平赤眉，入賊營中，按行，賊曰：'蕭王推赤心於人腹中。'◎蕭王推赤心於人腹中。此蓋先料人情本非爲惡，豈不豫慮哉？臣頃討突厥，總番漢之衆，出塞千里，未嘗戮一揚干〔二四〕，斬一莊賈，亦推赤誠、存至公而已矣。陛下過聽，擢臣以不次之位。若於文武，則何敢當？"

太宗曰："昔唐儉使突厥，卿因擊而敗之〔二五〕。人言卿以儉爲死間，朕至今疑焉。如何？"

靖再拜曰："臣與儉比肩事主，料儉説必不能柔服，故臣因縱兵擊之，所以盡大忠不顧小義也〔二六〕。◎大忠不顧小義。人謂以儉爲死間，非臣之心。按《孫子》，用間最爲下策〔二七〕。臣嘗著論，其末云：水能載舟，亦能覆舟；或用間以成功，或憑間以傾敗。若束髮事君，當朝正色，忠以盡節，信以竭誠，雖有善間，安可用乎？※如李衛公言，覺孫子爲譎。唐儉小義，陛下何疑？"

太宗曰："誠哉！'非仁義不能使間'，此豈纖人所爲乎？周公大義滅親，○周公大義滅親。況一使人乎？灼無疑矣！"

太宗曰："兵貴爲主，不貴爲客；貴速，不貴久。何也？"

靖曰："兵，不得已而用之，安在爲客且久哉？《孫子》曰'遠輸則百姓貧'，此爲客之弊也。又曰'役不再籍，糧不三載'，此不可久之驗也。臣較量主客之勢〔二八〕，則有變客爲主、變主爲客之術。"

太宗曰："何謂也？"

靖曰："'因糧於敵'，是變客爲主也；'飽能饑之，佚能勞之'，是變主爲客也。故兵不拘主客遲速，唯發必中節，所以爲宜。"○發必中節爲宜。

太宗曰："古人有諸？"

靖曰："昔越伐吴，以左右二軍鳴鼓而進，吴分兵禦之。越以中軍潛涉，不鼓，襲敗吴師③，此變客爲主之驗也。石勒與姬澹戰，澹兵遠來，勒遣孔萇爲前鋒，逆擊澹軍，孔萇退而澹來追，勒以伏兵夾擊之，澹軍大敗，此變勞爲佚之驗也。古人如此者多。"

太宗曰："鐵蒺藜、行馬，太公所制，是乎？"

靖曰："有之，然拒敵而已。兵貴致人，非欲拒之也。太公《六韜》言守禦之具耳，○《六韜》，守禦之具。非攻戰所施也。"

【校】

〔一〕備實擊虚　備，《孫子·虚實》作"避"，"實"後有"而"字。

〔二〕敵虚則我必以奇　以，宋武經本作"爲"。

〔三〕孫子所言治力如何　如何，宋武經本作"何如"。

〔四〕則力有弗迨　迨，宋武經本、四庫本皆作"逮"。二字皆爲"及"義。《文選·班固〈幽通賦〉》"盍孟晉以迨羣兮，辰倏忽其不再"，李善注引曹大家曰："迨，及也。"

〔五〕非治力之術　力，宋武經本作“之”。

〔六〕但勣不究出處爾　爾，原脱，據宋武經本、四庫本補。

〔七〕思過半矣　矣，宋武經本、四庫本作“乎”。

〔八〕孫子曰　子，宋武經本作“武”。

〔九〕孫武之言　武，原作“子”，據宋武經本、四庫本改。太宗以帝王之尊，稱《孫子》的作者皆曰“孫武”。

〔一〇〕庸將鮮能知其節者也　鮮，宋武經本、四庫本作“罕”，義同。

〔一一〕駐隊去師隊二十步　師隊，宋武經本作“前隊”。《武經七書直解》云：“師隊，疑即前所謂跳蕩騎兵也。”

〔一二〕亦以五十步臨時節止　以，宋武經本闕。

〔一三〕人間但見樂舞之盛　間，原脱，據宋武經本、四庫本補。

〔一四〕開相奇不交之旗　奇，旁注“倚”，宋武經本、四庫本皆作“倚”。“奇”通“倚”。

〔一五〕復歸於正　復，宋武經本前有“然”。

〔一六〕回軍轉陳　軍，原作“車”，據宋武經本、四庫本改。

〔一七〕凡一馬當三人　凡，原闕，據宋武經本補。

〔一八〕本因五方色立此名　因，原作“音”，據宋武經本、四庫本改。

〔一九〕凡軍不習此五者　宋武經本、四庫本“習”上有“素”字。

〔二〇〕詭道也　詭，原作“跪”，據上下文改。

〔二一〕文之以相生相剋之義　宋武經本、四庫本“以”後有“術數”二字。

〔二二〕夫何形之有哉　哉，宋武經本作“焉”。

〔二三〕詭道也　詭，原作“跪”，原作“跪”，據上文及各本改。

〔二四〕萬世不刊　世，宋武經本、四庫本皆作“代”。蓋本作“世”，宋武經本、四庫本作“代”，係避唐太宗李世民諱而未回改。

〔二五〕未嘗戮一揚干　揚，原作“楊”，據四庫本改。揚干，其人其事見《左傳・襄公三年》《國語・晉語七》，其名皆作“揚干”。

〔二六〕卿因擊而敗之　擊而，原作“而擊”，據宋武經本、四庫本乙正。

〔二七〕所以盡大忠不顧小義也　盡大忠，旁注“去大患”，四庫本作“去大患”，宋武經本作“去大惡”。

〔二八〕用間最爲下策　策，原作"乘"，據宋武經本、四庫本改。

〔二九〕臣較量主客之勢　較，宋武經本作"校"。

【注】

① 勣：旁注音"績"，今音 jī。

② 賁：旁注音"奔"，今音 bēn。

③ 敗：旁注音"拜"，今音 bài。

李衛公問對卷下

太宗曰："太公云：'以步兵與車騎戰者，必依丘墓、險阻。'又《孫子》曰〔一〕：'天隙之地，丘墓故城，兵不可處。'如何？"

靖曰："用衆在乎心一，○用衆在乎心一〔二〕。心一在乎禁祥去疑。倘主將有所疑忌〔三〕，則羣情摇；羣情摇，則敵乘釁而至矣。故安營據地，便乎人事而已。○安營據地，便於人事。若澗、井、陷、隙之地，及如牢如羅之處〔四〕，人事不便者也，故兵家引而避之，防敵乘我。丘墓故城，非絶險處，我得之爲利，豈宜反去之乎？太公所説，兵之至要也。"○太公所説，兵之至要。

太宗曰："朕思凶器無甚於兵者，行兵苟便於人事，豈以避忌爲疑？今後諸將有以陰陽拘忌失於事宜者，卿當丁寧誡之。"

靖再拜謝曰："臣按《尉繚子》云，黄帝以德守之，以刑伐之，是謂刑德。非天官時日之謂也〔五〕。然詭道可使由之，不可使知之。後世庸將泥於術數，是以多敗，不可不戒也〔六〕。陛下聖訓，宜宣告諸將〔七〕。"

太宗曰："兵有分有聚，各貴適宜。○分聚兵，貴適宜。前代事迹，孰爲善此者？"

靖曰："苻堅總百萬之衆，而敗於淝水，此兵能合而不能分之所致也。吴漢討公孫述，與副將劉尚分屯，相去二十里，述來攻漢，尚出合擊，大破之，此兵分而能合之所致也。太公曰：'分不分，爲縻軍；聚不聚，爲孤旅。'"

太宗曰："然。苻堅初得王猛，實知兵，遂取中原。及猛卒，堅果敗，此縻軍之謂乎？吴漢爲光武所任，兵不遥制，故漢果平蜀，此不陷孤旅之謂乎？得失事迹，足爲萬代鑒。"○事迹爲萬代鑒。

太宗曰："朕觀千章萬句，不出乎'多方以誤之'一句而已。"○千章不出一句〔八〕。

靖良久曰："誠如聖論〔九〕。大凡用兵，若敵人不誤，則我師安能克哉？譬如奕棋，○用兵譬如奕棊。兩敵均焉，一着或失，竟莫能救。是古今勝敗，率由一誤而已，况多失者乎！"

太宗曰："攻守二事，其實一法歟？○攻守二事，實一法。《孫子》言：'善攻者，敵不知其所守；善守者，敵不知其所攻。'即不言敵來攻我，我亦攻之；我若自守，敵亦守之。攻守兩齊，其術奈何？"

靖曰："前代似此相攻相守者多矣，皆曰：'守則不足，攻則有餘。'便謂不足爲弱，有餘爲强，蓋不悟攻守之法也。臣按《孫子》云：'不可勝者，守也；可勝者，攻也。'謂敵未可勝，則我且自守，待敵可勝，則攻之耳，非以强弱爲辭也。後人不曉其義，則當攻而守，當守而攻。二役既殊，故不能一其法。"

太宗曰："信乎！'有餘''不足'，使後人惑其强弱，殊不知，守之法，要在示敵以不足；攻之法，要在示敵以有餘也。示敵以不足，則敵必來攻，此是'敵不知其所攻'者也；示敵以有餘，則敵必自守，此是'敵不知其所守'者也。攻守一法，敵與我分爲二事。若我事得則敵事敗，敵事得則我事敗，得失成敗，彼我之事分焉。攻守者，一而已矣；得一者，百戰百勝。◎得一者，百戰百勝。故曰：'知彼知己，百戰不殆。'其知一之謂乎？"

靖再拜曰："深乎，聖人之法也！◎深乎，聖人之法。攻是守之機，守是攻之策，同歸乎勝而已矣。◎攻守，同歸乎勝。若攻不知守，守不知攻，不惟二其事，抑又二其官，雖口誦孫、吴，而心不思妙攻守兩齊之説，其孰能知其然哉？"

太宗曰："《司馬法》言：'國雖大，好戰必亡；天下雖安〔一〇〕，忘戰必危。'此亦攻守一道乎？"

靖曰："有國有家者，曷嘗不講乎攻守也？夫攻者，不止攻其城、擊其陣而已，必有攻其心之術焉；守者，不止完其壁〔一一〕、堅其陣而已，必也守吾氣以有待焉。◎攻心守氣。大而言之，爲君之道；小而言之，爲將之法。○攻守，君道、將法。夫攻其心者，所謂知彼者也；守吾氣者，所謂知己者也。"

太宗曰："誠哉！朕嘗臨陣，先料敵之心與己之心孰審，然後彼可得而知焉；察敵之氣與己之氣孰治，然後我可得而知焉。是以'知彼知己'，兵家大要。○知彼知己，兵家大要。今之將臣，雖未知彼，苟能知己，則安有失利者哉？"

靖曰："孫武所謂'先爲不可勝'者，'知己'者也；'以待敵之可勝'者，'知彼'者也。※分疏甚明，可作《孫子》注脚。又曰：'不可勝在己，可勝在敵。'臣斯須不敢失此誡。"

太宗曰："《孫子》言'三軍可奪氣'之法：'朝氣鋭，晝氣惰，暮氣歸。善用兵者，避其鋭氣，擊其惰歸。'如何？"

靖曰："夫含生稟氣，鼓作爭鬬〔一二〕，○含生稟氣，鼓作爭鬬①。雖死不省者〔一三〕，氣使然也。故用兵之法，必先察吾士衆，激吾勝氣，乃可以擊敵焉。◎用兵，先激勝氣。吴起'四機'，以氣機爲上，無他道也，能使人人自鬬，則其鋭莫當，所謂'朝氣鋭'者，非限時刻而言也，舉一日始末爲喻也。凡三鼓而敵不衰不竭，則安能必使之惰歸哉？蓋學者徒誦空文，而爲敵所誘。苟悟奪之之理，則兵可任矣。”

太宗曰：“卿嘗言李勣能兵法，久可用否？然非朕控御，則不可用也。他日太子治，將何御之〔一四〕？”

靖曰：“爲陛下計，莫若黜勣，令太子復用之，則必感恩圖報，於理有損乎〔一五〕？”

太宗曰：“善！朕無疑矣。”

太宗曰：“李世勣若與長孫無忌共掌國政〔一六〕，他日如何〔一七〕？”

靖曰：“勣，忠義臣，○李勣，忠義臣。可保任也。無忌佐命大功，陛下以肺腑之親，委之輔相，然外貌下士，内實嫉賢，故尉遲敬德面折其短，遂引退焉。侯君集恨其忘舊，因以犯逆，皆無忌致其然也。陛下詢及臣，臣不敢避其説。”

太宗曰：“勿洩也〔一八〕，朕徐思其處置。”◎太宗徐思處置。

太宗曰：“漢高祖能將將，其後韓、彭見誅，蕭何下獄，何故如此？”

靖對曰：“臣觀劉、項，皆非將將之君。當秦之亡也，張良本爲韓報讐，○張良爲韓報讐。陳平、韓信皆怨楚不用，故假漢之勢，自爲奮耳。至於蕭、曹、樊、灌，悉由亡命，高祖因之以得天下。設使六國之後復立，人人各懷其舊，則雖有能將將之才，豈爲漢用哉？臣謂漢得天下，由張良借箸之謀，◎由張良借箸之謀。蕭何漕輓之功也②。◎蕭何漕輓之功。以此言之，韓、彭見誅，范增不用，其事同也。臣故謂劉、項皆非將將之君。”

太宗曰：“光武中興，能保全功臣，○光武保全功臣。不任以吏事，○光武功臣不任吏事。此則善於將將乎？”○光武善於將將。

靖曰：“光武雖藉前構，易於成功，然莽勢不下於項籍，寇、鄧未越於蕭、曹，獨能推赤心，用柔治，保全功臣，賢於高祖遠矣！

○光武賢于高祖。以此論將將之道,臣謂光武得之。"

太宗曰:"古者出師命將,齋三日,授之以鉞,曰:'從此至天,將軍制之。'又授之以斧,曰:'從此至地,將軍制之。'又推其轂,曰:'進退惟時。'既行,軍中但聞將軍之令,不聞君命。朕謂此禮久廢,今欲與卿參定遣將之儀,如何?"

靖曰:"臣竊謂聖人制作,致齋於廟者,所以假威於神也;授斧鉞以推其轂者,所以委寄以權也。○聖人委寄以權。今陛下每有出師,必與公卿議論,告廟而後遣,此則邀以神至矣。每有任將,必使之便宜從事,此則假以權重矣。何異於致齋、推轂耶?盡合古禮,○出師盡合古禮。其義同焉,不須參定。"

上曰:"善!"乃命近臣書此二事,爲後世法。◎二事爲後世法。

太宗曰:"陰陽術數,廢之可乎?"

靖曰:"不可。兵者,詭道也。託之以陰陽術數則使貪使愚,兹不可廢也。"

太宗曰:"卿嘗言:'天官時日,明將不法,暗將拘之。'廢亦宜然!"

靖曰:"紂以甲子日亡,武王以甲子日興。天官時日,甲子一也。殷亂周治,興亡異焉。又宋武帝以往亡日起兵,軍吏以爲不可,帝曰:'我往彼亡。'果克之。由此言之,可廢明矣。然而田單爲燕所圍,單命一人爲神,拜而祠之,神言'燕可破',單於是以火牛出擊燕,大破之。此是兵家詭道,天官、時日亦猶此也。"

太宗曰:"田單託神怪而破燕,太公焚蓍龜而滅紂,二事相反,何也?"

靖曰:"其機一也,○二事,其機一也。或逆而取之,或順而行之,是也。昔太公佐武王,至牧野,遇雷雨,旗鼓毁折,散宜生欲卜吉而後行,此則因軍中疑懼,必假卜以問神焉。太公以爲腐草枯骨無足問，且以臣伐君，豈可再乎？然觀散宜生發機於前，太公成機於後，逆順雖異，其理致則同。臣前所謂術數不可廢者，蓋存其機於未萌也。○存其機於未萌。及其成功，在人事而已矣。”○成功在人事。

太宗曰：“當今將帥，唯李勣、道宗、薛萬徹。除道宗以親屬外，孰堪大用？”

靖曰：“陛下嘗言勣、道宗用兵，不大勝，亦不大敗，萬徹若不大勝，即須大敗。臣愚思聖言，不求大勝亦不大敗者，節制之兵也；或大勝或大敗者，幸而成功者也。故孫武云：‘善戰者，立於不敗之地，而不失敵之敗也。’節制在我云爾。”

太宗曰：“兩陣相臨，欲言不戰，安可得乎？”

靖曰：“昔晉師伐秦，交綏而退。《司馬法》曰：‘逐奔不遠，縱綏不及。’臣謂綏者，御轡之索也。我兵既有節制，敵兵亦正行伍，豈敢輕戰哉？故有出而交綏，退而不逐，各防其失敗者也。孫武云：‘勿擊堂堂之陣，無邀正正之旗。’若兩陣體均勢等，苟一輕肆，爲其所乘，則或大敗，理使然也。是故兵有不戰，有必戰。夫不戰者在我，必戰者在敵。”

太宗曰：“不戰在我，何謂也？”

靖曰：“孫武云：‘我不欲戰者，畫地而守之，敵不得與我戰者，乖其所之也。’敵有人焉，則交綏之間未可圖也〔一九〕，故曰‘不戰在我’。夫‘必戰在敵’者，孫武云：‘善動敵者，形之，敵必從之；予之，敵必取之。以利動之，以本待之。’敵無人焉，則必來戰，吾得以乘而破之，故曰‘必戰者在敵’。”

太宗曰：“深乎，節制之兵。○深乎，節制之兵。得其法則昌，失其法則亡。卿爲纂述歷代善於節制者，具圖來上，朕當擇其精微，垂於後世。”

靖曰："臣前進黄帝、太公二陳圖，並《司馬法》、諸葛亮奇正之法，此已精悉。歷代名將，用其一二，成功者亦衆矣。◎名將用其一二，成功。但史官鮮有知兵〔二〇〕，不能紀其實迹焉。臣敢不奉詔，當纂述以聞。"

太宗曰："兵法孰爲最深？"◎兵法孰爲最深？

靖曰："臣嘗分爲三等，使學者當以漸而至焉。一曰道，二曰天地，三曰將法。夫道之説，至精至微〔二一〕，《易》所謂'聰明睿智〔二二〕，神武而不殺'者是也。夫天之説陰陽，地之説險易，善用兵者，能以陰奪陽，以險攻易，《孟子》所謂'天時''地利'者是也。夫將法之説，在乎任人利器，《三略》所謂'得士者昌'、《管子》所謂'器必堅利'者是也。"

太宗曰："然！吾謂'不戰而屈人之兵'者，上也；'百戰百勝'者，中也；'深溝高壘'以自守者，下也。以是校量，孫武著書，三等皆具焉。"○孫武著書，三等皆具。

靖曰："觀其文，迹其事，亦可差别矣。若張良、范蠡、孫武，脱然高引，不知所往，此非知道〔二三〕，安能爾乎？若樂毅、管仲、諸葛亮，戰必勝，守必固，此非察天時地利，安能爾乎？其次王猛之保秦，謝安之守晉，非任將擇才，繕完自固，安能爾乎？故習兵之家〔二四〕，必先繇下以及中〔二五〕，繇中以及上，則漸而深矣。不然，則垂空言，徒記誦，無足取也。"

太宗曰："道家忌三世爲將者，○道家忌三世爲將。不可妄傳也，亦不可不傳也。卿其慎之。"靖再拜出，盡傳其書與李勣。

李靖一書，總之祖孫、吴而未盡其妙，然以當孫、吴注脚亦可。

【校】

〔一〕又孫子曰　曰，宋武經本作"云"，義同。

〔二〕用衆在乎心一　一,原闕,據經文補。

〔三〕倘主將有所疑忌　倘,宋武經本、四庫本作"儻"。"倘"同"儻"。

〔四〕及如牢如羅之處　如羅,原無"如"字,據宋武經本、四庫本補。

〔五〕非天官時日之謂也　時日,宋武經本作"日時",義同,指時辰與日子。古人迷信時日有吉凶,多以卜筮決之。

〔六〕不可不戒也　戒,宋武經本、四庫本皆作"誡","戒"通"誡"。

〔七〕宜宣告諸將　宜,四庫本作"臣宜",宋武經本作"臣即"。

〔八〕千章不出一句　千,原作"十",據經文改。

〔九〕誠如聖論　論,宋武經本、四庫本皆作"語"。

〔一〇〕天下雖安　安,宋武經本作"平",義近。

〔一一〕不止完其壁　壁,原作"璧",據宋武經本、四庫本改。

〔一二〕鼓作爭鬭　爭鬭,宋武經本、四庫本皆作"鬭爭"。

〔一三〕雖死不省者　者,原闕,據宋武經本、四庫本補。

〔一四〕將何御之　將,宋武經本、四庫本作"若"。

〔一五〕於理有損乎　有損乎,原作"有損否乎",宋武經本、四庫本作"何損乎"。"有損否乎"不辭,蓋一本作"否",一本作"乎",抄者並存之。

〔一六〕李世勣若與長孫無忌共掌國政　李世勣,宋武經本作"李勣"。作"李勣"者,唐人避李世民太宗諱,宋人未回改也。李勣(594~669),原名徐世勣,字懋功。唐高祖李淵賜其姓李,後避唐太宗李世民諱改名爲李勣。唐初名將,與李靖齊名,被封爲英國公。

〔一七〕他日如何　他日,原闕,據宋武經本、四庫本、宋曾慥《類説》卷三十九引補。

〔一八〕勿洩也　洩,宋武經本、四庫本皆作"泄"。"洩"同"泄"。

〔一九〕則交綏之間未可圖也　則,原闕,據宋武經本、四庫本補。

〔二〇〕但史官鮮有知兵　有,宋武經本、四庫本皆作"克"。

〔二一〕至精至微　宋武經本作"至微至深"。

〔二二〕聰明睿智　睿,宋武經本作"叡",字通。

〔二三〕此非知道　此,原闕,據宋武經本、四庫本補。

〔二四〕習兵之學　學,原作"家",旁注"學",據宋武經本、四庫本改。

〔二五〕必先繇下以及中　繇,旁注"由",四庫本作"由"。"繇"通"由"。下句同。

【注】

① 輓,旁注音"挽",今音 wǎn。

新鐫武經七書卷之五

尉繚子

天官第一

梁惠王問尉繚子曰："黄帝刑德，可以百勝，有之乎？"○刑德可以百勝。

尉繚子對曰："刑以伐之，德以守之，非所謂天官、時日、陰陽、向背也。黄帝者，人事而已矣。○黄帝，人事而已。何者？

"今有城，東西攻，不能取；南北攻，不能取。四方豈無順時乘之者耶？然不能取者，城高池深，兵器備具，財穀多積，豪士一謀者也。○豪士一謀。若城下池淺守弱，則取之矣。由是觀之，天官、時日不若人事也。○天官、時日不若人事。

"按《天官》曰：'背水陣爲絶地，向阪陣爲廢軍。武王伐紂，背濟水向山阪而陣，以二萬二千五百人擊紂之億萬而滅商。豈紂不得《天官》之陣哉？

"楚將公子心與齊人戰,時有彗星出,柄在齊。柄所在,勝,不可擊。公子心曰:'彗星何知!以彗鬭者,固倒而勝焉。'明日與齊戰,大破之。

"《黄帝》曰:'先神先鬼,先稽我智。'謂之天官,人事而已。"

兵談第二

量土地肥磽而立邑,建城稱地,以城稱人,以人稱粟。三相稱,則内可以固守,外可以戰勝。○三稱,則内固外勝。戰勝於外,備主於内,勝備相應,猶合符節,○勝備猶合符節。無異故也。

治兵者,若秘於地,若邃於天,○治兵,秘地邃天。生於無。◎治兵,若生於無。故開之,大不窕,小不恢。明乎禁舍開塞,○禁舍開塞。民流者親之,地不任者任之〔一〕。夫土廣而任則國富,民衆而制則國治。富治者,民不發軔,甲不出櫜〔二〕,而威制天下。○富治,首威制天下。故曰:"兵勝於朝廷。"◎兵勝于朝廷。不櫜甲而勝者〔三〕,主勝也。陳而勝者,將勝也。◎主勝、將勝。

兵起,非可以忿也。見勝則興,不見勝則止。

患在百里之内,不起一日之師;患在千里之内,不起一月之師;患在四海之内,不起一歲之師。

將者,上不制於天,下不制於地,中不制於人。寬不可激而怒,清不可事以財。夫心狂、耳聾、目盲,以三悖率人者,難矣。

兵之所及,羊腸亦勝,鋸齒亦勝,緣山亦勝,入谷亦勝,方亦勝,圓亦勝。○方圓亦勝。重者如山如林,如江如河;輕者如炮如燔,如垣壓之,如雲覆之。令人聚不得以散,散不得以聚,左不得以右,右不得以左。兵如總木,弩如羊角。○木弩羊角①。人人無不騰陵張膽,絶乎疑慮,堂堂決而去。

【校】

〔一〕地不任者任之　任，原作“治”，旁注“任”，據宋武經本、四庫本改。

〔二〕甲不出暴　暴，宋武經本、四庫本同，銀雀山漢簡本作“睪”。“睪”與“櫜”的關係有二説：銀雀山漢簡整理小組謂“睪”乃“櫜”之借字；洪颷謂“睪”乃“皋”之形近譌字，“皋”通“櫜”。無論何説爲是，此字之本字都當作“櫜”，與“暴”形近易譌，故“暴”當爲“櫜”之形近譌字。又，《尉繚子·兵教下》“國車不出於閫，組甲不出於櫜”是其比。○不出暴，宋武經本作“車不暴出”，蓋淺人誤以“暴”爲不誤之字，見上句“民不發軔甲”，便妄改“甲”爲“車”，謂二句意謂民車既不發軔，亦不暴出，曲意以彌縫之。

〔三〕不暴甲而勝者　暴，銀雀山漢簡本《尉繚子》作“睪”，而“睪”之本字當作“櫜”。

【注】

① 木弩羊角：此係王陽明據經文“兵如總木弩如羊角”作的批語。《淮南子·兵略》有云：“兵如植木，弩如羊角。”與此文僅有一字之異，故其標點當作：“兵如總木，弩如羊角。”原書句讀作：“兵如總木弩。如羊角。”誤。陽明或據有誤句讀寫下該批語。

制談第三

凡兵，制必先定。◎兵，制必先定。**制先定，則士不亂。士不亂，則刑乃明。金鼓所指，則百人盡鬭。陷行亂陳，則千人盡鬭。覆軍殺將，則萬人齊刃，天下莫能當其戰矣。**○天下莫能當其戰。

古者，士有什伍，車有偏列。鼓鳴旗麾，先登者未嘗非多力國士也，先死者亦未嘗非多力國士也，損敵一人而損我百人，此資敵而傷我甚焉，世將不能禁。征役分軍而逃歸，或臨戰自北，則逃傷甚焉，世將不能禁。殺人於百步之外者，弓矢也。殺人於五十步之内者，矛戟也。將已鼓而士卒相囂，拗矢〔一〕、折矛、抱戟〔二〕，利後發。戰有此數者，内自敗也，世將不能禁。士失什

伍,車失偏列,奇兵捐將而走,大衆亦走,世將不能禁。夫將能禁此四者,則高山陵之,深水絶之,堅陣犯之。不能禁此四者,猶亡舟楫,絶江河,不可得也。

民非樂死而惡生也,號令明,法制審,故能使之前。明賞於前,決罰於後,是以發能中利,動則有功。○賞罰,動則有功。

令百人一卒,千人一司馬,萬人一將,以少誅衆,以弱誅强。試聽臣言,其術足使三軍之衆誅一人無失刑。父不敢舍子,子不敢舍父,況國人乎!

一夫仗劍擊於市,萬人無不避之者。臣謂非一人之獨勇,萬人皆不肖也〔三〕。何則?必死與必生,固不侔也。聽臣之術,足使三軍之衆爲一死賊,莫敢當其前,莫敢隨其後,而能獨出獨入焉。◎獨出獨入。獨出獨入者,王霸之兵也。○獨出獨入者,王伯之兵〔四〕。

有提十萬之衆而天下莫當者誰?曰桓公也。有提七萬之衆而天下莫當者誰?曰吴起也。有提三萬之衆而天下莫當者誰?曰武子也。今天下諸國士,所率無不及二十萬之衆,然不能濟功名者,不明乎禁舍開塞也。明其制,一人勝之,則十人亦以勝之也;十人勝之,則百千萬人亦以勝之也。故曰:便吾器用,養吾武勇,發之如鳥擊,如赴千仞之谿。

今國被患者,以重幣出聘,以愛子出質①,以地界出割,得天下助卒,名爲十萬,其實不過數萬耳。其兵來者,無不謂其將曰:"無爲人下,先戰。"其實不可得而戰也。

量吾境内之民〔五〕,無伍莫能正矣。經制十萬之衆,而王必能使之衣吾衣,食吾食。戰不勝、守不固者,非吾民之罪,内自致也。天下諸國助我戰,猶良驥騄駬之駃,彼駑馬鬐興角逐,何能紹吾氣哉!

吾用天下之用以爲用〔六〕,○用天下之用以爲用。吾制天下之制以爲制〔七〕。修吾號令，明吾賞罰〔八〕，使天下非農無所得食，非戰無所得爵，○非戰無所得爵。使民揚臂爭出農戰而天下無敵矣。◎農戰而天下無敵。故曰：發號出令，信行國内。

民言有可以勝敵者，毋許其空言，必試其能戰也。視人之地而有之，分人之民而畜之，必能内有其賢者也。不能内有其賢而欲有天下，必覆軍殺將。如此，雖戰勝而國益弱，得地而國益貧，由國中之制弊矣。

【校】

〔一〕拗矢　拗，原作"拘"，據宋武經本、四庫本改。以手折物曰拗。

〔二〕抱戟　抱，原作"拖"，據宋武經本、四庫本改。"抱"同"拋"。本或作"拋"，孫詒讓《札迻·尉繚子》："'抱'即今之'拋'字。"

〔三〕萬人皆不肖也　肖，原作"有"，旁注"有"，據宋武經本、四庫本改。

〔四〕王伯之兵　伯，本篇經文及宋武經本、四庫本皆作"霸"，字通。

〔五〕量吾境内之民　量，原作"重"，旁注"量"，據宋武經本、四庫本改。

〔六〕吾用天下之用以爲用　以，宋武經本、四庫本皆無。

〔七〕吾制天下之用以爲制　以，宋武經本、四庫本皆無。

〔八〕明吾賞罰　賞罰，宋武經本、四庫本皆作"刑賞"，亦通。

【注】

① 質：旁注音"至"，今音 zhì。

戰威第四

凡兵，有以道勝，◎兵以道勝。有以威勝，有以力勝。○道勝、威勝、力勝。講武料敵，使敵之氣失而師散，雖刑全而不爲之用，此道勝也。審法制，明賞罰，便器用，使民有必戰之心，此威勝也。破軍殺將，乘闉發機①，潰衆奪地，成功乃返，此力勝也。王侯知此，所以三勝者畢矣。○王侯知此，所以三勝。

夫將之所以戰者，民也。民之所以戰者，氣也。氣實則鬭，氣奪則走。刑未加，兵未接，而所以奪敵者五：○所以奪敵者五〔一〕。一曰廟勝之論，二曰受命之論，三曰踰垠之論，四曰深溝高壘之論，五曰舉陳加刑之論。此五者，先料敵而後動，◎五者，先料敵而後動。是以擊虚奪之也。善用兵者，能奪人而不奪於人。◎奪人而不奪於人。奪者，心之機也。

令者，一衆心也。衆不審則數變，數變，則令雖出，衆不信矣。故令之之法，小過無更，小疑無申〔二〕。故上無疑令則衆不二聽，動無疑事則衆不二志。

古率民者〔三〕，未有不信其心而能得其力者也，未有不得其力而能致其死戰者也。故國必有禮信親愛之義則可以饑易飽，國必有孝慈廉恥之俗則可以死易生。古者率民，必先禮信而後爵禄，○古者率民，必先禮信。先廉恥而後刑罰，先親愛而後律其身。

故戰者必本乎率身以勵衆士，◎戰者必率身以勵士。如心之使四肢也。志不勵則士不死節，士不死節則衆不戰。勵士之道，民之生不可不厚也；○勵士之道，因所生。○民之生不可不厚。爵列之等。死喪之親，民之所營，不可不顯也。必也因民之所生而制之〔四〕，因民之所營而顯之，田禄之實，飲食之親，鄉里相勸，死喪相救，兵役相從，此民之所勵也。使什伍如親戚，卒伯如朋友，○戰者，卒伯如朋友。止如堵牆，動如風雨，車不結轍，士不旋踵，此本戰之道也。○古者，本戰之道〔五〕。

地所以養民也，城所以守地也，◎養民以守地〔六〕。戰所以守城也，故務耕者民不饑，務守者地不危，務戰者城不圍。三者，先王之本務也。○三者，先王之本務。本務者，兵最急，○本務者，兵最急。故先王專於兵，有五焉：○先王專兵，有五。委積不多則士不行〔七〕，賞禄不厚則民不勸，武士不選則衆不强，器用不備則力不壯，刑罰不中則衆不畏〔八〕。務此五者，靜能守其所固，動能成其所欲。○先王能守能成。○先王動，成其所欲。

夫以居攻出，則居欲重，陳欲堅，發欲畢，鬬欲齊。

王國富民，◎王國富民。霸國富士，僅存之國富大夫，亡國富倉府。所謂“上滿下漏，患無所救”。

故曰：舉賢任能，不時日而事利；○舉賢任能，不時日而事利。明法審令，不卜筮而獲吉；貴功養勞，不禱祠而得福。又曰〔九〕：天時不如地利，地利不如人和。聖人所貴，人事而已。◎聖人貴人事。

夫勤勞之師，將必先己，暑不張蓋，寒不重衣，險必下步，軍井成而後飲，軍食熟而後飯，軍壘成而後舍，勞佚必以身同之。○勞佚必以身同。如此，師雖久而不老不弊。

【校】

〔一〕所以奪敵者五　所以、五，原字殘泐，據經文補。

〔二〕小疑無申　申，原作“中”，旁注“申”，據宋武經本改。

〔三〕古率民者　四字原無，據《羣書治要》補。

〔四〕必也因民之所生而制之　制，原作“利”，據宋武經本、四庫本改。

〔五〕本戰之道　“之”下一字原不清晰，據經文補。

〔六〕養民以守地　地，原作“死”，據經文改。

〔七〕委積不多則士不行　士，原作“事”，據宋武經本、四庫本改。

〔八〕刑罰不中則衆不畏　刑罰，原作“刑賞”，據四庫本改。衆畏刑而不畏賞。

〔九〕又曰　又，宋武經本作“故”。

【注】

① 闉：旁注音“因”，今音 yīn。

攻權第五

兵以靜勝，國以專勝。◎靜勝、專勝。力分者弱，心疑者背。

夫力弱,故進退不豪,縱敵不擒。將吏士卒,動靜一身,○將士,動靜一身。心既疑背,則計决而不動,動决而不禁。異口虛言,將無修容,卒無常試,發攻必衄。是謂疾陵之兵,無足與鬭。

將帥者,心也;羣下者,支節也。其心動以誠,則支節必力;其心動以疑,則支節必背。夫將不心制,卒不節動,雖勝,幸勝也,非攻權也。

夫民無兩畏也,○民無兩畏[①]。畏我侮敵,畏敵侮我。見侮者敗,立威者勝。凡將能其道者,吏畏其將也;吏畏其將者,民畏其吏也;民畏其吏者,敵畏其民也。是故知勝敗之道者,必先知畏侮之權。○知道者,先知畏侮之權。

夫不愛説其心者[一],不我用也;不威嚴其心者[二],不我舉也。愛在下順,威在上立。愛故不二,威故不犯。故善將者,愛與威而已。◎善將者,愛與威。

戰不必勝,不可以言戰;攻不必拔,不可以言攻。不然,雖刑賞不足信也[三]。信在期前,事在未兆。故衆已聚,不虛散,兵已出,不徒歸,求敵若求亡子,擊敵若救溺人。

分險者無戰心,挑戰者無全氣,鬭戰者無勝兵。

凡挾義而戰者,貴從我起;爭私結怨,應不得已;怨結雖起,待之貴後。故爭必當待之,息必當備之。

兵有勝於朝廷,○兵有勝於朝廷。有勝於原野,有勝於市井。鬭則得,服則失,幸以不敗,此不意彼驚懼而曲勝之也。曲勝,言非全也。非全勝者,無權名。◎曲勝,全勝。

故明主戰攻之日,合鼓合角,節以兵刃,不求勝而勝也。○明主不求戰而勝。兵有去備徹威而勝者,◎兵有去備徹威而勝者。以其有法故也,○明主兵勝有法。※去備徹威,似縱而實擒[②]。有器用之蚤定也。其應敵也周,其總率也極。故五人而伍,十人而什,百人而卒，千人而率[③]，萬人而將，已周已極。其朝死則朝代，暮死則暮代。權敵審將，而後舉兵。○明主權敵審將，而後舉兵。

故凡集兵，千里者旬日，百里者一日，必集敵境。卒聚將至，深入其地，錯絶其道。棲其大城大邑，使之登城逼危，男女數重，各逼地形而攻要塞。據一城邑而數道絶，從而攻之。敵將帥不能信，吏卒不能和，刑有所不從者，則我敗之矣。敵救未至，而一城已降。津梁未發，要塞未脩，城險未設，渠答未張，則雖有城無守矣。遠堡未入，戍客未歸，則雖有人，無人矣。六畜未聚，五穀未收，財用未斂，則雖有資，無資矣。夫城邑空虛而資盡者，我因其虛而攻之。《法》曰："獨出獨入，敵不接刃而致之。"此之謂也。

【校】

〔一〕夫不愛説其心者　説，旁注"悦"，四庫本作"悦"，"説"通"悦"。

〔二〕不威嚴其心者　威嚴，宋武經本作"嚴畏"。

〔三〕雖刑賞不足信也　雖，原無，據宋武經本補。

【注】

① 民無兩畏：正德十二年(1517)五月初八日，王陽明《申明賞罰以厲人心疏》云："吴起有云：'法令不明，賞罰不信，雖有百萬，何益於用？'凡兵之情，畏我則不畏敵，畏敵則不畏我。今南、贛之兵皆畏敵而不畏我，欲求其用，安可得乎？故曰：兵力之不足，由於賞罰之不行者，此也。"可參看。

② 似縱而實摻：似放縱而實際上掌控在手中。摻，同"操"，抓在手裏，控制。

③ 率：旁注音"帥"，今音 shuài。

守權第六

凡守者，進不郭圉，退不亭障〔一〕，以禦戰，非善者也。豪傑英俊，堅甲利兵，勁弩强矢，盡在郭中，乃收窖廩，毀折而入保。

令客氣十百倍,而主之氣不半焉。敵攻者,傷之甚也。然而世將弗能知。

夫守者,不失其險者也。○守者不失其險。守法:城一丈,十人守之,工食不與焉。出者不守,守者不出。一而當十,十而當百,百而當千,千而當萬。故爲城郭者,非特費於民聚土壤也〔二〕,誠爲守也。○誠爲守法。千丈之城,則萬人之守,池深而廣,城堅而厚,士民備,薪食給,弩堅矢强,矛戟稱之。此守法也。

攻者不下十餘萬之衆,其有必救之軍者則有必守之城,無必救之軍者則無必守之城。若彼城堅而救誠,則愚夫惷婦無不蔽城盡資血城者〔三〕。期年之城,守餘於攻者,救餘於守者。若彼城堅而救不誠,則愚夫惷婦無不守陴而泣下①,此人之常情也。遂發其窖廩救撫,則亦不能止矣。

必鼓其豪傑英俊、堅甲利兵、勁弩强矢并於前,么麽毁瘠者并於後〔四〕。十萬之兵頓於城下〔五〕,救必開之,守必出之。出據要塞,但救其後,無絶其糧道,中外相應。此救而示之不誠。示之不誠,則倒敵而待之者也。後其壯,前其老,彼敵無前,守不得而止矣。此守權之謂也。

【校】

〔一〕退不亭障　障,原作"陣",據宋武經本、四庫本改。

〔二〕非特費於民聚土壤也　費,宋武經本作"妄"。

〔三〕則愚夫惷婦無不蔽城盡資血城者　城者,"城"或爲衍文。

〔四〕么麽毁瘠者并於後　么麽,宋武經本作"分歷"。"分歷"不辭,當作"幺麽",細小之人。"么"同"幺"。

〔五〕十萬之兵頓於城下　兵,宋武經本作"軍",四庫本作"衆",義近。

【注】

① 陴:旁注音"皮",今音 pí。

十二陵第七

威在於不變。惠在於因時。機在於應事。戰在於治氣。○戰在於治氣。攻在於意表。守在於外飾。無過在於度數。無困在於豫備。◎無困在於豫備。慎在於畏小。智在於治大。○智在於治大。除害在於敢斷。得衆在於下人。

悔在於任疑。孽在於屠戮。偏在於多私。不祥在於惡聞己過。不度在於竭民財。不明在於受間。不實在於輕發。固陋在於離賢。禍在於好利。害在於親小人。亡在於無所守。危在於無號令。

武議第八

凡兵不攻無過之城，不殺無罪之人。※是爲王者之師。夫殺人之父兄，利人之貨財，臣妾人之子女，此皆盜也。故兵者，所以誅暴亂、禁不義也。○兵者，所以誅暴亂，禁不義。兵之所加者，農不離其田業，賈不離其肆宅①，士大夫不離其官府，由其武議在於一人，◎武議在于一人。故兵不血刃，而天下親焉。○兵不血刃，而天下親。

萬乘農戰，千乘救守，百乘事養。農戰不外索權，○農戰不索權。救守不外索助，事養不外索資。夫出不足戰、入不足守者，治之以市。市者，所以給戰守也。萬乘無千乘之助，必有百乘之市。

凡誅者，所以明武也。殺一人而三軍震者，殺之；賞一人而萬人喜者〔一〕，賞之〔二〕。殺之貴大，賞之貴小。當殺而雖貴重必殺之，是刑上究也；賞及牛童馬圉者，是賞下流也。夫能刑上究、賞下流，此將之武也。

故人主重將。○人主重將。夫將，提鼓揮枹，臨難決戰，接兵角刃。鼓之而當，則賞功立名；○主將賞功立名。鼓之而不當，則身死國亡。是興亡安危應在枹端，奈何無重將也！

夫提鼓揮枹，接兵角刃，君以武事成功者，○君以武事成功。臣以爲非難也。

古人曰：“無蒙衝而攻，無渠答而守，是謂無善之軍。視無見，聽無聞，由國無市也。”夫市也者，百貨之官也。市賤賣貴，以限士人。人食粟一斗，馬食菽三斗，人有饑色，馬有瘠形，何也？市有所出而官無主也。夫提天下之節制而無百貨之官，無謂其能戰也。

起兵直使甲冑生蟣虱者〔三〕，必爲吾所效用也。鷙鳥逐雀，有襲人之懷，入人之室者，非出生也，後有憚也。

太公望年七十，屠牛朝歌，賣食盟津，過七十餘而主不聽，人人謂之狂夫也。及遇文王，則提三萬之衆，一戰而天下定。非武議，安能此合也？故曰：“良馬有策，遠道可致；賢士有合，大道可明。”○賢士有合，大道可明。

武王伐紂，師渡盟津，右旄左鉞，死士三百，戰士三萬。紂之陳億萬〔四〕，飛廉、惡來，身先戟斧，陳開百里。武王不罷士民②，兵不血刃，而克商誅紂，無祥異也。人事脩不脩而然也。今世將考孤虚，占咸池，合龜兆，視吉凶〔五〕，觀星辰風雲之變，欲以成勝立功，臣以爲難。

夫將者，上不制於天，下不制於地，中不制於人。○將者，上不制於天，下不制於地，中不制於人。故兵者，凶器也；爭者，逆德也；將者，死官也。故不得已而用之。無天於上，無地於下，◎將者，無天無地。無主於後，無敵於前。○將者，無敵於前。一人之兵，如狼如虎，如風如雨，如雷如霆，震震冥冥，天下皆驚。○雷霆，天下皆驚。

勝兵似水。◎勝兵似水。夫水，至柔弱者也。然所觸，丘陵必爲之崩；無異也，性專而觸誠也。※“性專觸誠”四字，可悟兵機兵勢。

今以莫邪之利，犀兕之堅，三軍之衆，有所奇正，則天下莫當其戰矣。◎奇正，天下莫當。

故曰：舉賢用能，不時日而事利；明法審令，不卜筮而獲吉；貴功養勞，不禱祠而得福。又曰：天時不如地利，地利不如人和。古之聖人，謹人事而已。○聖人謹人事。

吴起與秦戰，舍不平隴畝，樸樕蓋之，以蔽霜露。如此何也？不自高人故也。※吴起不自高。乞人之死不索尊，竭人之力不責禮。故古者，介胄之士不拜〔六〕，示人無已煩也。夫煩人而欲乞其死〔七〕、竭其力，自古至今，未嘗聞矣。

將，受命之日，忘其家；張軍宿野，忘其親；援枹而鼓，忘其身。

吴起臨戰，左右進劍。起曰："將專主旗鼓爾。臨難決疑，揮兵指刃，此將事也。一劍之任，非將事也。"○一劍，非將事。

三軍成行，一舍而後成三舍。三舍之餘，如決川源。望敵在前，因其所長而用之，敵白者堊之，赤者赭之。

吴起與秦戰，未合，一夫不勝其勇，前獲雙首而還。吴起立斬之。軍吏諫曰："此材士也，不可斬！"起曰："材士則是也〔八〕，非吾令也，斬之！"

【校】

〔一〕賞一人而萬人喜者　賞，原作"殺"，據宋武經本、四庫本改。

〔二〕賞之　賞，原作"殺"，據宋武經本、四庫本改。

〔三〕起兵直使甲胄生蟣虱者　虱，四庫本作"蝨"，宋武經本無。

〔四〕紂之陳億萬　陳，四庫本作"臣"。按：此句謂商紂陳兵億萬，非謂其有臣億萬。

〔五〕視吉凶　三字原脱，據宋武經本、四庫本補。

〔六〕介胄之士不拜　介，宋武經本作"甲"。

〔七〕夫煩人而欲乞其死　夫，原闕，據宋武經本、四庫本補。

〔八〕材士則是也　士，原闕，據宋武經本、四庫本補。

【注】

① 賈：旁注音“古”，今音 gǔ。

② 罷：旁注音“皮”，今音 pí。

將理第九

凡將，理官也，萬物之主也，◎理官，萬物之主。**不私于一人。夫能無私于一人，故萬物至而制之，萬物至而命之。**

君子不救囚於五步之外，雖鉤矢射之〔一〕，弗追也。故善審囚之情，不待箠楚，而囚之情可畢矣。笞人之背，灼人之脇，束人之指，而訊囚之情，雖國士，有不勝其酷而自誣矣。

今世諺云：“千金不死，百金不刑。”試聽臣之言，行臣之術，雖有堯舜之智，不能關一言；○堯舜不能關一言。**雖有萬金，不能用一銖。**○萬金不能用一銖。

今夫決獄，小圄不下十數，中圄不下百數，大圄不下千數。十人聯百人之事，百人聯千人之事，千人聯萬人之事。所聯之者，親戚兄弟也，其次婚姻也，其次知識故人也。是農無不離田業，賈無不離肆宅，士大夫無不離官府。如此關聯良民，皆囚之情也。《兵法》曰：十萬之師出，日費千金。今良民十萬而聯於囹圄，上不能省，臣以爲危也。

將爲理官①，專重審囚之情，使關聯良民，亦得無覆盆之冤，可謂“直追虞廷欽恤”之旨②。

【校】

〔一〕雖鉤矢射之　射，旁注“人”，現存各本皆作“射”。

【注】

① 理官：決獄之官。《後漢書·陳寵傳》：“及爲理官，數議疑獄。”

② 虞廷：亦作“虞庭”，指虞舜的朝廷。相傳虞舜爲古代的聖明之主，故亦以“虞廷”爲“聖朝”的代稱。○欽恤：謂治獄量刑要慎重不濫，心存矜恤。語本《書·堯典》：“欽哉欽哉，惟刑之恤哉！”

原官第十

官者，事之所主，爲治之本也。○官者，爲治之本〔一〕。制者，職分四民，治之分也。貴爵富禄，必稱尊卑之體也。好善罰惡，正比法，會計民之具也。均井地，節賦斂，取與之度也。程工人，備器用，匠工之功也。分地塞要，殄怪禁淫之事也。

守法稽斷，臣下之節也。明法稽驗，主上之操也。明主守，等輕重，臣主之權也。明賞賚，嚴誅責，止奸之術也。審開塞，守一道，爲政之要也。◎一道，爲政之要。下達上通，至聰之聽也。知國有無之數，用其仂也①。知彼弱者，强之體也。知彼動者，靜之決也。官分文武，惟王之二術也。○文武，惟王二術。

俎豆同制，天子之會也。遊説間諜無自入，正議之術也。諸侯有謹天子之禮，君民繼世，承王之命也。更號易常，違王明德，故禮得以伐也。官無事治，上無慶賞，民無獄訟，國無商賈，何王之至也！明舉上達，在王垂聽也。

【校】

〔一〕官者爲治之本　本，原闕，據經文補。

【注】

① 仂：旁注音勒，今音 lè。

治本第十一

凡治人者何？曰：非五穀無以充腹，非絲麻無以蓋形，故充腹有粒，蓋形有縷。

夫在耘耨〔一〕,妻在機杼,民無二事,則有儲蓄。夫無雕文刻鏤之事,女無繡餙纂組之作①。木器液,金器腥。聖人飲於土,食於土,故埏埴以爲器〔二〕,○聖人埏埴以爲器。天下無費。◎聖人飲食無費。

今也金木之性不寒而衣繡餙,馬牛之性食草飲水而給菽粟,是治失其本,而宜設之制也。春夏夫出於南畝,秋冬女練於布帛,則民不困。今短褐不蔽形〔三〕,糟糠不充腹,失其治也。古者,土無肥磽,人無勤惰,古人何得,而今人何失耶?耕有不終畝,織有日斷機,而奈何饑寒〔四〕!蓋古治之行〔五〕,今治之止也。

夫謂治者〔六〕,使民無私也。○治者,天下一家。◎治者,使民無私。民無私,則天下爲一家,○民無私,則天下爲一家。而無私耕私織,共寒其寒,共饑其饑。故如有子十人〔七〕,不加一飯;有子一人,不損一飯,焉有喧呼耽酒以敗善類乎?民相輕佻,則欲心興,爭奪之患起矣。横生於一夫,則民私飯有儲食,私用有儲財。民一犯禁,而拘以刑治,烏有以爲人上也〔八〕。善政執其制,○善政執其制。使民無私。○善政使民無私。爲下不敢私,則無爲非者矣。反本緣理,出乎一道,○反本緣理,出乎一道。則欲心去,爭奪止,囹圄空,野充粟多,安民懷遠,外無天下之難,内無暴亂之事,治之至也。

蒼蒼之天,莫知其極。帝王之君,誰爲法則〔九〕?往世不可及,來世不可待,求己者也。

所謂天子者四焉:一曰神明,二曰垂光,三曰洪叙,四曰無敵。此天子之事也。

野物不爲犧牲,雜學不爲通儒。○雜學不爲通儒。※非通儒,不能爲此言。

今説者曰:"百里之海,不能飲一夫;三尺之泉,足止三軍渴。"臣謂欲生於無度,邪生於無禁。太上神化,◎太上神化。其次因物，其下在於無奪民時，無損民財。夫禁必以武而成，賞必以文而成。○文成、武成。

武禁文賞，要知文、武二者不可缺一。

【校】

〔一〕夫在耘耨　耘，四庫本、宋武經本作“芸”。“芸”通“耘”。

〔二〕故埏埴以爲器　故，原闕，據宋武經本、四庫本補。

〔三〕今短褐不蔽形　短，原作“裋”，據宋武經本改。

〔四〕而奈何饑寒　饑寒，宋武經本作“寒飢”。

〔五〕蓋古治之行　蓋，原闕，據宋武經本、四庫本補。

〔六〕夫謂治者　四庫本“謂”前有“所”字。

〔七〕故如有子十人　故，原闕，據宋武經本、四庫本補。

〔八〕烏有以爲人上也　有以，四庫本作“在其”。

〔九〕誰爲法則　爲，四庫本作“能”。

【注】

① 組：旁注音“祖”，今音 zǔ。

戰權第十二

《兵法》曰〔一〕：“千人而成權，萬人而成武。權先加人者，敵不力交；武先加人者，敵無威接。”故兵貴先勝於此，○兵貴先勝於此。則勝彼矣；弗勝於此，則弗勝於彼矣。凡我往則彼來，彼來則我往，相爲勝敗〔二〕，此戰之理然也。夫精誠在乎神明，○精誠在乎神明。戰權在乎道之所極。○戰權在乎道之所極。有者無之，無者有之，安所信之。

先王之所傳聞者，任正去詐，○先王之所傳，任正去詐。存其慈順，決無留刑。

故知道者，必先圖不知止之敗，◎知道者，必先圖不知止。惡在乎必往有功。輕進而求戰，敵復圖止，我往而敵制勝矣。故《兵法》曰[一]："求而從之，見而加之，主人不敢當而陵之，必喪其權。"凡奪者無氣，恐者不可守，敗者無人，兵無道也。意往而不疑則從之，奪敵而無前則加之，明視而高居則威之，兵道極矣。○明視高居。

其言無謹，偷矣[三]；其陵犯無節，破矣。水潰雷擊，三軍亂矣。必安其危，去其患，以智決之。高之以廊廟之論，重之以受命之論，銳之以踰垠之論，則敵國可不戰而服。

【校】

〔一〕兵法曰　曰，原作"者"，據宋武經本、四庫本改。

〔二〕相爲勝敗　敗，原作"負"，據宋武經本、四庫本改。"負""敗"義同，然此書多韻文，作"敗"可與同句"來"爲韻。

〔三〕偷矣　矣，原作"失"，旁注"矣"，據宋武經本、四庫本改。此處作"偷矣"，方與下句"破矣"文例相同。

重刑令第十三

將自千人以上，有戰而北，守而降，離地逃衆[一]，命曰"國賊"。身戮家殘，去其籍，發其墳墓，暴其骨於市①，男女公於官。※刑重則難犯，立法不有不如此。

自百人以上，有戰而北，守而降，離地逃衆，命曰"軍賊"。身死家殘，男女公於官。

使民内畏重刑，則外輕敵。故先王明制度於前，○先王明制度於前。重威刑於後。刑重則内畏，内畏則外堅矣。◎内畏外堅。

【校】

〔一〕離地逃衆　衆，原作"軍"，據宋武經本、四庫本改。

【注】

①暴:旁注音"薄",今音 bào。

伍制令第十四

軍中之制,五人爲伍,伍相保也;十人爲什,什相保也;五十人爲屬,屬相保也;百人爲閭,閭相保也。伍有干令犯禁者,揭之,免於罪;知而弗揭,全伍有誅。什有干令犯禁者,揭之,免於罪;知而弗揭,全什有誅。屬有干令犯禁者,揭之,免於罪;知而弗揭,全屬有誅。閭有干令犯禁者,揭之,免於罪;知而弗揭,全閭有誅。

吏自什長以上,至左右將,上下皆相保也〔一〕。有干令犯禁者,揭之,免於罪;知而弗揭者,皆與同罪。

夫什伍相結,上下相聯,無有不得之姦,無有不揭之罪,父不得以私其子,兄不得以私其弟,而況國人聚舍同食,烏能以干令相私者哉!

【校】

〔一〕上下皆相保也　上下,原闕,據宋武經本、四庫本補。

分塞令第十五

中軍,左、右、前、後軍皆有分地,方之以行垣,而無通其交往。將有分地,帥有分地,伯有分地,皆營其溝域〔一〕,而明其塞令。

使非百人,無得通。非其百人而入者,伯誅之。伯不誅,與之同罪。

軍中縱横之道,百有二十步而立一府柱,量人與地。柱道相望,禁行清道。

非將吏之符節,不得通行。采薪芻牧者,皆成行伍。不成行伍者,不得通行。吏屬無節、士無伍者,横門誅之。踰分于地者,誅之。故内無干令犯禁,則外無不獲之姦。

【校】

〔一〕皆營其溝域　域,四庫本作“洫”。

束伍令第十六

束伍之令曰:五人爲伍,共一符,收於將吏之所。亡伍而得伍〔一〕,當之。得伍而不亡,有賞。亡伍而不得伍〔二〕,身死家殘。亡長得長,當之。得長不亡,有賞。亡長不得長,身死家殘;復戰得首長,除之。亡將得將,當之。得將不亡,有賞。亡將不得將,坐離地遁逃之法〔三〕。

戰誅之法曰:什長得誅十人,伯長得誅什長,千人之將得誅百人之長〔四〕,萬人之將得誅千人之將,左右將軍得誅萬人之將,大將無不得誅。

【校】

〔一〕亡伍而得伍　“伍”後,四庫本有“者”字。

〔二〕亡伍而不得伍　而,四庫本無。

〔三〕坐離地遁逃之法　法,原作“罪”,據宋武經本、四庫本改。

〔四〕千人之將得誅百人之長　百,原作“伯”,據宋武經本、四庫本改。

經卒令第十七

經卒者,以經令分之爲三分焉:左軍蒼旗,卒戴蒼羽。右軍白旗,卒戴白羽。中軍黄旗,卒戴黄羽。

卒有五章〔一〕:前一行蒼章,次二行赤章,次三行黄章,次四行白章,次五行黑章。次以經卒,亡章者有誅。前一五行置章於首,次二五行置章於項,次三五行置章於胸,次四五行置章於腹,次五五行置章於腰。

如此，卒無非其吏，吏無非其卒。見非而不詰，見亂而不禁，其罪如之。

鼓行交鬬，則前行進爲犯難，後行退爲辱衆，踰五行而前者有賞，踰五行而後者有誅。所以知進退先後，吏卒之功也。故曰："鼓之，前如雷霆，動如風雨，○鼓如雷霆、風雨。莫敢當其前，莫敢躡其後。"言有經也〔二〕。

【校】

〔一〕卒有五章　五，原作"伍"，據宋武經本、四庫本改。

〔二〕言有經也　有，原作"其"，旁注"有"，據宋武經本、四庫本改。

勒卒令第十八

金、鼓、鈴、旗，四者各有法。○四者各有法。鼓之則進，重鼓則擊。金之則止，重金則退。鈴，傳令也。旗，麾之左則左，麾之右則右。奇兵則反是。

一鼓一擊而左，一鼓一擊而右。一步一鼓，步鼓也。十步一鼓，趨鼓也。音不絶，鶩鼓也。商，將鼓也。角，帥鼓也。小鼓，伯鼓也。三鼓同，則將、帥、伯其心一也。奇兵則反是。

鼓失次者，有誅。諠譁者，有誅。不聽金、鼓、鈴、旗而動者，有誅。

百人而教戰，教成，合之千人。千人教成，合之萬人。萬人教成，會之於三軍。三軍之衆，有分有合，爲大戰之法，教成，試之以閲。

方亦勝，圓亦勝，錯邪亦勝〔一〕，臨險亦勝。敵在山，緣而從之。敵在淵，没而從之。求敵若求亡子，從之無疑，故能敗敵而制其命。

夫蚤決先定，若計不先定，慮不蚤決，則進退不定，疑生必敗。故正兵貴先，奇兵貴後，或先或後，制敵者也。

世將不知法者，專命而行，先擊而勇，無不敗者也。其舉有疑而不疑，其往有信而不信，其致有遲疾而不遲疾。是三者，戰之累也。

【校】

〔一〕錯邪亦勝　邪，四庫本作“斜”。

將令第十九

將軍受命，君必先謀於廟，行令於廷〔一〕。君身以斧鉞授將，曰：“左、右、中軍皆有分職，若踰分而上請者，死。軍無二令，○軍無二令。二令者誅，留令者誅，失令者誅。”

將軍告曰：“出國門之外，期日中，設營表，置轅門。”期之，如過時，則坐法。

將軍入營，即閉門清道〔二〕。有敢行者誅，有敢高言者誅，有敢不從令者誅。

【校】

〔一〕行令於廷　行令，原作“令行”，據宋武經本、四庫本乙正。

〔二〕即閉門清道　即，四庫本作“則”

踵軍令第二十

所謂踵軍者，去大軍百里，期於會地，爲三日熟食，前軍而行。爲戰，合之表，合表乃起。踵軍享士〔一〕，使爲之戰勢，是謂趨戰者也。

興軍者，前踵軍而行，合表乃起。去大軍一倍其道，去踵軍百里，期於會地。爲六日熟食，使爲戰備。

分卒據要害，戰利則追北，按兵而趨之。

踵軍遇有還者，誅之。所謂諸將之兵在四奇之内者，勝也。

兵有什伍，有分有合，豫爲之職，守要塞關梁而分居之。戰，合表起，即皆會也。大軍爲計日之食，起，戰具無不及也。令行而起，不如令者有誅〔二〕。

凡稱分塞者，四境之内，當興軍、踵軍既行，則四境之民無得行者。奉王之命，授持符節，名爲順職之吏。非順職之吏而行者，誅之。戰，合表起，順職之吏乃行〔三〕，用以相參。故欲戰者先安内也〔四〕。〇欲戰，先安内。

【校】

〔一〕踵軍亨士　亨，宋武經本、四庫本作"饗"。

〔二〕不如令者有誅　有，四庫本無。

〔三〕順職之吏乃行　乃，原作"方"，據宋武經本、四庫本改。

〔四〕故欲戰者先安内也　者，宋武經本、四庫本皆無。

兵教上第二十一

兵之教令，分營居陳，有非令而進退者，加犯教之罪〔一〕。前行者，前行教之。後行者，後行教之。左行者，左行教之。右行者，右行教之。教舉五人，其甲首有賞。弗教，如犯教之罪。羅地者，自揭其伍。伍内互揭之，免其罪。

凡伍臨陳，若一人有不盡死於敵〔二〕，則教者如犯法者之罪。凡什保什，若亡一人，而九人不盡死於敵，則教者如犯法者之罪。自什以上，至於裨將，有不若法者，則教者如犯法者之罪。

凡明刑罰，正勸賞，必在乎兵教之法。〇勸賞，兵教之法。

將異其旗，卒異其章。左軍章左肩，右軍章右肩，中軍章胸前。書其章曰某甲某士。前後章各五行，尊章置首上。其次差降之。伍長教其四人,以板爲鼓,以瓦爲金,以竿爲旗,擊鼓而進,低旗則趨,擊金而退,麾而左之,麾而右之,金鼓俱擊而坐。伍長教成,合之什長。什長教成,合之卒長。卒長教成,合之伯長。伯長教成,合之兵尉。兵尉教成,合之裨將。裨將教成,合之大將。大將教成〔三〕,陣於中野。置大表三,百步而一。既陣,去表,百步而決,百步而趨,百步而鶩。習戰以成其節,爲之賞罰。

自尉吏而下盡有旗,戰勝得旗者,各視其所得之爵,以明賞勸之心。戰勝在乎立威,立威在乎戮力,戮力在乎正罰。正罰者,所以明賞也。◎正罰,所以明賞。

令民背國門之限,決死生之分,教之死而而不疑者,有以也。令守者必固,戰者必鬬,姦謀不作,姦民不語。令行無變,兵行無猜。輕者若霆,奮敵若驚。舉功别德,明如白黑。○舉功别德,明如白黑。令民從上令,如四肢應心也。

前軍絶行亂陳〔四〕、破堅如潰者,有以也。此之謂兵教,所以開封疆,守社稷,除患害,成武德也。

習伏衆,神巧者不過習者之門。兵之用奇,全自教習中來。若平居教習不素,一旦有急,驅之赴敵,有聞金鼓而色變①、覩旌旗而目眩者矣,安望出死力而決勝乎?

【校】

〔一〕加犯教之罪　加,四庫本作“如”。

〔二〕若一人有不盡死於敵　盡,原作“進”,據宋武經本、四庫本改。

〔三〕大將教成　成,原作“之”,據四庫本改。上文屢言“教成”,故依文例改爲“成”。

〔四〕前軍絶行亂陳　陳,原作“軍”,據宋武經本、四庫本改。

【注】

① 聞金鼓而色變：王陽明對軍中此類行爲處罰甚爲嚴厲，《征剿横水桶岡分委統哨牌》云："一聽號令，聞鼓方進，聞金即止，違者斬。"

兵教下第二十二

臣聞人君有必勝之道，○人君有必勝之道。故能兼併廣大〔一〕，以一其制度，則威加天下，有十二焉。一曰連刑，謂同罪保伍也。二曰地禁，謂禁止行道，以網外姦也。三曰全軍，謂甲首相附，三五相同，以結其聯也。四曰開塞，謂分地以限，各死其職而堅守也。五曰分限，謂左右相禁，前後相待，垣車爲固，以逆以止也。六曰號别，謂前列務進，以别其後者，不得爭先、登不次也。七曰五章，謂彰明行列，始卒不亂也。八曰全曲，謂曲折相從，皆有分部也。九曰金鼓，謂興有功，致有德也。○人君興功致德。十曰陳車，謂接連前矛，馬冒其目也。十一曰死士，謂衆軍之中有材智者，乘於戰車，前後縱横，出奇制敵也。十二曰力卒，謂經其全曲，不麾不動也。

此十二者教成，犯令不舍。兵弱能强之，主卑能尊之，令弊能起之，民流能親之，人衆能治之，地大能守之。國軍不出於閫，組甲不出於橐，而威服天下矣。○人君威服天下。

兵有五致：◎兵有五致。爲將忘家，踰垠忘親，指敵忘身，必死則生，急勝爲下。百人被刃，陷行亂陳。千人被刃，擒敵殺將。萬人被刃，横行天下。

武王問太公望曰："吾欲少間而極用人之要。"望對曰："賞如山，罰如谿。太上無過，其次補過。使人無得私語，諸罰而請不罰者死，諸賞而請不賞者死。"

伐國必因其變。示之財以觀其窮，示之弊以觀其病，上乖下離，若此之類，是伐之因也。

凡興師，必審内外之權，◎興師，必審内外之權。以計其去。兵有備闕，糧食有餘不足，校所出入之路，然後興師伐亂，必能入之。

地大而城小者，必先收其地。城大而地窄者，必先攻其城。地廣而人寡者，則絶其扼〔二〕。地窄而人衆者，則築大堙以臨之。無喪其利，無奪其時，寬其政，夷其業，救其弊，則足以施天下。

今戰國相攻，大伐有德。自伍而兩，自兩而師，不一其令。率俾民心不定，徒尚驕侈。謀患辯訟〔三〕，吏究其事，累且敗也。日暮路遠，還有挫氣〔四〕。師老將貪，爭掠易敗。

凡將輕、壘卑、衆動，可攻也。將重、壘高、衆懼，可圍也。凡圍，必開其小利，使漸夷弱，則節吝有不食者矣。衆夜擊者，驚也。衆避事者，離也。待人之救，期戰而蹙，皆心失而氣傷也〔五〕。傷氣敗軍，曲謀敗國。

【校】

〔一〕故能兼併廣大　兼併，宋武經本、四庫本作“并兼”，義同。

〔二〕則絶其扼　扼，宋武經本、四庫本作“阨”，字通。

〔三〕謀患辯訟　辯，四庫本作“辨”。二字古通。

〔四〕還有挫氣　挫，四庫本作“剉”。二字相通。

〔五〕皆心失而氣傷也　氣傷，原作“傷氣”，據四庫本乙正。作“氣傷”方與“心失”結構一致。

兵令上第二十三

兵者，凶器也；爭者，逆德也。事必有本，○兵事必有本。故王者伐暴亂，本仁義焉。◎王者伐暴，本仁義。戰國則以立威抗敵相圖，而不能廢兵也。

兵者，以武爲植，以文爲種。武爲表，文爲裏。能審此二者，知勝負矣〔一〕。文所以視利害、辨安危，武所以犯强敵、力攻守也。

專一則勝，離散則敗。陳以密則固，鋒以疏則達。卒畏將甚於敵者勝，卒畏敵甚於將者敗。所以知勝敗者，稱將於敵也。敵與將，猶權衡焉。◎敵與將，猶權衡焉。安靜則治，暴疾則亂。

出卒陳兵有常令，行伍疏數有常法，先後之次有適宜。常令者，非追北襲邑攸用也。前後不次，則失也。亂先後，斬之。

常陳皆向敵，有内向，有外向，有立陳，有坐陳。夫内向，所以顧中也。外向，所以備外也。立陳，所以行也。坐陳，所以止也。立坐之陳，相參進止，將在其中。坐之兵劍斧，立之兵戟弩，將亦居中。

善御敵者，正兵先合，而後扼之。此必勝之道也〔二〕。○善御敵者，必勝之道。

陳之斧鉞，飾之旗章，有功必賞，犯令必死。存亡死生，在枹之端。雖天下有善兵者，莫能禦此也。

矢射未交，長刃未接，前譟者謂之虚，後譟者謂之實，不譟者謂之秘。虚、實、秘者，兵之體也。○虚、實、秘者，兵之體。

【校】

〔一〕知勝負矣　負，宋武經本、四庫本作"敗"，義同。

〔二〕此必勝之道也　道，宋武經本、四庫本作"術"，義近。

兵令下第二十四

諸去大軍爲前禦之備者，邊縣列候，各相去三五里。聞大軍爲前禦之備，戰則皆禁行，所以安内也。

内卒出戍，令將吏授旗鼓戈甲。發日，後將吏及出縣封界者，以坐後戍法。兵戍邊一歲遂亡，不候代者，法比亡軍。父母妻子知之,與同罪。弗知,赦之。

卒後將吏而至大將所一日,父母妻子盡同罪。卒逃歸至家一日〔一〕,父母妻子弗捕執及不言,亦同罪。

諸戰而亡其將吏者,及將吏棄卒獨北者,盡斬之。前吏棄其卒而北,後吏能斬之而奪其卒者,賞。軍無功者,戍三歲。

三軍大戰,若大將死,而從吏五百人以上不能死敵者,斬。大將左右近卒,在陳中者,皆斬。餘士卒有軍功者,奪一級。無軍功者,戍三歲。

戰亡伍人及伍人戰死,不得其屍,同伍盡奪其功。得其屍,罪皆赦。

軍之利害,在國之名實。今名在官,而實在家,官不得其實,家不得其名。聚卒爲軍,有空名而無實,外不足以禦敵,内不足以守國,此軍之所以不給,將之所以奪威也。

臣以謂卒逃歸者,同舍伍人及吏罰入糧爲饒,名爲軍實,是有一軍之名,而有二實之出。國内空虚,自竭民歲,曷以免奔北之禍乎!

今以法止逃歸、禁亡軍,是兵之一勝也。什伍相聯〔二〕,及戰鬬則吏卒相救〔三〕,是兵之二勝也。將能立威,卒能節制〔四〕,號令明信,攻守皆得,是兵之三勝也。○兵之三勝。臣聞古之善用兵者,能殺士卒之半,※"殺士卒之半"①,立言太奇慘,而以歸言之善用兵者,不已誣乎!其次殺其十三,其下殺其十一〔五〕。能殺其半者,威加海内。○善兵者,威加海内。殺十三者,力加諸侯〔六〕。殺十一者,令行士卒。

故曰:百萬之衆不用命,不如萬人之鬬也。萬人之鬬不用命,不如百人之奮也。賞如日月〔七〕,信如四時,令如斧鉞,制如干將,士卒不用命者,未之聞也。

《尉繚》通卷論形勢而已。

【校】

〔一〕卒逃歸至家一日　一,原脱,據宋武經本、四庫本補。

〔二〕什伍相聯　聯,四庫本作"連"。

〔三〕及戰鬬則吏卒相救　吏卒,宋武經本、四庫本皆作"卒吏",義同。

〔四〕卒能節制　節制,原作"制節",據宋武經本、四庫本乙正。

〔五〕其下殺其十一　其下,四庫本作"其次",義近。

〔六〕力加諸侯　侯,原作"候",據宋武經本、四庫本改。

〔七〕賞如日月　日,四庫本作"明"。

【注】

① 殺士卒之半:《漢書・藝文志》"《尉繚》二十九篇"注云:"劉向《别録》云:'繚爲商君學。'"故《尉繚子》宜有此説。

新鐫武經七書卷之六

三 略

上 略

夫主將之法，務攬英雄之心，◎主將務攬英雄之心。賞祿有功，通志於衆，○主將通志於衆。故與衆同好，靡不成；與衆同惡，靡不傾。治國安家，得人也；亡國破家，失人也。含氣之類，咸願得其志。

《軍讖》曰："柔能制剛，弱能制强。"柔者，德也。剛者，賊也。弱者，人之所助。强者，人之所攻〔一〕。柔有所設，剛有所施，弱有所用，强有所加，兼此四者，而制其宜。○兼此四者，而制其宜。

端末未見，人莫能知。天地神明，與物推移，變動無常。因敵轉化，不爲事先，動而輒隨。故能圖制無疆，扶成天威。○四者扶成天威。匡正八極〔二〕，密定九夷。如此謀者，爲帝王師。○如此謀者，爲帝王師。

故曰：莫不貪强，鮮能守微。若能守微，乃保其生。聖人存之，以應事機。◎聖人存之，以應事機。舒之彌四海，卷之不盈杯。居之不以宅室〔三〕，守之不以城郭。藏之胸臆，而敵國服。

《軍讖》曰："能柔能剛，其國彌光。能弱能强，其國彌彰。純柔純弱，其國必削。純剛純强，其國必亡。"

夫爲國之道，恃賢與民，◎爲國之道，恃賢與民。信賢如腹心，使民如四肢，則策無遺。○爲國之道，策無遺。所適如肢體相隨，骨節相救，天道自然，其巧無間。

軍國之要，察衆心，施百務。危者安之，懼者歡之，叛者還之，冤者原之，訴者察之，卑者貴之，强者抑之，敵者殘之，貪者豐之，欲者使之，畏者隱之，謀者近之，讒者覆之，毁者復之，反者廢之，橫者挫之，滿者損之，歸者招之，服者活之，降者脱之，獲固守之，獲扼塞之〔四〕，獲難屯之，獲城割之，獲地裂之，獲財散之。敵動伺之，敵近備之，敵强下之，敵佚去之，敵陵待之，敵暴綏之，敵悖義之，敵睦攜之。順舉挫之，因勢破之，放言過之，四網羅之。※即擥英雄之術。得而勿有，居而勿守，拔而勿久，立而勿取。爲者則己，有者則士，焉知利之所在？彼爲諸侯，己爲天子。使城自保，令士自處。

世能祖祖，鮮能下下。祖祖爲親，下下爲君。下下者，務耕桑，不奪其時。薄賦斂，不匱其財。罕徭役，不使其勞。則國富而家娭，然後選士以司牧之。

夫所謂士者，英雄也，故曰羅其英雄，則敵國窮。英雄者，國之幹。○英雄者，國之幹。庶民者，國之本。得其幹，收其本，則政行而無怨。

夫用兵之要，在崇禮而重禄。○用兵之要，在崇禮而重禄。禮崇則智士至，◎崇禮則智士至。禄重則義士輕死。故禄賢不愛財，賞功不踰時，則下力并，敵國削。夫用人之道，尊以爵，贍以財，則士自來。接以禮，勵以義，則士死之〔五〕。

夫將帥者，必與士卒同滋味而共安危，○將帥者，必與士卒同滋味。敵乃可加，故兵有全勝，敵有全因。○兵有全勝，敵有全因。昔者，良將之用兵，有饋簞醪者，使投諸河，○有饋簞醪者，使投諸河。與士卒同流而飲。夫一簞之醪，不能味一河之水，而三軍之士思爲致死者，以滋味之及己也。

《軍讖》曰："軍井未達，將不言渴。軍幕未辦，將不言倦。軍灶未炊，將不言饑。冬不服裘，夏不揮扇〔六〕，雨不張蓋，是謂將禮。"與之安，與之危，故其衆可合而不可離，可用而不可疲，以其恩素蓄，謀素合也。故曰：蓄恩不倦，以一取萬。

《軍讖》曰："將之所以爲威者，號令也。戰之所以全勝者，軍政也。○戰之所以全勝者，軍政。士之所以輕死者，用命也。"故將無還令，賞罰必信，如天如地，○賞罰如天如地。乃可使人。士卒用命，乃可越境。

夫統軍持勢者，將也。制勝敗敵者，衆也。故亂將不可使保軍，乖衆不可使伐人。攻城不可拔〔七〕，圖邑則不廢〔八〕。二者無功，則士力疲敝〔九〕。士力疲敝〔一〇〕，則將孤衆悖。以守則不固，以戰則奔北，是謂老兵。兵老則將威不行，將無威則士卒輕刑，士卒輕刑則軍失伍，軍失伍則士卒逃亡，士卒逃亡則敵乘利，敵乘利則軍必喪。

《軍讖》曰："良將之統軍也，恕己而治人，○良將恕己而治人。推惠施恩，士力日新。戰如風發，攻如河決。"故其衆可望而不可當，可下而不可勝。以身先人，故其兵爲天下雄。○良將兵爲天下雄。

《軍讖》曰："軍以賞爲表，罰爲裹〔一一〕。賞罰明，則將威行。

官人得,則士卒服。所任賢,則敵國畏。"

《軍讖》曰:"賢者所適,其前無敵。"○賢者所適,其前無敵。故士可下而不可驕,將可樂而不可憂,謀可深而不可疑。士驕則下不順,將憂則内外不相信,謀疑則敵國奮。以此攻伐則致亂。夫將者,國家之命也。○將者,國家之命。將能致勝〔一二〕,則國家安定。○將能制勝,則國家安定。

《軍讖》曰:"將能清,能靜,能平,能整,能受諫,能聽訟,能納人,能採言,能知國俗,能圖山川,能表險難,能制軍權。"故曰:仁賢之智,聖明之慮,負薪之言,廊廟之語,興衰之事,將所宜聞。將者,能思士如渴,則策從焉〔一三〕。○將者能思士如渴,則策從。夫將拒諫,則英雄散;策不從,則謀士叛。善惡同,則功臣倦。專己,則下歸咎。自伐,則下少功。信讒,則衆離心。貪財,則奸不禁。内顧,則士卒淫。將有一,則衆不服。有二,則軍無式。有三,則下奔北。有四,則禍及國。

《軍讖》曰:"將謀欲密,士衆欲一,○將謀欲密,士衆欲一。攻敵欲疾。"將謀密,則奸心閉。士衆一,則軍心結。攻敵疾,則備不及設。軍有此三者,則計不奪。○有此三者,則計不奪。將謀泄,則軍無勢。外窺内,則禍不制。財入營,則衆奸會。將有此三者,軍必敗。

將無慮,則謀士去;將無勇,則士卒恐;將妄動,則軍不重;將遷怒,則一軍懼。

《軍讖》曰:"慮也,勇也,將之所重;動也,怒也,將之所用。"此四者,將之明誡也。○四者,將之明誡。

《軍讖》曰:"軍無財,士不來。軍無賞,士不往。"

《軍讖》曰:"香餌之下,必有死魚。重賞之下,必有勇夫。"

故禮者,士之所歸;○禮者,士之所歸。賞者,士之所死;招其所歸,示其所死,則所求者至。故禮而後悔者,士不止〔一四〕;賞而後悔者,士不使。禮賞不倦,則士爭死。

《軍讖》曰:“興師之國,務先隆恩;○興師之國,務先隆恩。攻取之國,務先養民。”以寡勝衆者,恩也;以弱勝强者,民也。故良將之養士,不易於身,○良將養士,不易於身。故能使三軍如一心,則其勝可全。○三軍如一心,則其勝可全。

《軍讖》曰:“用兵之要,必先察敵情:○用兵,必先察敵情。視其倉庫,度其糧食,卜其强弱,察其天地,○用兵,察其天地。伺其空隙。”故國無軍旅之難而運糧者,虚也。民菜色者,窮也。千里饋糧,士有饑色。樵蘇後爨,師不宿飽。夫運糧千里,無一年之食;二千里,無二年之食;三千里,無三年之食,是謂國虚。國虚則民貧,民貧則上下不親。敵攻其外,民盜其内,是謂必潰。

《軍讖》曰:“上行虐,則下急刻。賦重斂數,刑罰無極,民相殘賊,是謂亡國。”

《軍讖》曰:“内貪外廉,詐譽取名,竊公爲恩,令上下昏,飾躬正顔,以獲高官,是謂盜端。”

《軍讖》曰:“羣吏朋黨,各進所親,招舉姦枉,抑挫仁賢,背公立私,同位相訕,是謂亂源。”

《軍讖》曰:“强宗聚姦,無位而尊,威而不振〔一五〕,葛藟相連,種德立恩,奪在位權,侵侮下民,國内諠譁,臣蔽不言,是謂亂根。”

《軍讖》曰:“世世作姦,侵盜縣官,進退求便,委曲弄文,以危其君〔一六〕,是謂國姦。”

《軍讖》曰:“吏多民寡,尊卑相若,强弱相虜,莫適禁禦①,延及君子,國受其咎〔一七〕。”

《軍讖》曰:“善善不進,惡惡不退,賢者隱蔽,不肖在位,國受其害。"

《軍讖》曰:"枝葉强大,比周居勢,卑賤陵貴,久而益大,上不忍廢,國受其敗。"

《軍讖》曰:"佞臣在上,一軍皆訟。※先遠佞臣,然後可以擎英雄。引威自與,動違於衆。無進無退,苟然取容。專任自己,舉措伐功。誹謗盛德,誣述庸庸。無善無惡,皆與己同。稽留行事,命令不通。造作苛政,變古易常。君用佞人,必受禍殃。"

《軍讖》曰:"姦雄相稱,障蔽主明。毀譽並興,壅塞主聰。各阿所私,令主失忠。"故主察異言,乃覩其萌。主聘儒賢,姦雄乃遷。主任舊齒,萬事乃理。○主任舊齒,萬事乃理。主聘岩穴〔一八〕,士乃得實。謀及負薪,功乃可述。不失人心,德乃洋溢。

【校】

〔一〕人之所攻　人,宋武經本作"怨"。

〔二〕匡正八極　匡,原作"康",旁注"匡",四庫本亦作"康",宋武經本作"匡",但"匡"字闕筆,蓋避宋太祖趙匡胤諱,作"康"或因避諱而後人未回改之故。

〔三〕居之不以宅室　宅室,宋武經本、四庫本作"室宅"。

〔四〕獲扼塞之　扼,宋武經本、四庫本作"阸"。"扼"可讀爲"阸"。

〔五〕則士死之　死,原作"厄",旁注"死",據宋武經本、四庫本改。

〔六〕夏不揮扇　揮,宋武經本、四庫本作"操"。

〔七〕攻城不可拔　不可拔,宋武經本作"則不拔"。

〔八〕圖邑則不廢　圖,明劉寅《三略直解》作"圍"。

〔九〕則士力疲敝　敝,宋武經本作"弊"。

〔一〇〕士力疲敝　敝,宋武經本作"弊"。

〔一一〕罰爲裏　"罰"上,宋武經本、四庫本有"以"字。

〔一二〕國家之命也將能致勝　家,宋武經本無。按:底本"家"字外加括號作"(家)"。下句云"國家",此處亦當如此。致,宋武經本、四庫本作"制",音近可通。

〔一三〕則策從焉　原"焉"字作小字注於旁,據宋武經本、四庫本補入正文。

〔一四〕士不止　止,原作"往",據宋武經本、四庫本改。作"止"與上文"死""至"爲韻。

〔一五〕威而不振　振,宋武經本、四庫本皆作"震"。

〔一六〕以危其君　君,原作"軍",據宋武經本、四庫本改。

〔一七〕國受其咎　咎,原作"害",四庫本同,據宋武經本改。作"咎"可與"禦"爲韻。

〔一八〕主聘岩穴　岩,宋武經本、四庫本皆作"巖"。

【注】

① 莫適禁禦　適,旁注音"的",今音 dí,相當地,足够地。《禮記·雜記上》"大夫訃於同國,適者曰某不禄",鄭玄注:"適,讀爲匹敵之敵,謂爵同者也。"莫適禁禦,不能够制止。

中　略

夫三皇無言而化流四海,○三皇無言而化流四海〔一〕。**故天下無所歸功。**

帝者,體天則地,○帝者體天則地。**有言有令,而天下太平;君臣讓功,四海化行,百姓不知其所以然。故使臣不待禮,賞有功,美而無害。**○帝者使臣有功。

王者,制人以道,○王者制人以道。**降心服志,設矩備衰,四海會同,**○王者四海會同。**王職不廢。雖有甲兵之備**〔二〕**,而無戰鬬之患;君無疑於臣,臣無疑於主,國定主安,**○王者國定主安。**臣以義退,亦能美而無害。**

霸者,制士以權,結士以信,使士以賞;信衰則士疏,賞虧則士不用命。

《軍勢》曰:"出軍行師,將在自專。進退内御,則功難成。"

《軍勢》曰:"使智,使勇,使貪,使愚:智者樂立其功,勇者好

行其志，貪者邀趨其利，愚者不顧其死。因其至情而用之，此軍之微權也。”◎此軍之微權。

《軍勢》曰：“無使辯士談説敵美，爲其惑衆。無使仁者主財，爲其多施而附於下。”

《軍勢》曰：“禁巫祝，不得爲吏士卜問軍之吉凶。”

《軍勢》曰：“使義士不以財，故義者不爲不仁者死，智者不爲闇主謀。”

主不可以無德，無德則臣叛；不可以無威，無威則失權。臣不可以無德，無德則無以事君；不可以無威，無威則國弱，威多則身蹶。

故聖王御世，觀盛衰，度得失，而爲之制。◎聖王御世之制。故諸侯二師，方伯三師，天子六師。世亂則叛逆生，王澤竭則盟誓相誅伐。

德同勢敵，無以相傾，乃攬英雄之心，與衆同好惡，然後加之以權變。故非計策，無以決嫌定疑；非譎奇，無以破姦息寇；非陰計，無以成功。

聖人體天，○聖人體大。賢人法地，智者師古。○智者師古。是故《三略》爲衰世作：《上略》設禮賞，别姦雄，著成敗；《中略》差德行，審權變；《下略》陳道德，察安危，明賊賢之咎。故人主深曉《上略》則能任賢擒敵，○人主深曉《上略》。深曉《中略》則能御將統衆，深曉《下略》則能明盛衰之源、審治國之紀。○人主審治國之紀。

人臣深曉《中略》，則能全功保身。夫高鳥死，良弓藏；敵國滅，謀臣亡。亡者，非喪其身也，謂奪其威，廢其權也。封之於朝，極人臣之位，以顯其功；中州善國，以富其家；美色珍玩〔三〕，以悦其心。

夫人衆一合而不可卒離，權威一與而不可卒移。還師罷軍，存亡之階。故弱之以位，奪之以國，是謂霸者之略。故霸者之作，其論駁也。

存社稷，羅英雄者，《中略》之勢也，故勢主秘焉。

皇、帝、王、霸四條，總是論君臣相與之道，而化工特帶言之①，中間直出"攬英雄之心"一語，末復以"羅英雄"一語結之，《三略》大義，瞭然心目矣。

【校】

〔一〕三皇無言而化流四海　皇，原作"王"，據經文改。

〔二〕雖有甲兵之備　有，原闕，據宋武經本、四庫本補。

〔三〕美色珍玩　玩，原作"味"，據宋武經本、四庫本改。

【注】

① 化工：德化之功。語本本篇首句："夫三皇無言而化流四海，故天下無所歸功。"

下　略

夫能扶天下之危者，則據天下之安；能除天下之憂者，則享天下之樂；能救天下之禍者，則獲天下之福。故澤及於民，則賢人歸之；◎澤及於民，則賢人歸。澤及昆蟲，則聖人歸之。○澤及昆虫①，則聖人歸。賢人所歸，則其國强；聖人所歸，則六合同。○聖人歸，則六合同。求賢以德，◎求賢以德。致聖以道。賢去則國微，聖去則國乖。微者，危之階；乖者，亡之徵。

賢人之政，降人以體；聖人之政，降人以心。○聖人之政，降人以心。體降可以圖始，心降可以保終。降體以禮，降心以樂。○聖人降心以樂。所謂樂者，非金石絲竹也，謂人樂其家，謂人樂其俗，謂人樂其業，謂人樂其都邑，謂人樂其政令，謂人樂其道德。如此，君人者乃作樂以節之，使不失其和。○人君者不失其和。故有德之君以樂樂人，○有德之君以樂樂人。無德之君以樂樂身。樂人者久而昌，○樂人者久而昌。樂身者不久而亡。

釋近謀遠者，勞而無功；釋遠謀近者，佚而有終。佚政多忠臣，○佚政多忠臣。勞政多怨民。故曰：務廣地者荒，務廣德者强。能有其有者安，貪人之有者殘。殘滅之政，累世受患。造作過制，雖成必敗。

舍己而教人者逆，正己而化人者順。○正己而化人者順。逆者亂之招，順者治之要。

道、德、仁、義、禮五者，一體也。○五者一體。道者人之所蹈，德者人之所得，仁者人之所親，義者人之所宜，禮者人之所體，不可無一焉。故夙興夜寐，禮之制也。討賊報讐，義之決也。惻隱之心，仁之發也。得己得人，德之路也。使人均平，不失其所，道之化也。○五者使人均平。

出君下臣，名曰命。施於竹帛，名曰令。奉而行之，名曰政。夫命失則令不行，令不行則政不立，政不立則道不通，道不通則邪臣勝，邪臣勝則主威傷。

千里迎賢，其路遠；致不肖，其路近，是以明君舍近而取遠，○明君舍近而取遠。故能全功尚人，○明君全功尚人。而下盡力。

廢一善則衆善衰，賞一惡則衆惡歸。善者得其祐，惡者受其誅，則國安而衆善至。◎國安而衆善至。

衆疑無定國，衆惑無治民。疑定惑還，國乃可安。

一令逆則百令失，一惡施則百惡結，故善施於順民，惡加於凶民，則令行而無怨。

使怨治怨，是謂逆天。使讐治讐，其禍不救。治民使平，致平以清，則民得其所而天下寧。○民得其所而天下寧。

犯上者尊，貪鄙者富，雖有聖主，不能致其治。犯上者誅，貪鄙者拘，則化行而衆惡消。○聖主化行而衆惡消。

清白之士，不可以爵禄得。節義之士，不可以威刑脅。故明君求賢，必觀其所以致焉。○明君求賢，必觀其所致。致清白之士，修其禮；致節義之士，修其道。然後士可致而名可保。

夫聖人君子，明盛衰之源，通成敗之端，審治亂之機，知去就之節。雖窮，不處亡國之位。雖貧，不食亂邦之粟。潛名抱道者，時至而動，○聖人時至而動。則極人臣之位。德合於己，則建殊絶之功。○聖人建殊絶之功。故其道高而名揚於後世。○聖人道高而名揚。

聖王之用兵，非樂之也，將以誅暴討亂也。夫以義誅不義，若決江河而溉爝火，臨不測而擠欲墜，其克必矣。所以優游恬淡而不進者，重傷人物也。夫兵者，不祥之器，天道惡之。不得已而用之，是天道也。

夫人之在道，若魚之在水，得水而生，失水而死，故君子常懼而不敢失道。○君子常懼而不敢失道。

豪傑秉職，國威乃弱。殺生在豪傑，國勢乃竭。豪傑低首，國乃可久。※梅林曰：此等語開後世殺戮功臣之漸。殺生在君，國乃可安。四民用虚，國乃無儲。四民用足，國乃安樂。

賢臣内則邪臣外，邪臣内則賢臣斃，内外失宜，禍亂傳世。

大臣疑主，衆姦集聚。臣當君尊，上下乃昏。君當臣處，上下失序。

傷賢者，殃及三世。蔽賢者，身受其害。嫉賢者，其名不全。進賢者，福流子孫。故君子急於進賢，○君子急於進賢。而美名彰焉。

利一害百，民去城郭。利一害萬，國乃思散。去一利百，人

乃慕澤。去一利萬，政乃不亂。

開口便曰："澤及於民，賢人歸之。"結尾仍曰："君子急于進賢。"端的不出"務攬英雄"一語[②]。

【注】

① 虫："蟲"的俗字。

② 端的：確實。宋晏殊《鳳銜杯》詞："端的自家心下、眼中人，到處裹，覺尖新。"

新鐫武經七書卷之七·一①

六　韜

文　韜

文師第一

文王將田，史編布卜，曰："田於渭陽，○文王田於渭陽。將大得焉。非龍非彲②，非虎非羆，兆得公侯，天遺汝師。以之佐昌，施及三王③。"文王曰："兆致是乎？"史編曰："編之太祖史疇，爲禹占，得皋陶，兆比於此。"

文王乃齊三日〔一〕，乘田車，駕田馬，田於渭陽，卒見太公坐茅以漁。

文王勞而問之曰："子樂漁耶〔二〕？"

太公曰："臣聞君子樂得其志〔三〕，○君子樂得其志。小人樂得其事。今吾漁，甚有似也。"

文王曰："何謂其有似也？"

太公曰:“釣有三權:◎釣有三權。禄等以權,死等以權,官等以權。夫釣以求得也,其情深,可以觀大矣。”○情深可以觀大。

文王曰:“願聞其情!”

太公曰:“源深而水流,水流而魚生之,情也。根深而木長,木長而實生之,情也。君子情同而親合,親合而事生之,情也。○君子親合而事生。言語應對者,情之飾也;言至情者,事之極也。今臣言至情不諱,君其惡之乎?”

文王曰:“惟仁人能受至諫〔四〕,不惡至情,○仁人不惡至情。何爲其然?”

太公曰:“緡微餌明,小魚食之。緡調餌香〔五〕,中魚食之。緡隆餌豐,大魚食之。夫魚食其餌乃牽於緡〔六〕,○食餌牽緡。人食其禄乃服於君。故以餌取魚,魚可殺;以禄取人,人可竭;以家取國,國可拔;以國取天下,天下可畢。嗚呼!曼曼綿綿,其聚必散;嘿嘿昧昧,其光必遠。微哉!聖人之德,誘乎獨見。○微哉!聖人之德誘。樂哉!聖人之慮,各歸其次而立斂焉〔七〕。”

文王曰:“立斂何若而天下歸之〔八〕?”○立斂何若而天下歸?

太公曰:“天下非一人之天下,乃天下之天下也。同天下之利者則得天下,擅天下之利者則失天下。天有時,地有財,能與人共之者,仁也。仁之所在,天下歸之。免人之死,解人之難,救人之患,濟人之急者,德也。德之所在,天下歸之。與人同憂同樂,同好同惡者,義也。義之所在,天下赴之。凡人,惡死而樂生,好德而歸利,能生利者,道也。道之所在,天下歸之。”

文王再拜曰:“允哉!敢不受天之詔命乎!”乃載與俱歸,立爲師。

看“嘿嘿昧昧”一語④,而《韜》之大義,已自了然。

【校】

〔一〕文王乃齊三日　齊,旁注"齋",宋武經本、四庫本作"齋"。"齊"通"齋"。

〔二〕子樂漁耶　耶,宋武經本作"邪"。

〔三〕臣聞君子樂得其志　臣聞,原闕,據宋武經本補。

〔四〕惟仁人能受至諫　至諫,原作"直諫",據宋武經本、四庫本改。唯有作"至諫",方與下句以及前文之"至情"相應。

〔五〕緡調餌香　調,原作"綢",據宋武經本改。調,謂大小適中,適合。

〔六〕夫魚食其餌乃牽於緡　於,原作"其",據宋武經本、四庫本改。下句"人食其禄乃服於君"是其比。

〔七〕各歸其次而立斂焉　立,宋武經本作"樹"。

〔八〕立斂何若而天下歸之　立,宋武經本作"樹"。

【注】

① 新鐫武經七書卷之七・一:原無"・",因"卷之七一"易被誤解爲卷之七十一,故加"・"。下同。

② 鬖:旁注音"癡",今音 chī。

③ 施及:延及。施,旁注音"異",今音 yì。《後漢書・竇融傳》:"昔魏其一言,繼統以正,長君、少君尊奉師傅,修成淑德,施及子孫。"李賢注:"施,延也,音羊豉反。"

④ 嘿嘿:同"默默",原指沉默無聲。《文選・屈原〈卜居〉》:"於嗟嘿嘿兮,誰知吾之廉貞?"劉良注:"嘿嘿,不言貌。"《楚辭・卜居》作"默默"。後用於描述憨厚之貌。〇昧昧:原指昏暗不明之貌。《楚辭・九章・懷沙》:"進路北次兮,日昧昧其將暮。"後引申作純厚渾樸貌。《淮南子・俶真》:"至伏羲氏,其道昧昧芒芒然。"高誘注:"昧昧,純厚也。"〇嘿嘿昧昧:這裏指不爲私欲所蔽、"不動心"的精神狀態。這種"不動心"並非不動謀慮,而是一種不爲外物所動的良知之心,用陽明在《孫子・地形》中的評語來説,是一種"進不求名,退不避罪"、"苟利國家,生死以之"的報國丹心;良知之心,用陽明《評大學》的話來説,是"以天地萬物爲一體"之仁,"視天下猶一家,中國猶一人"之心。

盈虚第二

文王問太公曰："天下熙熙，一盈一虚，一治一亂，所以然者，何也？其君賢、不肖不等乎？其天時變化自然乎？"

太公曰："君不肖，則國危而民亂；君賢聖，則國安而民治。○賢聖，則國安而民治。禍福在君不在天時。"

文王曰："古之賢聖可得聞乎？"

太公曰："昔者帝堯之王天下也，上世所謂賢君也。"

文王曰："其治何如〔一〕？"

太公曰："帝堯王天下之時，金銀珠玉不飾，錦繡文綺不衣，奇怪珍異不視，玩好之器不寶，淫泆之樂不聽，宫垣屋室不堊，甍桷椽楹不斲，茅茨徧庭不剪。鹿裘禦寒，布衣掩形，糲粱之飯〔二〕，藜藿之羹〔三〕。不以役作之故害民耕織之時〔四〕，削心約志，從事于無爲〔五〕。○賢君從事於無爲。吏忠正奉法者尊其位，廉潔愛人者厚其禄。民有孝慈者愛敬之，盡力農桑者慰勉之。旌别淑慝，表其門閭，平心正節，以法度禁邪僞。所憎者，有功必賞；所愛者，有罪必罰。存養天下鰥寡孤獨，賑贍禍亡之家。其自奉也甚薄，其賦役也甚寡，故萬民富樂而無饑寒之色。百姓戴其君如日月，○百姓戴君如日月。親其君如父母。"

文王曰："大哉，賢德之君也〔六〕。"

【校】

〔一〕其治何如　何如，宋武經本、四庫本皆作"如何"，義同。

〔二〕糲粱之飯　粱，原作"梁"，據宋武經本、四庫本改。

〔三〕藜藿之羹　藜，原作"黎"，據宋武經本、四庫本改。

〔四〕不以役作之故害民耕織之時　織，宋武經本作"績"。

〔五〕從事于無爲　于，宋武經本作"乎"。

〔六〕賢德之君也　賢德之君，宋武經本作"賢君之德"，義近。

國務第三

文王問太公曰:"願聞爲國之大務。○爲國之大務。欲使主尊人安,爲之奈何?"

太公曰:"愛民而已。"

文王曰:"愛民奈何?"

太公曰:"利而勿害,成而勿敗,生而勿殺,予而勿奪〔一〕,樂而勿苦,喜而勿怒。"

文王曰:"敢請釋其故。"

太公曰:"民不失務則利之,農不失時則成之,薄賦斂則予之〔二〕,儉宫室臺榭則樂之,吏清不苛擾則喜之。民失其務則害之,農失其時則敗之,無罪而罰則殺之,重賦斂則奪之,多營宫室臺榭以疲民力則苦之,吏濁苛擾則怒之。故善爲國者,馭民如父母之愛子,○馭民如子。如兄之愛弟,見其饑寒則爲之憂,見其勞苦則爲之悲,賞罰如加於身,賦斂如取於己〔三〕。此愛民之道也。"

【校】

〔一〕予而勿奪　予,宋武經本作"與",字通。

〔二〕則予之　予,宋武經本作"與",字通。

〔三〕賦斂如取於己　取於己,宋武經本作"取己物",四庫本作"取諸己",義近。

大禮第四

文王問太公曰:"君臣之禮如何?"

太公曰:"爲上唯臨,爲下唯沉。臨而無遠,沉而無隱。爲上唯周,爲下唯定。周則天也,定則地也。或天或地,大禮乃成。"○君臣之禮,則天則地。

文王曰："主位如何？"

太公曰："安徐而靜，柔節先定。善與而不爭。虛心平志，待物以正。"

文王曰："主聽如何？"

太公曰："勿妄而許，勿逆而拒。許之則失守，拒之則閉塞。高山仰止，○高山仰止。不可及也〔一〕。深淵度之，不可測也。神明之德，正靜其極。"○神明之德，正靜其極。

文王曰："主明如何？"

太公曰："目貴明，耳貴聰，心貴智。以天下之目視則無不見也，以天下之耳聽則無不聞也，以天下之心慮則無不知也。輻輳並進則明不蔽矣。"

【校】

〔一〕不可及也　及，宋武經本、四庫本作"極"。

明傳第五

文王寢疾，召太公望，太子發在側。曰："嗚呼！天將棄予。周之社稷，將以屬汝。今予欲師至道之言，以明傳之子孫。"

太公曰："王何所問？"

文王曰："先聖之道，其所止，其所起〔一〕，可得聞乎？"

太公曰："見善而怠，時至而疑，知非而處，此三者，道之所止也。柔而靜，恭而敬，强而弱，忍而剛，此四者，道之所起也。○四者，道之所起。故義勝欲則昌，欲勝義則亡；敬勝怠則吉，怠勝敬則滅。"

【校】

〔一〕其所止其所起　止、起，原作"起""止"，據宋武經本、四庫本改。從太公的答語先"止"後"起"也可以看出，文王所問先"止"後"起"。

六守第六

文王問太公曰:"君國主民者,其所以失之者何也〔一〕?"

太公曰:"不謹所與也。人君有六守、三寶。"○人君有六守、三寶。

文王曰:"六守何也?"

太公曰:"一曰仁,二曰義,三曰忠,四曰信,五曰勇,六曰謀,是謂六守。"

文王曰:"謹擇六守者何?"

太公曰:"富之而觀其無犯,貴之而觀其無驕,付之而觀其無轉,使之而觀其無隱,危之而觀其無恐,事之而觀其無窮。富之而不犯者,仁也;貴之而不驕者,義也;付之而不轉者,忠也;使之而不隱者,信也;危之而不恐者,勇也;事之而不窮者,謀也。人君無以三寶借人,借人則君失其威。"

文王曰:"敢問三寶?"

太公曰:"大農,大工,大商,謂之三寶。農一其鄉則穀足,工一其鄉則器足,商一其鄉則貨足。三寶各安其處,○三寶各安其處。民乃不慮。無亂其鄉,無亂其族。臣無富於君,都無大於國。六守長則君昌,三寶全則國安。"

【校】

〔一〕其所以失之者何也 以,原闕,據宋武經本、四庫本補。

守土第七

文王問太公曰〔一〕:"守土奈何?"

太公曰:"無疏其親,無怠其衆,撫其左右,御其四旁。無借人國柄,借人國柄則失其權。無掘壑而附丘,○掘壑附丘。無舍本而治末。日中必彗,操刀必割,執斧必伐。日中不彗,是謂失時。

操刀不割,失利之期。執斧不伐,賊人將來。涓涓不塞,將爲江河。熒熒不救[①],炎炎奈何〔二〕? 兩葉不去,將用斧柯。是故人君必從事於富。○人君從事於富。不富無以爲仁,不施無以合親。疏其親則害,失其衆則敗。無借人利器。借人利器,則爲人所害而不終其世〔三〕。"

文王曰:"何謂仁義?"

太公曰:"敬其衆,合其親。敬其衆則和,合其親則喜,是謂仁義之紀。○人君仁義之紀。無使人奪汝威。因其明,順其常。順者任之以德,○順者任之以德。逆者絶之以力。敬之勿疑,天下和服。"

【校】

〔一〕文王問太公曰　問,原作"謂",據宋武經本改。四庫本作"聞",蓋係"問"之形近誤字。

〔二〕炎炎奈何　奈,原作"若",旁注"奈",據宋武經本、四庫本改。

〔三〕則爲人所害而不終其世　則,原作"而",據宋武經本、四庫本改。○不終其世,宋武經本作"不終其正也","正"字蓋誤,又多一"也"字,或當有之。

【注】

① 熒:旁注音"容",今音 ying。

守國第八

文王問太公曰:"守國奈何?"

太公曰:"齋,將語君天地之經,四時所生,仁聖之道,○天地仁聖之道〔一〕。民機之情。"

王齋七日,北面再拜而問之。

太公曰:"天生四時,地生萬物。天下有民,聖人牧之。故春道生,萬物榮;夏道長,萬物成;秋道斂,萬物盈;冬道藏,萬物靜。盈則藏,藏則復起。莫知所終,莫知所始。聖人配之,以爲天地經紀。〇聖人配天地,經紀。故天下治,仁聖藏;天下亂,仁聖昌。至道其然也〔二〕。〇仁聖至道。聖人之在天地間也,其寶固大矣。〇聖人之寶大。因其常而視之,則民安。〇聖人因常視,則民安。夫民動而爲機,機動而得失爭矣。故發之以其陰,會之以其陽。爲之先倡,而天下和之。極反其常,莫進而爭,莫退而讓〔三〕。守國如此,與天地同光。"

【校】

〔一〕天地仁聖之道　仁,原作"人",據經文改。

〔二〕至道其然也　其,原作"皆",據宋武經本、四庫本改。

〔三〕莫退而讓　讓,原作"遜",據宋武經本改。作"讓",與上句"常"、下句"光"爲韻,否則失韻。

上賢第九

文王問太公曰:"王人者,何上何下?何取何去?何禁何止?"

太公曰:"上賢,下不肖。取誠信,去詐僞,禁暴亂,止奢侈。故王人者有六賊、七害。"

文王曰:"願聞其道。"

太公曰:"夫六賊者:一曰臣有大作宫室池榭,游觀倡樂者,傷王之德。二曰民有不事農桑,任氣游俠,犯歷法禁,不從吏教者,傷王之化。三曰臣有結朋黨,蔽賢智,障主明者,傷王之權。四曰士有抗志高節,以爲氣勢,外交諸侯,不重其主者,傷王之威。五曰臣有輕爵位,賤有司,羞爲上犯難者,傷功臣之勞。六曰强宗侵奪,陵侮貧弱者〔一〕,傷庶人之業。

"七害者:一曰無智略權謀,而重賞尊爵之故,强勇輕戰,僥倖於外,王者謹勿使爲將。二曰有名無實,出入異言,掩善揚惡,進退爲巧,王者謹勿與謀。三曰朴其身躬,惡其衣服,語無爲以求名,言無欲以求利,此僞人也,王者謹勿近。四曰奇其冠帶,偉其衣服,博聞辯詞〔二〕,虚論高議,以爲容美,窮居静處,而誹時俗,此姦人也,王者謹勿寵。五曰讒佞苟得以求官爵,果敢輕死以貪禄秩,不圖大事,貪利而動,以高談虚論説於人主,王者謹勿使。六曰爲雕文刻鏤、技巧華飾,而傷農事,王者必禁。七曰僞方異技,巫蠱左道,不祥之言,幻惑良民,王者必止之。

"故民不盡力,非吾民也。士不誠信,非吾士也。臣不忠諫,非吾臣也。吏不平潔愛人,非吾吏也。相不能富國强兵,調和陰陽,以安萬乘之主,正羣臣〔三〕,定名實,明賞罰,樂萬民,非吾相也。

"夫王者之道,如龍首,高居而遠望,深視而審聽,示其形,隱其情。若天之高,不可極也。若淵之深,不可測也。故可怒而不怒,姦臣乃作。可殺而不殺,大賊乃發。※文王要去六賊七害,安得不怒不殺? 兵勢不行,敵國乃强。"

文王曰:"善哉!"

【校】

〔一〕陵侮貧弱者　者,原闕,據宋武經本補。

〔二〕博聞辯詞　詞,宋武經本、四庫本皆作"辭",字通。

〔三〕正羣臣　羣,原作"君",據宋武經本、四庫本改。

舉賢第十

文王問太公曰:"君務舉賢,而不能獲其功,世亂愈甚,以至危亡者〔一〕,何也?"

太公曰:"舉賢而不用,是有舉賢之名而無用賢之實也。"

文王曰:"其失安在?"

太公曰:"其失在君好用世俗之所譽而不得其賢也。"

文王曰："何如？"

太公曰："君以世俗之所譽者爲賢，以世俗之所毁者爲不肖，則多黨者進，※後世黨錮之禍[①]，正坐此弊。少黨者退。若是則羣邪比周而蔽賢，忠臣死於無罪，姦臣以虚譽取爵位。是以世亂愈甚，則國不免於危亡。"

文王曰："舉賢奈何？"

太公曰："將相分職，而各以官名舉人。按名督實，選才考能，令實當其名，名當其實，則得舉賢之道也。"◎以官名舉人，可無曠官[②]。

【校】

〔一〕以至危亡者　至，四庫本作"致"。至，當讀爲"致"。

【注】

① 黨錮之禍：東漢桓帝時宦官專權，士大夫李膺、陳蕃等聯合太學生郭泰、賈彪等猛烈抨擊宦官集團。宦官誣告他們結爲朋黨，誹謗朝廷。李膺等二百餘人遭捕，後雖釋放，但終身不許做官。靈帝時，膺等復起用，與大將軍竇武謀誅宦官。事敗，膺等百餘人被殺，並陸續處死、流徙、囚禁六七百人。事見《後漢書・黨錮傳》。後泛指禁止黨人擔任官職並限制其活動。《隋書・盧愷傳》："自周氏以降，選無清濁，及愷攝吏部，與薛道衡、陸彦師等甄别士流，故涉黨固之譖，遂及於此。"

② 曠官：空居官位，指不稱職。語出《書・皋陶謨》"無曠庶官，天工人其代之"，孔傳："曠，空也。位非其人爲空官。"

賞罰第十一

文王問太公曰："賞所以存勸，罰所以示懲。吾欲賞一以勸百，罰一以懲衆，爲之奈何？"

太公曰："凡用賞者貴信，用罰者貴必。賞信罰必於耳目之所聞見〔一〕，則所不聞見者莫不陰化矣。夫誠暢於天地，通於神明，而況於人乎？”

【校】

〔一〕賞信罰必於耳目之所聞見　聞見，原作“見聞”，據宋武經本、四庫本乙正。下同。

兵道第十二

武王問太公曰：“兵道何如？”

太公曰：“凡兵之道，莫過乎一。○兵道，莫過乎一。一者，能獨往獨來。黄帝曰：‘一者階於道，機於神〔一〕，○一者，階道機神。用之在於機，顯之在於勢，成之在於君。’故聖王號兵爲凶器，不得已而用之。今商王知存而不知亡，知樂而不知殃。夫存者非存，在於慮亡；樂者非樂，在於慮殃。今王已慮其源，曷憂其流乎〔二〕？”

武王曰：“兩軍相遇，彼不可來，此不可往，各設固備，未敢先發，我欲襲之，不得其利，爲之奈何？”

太公曰：“外亂而内整，示饑而實飽，内精而外鈍。一合一離，一聚一散。陰其謀，密其機，高其壘，伏其鋭士，寂若無聲，敵不知我所備。欲其西，襲其東。”

武王曰：“敵知我情，通我謀，爲之奈何？”

太公曰：“兵勝之術，密察敵人之機而速乘其利，復疾擊其不意。”

【校】

〔一〕機於神　機，宋武經本、四庫本皆作“幾”，字通。幾，近也。《法言·先知》“先知其幾于神乎”，晉李軌注：“幾，近也。神以知來，探未兆也。逆識先知，近於神也。”

〔二〕曷憂其流乎　曷，宋武經本、四庫本作“豈”。

新鐫武經七書卷之七·二

武韜

發啓第十三

文王在酆，召太公曰："嗚呼！商王虐極，罪殺不辜，公尚助予憂民，如何？"

太公曰："王其修德以下賢，惠民以觀天道。天道無殃，不可先倡。人道無災，不可先謀。必見天殃，又見人災，乃可以謀。必見其陽，又見其陰，乃知其心。必見其外，又見其內，乃知其意。必見其疏，又見其親，乃知其情。

"行其道，道可致也。從其門，門可入也。立其禮，禮可成也。爭其强，强可勝也。全勝不鬭，大兵無創，與鬼神通，微哉，微哉！與人同病相救，同情相成，同惡相助，同好相趨，故無甲兵而勝，無衝機而攻，無溝塹而守。

"大智不智，大謀不謀，大勇不勇，大利不利。利天下者，天下啓之；害天下者，天下閉之。天下者，非一人之天下，乃天下之天下也。取天下者,若逐野獸,而天下皆有分肉之心。若同舟而濟,濟則皆同其利,敗則皆同其害。然則皆有以啓之〔一〕,無有以閉之也〔二〕。無取於民者,取民者也。無取民者民利之,無取國者國利之,無取天下者天下利之。※須知實無取民之心,亦非欲取固與之説①。故道在不可見,○道在不可見。事在不可聞,勝在不可知,○勝在不可知。微哉,微哉!鷙鳥將擊,卑飛斂翼;猛獸將搏,弭耳俯伏;聖人將動,必有愚色。○聖人將動,必有愚色。

"今彼有商,衆口相惑。紛紛渺渺,好色無極。此亡國之徵也〔三〕。吾觀其野,草菅勝穀。吾觀其衆,邪曲勝直。吾觀其吏,暴虐殘疾。敗法亂刑,上下不覺。此亡國之時也。大明發而萬物皆照,○大明發而萬物皆照〔四〕。大義發而萬物皆利,大兵發而萬物皆服。◎大兵發而萬物皆服。大哉,聖人之德!獨聞獨見,樂哉!"

【校】

〔一〕然則皆有以啓之　以,宋武經本闕。

〔二〕無有以閉之也　以,宋武經本闕。

〔三〕此亡國之徵也　徵,原作"證",據宋武經本改。

〔四〕大明發而萬物皆照　照,原作"然",據經文改。

【注】

① 欲取固與:語本《老子》第三十六章:"將欲取之,必固與之,是謂微明。"

文啓第十四

文王問太公曰:"聖人何守?"○聖人何守?

太公曰:"何憂何嗇,萬物皆得。何嗇何憂,萬物皆遒。政之所施〔一〕,莫知其化。時之所在,莫知其移。聖人守此而萬物化,○聖人守此而萬物化。何窮之有?終而復始,優而游之。展轉求之，求而得之，不可不藏。既以藏之，不可不行。既以行之，勿復明之。夫天地不自明，故能長生。○天地不自明，故長生。聖人不自明，故能名彰。

"古之聖人，聚人而爲家，聚家而爲國，聚國而爲天下。分封賢人，以爲萬國，命之曰大紀。陳其政教，順其民俗，羣曲化直，變於形容。萬國不通，各樂其所，人愛其上，命之曰大定。嗚呼！聖人務靜之，○聖人務靜。賢人務正之。○賢人務正。愚人不能正，故與人爭。上勞則刑煩〔二〕，刑煩則民憂〔三〕，民憂則流亡。上下不安其生，累世不休，命之曰大失。

"天下之人如流水，障之則止，啓之則行，靜之則清。嗚呼，神哉！聖人見其所始〔四〕，則知其所終〔五〕。"◎聖人見始知終。

文王曰："靜之奈何？"

太公曰："天有常形，民有常生。與天下共其生，而天下靜矣。太上因之，其次化之。夫民化而從政，是以天無爲而成事，民無與而自富。此聖人之德也。"

文王曰："公言乃協予懷，夙夜念之不忘，以用爲常。"

【校】

〔一〕政之所施　政，原作"施"，旁注"政"，據宋武經本、四庫本改。

〔二〕上勞則刑煩　煩，宋武經本、四庫本皆作"繁"，字通。

〔三〕刑煩則民憂　煩，宋武經本、四庫本皆作"繁"，字通。

〔四〕聖人見其所始　所，原無，據宋武經本補。

〔五〕則知其所終　所，原無，據宋武經本補。

文伐第十五

文王問太公曰："文伐之法奈何？"

太公曰："凡文伐有十二節：○文伐有十二節。

"一曰因其所喜,以順其志。彼將生驕,必有奸事〔一〕。苟能因之,必能去之。

"二曰親其所愛,以分其威。一人兩心,其中必衰。廷無忠臣,社稷必危。

"三曰陰賂左右,得情甚深。身内情外,國將生害。

"四曰輔其淫樂,以廣其志,厚賂珠玉,娱以美人。卑辭委聽,順命而合,彼將不爭,奸節乃定。※若果詭譎至此,則亦奸人之雄耳。毋論不入文王之耳,抑亦難出太公之口。

"五曰嚴其忠臣,而薄其賂,稽留其使,勿聽其事。亟爲置代,遺以誠事,親而信之,其君將復合之。苟能嚴之,國乃可謀。

"六曰收其内,間其外。才臣外相,敵國内侵,國鮮不亡。

"七曰欲錮其心,必厚賂之。收其左右忠愛,陰示以利,令之輕業,而蓄積空虚。

"八曰賂以重寶,因與之謀。謀而利之,利之必信,是謂重親〔二〕。重親之積〔三〕,必爲我用。有國而外,其地必敗。

"九曰尊之以名,無難其身;示以大勢,從之必信。致其大尊,先爲之榮,微飾聖人,國乃大偷。

"十曰下之必信,以得其情,承意應事,如與同生。既以得之,乃微收之,時及將至,若天喪之。

"十一曰塞之以道。人臣無不重貴與富,惡危與咎。陰示大尊,而微輸重寶,收其豪傑。内積甚厚,而外爲乏〔四〕。陰納智士〔五〕,使圖其計;納勇士,使高其氣;富貴甚足,而常有繁滋。徒黨已具,是謂塞之。有國而塞,安能有國?

"十二曰養其亂臣以迷之,進美女淫聲以惑之,遺良犬馬以勞之,時與大勢以誘之,上察而與天下圖之。

"十二節備,乃成武事。○十二節備,乃成武事。所謂上察天,下

察地,徵已見,乃伐之。”

以此十二節爲“文伐”,毋乃更毒於“武伐”乎?兵莫憯於志①,安在其爲文?文王聖人,不必言矣,即尚父鷹揚〔六〕,何遂陰謀取勝至此?明是後世奸雄附會成書〔七〕。

梅林曰:“養其亂臣”,回崇侯虎是也;“進美女淫聲”,有莘氏女是也②;“遺良犬馬”,驪戎之文馬是也③。即末一節,而太公一一身行者,豈得謂之誣哉?

【校】

〔一〕必有奸事　奸,原作“好”,據四庫本改。又本篇第四節云:“彼將不爭,奸節乃定。”是亦稱彼方奸邪之事爲“奸”。

〔二〕是謂重親　親,原作“輕”,旁注“親”,據宋武經本、四庫本改。

〔三〕重親之積　親,原作“輕”,旁注“親”,據宋武經本、四庫本改。

〔四〕而外爲乏　乏,原作“之”,據宋武經本、四庫本改。

〔五〕陰納智士　納,四庫本作“内”。二字通。

〔六〕即尚父鷹揚　鷹,《全集》引佐藤氏藏本作“薦”,“薦揚”不辭,“鷹揚”語本《詩·大雅·大明》“維師尚父,時維鷹揚”,毛傳:“鷹揚,如鷹之飛揚也。”

〔七〕明是後世奸雄附會成書　“成書”下,《全集》引佐藤氏藏本有“讀者可盡信乎”六字,或爲佐藤氏語闌入其中。

【注】

① 兵莫憯於志:《文子·道原》“兵莫憯乎志,鏌鋣爲下”,《莊子·庚桑楚》“兵莫憯於志,鏌鋣爲下”,《淮南子·主術》“兵莫憯於志,而莫邪爲下”,“鏌鋣”“鏌鋣”與“莫邪”同。高誘注《淮南子》云:“憯猶利也,以志意精誠伐人爲利。”可見陽明爲兵重視己心。

② 有莘氏女:向紂王進獻的美女之一。

③ 驪戎之文馬:向紂王進獻的好馬。《史記·周本紀》記周文王爲紂囚禁於羑里,“閎夭之徒患之,乃求有莘氏美女、驪戎之文馬,有熊九駟,他奇怪物,因殷嬖臣費仲而獻之紂”。

順啓第十六

文王問太公曰："何如而可以爲天下〔一〕？"※亦屬膚淺庸談〔二〕。

太公曰："大蓋天下，然後能容天下。信蓋天下，然後能約天下。仁蓋天下，然後能懷天下。恩蓋天下，然後能保天下。權蓋天下，然後能不失天下。事而不疑，則天運不能移，時變不能遷。此六者備，然後可以爲天下政。

"故利天下者，天下啓之；害天下者，天下閉之。生天下者，天下德之；殺天下者，天下賊之。徹天下者，天下通之；窮天下者，天下仇之。安天下者，天下恃之；危天下者，天下灾之。天下者非一人之天下，惟有道者處之。"

【校】

〔一〕何如而可以爲天下　可以，宋武經本作"可"。

〔二〕亦屬膚淺庸談　亦，原闕，據永富青地引尊經閣本補。

三疑第十七

武王問太公曰："予欲立功，有三疑，恐力不能攻强、離親、散衆，爲之奈何？"

太公曰："因之、慎謀、用財。夫攻强，必養之使强，益之使張。太强必折，太張必缺。攻强以强，離親以親，散衆以衆。

"凡謀之道，周密爲寶。○凡謀之道，周密爲寶。設之以事，玩之以利，爭心必起。欲離其親，因其所愛，與其寵人。與之所欲，示之所利，因以疏之，無使得志。彼貪利甚喜，遺疑乃止。

"凡攻之道，必先塞其明，而後攻其强，毁其大，除民之害，淫之以色，啗之以利，養之以味，娱之以樂。既離其親，必使遠民。勿使知謀，扶而納之，莫覺其意，然後可成。

“惠施於民,必無愛財。民如牛馬,數餧食之,從而愛之。

“心以啓智,智以啓財,財以啓衆,衆以啓賢。賢之有啓,以王天下。”

新鐫武經七書卷之七・三

龍　韜

王翼第十八

武王問太公曰："王者帥師，必有股肱羽翼，以成威神，○王者有股肱，以成威神。爲之奈何？"

太公曰："凡舉兵帥師〔一〕，以將爲命。○舉兵以將爲命。命在通達，不守一術。因能授職，各取所長，隨時變化，以爲紀綱。○王者隨時以爲紀綱。故將有股肱羽翼七十二人，以應天道。○將有股肱以應天道。備數如法，審知命理。殊能異技，萬事畢矣。"

武王曰："請問其目。"

太公曰："腹心一人，主贊謀應卒，揆天消變，總攬羣謀〔二〕，保全民命。

"謀士五人，主圖安危，慮未萌，論行能，明賞罰，受官位〔三〕，決嫌疑，定可否。

"天文三人，主司星曆，候風氣，推時日，考符驗，校灾異，知天心去就之機。

"地利三人,主軍行止形勢,利害消息,遠近險易,水涸山阻,不失地利。

"兵法九人,主講論異同,行事成敗,簡練兵器,刺舉非法。

"通糧四人,主度飲食,備蓄積,通糧道,致五穀,令三軍不困乏。

"奮威四人,主擇才力,論兵革,風馳電掣,不知所由。

"伏旗鼓三人,主伏旗鼓,明耳目,詭符印,謬號令,闇忽往來,出入如神〔四〕。

"股肱四人,主任重持難,修溝塹,治壁壘,以備守禦。

"通才二人〔五〕,主拾遺補過,應對賓客,議論談語〔六〕,消患解結。

"權士三人,主行奇譎,設殊異,非人所識,行無窮之變。

"耳目七人,主往來,聽言視變,覽四方之事,軍中之情。

"爪牙五人,主揚威武,激勵三軍,使冒難犯鋭〔七〕,無所疑慮。

"羽翼四人,主揚名譽,震遠方,動四境,以弱敵心。

"游士八人,主伺姦候變,開闔人情,觀敵之意,以爲間諜。

"術士二人,主爲譎詐,依托鬼神,以惑衆心。

"方士三人,主百藥,以治金瘡,以痊萬病。

"法筭二人,主會計三軍營壘①、糧食、財用出入。"

【校】

〔一〕凡舉兵帥師　帥,原闕,據宋武經本補。

〔二〕總攬羣謀　總攬,四庫本作"總覽"。○羣,宋武經本、四庫本作"計"。

〔三〕受官位　受,宋武經本、四庫本作"授"。

〔四〕出入如神　如,宋武經本、四庫本作"若",義同。

〔五〕通才二人　才,宋武經本作"材"。

〔六〕議論談語　議論,宋武經本、四庫本作"論議"。

〔七〕使冒難犯鋭　犯,宋武經本、四庫本作“攻”,義近。

【注】

① 會:旁注音“貴”,今音 kuài。

論將第十九

武王問太公曰:“論將之道奈何?”

太公曰:“將有五材十過。”○將有五材十過。

武王曰:“敢問其目。”

太公曰:“所謂五材者,勇、智、仁、信、忠也。○勇、智、仁、信、忠。勇則不可犯,智則不可亂,仁則愛人,信則不欺〔一〕,忠則無二心。

“所謂十過者:有勇而輕死者,有急而心速者,有貪而好利者,有仁而不忍人者,有智而心怯者,有信而喜信人者,有廉潔而不愛人者,有智而心緩者,有剛毅而自用者,有懦而喜任人者。勇而輕死者,可暴也。急而心速者,可久也。貪而好利者,可賂也。仁而不忍人者,可勞也。智而心怯者,可窘也。信而喜信人者,可誑也。廉潔而不愛人者,可侮也。智而心緩者,可襲也。剛毅而自用者,可事也。懦而喜任人者,可欺也。

“故兵者,國之大事,存亡之道,命在於將。將者,國之輔,先王之所重也,○將者,先王之所重。故置將不可不察也。故曰兵不兩勝,亦不兩敗。兵出踰境,期不十日〔二〕,不有亡國,必有破軍殺將。”

武王曰:“善哉。”

【校】

〔一〕信則不欺　欺,原作“可”,旁注“欺”,據宋武經本、四庫本改。

〔二〕期不十日　期不,四庫本作“不出”。

選將第二十

武王問太公曰："王者舉兵，簡練英雄，○王者簡練英雄。知士之高下，爲之奈何？"

太公曰："夫士外貌不與中情相應者十五〔一〕：有賢而不肖者，有温良而爲盜者，有貌恭敬而心慢者，有外廉謹而内無恭敬者，有精精而無情者，有湛湛而無誠者，有好謀而無決者，有如果敢而不能者，有悾悾而不信者，有恍恍忽忽而反忠實者〔二〕，有詭激而有功効者，有外勇而内怯者，有肅肅而反易人者，有嗃嗃而反静慤者，有勢虚形劣而出外無所不至、無使不遂者。天下所賤，聖人所貴。凡人不知，非有大明不能見其際。○大明能見其際。此士之外貌不與中情相應者也〔三〕。"

武王曰："何以知之？"

太公曰："知之有八徵〔四〕：○知之有八證。一曰問之以言，以觀其詳。二曰窮之以辭，以觀其變。三曰與之間諜，以觀其誠。四曰明白顯問，以觀其德。五曰使之以財，以觀其廉。六曰試之以色，以觀其貞。七曰告之以難，以觀其勇。八曰醉之以酒，以觀其態。八徵皆備〔五〕，則賢不肖别矣。"

【校】

〔一〕夫士外貌不與中情相應者十五　中，原作"衆"，旁注"中"，據宋武經本、四庫本改。

〔二〕有恍恍忽忽而反忠實者　恍恍忽忽，四庫本作"恍恍惚惚"，宋武經本作"怳怳惚惚"。怳，古同"恍"。忽，同"惚"。

〔三〕此士之外貌不與中情相應者也　情，原脱，據宋武經本、四庫本補。

〔四〕知之有八徵　徵，原爲旁注小字，據宋武經本、四庫本補入正文。

〔五〕八徵皆備　徵，原作"證"，旁注"徵"，據宋武經本、四庫本改。

立將第二十一

武王問太公曰："立將之道奈何？"

太公曰："凡國有難，君避正殿，召將而詔之曰：'社稷安危，在一將軍〔一〕。今某國不臣，願將軍帥師應之。'

"將既受命，乃命太史卜，齋三日，之太廟，鑽靈龜，卜吉日，以授斧鉞〔二〕。

"君入廟門，西面而立。將入廟門，北面而立。君親操斧〔三〕，持首，授將其柄，曰：'從此上至天者，將軍制之。'復操鉞〔四〕，持柄，授將其刃，曰：'從此下至淵者，將軍制之。見其虛則進，見其實則止。勿以三軍爲衆而輕敵，勿以受命爲重而必死，勿以身貴而賤人，勿以獨見而違衆，勿以辯説爲必然〔五〕。士未坐而勿坐，士未食而勿食，寒暑必同。'○寒暑必同。如此，士衆必盡死力。

"將已受命，拜而報君曰：'臣聞國不可從外治，軍不可從中御，二心不可以事君，疑志不可以應敵。臣既受命，專斧鉞之威，臣不敢生還，願君亦垂一言之命於臣。君不許臣，臣不敢將。'君許之，乃辭而行。

"軍中之事，不聞君命，皆由將出。○事皆由將出。臨敵決戰，無有二心。若此，則無天於上，無地於下，無敵於前，無君於後。是故智者爲之謀，勇者爲之鬬，氣厲青雲，疾若馳騖，兵不接刃，而敵降服，戰勝於外，功立於内，吏遷上賞，百姓懽悦〔六〕，將無咎殃。是故風雨時節，五穀豐登，社稷安寧。"

武王曰："善哉！"

【校】

〔一〕在一將軍　在一，宋武經本、四庫本作"一在"。

〔二〕之太廟鑽靈龜卜吉日以授斧鉞　之，宋武經本、四庫本作"至"。○授，原作“受”,下文有“授將其柄”“授將其刃”,宋武經本亦作“授”,據改。

〔三〕君親操斧　斧,宋武經本、四庫本皆作“鉞”。

〔四〕復操鉞　鉞,宋武經本、四庫本皆作“斧”。

〔五〕勿以辯説爲必然　爲,原作“而”,據宋武經本、四庫本改。

〔六〕百姓懽悦　懽,四庫本作“歡”。“懽”同“歡”。

將威第二十二

武王問太公曰:“將何以爲威?何以爲明?何以爲禁止而令行?”

太公曰:“將以誅大爲威,○將以誅大爲威。以賞小爲明,以罰審爲禁止而令行。故殺一人而三軍震者,殺之。賞一人而萬民悦者,賞之。殺貴大,賞貴小。殺及當路貴重之人,是刑上極也。賞及牛豎馬洗廐養之徒,是賞下通也。刑上極,賞下通,○刑上極,賞下通。是將威之所行也。”

勵軍第二十三

武王問太公曰:“吾欲三軍之衆,攻城爭先登,野戰爭先赴,聞金聲而怒,聞鼓聲而喜,爲之奈何?”

太公曰:“將有三勝。”○將有三勝〔一〕。

武王曰:“敢問其目。”

太公曰:“將冬不服裘,夏不操扇,雨不張蓋,名曰禮將。將不身服禮,無以知士卒之寒暑。出隘塞,犯泥途,將必先下步,名曰力將。將不身服力,無以知士卒之勞苦。軍皆定次,將乃就舍,炊者皆熟,將乃就食〔二〕,軍不舉火,將亦不舉,名曰止欲將。將不身服止欲,無以知士卒之饑飽。將與士卒共寒暑、勞苦、饑飽,故三軍之衆,聞鼓聲則喜,聞金聲則怒。高城深池,矢石繁下，士爭先登；白刃始合，士爭先赴。士非好死而樂傷也，爲其將知寒暑饑飽之審，而見勞苦之明也[三]。”

【校】

〔一〕將有三勝　三，原作“二”，據經文改。

〔二〕將乃就食　乃，原作“方”，宋武經本、四庫本作“乃”，又上文有“將乃就舍”，據改。

〔三〕而見勞苦之明也　勞苦，原作“寒暑”，旁注“勞苦”，據宋武經本、四庫本改。

陰符第二十四

武王問太公曰：“引兵深入諸侯之地，三軍卒有緩急，或利或害。吾將以近通遠，從中應外，以給三軍之用，爲之奈何？”

太公曰：“主與將，有陰符，凡八等。有大勝克敵之符，長一尺。破軍擒將之符[一]，長九寸。降城得邑之符，長八寸。卻敵報遠之符，長七寸。警衆堅守之符[二]，長六寸。請糧益兵之符，長五寸。敗軍亡將之符，長四寸。失利亡士之符，長三寸。諸奉使行符，稽留者，若符事泄，告者聞者[三]，皆誅之。八符者，主將秘聞，○八符，主將秘聞[四]。所以陰通，言語不泄，中外相知之術。敵雖聖智，莫之能識。”

武王曰：“善哉！”

【校】

〔一〕破軍擒將之符　擒，四庫本作“殺”。

〔二〕警衆堅守之符　警衆，四庫本作“誓衆”。《北堂書鈔》卷一一三引作“驚衆”，《太平御覽》卷二七一及《後漢書》卷八二、卷一一二李賢注引作“驚中”，“警”“驚”音近可互借，故當以“警衆”爲是。

〔三〕若符事泄告者聞者　泄告者聞者，四庫本作“泄聞者告者”，宋武經本作“聞泄告者”。蓋宋武經本文字錯亂訛脱，原作“泄聞者告者”，與四庫本同，亦以“聞者”居前，與本書相反，語義無别。

〔四〕主將秘聞　主，原作“王”，據經文改。

陰書第二十五

武王問太公曰：“引兵深入諸侯之地，主將欲合兵，行無窮之變，圖不測之利，其事煩多〔一〕，符不能明，相去遼遠，言語不通，爲之奈何？”

太公曰：“諸有陰事大慮，當用書，○陰事大慮，當用書。不用符。主以書遺將，將以書問主。書皆一合而再離，三發而一知。再離者，分書爲三部。三發而一知者，言三人，人操一分〔二〕，相參而不使知情也〔三〕。此謂陰書。敵雖聖智，莫之能識。”

武王曰：“善哉！”

【校】

〔一〕其事煩多　煩，四庫本作“繁”。

〔二〕人操一分　人，原脱，據宋武經本、四庫本補。

〔三〕相參而不使知情也　使，宋武經本作“相”。

軍勢第二十六

武王問太公曰：“攻伐之道奈何？”

太公曰：“勢因於敵家之動，變生於兩陣之間，◎變生於兩陣之間。奇正發於無窮之源。○奇正發於無窮之源。故至事不語，用兵不言。且事之至者，其言不足聽也。兵之用者，其狀不足見也〔一〕。倏而往，忽而來，能獨專而不制者，兵也。

“聞則議，見則圖，知則困，辯則危〔二〕。

“故善戰者，不待張軍。○善戰者，不待張軍。善除患者，理於未生。勝敵者，勝於無形。◎勝敵者，勝於無形。上戰無與戰。○上戰無與戰。故爭勝於白刃之前者，非良將也。設備於已失之後者，非上聖也。智與衆同，非國師也。技與衆同，非國工也。

“事莫大於必克，○事莫大於必克。用莫大於玄默，○用莫大於玄默。動莫大於不意，○動莫大於不意。謀莫大於不識。○謀莫大於不識。

“夫先勝者，先見弱於敵而後戰者也，故事半而功倍焉〔三〕。聖人徵於天地之動，○聖人徵於天地之動。孰知其紀？循陰陽之道而從其候。當天地盈縮，因以爲常。物有死生，因天地之形。故曰未見形而戰，雖衆必敗。

“善戰者，居之不撓，○善戰者，居之不撓。見勝則起，不勝則止，故曰無恐懼，無猶豫。用兵之害，猶豫最大；三軍之灾，莫過狐疑。善戰者見利不失，遇時不疑。失利後時，反受其殃。故智者從之而不失，○智者從之而不失。巧者一决而不猶豫。是以疾雷不及掩耳，迅電不及瞑目。赴之若驚，用之若狂，當之者破，近之者亡，孰能禦之！

“夫將，有所不言而守者，神也。有所不見而視者，明也。故知神明之道者，野無横敵，對無立國。”○知神明之道者無敵。

武王曰：“善哉！”

【校】

〔一〕其狀不足見也　足，原作“定”，據宋武經本改。

〔二〕辯則危　辯，宋武經本、四庫本皆作“辨”。“辯”通“辨”。

〔三〕故事半而功倍焉　事，原作“士”，據宋武經本改。

奇兵第二十七

武王問太公曰：“凡用兵之法，大要何如？”○用兵大要何如？

太公曰：“古之善戰者，非能戰於天上，非能戰於地下，其成與敗,皆由神勢。○善戰者皆由神勢。得之者昌,失之者亡。

“夫兩陳之間,出甲陳兵,縱卒亂行者,所以爲變也。深草蓊翳者,所以遁逃也。谿谷險阻者〔一〕,所以止車禦騎也。隘塞山林者,所以少擊衆也。坳澤窈冥者〔二〕,所以匿其形也。清明無隱者,所以戰勇力也。疾如流矢,擊如發機者,所以破精微也。詭伏設奇,遠張誑誘者,所以破軍擒將也。四分五裂者,所以擊圓破方也。因其驚駭者,所以一擊十也。因其勞倦暮舍者,所以十擊百也。奇技者,所以越深水、渡江河也。强弩長兵者,所以踰水戰也。長關遠候,暴疾謬遁者,所以降城服邑也。鼓行讙囂者,所以行奇謀也。大風甚雨者,所以搏前擒後也。僞稱敵使者,所以絶糧道也。謬號令,與敵同服者,所以備走北也。戰必以義者,所以勵衆勝敵也。尊爵重賞者,所以勸用命也。嚴刑重罰者,所以進罷怠也。一喜一怒,一予一奪,一文一武,一徐一疾者,所以調和三軍,制一臣下也。處高敞者,所以警守也。保險阻者,所以爲固也。山林茂穢者,所以默往來也。深溝高壘,積糧多者,所以持久也。

“故曰不知戰攻之策,不可以語敵。不能分移,不可以語奇。不通治亂,不可以語變。故曰將不仁,則三軍不親。將不勇,則三軍不鋭。將不智,則三軍大疑。將不明,則三軍大傾。將不精微,則三軍失其機。將不常戒,則三軍失其備。將不强力,則三軍失其職。故將者,人之司命,○將者,人之司命。三軍與之俱治,與之俱亂。得賢將者兵强國昌,○得賢將者兵强國昌。不得賢將者兵弱國亡。”

武王曰:“善哉!”

【校】

〔一〕谿谷險阻者　谿,原作“深”,旁注“谿”,據宋武經本、四庫本改。

〔二〕坳澤窈冥者　坳,原作"拗",據宋武經本、四庫本改。

五音第二十八

武王問太公曰:"律音之聲,可以知三軍之消息,勝負之決乎?"

太公曰:"深哉,王之問也! 夫律管十二,其要有五音:宫、商、角、徵、羽,此真正聲也,萬代不易。○正聲,萬代不易。五行之神,道之常也。金、木、水、火、土,各以其勝攻也。古者三皇之世,虚無之情以制剛强。無有文字,皆由五行。五行之道,天地自然。○五行,天地自然。六甲之分,微妙之神。○五行,微妙之神。

"其法以天清淨,無陰雲風雨,夜半遣輕騎,往至敵人之壘,去九百步外,徧持律管,當耳大呼,驚之。有聲應管,其來甚微。角聲應管,當以白虎。徵聲應管,當以玄武。商聲應管,當以朱雀。羽聲應管,當以勾陳。五管聲盡不應者,宫也,當以青龍。此五行之符,佐勝之徵,○五行,佐勝之徵。成敗之機。"

武王曰:"善哉!"

太公曰:"微妙之音,皆有外候。"

武王曰:"何以知之?"

太公曰:"敵人驚動則聽之。聞枹鼓之音者,角也。見火光者,徵也。聞金鐵矛戟之音者,商也。聞人嘯呼之音者,羽也。寂寞無聲者,宫也。此五音者,聲色之符也。"◎五音,聲色之符。

上古無有文字,皆由五行以制剛强。今兵家亦知法五行相剋以定方位日時,然而于審聲知音,則槩乎未有聞也。非聰明睿智、神武而不殺者[①],其孰能與於斯?

【注】

① 神武而不殺:原指以吉凶禍福威服天下而不用刑殺。《易・繫辭上》"古

之聰明叡知，神武而不殺者夫”，孔穎達疏：“夫易道深遠，以吉凶禍福威服萬物，故古之聰明叡知神武之君，謂伏犧等用此易道能威服天下，而不用刑殺而畏服之也。”後用爲英明威武之意。

兵徵第二十九

武王問太公曰：“吾欲未戰先知敵人之强弱，豫見勝負之徵，爲之奈何？”

太公曰：“勝負之徵，精神先見，明將察之，其效在人。謹候敵人出入進退，察其動靜，言語妖祥，士卒所告。

“凡三軍悦懌，士卒畏法，敬其將命，相喜以破敵，相陳以勇猛，相賢以威武，此强徵也。三軍數驚，士卒不齊，相恐以强敵，相語以不利，耳目相屬，妖言不止，衆口相惑，不畏法令，不重其將，此弱徵也。

“三軍齊整，陳勢以固，深溝高壘，又有大風甚雨之利；三軍無故，旌旗前指，金鐸之聲揚以清，鼙鼓之聲宛以鳴。此得神明之助，大勝之徵也。行陣不固，旌旂亂而相遶，逆大風甚雨之利；士卒恐懼，氣絶而不屬；戎馬驚奔，兵車折軸，金鐸之聲下以濁，鼙鼓之聲濕以沐〔一〕。此大敗之徵也。

“凡攻城圍邑，城之氣色如死灰，城可屠。城之氣出而北，城可克。城之氣出而西，城可降。城之氣出而南，城不可拔。城之氣出而東，城不可攻。城之氣出而復入，城主逃北。城之氣出而覆我軍之上，軍必病。城之氣出高而無所止，用兵長久。凡攻城圍邑，過旬不雷不雨，必亟去之，城必有大輔。此所以知可攻而攻，不可攻而止。”

武王曰：“善哉！”

“望氣”之説，雖似鑿鑿，終屬英雄欺人①。如所云强弱徵兆,“精神先見”,則理寔有之②。

【校】

〔一〕鼙鼓之聲濕以沐　濕,原作“温”,旁注“濕”,據宋武經本、四庫本改。○以,宋武經本作“如”。

【注】

① 英雄欺人:非凡人物逞才欺世。明吕柟編《二程子抄釋》卷六載宋程頤言行:“孔明營五丈原,宣王言‘無能爲’,此僞言安一軍耳。兵自高地來可勝,宣王嘗自觀五丈原,言:‘此地不可據,英雄欺人,不可盡信。’”(此段文字又見朱熹編《二程遺書》卷二四)注:“釋兵家言,多視不勝猶勝。”

② 寔:同“實”。

農器第三十

武王問太公曰:“天下安定,國家無爭,戰攻之具,可無修乎?守禦之備,可無設乎?”

太公曰:“戰攻守禦之具,○戰攻守禦之具。盡在於人事。耒耜者,其行馬蒺藜也。馬牛車輿者,其營壘蔽櫓也。鋤櫌之具,其矛戟也。簑薛簦笠者〔一〕,其甲冑干櫓也。钁锸斧鋸杵臼,其攻城器也。牛馬,所以轉輸糧也〔二〕。雞犬,其伺候也〔三〕。婦人織紝,其旌旗也。丈夫平壤,其攻城也。春鏺草棘,其戰車騎也。夏耨田疇,其戰步兵也。秋刈禾薪,其糧食儲備也。冬實倉廩,其堅守也。田里相伍,其約束符信也。里有吏,官有長,其將帥也。里有周垣,不得相過,其隊分也。輸粟取芻〔四〕,其廩庫也。春秋治城郭,修溝渠,其塹壘也。

“故用兵之具,盡於人事也。○用兵之具,盡于人事。善爲國者,取於人事。○爲國取於人。故必使遂其六畜,闢其田野〔五〕,安其處所〔六〕,丈夫治田有畝數,婦人織紝有尺度,是富國强兵之道也。”

武王曰:"善哉!"

古者寓兵於農①,正是此意。無事則吾兵即吾農,有事則吾農即吾兵,以佚待勞,以飽待饑,而不令敵人得窺我虛實,此所以百戰而百勝也。

【校】

〔一〕簑薜簦笠者　薜,原作"篩",宋武經本作"薜",據改。簑薜,雨具。元王禎《農書》云:"蓑衣,以莎草爲之,故音同莎,又名薜。《六韜·農器篇》曰'蓑薜簦笠',今總謂之蓑,雨具中最爲輕便。"

〔二〕所以轉輸糧也　輸,原作"輪",旁注"輸",據宋武經本、四庫本改。○糧,四庫本同,宋武經本作"糧用"。

〔三〕其伺候也　候,原作"侯",據宋式經本、四庫本改。伺候,即斥候。

〔四〕輸粟取芻　輸,原作"輪",旁注"輸",據宋武經本、四庫本改。○取,宋武經本作"收"。

〔五〕闢其田野　闢,原作"門",據宋武經本、四庫本改。

〔六〕安其處所　安,原作"究",旁注"安",據宋武經本、四庫本改。

【注】

① 寓兵於農:弘治十二年(1499),二十八歲的王陽明就向明廷提出過寓兵於農、屯田以給食的建議,《陳言邊務疏》云:"何謂屯田以給食?臣惟兵以食爲主,無食是無兵也。邊關轉輸,水陸千里,踣頓捐棄,十而致一,故《兵法》曰:'國之貧於師者遠輸,遠輸則百姓貧;近師貴賣,貴賣則百姓財竭。'此之謂也。今之官軍既不堪戰陣,又使無事坐食以益邊困,是與敵爲謀也。三邊之戍,方以戰守,不暇耕農。誠使京軍分屯其地,給種授器,待其秋成,使之各食其力。寇至則授甲歸屯,遥爲聲勢,以相犄角;寇去仍復其業,因以其暇,繕完寇所拆毁邊墻、亭堡,以遏衝突。如此,雖未能盡給塞下之食,亦可以少息輸餽矣。此誠持久俟時之道,王師出於萬全之長策也。"可參看。

新鐫武經七書卷之七・四

虎　韜

軍用第三十一

武王問太公曰："王者舉兵，三軍器用，攻守之具，科品衆寡，豈有法乎？"

太公曰："大哉，王之問也。夫攻守之具，各有科品，此兵之大威也。"

武王曰："願聞之。"

太公曰："凡用兵之大數，將甲士萬人，法用：

"武衛大扶胥三十六乘，材士强弩矛戟爲翼，一車二十四人，推之以八尺車輪，車上立旗鼓，兵法謂之震駭。陷堅陳，敗强敵。

"武翼大櫓矛戟扶胥七十二具，材士强弩矛戟爲翼，以五尺車輪，絞車、連弩自副。陷堅陳，敗强敵。

"提翼小櫓扶胥一百四十六具，絞車、連弩自副，以鹿車輪。

陷堅陳,敗强敵。

“大黄參連弩大扶胥三十六乘,材士强弩矛戟爲翼,飛鳧、電影自副。飛鳧,赤莖白羽,以銅爲首;電影,青莖赤羽,以鐵爲首。晝則以絳縞,長六尺,廣六寸,爲光耀;夜則以白縞,長六尺,廣六寸,爲流星。陷堅陳,敗步騎。

“大扶胥衝車三十六乘。螳螂武士共載,可以擊縱横,可以敗强敵[一]。

“輜車騎寇,一名電車,兵法謂之電擊。陷堅陣,敗步騎。寇夜來,前矛戟扶胥輕車一百六十乘,螳螂武士三人共載,兵法謂之霆擊。陷堅陣,敗步騎。

“方首鐵棓維肦,重十二斤,柄長五尺以上,千二百枚,一名天棓。大柯斧,刃長八寸,重八斤,柄長五尺以上,千二百枚,一名天鉞。

“方首鐵鎚[二],重八斤,柄長五尺以上,千二百枚,一名天槌,敗步騎羣寇。

“飛鈎,長八寸,鈎芒長四寸,柄長六尺以上,千二百枚,以投其衆。

“三車拒守:木螳螂劍刃扶胥,廣二丈,百二十具[三],一名行馬,平易地以步兵敗車騎。

“木蒺藜,去地二尺五寸,百二十具,敗步騎,要窮寇,遮走北。

“軸旋短衝矛戟扶胥,百二十具,黄帝所以敗蚩尤氏,敗步騎,要窮寇,遮走北。

“狹路微徑,張鐵蒺藜,芒高四寸,廣八寸[四],長六尺以上,千二百具,敗步騎。

“突暝來前促戰[五],白刃接,張地羅,鋪兩鏃蒺藜,參連織女,芒間相去二尺,萬二千具。曠野草中[六],方胸鋋矛,千二百具；張鋋矛法，高一尺五寸，敗步騎，要窮寇，遮走北。

“狹路微徑，地陷鐵械鎖參連，百二十具，敗步騎，要窮寇，遮走北。

“壘門拒守：矛戟小櫓十二具，絞車、連弩自副。

“三軍拒守：天羅虎落鎖連一部，廣一丈五尺，高八尺，百二十具。虎落劍刃扶胥，廣一丈五尺，高八尺，五百一十具。

“渡溝塹：飛橋一間，廣一丈五尺，長二丈以上，着轉關轆轤八具，以環利通索張之。

“渡大水：飛江，廣一丈五尺，長二丈以上，八具，以環利通索張之。天浮鐵螳螂，矩内圓外，徑四尺以上，環絡自副，三十二具。以天浮張飛江濟大海，謂之天潢〔七〕，一名天船。

“山林野居，結虎落柴營：環利鐵鎖，長二丈以上，千二百枚。環利大通索，大四寸，長四丈以上，六百枚。環利中通索，大二寸，長四丈以上，二百枚〔八〕。環利小徽縲，長二丈以上，萬二千枚。天雨蓋，重車上板，結枲鉏鋙，廣四尺，長四丈以上，車一具，以鐵杙張之〔九〕。

“伐木天斧，重八斤，柄長三尺以上，三百枚。棨钁，刃廣六寸，柄長五尺以上，三百枚。銅築固爲垂，長五尺以上，三百枚。鷹爪方胸鐵杷①，柄長七尺以上，三百枚。方胸鐵叉，柄長七尺以上，三百枚。方胸兩枝鐵叉，柄長七尺以上，三百枚。芟草木大鎌②，柄長七尺以上，三百枚。大櫓刃，重八斤，柄長六尺，三百枚。委環鐵杙，長三尺以上，三百枚。椓杙大鎚，重五斤，柄長二尺以上，百二十具。

“甲士萬人，强弩六千，戟櫓二千，矛楯二千，修治攻具，砥礪兵器，巧手三百人〔一〇〕。此舉兵軍用之大數也〔一一〕。”

武王曰：“允哉！”

兵中器用之數，正不嫌於詳，悉可備攷。

【校】

〔一〕可以敗强敵　强，宋武經本闕。

〔二〕方首鐵鎚　鎚，四庫本作"槌"。下同。"鎚"同"槌"，又作"鍾"。

〔三〕百二十具　原"百"前有"一"字，與前後文出現的"千二百枚""百二十具"文例不一，宋武經本、四庫本皆無，據删。

〔四〕廣八寸　寸，原作"尺"，據宋武經本、四庫本改。

〔五〕突暝來前促戰　突，疑爲"夜"之譌。○暝，原作"瞑"，據宋武經本改。

〔六〕曠野草中　曠野，四庫本作"曠林"。曠林，指深林，易於隱蔽武器，於義爲長。

〔七〕謂之天潢　天潢，四庫本作"天横"。這裏的"天潢"，蓋取義於又名"天横"的星宿。《史記・天官書》云："王良策馬，車騎滿野。旁有八星，絶漢，曰天潢。"《漢書・天文志》所云相同，唯"天潢"作"天横"。另《六韜・分險》"以天潢濟吾三軍"，"天潢"二字，各本皆無異文。

〔八〕二百枚　二，原作"三"，據宋武經本、四庫本改。

〔九〕以鐵杙張之　杙，原作"栈"，據宋式經本、四庫本改。下同。

〔一〇〕巧手三百人："巧"上原有"爲"字，據宋武經本、四庫本删。

〔一一〕此舉兵軍用之大數也　軍，原脱，據宋武經本補。

【注】

① 鷹爪方胸鐵杷：一種古代軍隊使用的器具，前端齒如鷹爪，胸方，鐵製。杷，本指一種農具，一端有柄，一端有齒，用以聚攏、耙梳穀物或整地等；齒用竹、木或鐵等製成。《急就篇》卷三"捃穫秉把插捌杷"，顔師古注："無齒爲捌，有齒爲杷，皆所以推引聚禾穀也。"或爲"杷"同"耙"，非是。耙是一種農具，用於碎土、平地，用牛、馬等牽引，但無柄，與此處"柄長七尺以上"不合。

② 鎌：同"鐮"。

三陳第三十二

武王問太公曰："凡用兵爲天陳、地陳、人陳，奈何？"

太公曰："日日星辰斗柄，一左一右，一向一背，此謂天陳。丘陵水泉，亦有前後左右之利，此謂地陳。用車用馬，用文用武，此謂人陳。"

武王曰："善哉！"

疾戰第三十三

武王問太公曰："敵人圍我，斷我前後，絶我糧道，爲之奈何？"

太公曰："此天下之困兵也。暴用之則勝，徐用之則敗。如此者，爲四武衝陳，以武車驍騎驚亂其軍而疾擊之，可以橫行。"

武王曰："若已出圍地，欲因以爲勝，爲之奈何？"

太公曰："左軍疾左，右軍疾右，無與敵人爭道。中軍迭前迭後，以武車驍騎亂其軍，而與敵人攻其陣矣〔一〕。敵人雖衆，其將可走。"

【校】

〔一〕以武車驍騎亂其軍而與敵人攻其陣矣　此十六字，語義難明，疑有訛脱，僅見於《續修四庫全書》影印天啓刻本《武備志》卷五所録《六韜》，宋武經本、四庫本以及羣書所引皆未見。底本此十六字外加了括號。

必出第三十四

武王問太公曰："引兵深入諸侯之地，敵人四合而圍我，斷我歸道，絶我糧食。敵人既衆，糧食甚多，險阻又固。我欲必出，爲之奈何？"

太公曰："必出之道，器械爲寶，勇鬬爲首。審知敵人空虚之地，無人之處，可以必出。將士持玄旗，操器械，設啣枚夜出。勇力飛走冒將之士居前，平壘爲軍開道。材士强弩爲伏兵居後，弱卒車騎居中。陳畢徐行，慎無驚駭。以武衝扶胥前後拒守，武翼大櫓以蔽左右。敵人若驚,勇力冒將之士疾擊而前,弱卒車騎以屬其後,材士强弩隱伏而處。審候敵人追我,伏兵疾擊其後。多其火鼓,若從地出,若從天下。三軍勇鬭,莫我能禦。"

武王曰:"前有大水、廣塹、深坑,我欲踰渡,無舟楫之備。敵人屯壘,限我軍前,塞我歸道,斥堠常戒,險塞盡守,車騎要我前,勇士擊我後,爲之奈何?"

太公曰:"大水、廣塹、深坑,敵人所不守;或能守之,其卒必寡。若此者,以飛江轉關與天潢以濟我軍〔一〕。勇力材士,從我所指,衝敵絶陣,皆致其死。先燔吾輜重,燒吾糧食,明告吏士:勇鬭則生,不勇則死。已出,令我踵軍設雲火遠候,必依草木、丘墓、險阻。敵人車騎必不敢遠追長驅。因以火爲記,先出者,令至火而止,爲四武衝陣。如此,則吾三軍皆精鋭勇鬭,莫我能止。"

武王曰:"善哉!"

【校】

〔一〕以飛江轉關與天潢以濟我軍　我,宋武經本、四庫本皆作"吾",義同。

軍略第三十五

武王問太公曰:"引兵深入諸侯之地,遇深谿大谷險阻之水。吾三軍未得畢濟,而天暴雨,流水大至,後不得屬於前,無有舟梁之備,又無水草之資。吾欲畢濟,使三軍不稽留,爲之奈何?"

太公曰:"凡帥師將軍〔一〕,慮不先設,器械不備,教不精信,士卒不習。若此,不可以爲王者之兵也。凡三軍有大事,莫不習用器械。

"若攻城圍邑,則有轒輼、臨衝。視城中,則有雲梯、飛樓。三軍行止,則有武衝、大櫓。前後拒守,絶道遮街,則有材士强弩衛其兩旁。設營壘,則有天羅、虎落〔二〕、行馬、蒺藜。晝則登雲梯遠望,立五色旌旗。夜則設雲火萬炬,擊雷鼓,振鼙鐸,吹鳴笳。越溝塹,則有飛橋、轉關、轆轤、鉏鋙。濟大水,則有天潢、飛江。逆波上流,則有浮海、絶江。三軍用備,主將何憂。"

【校】

〔一〕凡帥師將軍　軍,宋武經本、四庫本作"衆",義近。

〔二〕虎落　虎,原作"武"。作爲軍事器械,同書《軍用》"虎落"凡三見。蓋本作"虎落",唐人爲避唐高祖李淵祖父李虎之諱改爲"武落",後人未回改。

臨境第三十六

武王問太公曰:"吾與敵人臨境相拒,彼可以來,我可以往,陣皆堅固,莫敢先舉。我欲往而襲之,彼亦可以來,爲之奈何?"

太公曰:"兵分三處〔一〕。令我前軍深溝增壘而無出,列旌旗,擊鼙鼓,完爲守備。令我後軍多積糧食,無使敵人知我意。發我鋭士,潛襲其中,擊其不意,攻其無備。敵人不知我情,則止而不來矣。"

武王曰:"敵人知我之情,通我之機,動則得我事,其鋭士伏於深草,要我隘路,擊我便處,爲之奈何?"

太公曰:"令我前軍日出挑戰,以勞其意。令我老弱曳柴揚塵,鼓呼而往來,或出其左,或出其右,去敵無過百步,其將必勞,其卒必駭。如此,則敵人不敢來,吾往者不止,或襲其内,或擊其外,三軍疾戰,敵人必敗。"

梅林曰:自此至《壘虚》共七篇,體意相似,皆因事立法,而又有法外之謀者。

【校】

〔一〕兵分三處　兵分,宋武經本、四庫本作"分兵"。

動靜第三十七

武王問太公曰:"引兵深入諸侯之地,與敵之軍相當。兩陣相望,衆寡强弱相等,未敢先舉。吾欲令敵人將帥恐懼,士卒心傷,行陣不固,後陣欲走,前陣數顧,鼓噪而乘之,敵人遂走,爲之奈何?"

太公曰:"如此者,發我兵,去寇十里而伏其兩旁,車騎百里而越其前後。多其旌旗,益其金鼓。戰合,鼓噪而俱起。敵將必恐,其軍驚駭。衆寡不相救,貴賤不相待,敵人必敗。"

武王曰:"敵之地勢,不可以伏其兩旁,車騎又無以越其前後。敵知我慮,先施其備。我士卒心傷,將帥恐懼,戰則不勝,爲之奈何?"

太公曰:"微哉〔一〕,王之問也!如此者,先戰五日,發我遠候,往視其動靜,審候其來,設伏而待之。必於死地,與敵相避。遠我旌旗,疎我行陣。必奔其前,與敵相當。戰合而走,擊金而止〔二〕。三里而還,伏兵乃起。或陷其兩旁,或擊其前後,三軍疾戰,敵人必走。"

武王曰:"善哉!"

【校】

〔一〕微哉 微,原作"誠",今據宋武經本改。

〔二〕擊金而止 而,宋武經本作"無"。按,當以"而"爲是。此句前一句云"戰合而走",後一句"三里而還",此句當與其前後句文例一律。"而"猶"乃""則","三里而還"後一句"伏兵乃起"可以爲證。《吕氏春秋·當務》"而不可置妾之子",畢沅《新校正》引王念孫曰:"而,猶乃也,則也。"

金鼓第三十八

武王問太公曰:"引兵深入諸侯之地,與敵相當,而天大寒甚暑,日夜霖雨,旬日不止,溝壘悉壞,隘塞不守,斥候懈怠〔一〕,士卒不戒。敵人夜來,三軍無備,上下惑亂,爲之奈何?"

太公曰:"凡三軍以戒爲固,○三軍以戒爲固。以怠爲敗。令我壘上'誰何'不絶,人執旌旗,外内相望,以號相命,勿令乏音,而皆外向。三千人爲一屯,誡而約之,各慎其處。敵人若來,視我軍之警戒〔二〕,至而必還,力盡氣怠。發我鋭士,隨而擊之。"

武王曰:"敵人知我隨之,而伏其鋭士,佯北不止,遇伏而還,或擊我前,或擊我後,或薄我壘。吾三軍大恐,擾亂失次,離其處所,爲之奈何?"

太公曰:"分爲三隊,隨而追之〔三〕,勿越其伏。三隊俱至,或擊其前後,或陷其兩旁,明號審令,疾擊而前,敵人必敗。"

【校】

〔一〕斥候懈怠　候,四庫本作"堠"。"候"通"堠"。

〔二〕視我軍之警戒　警,原作"驚",據宋武經本、四庫本改。

〔三〕隨而追之　追,原作"進",據宋武經本、四庫本改。

絶道第三十九

武王問太公曰:"引兵深入諸侯之地,與敵相守,敵人絶我糧道,又越我前後,吾欲戰則不可勝,欲守則不可久,爲之奈何?"

太公曰:"凡深入敵人之境,必察地之形勢,務求便利。依山林險阻,水泉林木,而爲之固;謹守關梁,又知城邑丘墓地形之利〔一〕。如是,則我軍堅固,敵人不能絶我糧道,又不能越我前後。"

武王曰:"吾三軍過大林廣澤平易之地,吾候望誤失,卒與敵人相薄。以戰則不勝,以守則不固。敵人翼我兩旁,越我前後,三軍大恐,爲之奈何?”

太公曰:“凡帥師之法,當先發遠候,去敵二百里,審知敵人所在。地勢不利,則以武衝爲壘而前,又置兩踵軍於後,遠者百里,近者五十里。即有警急〔二〕,前後相知,吾三軍常完堅,必無毁傷。”

武王曰:“善哉!”

【校】

〔一〕又知城邑丘墓地形之利　墓,原作“基”,旁注“墓”,據宋武經本、四庫本改。

〔二〕即有警急　警,原作“驚”,據宋武經本、四庫本改。

略地第四十

武王問太公曰:“戰勝深入,略其地,有大城不可下。其别軍守險,與我相拒。我欲攻城圍邑,恐其别軍卒至而薄我,中外相合,擊我表裡,三軍大亂,上下恐駭,爲之奈何?”

太公曰:“凡攻城圍邑,車騎必遠,屯衛警戒〔一〕,阻其内外。中人絶糧,外不得輸,城人恐怖,其將必降。”

武王曰:“中人絶糧,外不得輸,陰爲約誓,相與密謀,夜出窮寇死戰。其車騎鋭士,或衝我内,或擊我外,士卒迷惑,三軍敗亂,爲之奈何?”

太公曰:“如此者,當分爲軍三軍,謹視地形而處。審知敵人别軍所在,及其大城别堡,爲之置遺缺之道以利其心,謹備勿失。敵人恐懼,不入山林,即歸大邑,走其别軍。車騎遠要其前,勿令遺脱。中人以爲先出者得其徑道,其練卒材士必出,其老弱獨在。車騎深入長驅,敵人之軍,必莫敢出。慎勿與戰,絶其糧道,圍而守之,必久其日。無燔人積聚,無毁人宫室,冢樹社叢勿伐。降者勿殺，得而勿戮，示之以仁義，施之以厚德。令其士民曰：'辜在一人〔二〕。'如此則天下和服。"○如此，天下和服。

武王曰："善哉！"

【校】

〔一〕屯衛警戒　警，原作"驚"，據宋武經本、四庫本改。

〔二〕辜在一人　辜，宋武經本、四庫本作"罪"，義同。"罪"，秦以前作"辠"。秦時以"辠"似"皇"字，改爲"罪"，與"辜"義同。《説文・網部》："罪，捕魚網，秦以罪爲辠字。"《説文・辛部》："辠，犯法也。秦以辠似皇，改爲罪。"又云："辜，辠也。"

火戰第四十一

武王問太公曰："引兵深入諸侯之地，遇深草蓊穢〔一〕，周吾軍前後左右。三軍行數百里，人馬疲倦休止。敵人因天燥疾風之利，燔吾上風，車騎鋭士堅伏吾後。吾三軍恐怖，散亂而走。爲之奈何？"

太公曰："若此者，則以雲梯飛樓遠望左右，謹察前後。見火起，即燔吾前而廣延之，又燔吾後。敵人苟至，即引軍而卻，按黑地而堅處。敵人之來，猶在吾後，見火起，必遠走。吾按黑地而處，强弩材士衛吾左右，又燔吾前後。若此，則敵人不能害我。"

武王曰："敵人燔吾左右，又燔吾前後，煙覆吾軍，其大兵按黑地而起，爲之奈何？"

太公曰："若此者，爲四武衝陳，强弩翼吾左右，其法無勝亦無負。"

【校】

〔一〕遇深草蓊穢　穢，原爲旁注小字，據宋武經本、四庫本補入正文。

壘虚第四十二〔一〕

武王問太公曰："何以知敵壘之虚實，自來自去？"

太公曰："將必上知天道，下知地理，中知人事。○知天道、地理、人事。登高下望，以觀敵之變動〔二〕。望其壘，則知其虚實。望其士卒，則知其去來。"

武王曰："何以知之？"

太公曰："聽其鼓無音、鐸無聲，望其壘上多飛鳥而不驚，上無氛氣，必知敵詐而爲偶人也。敵人卒去不遠，未定而復反者，彼用其士卒太疾也。太疾則前後不相次。不相次，則行陳必亂。如此者，急出兵擊之。以少擊衆，則必敗矣。"

【校】

〔一〕壘虚第四十二　壘虚，原作"虚壘"，據宋武經本、四庫本乙正。

〔二〕以觀敵之變動　敵，原作"敵人"，衍一"人"字，據宋武經本、四庫本删。

新鐫武經七書卷之七·五

豹韜

林戰第四十三

武王問太公曰："引兵深入諸侯之地，遇大林，與敵人分林相拒。吾欲以守則固，以戰則勝，爲之奈何？"

太公曰："使吾三軍，分爲衝陳，便兵所處，弓弩爲表，戟楯爲裏。斬除草木，極廣吾道，以便戰所。高置旌旗，謹敕三軍，無使敵人知吾之情，是謂林戰。

"林戰之法，率吾矛戟，相與爲伍。林間木疎，以騎爲輔，戰車居前，見便則戰，不見便則止。林多險阻，必置衝陳，以備前後。三軍疾戰，敵人雖衆，其將可走。更戰更息，各按其部，是謂林戰之紀。"

突戰第四十四

武王問太公曰："敵人深入長驅，侵掠我地，驅我牛馬，其三軍大至，薄我城下。吾士卒大恐，人民係累，爲敵所虜。吾欲以守則固,以戰則勝,爲之奈何?”

太公曰:“如此者謂之突兵,其牛馬必不得食,士卒絶糧,暴擊而前。令我遠邑别軍,選其鋭士,疾擊其後。審其期日,必會於晦。三軍疾戰,敵人雖衆,其將可虜。”

武王曰:“敵人分爲三四,或戰而侵掠我地,或止而收我牛馬。其大軍未盡至,而使寇薄我城下,致吾三軍恐懼,爲之奈何?”

太公曰:“謹候敵人,未盡至,則設備而待之。去城四里而爲壘,金鼓旌旗皆列而張。别隊爲伏兵。令我壘上多積强弩,百步一突門,門有行馬,車騎居外,勇力鋭士隱伏而處。敵人若至,使我輕卒合戰而佯走,令我城上立旌旗,擊鼙鼓,完爲守備。敵人以我爲守城,必薄我城下。發吾伏兵以衝其内,或擊其外。三軍疾戰,或擊其前,或擊其後。勇者不得鬬,輕者不及走,名曰突戰。敵人雖衆,其將必走。”

武王曰:“善哉!”

敵强第四十五

武王問太公曰:“引兵深入諸侯之地,與敵人衝軍相當,敵衆我寡,敵强我弱。敵人夜來,或攻吾左,或攻吾右,三軍震動。吾欲以戰則勝,以守則固,爲之奈何?”

太公曰:“如此者謂之震寇。利以出戰,不可以守。選吾材士强弩,車騎爲左右〔一〕,疾擊其前,急攻其後,或擊其表,或擊其裏,其卒必亂,其將必駭。”

武王曰:“敵人遠遮我前,急攻我後,斷我鋭兵,絶我材士,吾内外不得相聞,三軍擾亂,皆敗而走,士卒無鬬志,將吏無守心,爲之奈何?”

太公曰:“明哉,王之問也!當明號審令,出我勇鋭冒將之士,人操炬火,二人同鼓,必知敵人所在,或擊其表裏。微號相知,令之滅火,鼓音皆止。中外相應,期約皆當。三軍疾戰,敵必敗亡。"

武王曰:"善哉!"

【校】

〔一〕車騎爲左右　爲,宋武經本作"爲之"。

敵武第四十六

武王問太公曰:"引兵深入諸侯之地,卒遇敵人,甚衆且武,武車驍騎繞我左右〔一〕,吾三軍皆震,走不可止,爲之奈何?"

太公曰:"如此者謂之敗兵。善者以勝,不善者以亡。"

武王曰:"爲之奈何?"

太公曰:"伏我材士强弩,武車驍騎爲之左右,常去前後三里。敵人逐我,發我車騎,衝其左右。如此,則敵人擾亂,吾走者自止。"

武王曰:"敵人與我車騎相當,敵衆我少,敵强我弱,其來整治精鋭,吾陳不敢當,爲之奈何?"

太公曰:"選我材士强弩,伏於左右,車騎堅陳而處。敵人過我伏兵,積弩射其左右,車騎鋭兵疾擊其軍,或擊其前,或擊其後。敵人雖衆,其將必走。"

武王曰:"善哉!"

【校】

〔一〕武車驍騎繞我左右　驍,原作"馬",據宋武經本、四庫本改。

鳥雲山兵第四十七〔一〕

武王問太公曰:"引兵深入諸侯之地,遇高山磐石〔二〕,其上亭亭,無有草木,四面受敵。吾三軍恐懼,士卒迷惑。吾欲以守則固,以戰則勝,爲之奈何?”

太公曰:“凡三軍處山之高則爲敵所棲,處山之下則爲敵所囚。既以被山而處,必爲鳥雲之陣。鳥雲之陣,陰陽皆備。或屯其陰,或屯其陽。處山之陽,備山之陰。處山之陰,備山之陽。處山之右,備山之左〔三〕。處山之左,備山之右〔四〕。敵所能陵者,兵備其表。衢道通谷,絶以武車。高置旌旗,謹勑三軍,無使敵人知我之情〔五〕。是謂山城。行列已定,士卒已陳,法令已行,奇正已設,各置衝陳於山之表,便兵所處。乃分車騎爲鳥雲之陳。三軍疾戰,敵人雖衆,其將可擒。”

【校】

〔一〕鳥雲山兵第四十七　鳥雲,原作“烏雲”,據宋武經本改。古有“鳥雲之陣”“鳥雲之兵”之説,而不見有“烏雲之陣”“烏雲之兵”之説。杜甫詩《將赴成都草堂途中有作先寄嚴鄭公(其五)》“共説總戎雲鳥陣”,後世注家多以《六韜》爲説。以下徑改,不再出校。

〔二〕遇高山磐石　磐石,宋武經本、四庫本皆作“盤石”。磐石指大石,或作“盤石”。

〔三〕處山之右備山之左　此句,宋武經本、四庫本皆作“處山之左備山之右”。

〔四〕處山之左備山之右　此句,宋武經本、四庫本皆作“處山之右備山之左”。

〔五〕無使敵人知我之情　我,宋武經本、四庫本皆作“吾”,義同。

鳥雲澤兵第四十八

武王問太公曰:“引兵深入諸侯之地,與敵人臨水相拒。敵富而衆,我貧而寡。踰水擊之,則不能前。欲久其日,則糧食少。吾居斥鹵之地,四旁無邑,又無草木,三軍無所掠取,牛馬無所芻牧，爲之奈何？”

太公曰：“三軍無備，牛馬無食，士卒無糧，如此者，索便詐敵而亟去之，設伏兵於後。”

武王曰：“敵不可得而詐，吾士卒迷惑。敵人越我前後，吾三軍敗而走，爲之奈何？”

太公曰：“求途之道，金玉爲主〔一〕，必因敵使，精微爲寶。”

武王曰：“敵人知我伏兵，大軍不肯濟，别將分隊以踰於水，吾三軍大恐，爲之奈何？”

太公曰：“如此者，分爲衝陳，便兵所處。須其畢出，發我伏兵，疾擊其後。强弩兩旁，射其左右。車騎分爲鳥雲之陣，備其前後。三軍疾戰。敵人見我戰合，其大軍必濟水而來。發我伏兵，疾擊其後，車騎衝其左右。敵人雖衆，其將可走。

“凡用兵之大要，○用兵之大要。當敵臨戰，必置衝陳，便兵所處，然後以車騎分爲鳥雲之陳，此用兵之奇也。所謂鳥雲者，鳥散而雲合，變化無窮者也。”○鳥雲變化無窮。

武王曰：“善哉！”

【校】

〔一〕金玉爲主　玉，原作“王”，據宋武經本、四庫本改。

少衆第四十九

武王問太公曰：“吾欲以少擊衆，以弱擊强，爲之奈何？”

太公曰：“以少擊衆者，必以日之暮，伏於深草，要之隘路。以弱擊强者，必得大國之與，鄰國之助。”

武王曰：“我無深草，又無隘路，敵人已至，不適日暮；我無大國之與，又無鄰國之助，爲之奈何？”

太公曰：“妄張詐誘，以熒惑其將；迂其途，令過深草；遠其路，令會日暮。前行未渡水，後行未及舍，發我伏兵，疾擊其左右，車騎擾亂其前後。敵人雖衆，其將可走。事大國之君，下鄰國之士，厚其幣，卑其辭。如此，則得大國之與，鄰國之助矣。”

武王曰：“善哉！”

分險第五十

武王問太公曰：“引兵深入諸侯之地，與敵人相遇於險阨之中〔一〕。吾左山而右水，敵右山而左水，與我分險相拒。吾欲以守則固，以戰則勝，爲之奈何？”

太公曰：“處山之左，急備山之右；處山之右，急備山之左。險有大水，無舟楫者，以天潢濟吾三軍。已濟者，亟廣吾道，以便戰所。以武衝爲前後，列其强弩，令行陳皆固；衢道谷口，以武衝絶之，高置旌旗。是謂車城〔二〕。

“凡險戰之法，以武衝爲前，大櫓爲衛。材士强弩，翼吾左右。三千人爲一屯，必置衝陣，便兵所處。左軍以左，右軍以右，中軍以中，並攻而前。已戰者還歸屯所，更戰更息，必勝乃已。”

武王曰：“善哉！”

【校】

〔一〕與敵人相遇於險阨之中　中，原作“下”，據宋武經本、四庫本改。

〔二〕是謂車城　車，原作“軍”，宋武經本作“車”，城被武衝一類的戰車所圍，故當稱爲“車城”，據改。

新鐫武經七書卷之七·六

犬　韜

分合第五十一〔一〕

武王問太公曰："王者帥師，三軍分爲數處，將欲期會合戰，約誓賞罰，爲之奈何？"

太公曰："凡用兵之法，三軍之衆，必有分合之變。○三軍分合之變。其大將先定戰地戰日，然後移檄書與諸將吏期：攻城圍邑，各會其所；明告戰日，漏刻有時。大將設營而陳〔二〕，立表轅門，清道而待。諸將吏至者，校其先後，先期至者賞，後期至者斬。如此，則遠近奔集，三軍俱至，併力合戰。"

【校】

〔一〕分合第五十一　分合，宋武經本作"分兵"。

〔二〕大將設營而陳　大，原作"太"，旁注"大"，據宋武經本、四庫本改。

武鋒第五十二

武王問太公曰："凡用兵之要，必有武車驍騎，馳陣選鋒，見可則擊之。如何而可擊〔一〕？"

太公曰："夫欲擊者，當審察敵人十四變。變見則擊之，※梅林曰："變見則擊"，即《孫子》所云"待敵之可勝"也。敵人必敗。"

武王曰："十四變可得聞乎？"

太公曰："敵人新集，可擊。人馬未食，可擊。天時不順，可擊。地形未得，可擊。奔走，可擊。不戒，可擊。疲勞，可擊。將離士卒，可擊。涉長路，可擊。濟水，可擊。不暇，可擊。阻難狹路，可擊。亂行，可擊。心怖，可擊。"

【校】

〔一〕如何而可擊　而，宋武經本作"則"，義近。

練士第五十三

武王問太公曰："練士之道奈何？"

太公曰："軍中有大勇力〔一〕、敢死樂傷者，聚爲一卒，名曰冒刃之士。

"有鋭氣壯勇强暴者，聚爲一卒，名曰陷陳之士。

"有奇表長劍，接武齊列者，聚爲一卒，名曰勇鋭之士。

"有拔距伸鈎〔二〕，强梁多力，潰破金鼓，絶滅旌旂者，聚爲一卒，名曰勇力之士。

"有踰高絶遠，輕足善走者，聚爲一卒，名曰寇兵之士。

"有王臣失勢，欲復見功者，聚爲一卒，名曰死鬬之士。

"有死將之人，子弟欲爲其將報仇者〔三〕，聚爲一卒，名曰死憤之士〔四〕。

"有貧窮忿怒,欲快其志者,聚爲一卒,名曰必死之士〔五〕。

"有贅婿人虜、欲掩迹揚名者,聚爲一卒,名曰勵鈍之士〔六〕。

"有胥靡免罪之人,欲逃其恥者,聚爲一卒,名曰幸用之士〔七〕。

"有才技兼人〔八〕,能負重致遠者,聚爲一卒,名曰待命之士〔九〕。

"此軍之練士,不可不察也。" ○軍之練士,不可不察。

【校】

〔一〕軍中有大勇力　力,宋武經本無。

〔二〕有拔距伸鉤　拔,原作"披",宋武經本作"拔"。"拔距",亦作"拔拒",古代的一種練武活動。

〔三〕子弟欲爲其將報仇者　爲,宋武經本作"與"。今考羣書所引,無作"與"者。

〔四〕名曰死憤之士　死憤,宋武經本作"敢死"。今考羣書所引,無作"敢死"者,唯見《長短經》卷九《練士》引作"死責",《御覽》卷二九九《練士》引作"死貴"。按,"責""貴"皆爲"賁"之形近譌字,"賁"讀爲"憤"。

〔五〕有貧窮忿怒欲快其志者聚爲一卒名曰必死之士　宋武經本此句與下句"有贅婿人虜欲掩迹揚名者聚爲一卒名曰勵鈍之士"互乙。今考羣書所引,未見有如宋武經本者。

〔六〕名曰勵鈍之士　鈍,原作"鋭",旁注"鈍",據宋武經本、四庫本改。

〔七〕名曰幸用之士　幸,宋武經本作"倖","幸""倖"二字可通用。

〔八〕有才技兼人　才,宋武經本、四庫本作"材"。

〔九〕名曰待命之士　待,原作"持",旁注"待",據宋武經本、四庫本改。

教戰第五十四

武王問太公曰:"合三軍之衆,欲令士卒服習教戰之道〔一〕,奈何?"

太公曰:"凡領三軍,必有金鼓之節,所以整齊士衆者也。將必先明告吏士,申之以三令,以教操兵起居、旌旗指揮之變法〔二〕。

故教吏士，使一人學戰，教成，合之十人。十人學戰，教成，合之百人。百人學戰，教成，合之千人。千人學戰，教成，合之萬人。萬人學戰，教成，合之三軍之衆。大戰之法，教成，合之百萬之衆。故能成其大兵，立威於天下。”○大兵立威於天下。

武王曰：“善哉。”

【校】

〔一〕欲令士卒服習教戰之道　服習，宋武經本作“練士”。今考羣書所引，未見有作“練士”者，蓋涉上篇“練士”而誤。

〔二〕旌旗指揮之變法　指揮，宋武經本、四庫本作“指麾”，義同。

均兵第五十五

武王問太公曰：“以車與步卒戰，一車當幾步卒，幾步卒當一車？以騎與步卒戰，一騎當幾步卒，幾步卒當一騎？以車與騎戰，一車當幾騎，幾騎當一車？”

太公曰：“車者，軍之羽翼也，所以陷堅陳，要强敵，遮走北也。騎者，軍之伺候也，所以踵敗軍，絶糧道，擊便寇也。故車騎不敵戰〔一〕，則一騎不能當步卒一人，三軍之衆成陳而相當，則易戰之法，一車當步卒八十人，八十人當一車；一騎當步卒八人，八人當一騎；一車當十騎，十騎當一車。險戰之法，一車當步卒四十人，四十人當一車；一騎當步卒四人，四人當一騎；一車當六騎，六騎當一車。夫車騎者，軍之武兵也。十乘敗千人，百乘敗萬人；十騎走百人〔二〕，百騎走千人。此其大數也。”

武王曰：“車騎之吏數與陳法奈何？”

太公曰：“置車之吏數：五車一長，十車一吏，五十車一率，百車一將。易戰之法：五車爲列，相去四十步，左右十步，隊間六十步。險戰之法：車必循道，十車爲聚，二十車爲屯，前後相去二十步，左右六步，隊間三十六步。五車一長，縱橫相去一里〔三〕，各返故道。置騎之吏數：五騎一長，十騎一吏，百騎一率，二百騎一將。易戰之法：五騎爲列，前後相去二十步，左右四步，隊間五十步。險戰者：前後相去十步，左右二步，隊間二十五步。三十騎爲一屯，六十騎爲一輩。十騎一吏，縱橫相去百步，周還各復故處。"

武王曰："善哉！"

【校】

〔一〕故車騎不敵戰　車，原作"軍"，據宋武經本、四庫本改。前文先言"車"於軍之作用，後言"騎"於軍之作用，故此處當言"車騎"。

〔二〕十騎走百人　走，宋武經本作"敗"，義近，但作"敗"與下句文例不合，蓋涉上文而誤。

〔三〕縱橫相去一里　一，宋武經本作"二"。作"二"恐非，今考羣書所引，未見有作"二"者。

武車士第五十六

武王問太公曰："選車士奈何？"

太公曰："選車士之法〔一〕，取年四十以下〔二〕，長七尺五寸以上，走能逐奔馬，及馳而乘之，前後左右上下周旋，能束縛旌旗；力能彀八石弩，射前後左右皆便習者，名曰武車之士，不可不厚也。"

【校】

〔一〕選車士之法　之，原爲空白，據宋武經本、四庫本補。

〔二〕取年四十以下　以，宋武經本作"已"。"已"通"以"。本篇及下篇"以"字，宋武經本皆作"已"，不再出校。

武騎士第五十七

武王問太公曰:"選騎士奈何?"

太公曰:"選騎士之法,取年四十以下,長七尺五寸以上,壯健捷疾,超絶倫等,能馳騎彀射前後左右,周旋進退,越溝塹,登丘陵,冒險阻,絶大澤,馳强敵,亂大衆者,名曰武騎之士,不可不厚也。"

戰車第五十八

武王問太公曰:"戰車奈何?"

太公曰:"步貴知變動,車貴知地形,騎貴知别徑奇道,三軍同名而異用也。○三軍同名異用。凡車之戰,死地有十,勝地有八〔一〕。"

武王曰:"十死之地奈何?"

太公曰:"往而無以還者,車之死地也。越絶險阻,乘敵遠行者,車之竭地也。前易後險者,車之困地也。陷之險阻而難出者,車之絶地也。圮下漸澤,黑土黏埴者,車之勞地也。左險右易,上陵仰阪者,車之逆地也。殷草横畝,犯歷淺澤者,車之拂地也。車少地易,與步不敵者,車之敗地也。後有溝瀆,左有深水,右有峻阪者,車之壞地也。日夜霖雨,旬日不止,道路潰陷,前不能進,後不能解者,車之陷地也。此十者,車之死地也。故拙將之所以見擒,明將之所以能避也。"

武王曰:"八勝之地奈何?"

太公曰:"敵之前後,行陳未定,即陷之。旌旗擾亂,人馬數動,即陷之。士卒或前或後,或左或右,即陷之。陳不堅固,士卒前後相顧,即陷之。前往而疑,後往而怯,即陷之。三軍卒驚,皆薄而起,即陷之。戰於易地,暮不能解,即陷之。遠行而暮舍,三軍恐懼,即陷之。此八者,車之勝地也。將明於十害八勝,敵雖圍周,千乘萬騎,我前驅旁馳〔二〕,萬戰必勝。”

武王曰:“善哉!”

【校】

〔一〕勝地有八　“勝地”前,宋武經本、四庫本有“其”字。

〔二〕我前驅旁馳　我,宋武經本、四庫本闕。○前驅旁馳,原作“前馳旁驅”,據宋武經本、四庫本改。

戰騎第五十九

武王問太公曰:“戰騎奈何?”

太公曰:“騎有十勝九敗。”

武王曰:“十勝奈何?”

太公曰:“敵人始至,行陳未定,前後不屬,陷其前騎,擊其左右,敵人必走。

“敵人行陳整齊堅固,士卒欲鬭,吾騎翼而勿去,或馳而往,或馳而來,其疾如風,其暴如雷,白晝如昏,數更旌旗,變易衣服,其軍可克。

“敵人行陣不固,士卒不鬭,薄其前後,獵其左右,翼而擊之,敵人必懼。

“敵人暮欲歸舍,三軍恐駭,翼其兩旁,疾擊其後,薄其壘口,無使得入〔一〕,敵人必敗。

“敵人無險阻保固,深入長驅,絶其糧路〔二〕,敵人必饑。

“地平而易,四面見敵,車騎陷之,敵人必亂。

“敵人奔走,士卒散亂,或翼其兩旁,或掩其前後,其將可擒。

“敵人暮返,其兵甚衆,其行陣必亂,令我騎十而爲隊〔三〕,百而爲屯〔四〕,車五而爲聚,十而爲羣,多設旌旗,雜以强弩;或擊其兩旁，或絶其前後，敵將可擄〔五〕。

“此騎之十勝也。”

武王曰：“九敗奈何？”

太公曰：“凡以騎陷敵而不能破陳，敵人佯走，以車騎返擊我後，此騎之敗地也。

“追北踰險，長驅不止，敵人伏我兩旁，又絶我後，此騎之圍地也。

“往而無以返，入而無以出，是謂陷於天井，頓於地穴，此騎之死地也。

“所從入者隘，所從出者遠，彼弱可以擊我强，彼寡可以擊我衆，此騎之没地也。

“大澗深谷，翳茂林木，此騎之竭地也。

“左右有水，前有大阜，後有高山，三軍戰於兩水之間，敵居表裏，此騎之艱地也。

“敵人絶我糧道，往而無以還〔六〕，此騎之困地也。

“汙下沮澤，進退漸洳，此騎之患地也。

“左有深溝，右有坑阜，高下如平地，進退誘敵，此騎之陷地也。

“此九者，騎之死地也。明將之所以遠避，闇將之所以陷敗也。”

【校】

〔一〕無使得入　無使，原作“使無”，據宋武經本、四庫本乙正。

〔二〕絶其糧路　路，原作“道”，據宋武經本改。作“路”正與“固”“驅”爲韻。

〔三〕令我騎十而爲隊　“騎”下原有“士”字，據宋武經本、四庫本删。

〔四〕百而爲屯　百，原作“八”，據宋武經本、四庫本改。

〔五〕敵將可擄　擄，宋武經本、四庫本皆作“虜”。“擄”同“虜”。

〔六〕往而無以還　還，宋武經本作“返”，義同。

戰步第六十

武王問太公曰：“步兵與車騎戰〔一〕，奈何？”

太公曰：“步兵與車騎戰者，必依丘陵險阻，長兵强弩居前，短兵弱弩居後，更發更止。敵之車騎雖衆而至，吾惟堅陳疾戰〔二〕，材士强弩，以備我後。”

武王曰：“吾無丘陵，又無險阻，敵人之至，既衆且武，車騎翼我兩旁，獵我前後，吾三軍恐怖，亂敗而走，爲之奈何？”

太公曰：“令我士卒爲行馬、木蒺藜，置牛馬隊伍，爲四武衝陳。望敵車騎將來，均置蒺藜，掘地匝後，廣深五尺，名曰命籠。人操行馬進步，闌車以爲壘，推而前後，立而爲屯，材士强弩，備我左右。然後令我三軍，皆疾戰而不解。”

武王曰：“善哉！”

【校】

〔一〕步兵與車騎戰　與，宋武經本無。按，此句太公答語“步兵與車騎戰”有“與”字，古人行文不避繁複，故此處當有“與”字。

〔二〕吾惟堅陣疾戰　吾惟，宋武經本、四庫本皆無，羣書所引亦不見。

下編：兵志

光輝的戰例是最好的老師(代前言)

軍事家胡林翼是清代"中興四大名臣"之一,號潤芝(或作潤之),是文武兼優的全才。毛澤東早年喜讀胡林翼的著作,仰慕胡林翼其人,亦取字爲"潤芝"(芝或作之)。據説胡林翼曾組織一批人從古代史書中"條取其言兵者",纂成《讀史兵略》之正編與續編①,也有人認爲胡氏只是"掛名主編",該書完全是由汪士鐸領銜編纂而成的②。《讀史兵略》無疑是與胡氏有關,但鮮有胡氏之言,只是"抄録史書,不敢增減,原書誤者亦無能考辨",

---

① 據胡林翼《讀史兵略》序言交待,《讀史兵略》《讀史兵略續編》由胡林翼主持編纂,江上鐸編輯,胡兆春、張裕釗、莫友芝、丁取忠和張華禮分輯而成,自咸豐九年(1859)二月一日開始編纂,咸豐十年(1860)十二月十二日完成。《讀史兵略》刊行後"一時四海風行,不脛而走",版本衆多,主要有四十六卷本、十二卷本、二十八卷本,今人還編纂過標點本、節選本。《讀史兵略》四十六卷,有清咸豐十一年(1861)武昌節署刻本(1958年臺北藝文印書館曾據此本影印出版)、清光緒元年(1875)湖北崇文書局刻本、清光緒二十一年(1895)儷峰書屋刻本;《讀史兵略》十二卷,有清光緒二十七年(1901)上海紹先書局石印本、清光緒二十七年(1901)上海富文書局石印本;《讀史兵略》二十八卷,民國二十一年(1932)中央政治學校總務處印刷所出版。《讀史兵略續編》十卷,胡林翼去世後由莫友芝據舊稿校理而成,有清光緒二十六年(1900)上海圖書集成印書局鉛印本、清光緒二十八年(1902)湘省學堂刻本、清末石印本;《胡林翼全集》,有民國二十五年(1936)上海世界書局印本(1958年臺北藝文印書館曾據此本影印出版)、民國二十五年(1936)上海大東書局印本,收入《讀史兵略》二十八卷。2002年上海古籍出版社出版的《續修四庫全書》之子部兵家類收録了《讀史兵略》《讀史兵略續編》;2009年《讀史兵略》四十六卷由黄山書社出版;2009年《讀史兵略續編》十卷由黄山書社出版。

② (清)胡思敬:《國聞備乘》卷二《託名著書》,北京:中華書局,2007年,第57頁。

不過它一經問世就"四海風行,不脛而走",産生了多種木刻本、石印本、鉛印本、現代標點本、仿作、續作以及專門的研究論著[①],成爲晚清至民國時期軍事院校和政治院校的教材或必讀書,民國年間編修的《清史稿》稱此書係"經世精言",至今仍"堪稱佳著",早已爲世人所熟知,還收入了《續修四庫全書》《胡林翼全集》《足本胡林翼全集》《胡林翼集》等,《清史稿・藝文志》也予以著録。

鮮爲人知的是,作爲有明一代最善於用兵的文臣,作爲一代"軍神",王陽明也曾編纂過一部類似《讀史兵略》的軍事著作,現僅有孤本傳世。與胡書不同的是,此書係王陽明親纂。王陽明編纂時没有直接抄録古書,而是進行了精心的剪裁,價值巨大,我們有必要對其進行整理。現將相關情況做簡要論述。

一、《兵志》的真僞

《兵志》,上海圖書館藏,明董其昌鈔本,凡五册,半頁八行,行二十字,無界格、版框,無魚尾及頁碼,也不見有前言、目録,全書首頁首行題"兵志",次行即爲正文。各家在《兵志》的真僞問題上無異説,未見有學者認爲它是僞作,但整理任何一部古代典籍,通常第一步都要對相應的典籍進行辯僞或證真的工作。我們認爲《兵志》不是一部僞作。從個人愛好來看,王陽明喜讀古書並確有抄纂古書的愛好。流傳於世的抄纂類作品《古文正宗》十卷,又名《文章軌範》,是在宋謝枋得、明張鼐纂輯的基礎上由

①《讀史兵略》的仿作與續作被稱爲"讀史兵略體著作"。見毛振發、劉慶《中國近代兵書概論》,載軍事科學院計劃組織部《軍事歷史研究》,北京:軍事科學出版社,1988年,第307頁。

王陽明續輯而成;《新刻世史類編》四十五卷首一卷,是在明李純卿草創的基礎上由王陽明覆詳而成;《朱子晚年定論》二卷,是在程敏政纂輯《道一編》的基礎上由王陽明繼續增輯更多的朱熹書信而成。至於《兵志》具體的抄纂時間,史無明文記載,不過,在弘治十五年(1502)冬,詩僧釋魯山《王伯安書舍》一詩記載了王陽明當時“袪冗入深院,閉門抄古書”。黃綰在《陽明先生行狀》中也記載了弘治十五年擔任刑部主事的王陽明在繁忙的刑部公務之餘,苦讀儒家經典及其他先秦兩漢之書,並因此過勞成疾的具體情況:“差往淮甸審囚,多所平反,復命。日事案牘。夜歸,必燃燈讀五經及先秦兩漢書,爲文字益工。龍山公恐過勞成疾,禁家人不許置燈書室。俟龍山公寢,復燃,必至夜分,因得嘔血疾。”《兵志》或許纂録於此時。

《兵志》不僞,還可以從以下幾個方面得以證明:

(一)從書中題跋、批點來看《兵志》的流傳與真僞。

《兵志》卷三之末,即該書的第二百八十八頁有董其昌的行書跋文:

> 此書爲王陽明先生纂録,未有刊本,予從清臣處借閱,録之。其昌。

董其昌(1555~1636),明代著名書畫家、鑒賞家,字玄宰,號思白、香光居士,松江華亭(今屬上海)人。以山水畫見長,是“華亭畫派”的代表人物;又精於鑒賞,其畫及其畫論影響甚大,《明史·文苑傳》稱其“精於品題,收藏家得片語隻字以爲重”。萬曆十七年進士,授翰林院編修,官至南京禮部尚書,卒後謚文敏。

董其昌跋文中的“清臣”,即張清臣,董其昌門生,張清臣之字、號爲何，里居何地，何時侍從董其昌，都尚未考知[1]，但可以確定的是，他與董其昌關係密切，且精於鑒别書畫的真僞。何三畏在《簡董玄宰太史》書中提到“高足張清臣歸，知起居之詳”（《芝園集》卷二二）。在董其昌的書畫題跋裏常可見到他的名字。《書自叙帖題後》云：“米元章書多從褚登善悟入。登善深于《蘭亭》，爲唐賢秀穎第一。此本蓋其衣鉢也。摹授清臣。清臣其寶之。”（《畫禪室隨筆·跋自書》）又《題張清臣集扇面册》云：“余所畫扇頭小景，無慮百數，皆一時酬應之筆。趙子輩亦有仿爲之者，往往亂真。清臣此册，結集多種，皆出余手。且或有善者，庶足供吟賞。人人如此具眼，餘可不辨矣。”（《畫禪室隨筆·題自畫》）

由董其昌的跋文可知，《兵志》一書是王陽明纂録的，一直没有刻本傳世，上海圖書館收藏的這部孤本是董氏從其高足張清臣處借得並抄録下來的。

董其昌跋文之左附有貼紙一張，上有跋文，跋者不詳，從内容上看可能是晚近以來的圖書管理者或收藏者（其中部分數字原用草碼表示，今改爲通行漢字）：

此書

《戰國策》二本，一本九十三頁，一本九十九頁；

《史記》二本，一本一百零四頁；一本九十一頁；

《左傳》一本，九十一頁；

外有《目録》二頁。

這則佚名的跋文説明了《兵志》一書的一些情況，包括該書各册的内容、頁數，還説明了該書的《目録》情況。這處説明有不準

[1] 汪世清：《汪世清藝苑查疑證散考》（上卷），石家莊：河北教育出版社，2009年，第141頁。

確之處。《兵志》有一册全部録自《戰國策》,總頁數爲九十四而非所記九十三;有一册是前半部分録自《戰國策》,後半部分録自《吴越春秋》、《越絶書》,總頁數爲一百而非所記九十九;有一册録自《左傳》,跋文誤録爲《傳左》(旁有互乙符號),但該本也不全録自《左傳》,其後半部分録自《國語》,其頁數也不是所説的“九十一頁”,而是九十二頁(不含封面、卷末空白頁一頁);確有二册録自《史記》,跋文説“《史記》二本”是準確的,但總頁數爲一百零五而非所記一百零四;另一册《史記》的頁數確實爲“九十一頁”,但若計卷末空白頁,則爲九十二頁。“外有《目録》二頁”,此二頁現已失傳。

跋文作者似乎以爲《兵志》取材於《戰國策》《史記》《左傳》三書,而實際上,《兵志》是王陽明從《左傳》《國語》《戰國策》《吴越春秋》《越絶書》《史記》六部史書中輯録出來的經典戰例。

從這則跋文來看,作跋者首先看到的可能是卷首題有“録《戰國策》”的二本,其次見到的是卷首題有“録《史記》”的二本,最後看到的是卷首題有“録《左傳》”的一本。我們按照所録史書的成書年代,將《兵志》五册書釐爲五卷,一本爲一卷,即卷首題有“録《左傳》”的一本爲卷一,卷首題有“録《戰國策》”的二册分别爲卷二、卷三,卷首題有“録《史記》”的二本分别爲卷四、卷五。

同時,書中還有一個現象我們不能忽略。《兵志》書中有很多批點,所用符號與王陽明批評《武經七書》相同。一如批評《武經七書》所云,“緊要處‘○’,次則‘O’,又次則‘、’”,與之十分相似,或同出於王陽明之手,即使不是全部出自其手,部分出自其手應無問題,而抄録者董其昌一仍其舊。

（二）從書脊、書中衆多印鑒和諸家藏書目録著録來看《兵志》的流傳與真僞。

是書長27.4釐米，寬17.7釐米，凡5册，總厚度爲7.4釐米，首册書脊上欽有陽文方印"傳文"。"傳文"是董傳文的印鑒。傳文，董其昌之侄，萬曆年間松江華亭人，刊刻過其兄董傳策《董宗伯奏疏輯略》一卷，有萬曆三十年本傳世，卷尾有刻書識語曰"龍飛萬曆歲在壬寅太史叔其昌訂，弟傳文梓"，並有董傳文附識[①]；又刻有董傳策《采薇集》四卷、《邕歈稿》六卷、《幽貞集》三卷，皆有萬曆刻本傳世。

書中印鑒甚多，現逐一列出：

封面："上海圖書館藏（陽文長方印）"、"季振宜藏書"（陽文長方印）、"吴郡陸秀岩鑒賞之印"、"廉石遺風"（陰文方印）、"悟言室"（陰文方印）。

卷一之首：無。

卷一之末："塔影園客"（陽文方印）、"宗伯學士"（陽文方朱印，在次頁空白處）。

卷二之首："上海圖書館藏"（陽文長朱印）、"謝林邨氏珍藏書畫"（陽文長朱印）。在卷首。

卷二之末："謝林邨氏珍藏書畫"（陽文長朱印）、"塔影園客"（陽文朱方印）。

卷三之首：同卷二之首。

---

① 董傳文是董其昌的族侄。二人的世係分别是：董仲莊—董思忠—董真—董綸—董懌—董繼芳—董體仁—董傳文；董仲莊—董思賢—董冕—董華—董悌—董漢儒—董其昌。董傳策生於嘉靖庚寅（1530），卒於萬曆己卯（1579），是董傳文同父異母兄。《崇蘭館集》卷二十《誥封通議大夫南京工部右侍郎海觀董公行狀》載："（董體仁）子男三，長即少宗伯傳策，娶李氏，累封淑人，先名臣憲使李公冢孫潤溪先生女。次則鄉進士傳史，娶胡氏，庠生胡君女。次即傳文，郡庠生，娶李氏，憲副公從子、國子生某女。女二，長適庠生俞諮皋，憲副俞公從弟。次適國子生何一鵬。傳策、傳史俱宋淑人出，傳文側室王氏出。"故董傳文與董其昌年齡相差不大，二人有交往，實屬正常。

卷四之首:“上海圖書館藏”(朱文長印)、“謝林邨氏珍藏書畫”(朱文長印)。

卷五之首:“上海圖書館藏”(朱文長印)、“謝林邨氏珍藏書畫”(朱文長印)。

卷五之末:“宗伯學士”(陰文朱方印)、“董氏玄宰”(陰文朱方印)、“塔影園客”(陽文朱方印)、“震澤”(陽文長印)。

全書之末:“謝林邨氏珍藏書畫”(陽文長朱印)、“吴郡陸秀岩鑒賞之印”(陽文黑方印)、“震澤”(陽文朱方印)。

“宗伯學士”“董氏玄宰”都是董其昌的印鑒。董其昌《玄賞齋書目》卷二《史部》“職掌”類記有“《兵志》”一書,董氏無疑收藏過此書。董其昌既是《兵志》的抄録者,也是這一鈔本的最早收藏者。

“塔影園客”是顧苓的印鑒。顧苓(1609~1682後),字雲美,亦署員美,號塔影園客、濁齋居士、荆蠻,江蘇蘇州人,錢謙益的弟子,工詩文、書印,與歸昌世、李流芳等同屬吴門派印人。

“季振宜藏書”是季振宜的藏書印。振宜(1630~1674),字詵兮,號滄葦,明末清初泰興縣季家市(今靖江市季市鎮)人,明吏部主事寓庸之子,藏書富甲東南,精於版本目録之學,有“善本目録之泰斗”之譽,是著名藏書家、版本學家和校勘家。季振宜《季滄葦藏書目》不分卷“雜部”記有“《兵志》五本,鈔”,由此可見季氏確實收藏過這五册鈔本《兵志》。當時文壇盟主、藏書家錢謙益(1582~1664)與季振宜交遊甚多,錢氏絳雲樓所藏珍本秘籍多歸季振宜。今在錢謙益《絳雲樓書目》“典故”類可查得“《兵志》”一書,可見季振宜所藏《兵志》可能源自錢謙益的絳雲樓。而錢謙益所藏《兵志》一書,當是源自其弟子顧苓。

“謝林邨氏珍藏書畫”是謝淞洲的書畫印。淞洲(1677~1751

後),字滄湄,號林邨,齋號青笠緑蓑齋,長洲(今蘇州)人,工詩詞,善書畫,精於鑒賞。雍正元年(1723)清世宗始命鑒别内府所藏書畫真僞,因即以所畫之山水進呈,得世宗嘉獎,後以疾罷歸。

"吴郡陸秀岩鑒賞之印"是陸範鏞(或作范鏞、范濂、範濂)的藏書印。範鏞,清吴郡青浦(今屬上海)人,字秀岩(或作秀巖),一字研雨,詩、書、畫俱佳。山水畫出入於倪(瓚)、董(其昌)之間。據《民國崇明縣志》,陸範鏞作爲"邑人",嘗於嘉慶三年(1798)捐資興建寶慶巷同仁堂。

"廉石遺風""悟言室"是陸紹曾的書畫印。紹曾(1736~1795),字貫夫,號白齋,清吴縣(今江蘇蘇州)人,工書善畫,尤善篆、籀、八分,喜收藏,藏古書名畫甚多,又精於鑒賞。

"震澤"是王芑孫(1755~1817)的藏書印。芑孫,字念豐(一作念灃),一字漚波,號惕甫,一號鐵夫,又號楞伽山人,長洲(今屬江蘇蘇州)人,明弘治、正德間名臣王鏊(1450~1524)十世孫。工書,逼近劉墉,不期而合。乾隆五十三年(1788)召試舉人,官華亭教諭。

我們將這些印鑒與印譜上的有關各家的印鑒進行對照,未發現不吻合的印鑒。其中的董其昌、陸範鏞、王芑孫、顧苓都是精於鑒别書畫真僞的名家,他們都認爲這部書不是僞作。

根據這些印鑒以及相關的書目著録,我們還可以得知此書先後被董其昌、董傳文、顧苓、錢謙益、季振宜、陸範鏞、陸紹曾、王芑孫等人收藏。

由此可見,是書作爲董其昌的精抄本,又是海内孤本,且迭經名家鑒藏,流傳有緒,洵爲可珍,確是珍品,當然更是真品。

二、《兵志》的價值

(一)軍事學價值與哲學價值

《兵志》是王陽明依據古代史書編纂的軍事學著作,具有重要的軍事學價值。當前盛行着一種偏見,認爲凡是抄纂類的著作都是没有價值或價值很小的。實則不然,戰例戰史類著作更是不可忽略。古今中外的軍事家大都注重戰例戰史的研習。近代軍事學的奠基人克勞塞維茨説:"光輝的戰例是最好的老師。"[①]與之齊名的、被譽爲軍事學史上的牛頓的軍事理論家約米尼説:"戰史是戰爭的學校。"並指出:"一切戰爭藝術的理論,其唯一合理的基礎是對戰史的研究。"[②]每個人的一生都是短暫的,不可能事事經歷。英國著名軍事史專家、戰略學家利特爾·哈特認爲,戰爭不可能完全由自己來親身體察,所以必須借重别人的經驗,即間接經驗[③]。"没有調查就没有發言權。"這是毛澤東的至理名言,他認爲讀書學習間接經驗也是調查。讀書學習得到的雖然是間接經驗,在毛澤東看來,"在我爲間接經驗者,在人則仍爲直接經驗"。毛澤東没有上過軍校,卻能用兵如神,除了在打仗的現實中學習之外,主要靠讀戰例,用他自己的話來説,他只是讀過"《左傳》《資治通鑑》,還有《三國演義》"[④]。

至今,西方軍事院校學習軍事戰略思想基本方式還是讀戰例、學戰史。我國清代和民國時期的軍事院校也是如此,如晚清

① (德)卡爾·馮·克勞塞維茨:《戰爭論》,武漢:武漢大學出版社,2014年,第161頁。
② 見《1985軍人日曆》,北京:軍事學院出版社,1985年,第358頁。
③ 引自高金虎:《美國戰略情報與決策體制研究》,西安:陝西師範大學出版社,2004年,第250頁。
④ 廖蓋隆主編:《毛澤東評點二十四史精編》,西安:陝西師範大學出版社,1998年,第2257頁。

的江南水師學堂有漢文教習六人，分别講授《讀史兵略》《左傳》《戰國策》等書，教習會定期給學員就所研讀的戰例進行命題，學員完成作業後呈送教習改閲。

王陽明《兵志》的編纂工作是在其心學思想的指導之下完成的，所選戰例文獻體現出鮮明的"心學"特徵，是了解王陽明軍事思想的一把鑰匙。這些戰例文獻没有一篇是褒揚某方將士經過硬拼獲得勝利的，大都是在某種謀略的指導之下取得勝利的，特别是通過"心戰"取得勝利的戰例尤多，也有不少是通過"心戰"不戰而勝的。

《兵志》編選的戰例，或與王陽明的"致良知"的軍事思想、哲學思想相契合，或與王陽明軍事事跡如出一轍。如《史記・晉世家》凡一萬餘字，所記之事甚多，王陽明只擇取了篇中僅有三十一字的秦滅梁之事，可見編選者對此事之重視，體現了王陽明對付出少而回報多的"心戰"的重視。如果我們比較這一戰例與王陽明平定寧王之亂就會發現，王陽明平定寧王之亂的所作所爲簡直就是秦滅梁之戰的翻版。

《兵志》中的戰例，有不少王陽明曾在其他著作中提到過。無論是提到的，還是没有提到的，都爲我們進一步研究王陽明的軍事思想和哲學思想提供了珍貴的資料。

《兵志》的部分材料十分獨特，如抄録了《史記・天官書》，體現了編著者對望氣等迷信思想的關注和信奉，此點，以往未見有論者提及。這類資料爲我們研究王陽明的哲學思想和軍事思想提供了前所未見的資源。

（二）文獻學價值

王陽明出生於一個世代讀書的狀元之家，家中藏有很多珍本秘籍，即使是尋常之書，也大多是善本佳槧。我們初步將王陽明所引的《吴越春秋》諸書與傳世本進行對照，發現王陽明抄録的文字和傳世本有很大的不同。其原因，無外乎兩種：一是王陽明故意删去一些不必要的詞語、短語和句子，特别是表示具體時間的詞，大多被删去了。二是王陽明所見之書多是宋元善本，所以有很多文字與今天的傳世文獻有較大的差别。這可以爲今人校訂《吴越春秋》諸書提供很好的本子。

誠然，《兵志》書中王陽明本人的話很少，但不像一些論者所説的那樣，書中没有陽明之言，也不能因此而否定該書的價值。書中王陽明之語大致可以分爲兩類。第一種類型是王陽明在引用戰例時化繁爲簡的概括性的話語和偶爾補入的插入性話語。如《越絶書·請糴内傳》記"申胥諫糴"一段開頭説：

> 昔者，越王句踐與吴王夫差戰，大敗，保棲於會稽山上，乃使大夫種求行成於吴。吴許之。越王去會稽，入官於吴。三年，吴王歸之。大夫種始謀曰："昔者吴夫差不顧義而媿吾王。種觀夫吴甚富而財有餘，其刑繁法逆，民習於戰守，莫不知也。其大臣好相傷，莫能信也。其德衰而民好負善。且夫吴王又喜安佚而不聽諫，細誣而寡智，信讒諛而遠士，數傷人而亟亡之，少明而不信人，希須臾之名而不顧後患。君王盍少求卜焉？"越王曰："善。卜之道何若？"大夫種對曰："君王卑身重禮，以素忠爲信，以請糴於吴，天若棄之，吴必許諾。"於是乃卑身重禮，以素忠爲信，以請於吴。

這段話共二百餘字，但在《兵志》中，陽明纂録的"申胥諫糴"一段僅僅用"越請糴於吴"五個字就概括了原文的内容，非常簡要地交待了申胥諫糴的起因。有些戰例的部分語句與所引用的史籍差别非常大，雖然不排除部分差異是由於王陽明所引之書的版本與我們看到的版本差别較大所致,但至少有一部分可以確定是王陽明自己的言語。

第二種類型是交待引用戰例的出處,如"録《左傳》""録《國語》""録《吴越春秋》""録《越絶書》""録《戰國策》""録《史記》"。

《兵志》是經過王陽明精心編纂的。王陽明對原書進行了剪裁和增補。對部分選段,王陽明删去了不影響人們領悟軍事戰略思想表示時間的詞語,特别是《左傳》中的干支。但是,有時原有選段中一開始就没有表示時間的詞語,而下文多次出現表示此後或此前時間的詞句,容易使讀者迷惑,在這種情況下,王陽明都在段首加上了表示時間的詞語。部分選段段首首句原缺少表示主名的主語,王陽明予以補加。王陽明所引選段中,有些文句,與我們所能看到的現存所有版本都有較大的差距,這可能是王陽明本人的話語。

《兵志》對於研究所引諸書也有重要的意義,如現今傳世的各種版本的《史記》都稱孫武是"齊人",但《吴越春秋・闔閭内傳》卻稱孫武是"吴人",《東周列國志・孫武子演陣斬美姬》也持"吴人"説。《吴越春秋》《東周列國志》中孫武傳部分與今本《史記・孫子吴起列傳》中孫武傳部分在文字上較爲一致,顯然是以《史記》爲藍本敷衍成篇的,但現今流傳於世的各種版本的《史記》都稱孫武是"齊人"。《史記》與《吴越春秋》《東周列國志》的這一重大區别,一直讓人百思不得其解。我們讀到王陽明抄録的《史記・孫子吴起列傳》"孫子武者,吴人也",豁然開朗,原來歷史上確實有説孫武是"吴人"的某種版本的《史記》存在,至遲在明代這一版本仍然存在。可見王陽明所據的現已失傳的《史記》版本,確實可以爲《史記》的版本研究提供新的材料。

總之,《兵志》一書應是王陽明親自編纂,具有一定的軍事學、哲學、文獻學價值,爲我們全面了解王陽明的生平和學術提供了寶貴的資料。

校注凡例

一　《兵志》中,王陽明所用批點符號與批評《武經七書》相似,緊要處“◎”,次則“○”,再次則“丶”,又次則“⸝”。

二　本次整理,將五册《兵志》釐爲五卷,以一册爲一卷。

三　《兵志》原書分爲三百零七段,各段皆無標題,爲了便於閱讀,本次整理,將所選的文獻片段全部加上阿拉伯序號,並分别擬加標題。部分選段篇幅較長,且可分爲若干個内容相對獨立的片段,則在一級序號下標注二級序號、並分别擬題。各選段標題取名原則:源自《戰國策》的選段,按照傳統的做法,擇取其首句部分文字作爲篇名,即“摘字名篇”;源自其他各書的選段,由整理者撮其旨意擬定篇名,即“撮意名篇”。另外,於各選段後,括注説明該段文字所在的具體篇目。

四　每個選段標題之後盡可能注明所記事件的確切年代。所記之事發生在數年者,則注明所記之事的起始年代。所記之事的確切年代無法確定者,則注明事件發生的時間範圍。所記之事爲依託者,或雖不爲依託,但無法確考其確切年代者,則注明所依託之事或無法確知年代之事的大致年代。

五　《兵志》編著者選擇戰例，都首先明確交代出處，用"録《××》"，爲便於閲讀，讓標題更明確，現改爲"《××》兵志"，並作爲二級標題。

六　本次整理，選擇的對校本都在各部分的解題中説明，同時注意吸收古今學者的研究成果。本書文字，與各傳世本多有不同，僅就影響文義理解者酌情出校説明。異體字、古今字、通假字、虚詞一般不出校，但對其中具有幫助讀者理解文義功用較大者，以及對讀者認識版本特徵具有代表意義的情形，酌情出校。

七　凡注釋，以解釋加了王陽明批注標記的文句爲重點。

八　其他方面，本編凡例與上編相同。

兵志卷一

一、《左傳》兵志

《左傳》又題《春秋左氏傳》《左氏春秋》等,《春秋》三傳之一,儒家"十三經"之一,相傳爲春秋晚期魯國史官左丘明爲解釋魯史《春秋》而作,較爲詳細地記載了自魯隱公元年至魯哀公二十七年(前722~前468)周王室和各諸侯國重要的史實。《左傳》長於記叙戰爭,或稱爲"相斫書""相砍書",所載戰例甚多,爲我國歷代軍事家所喜愛,甚至有愛之成癖者,晉代軍事家杜預就是著名的"左傳癖"。歷代研究《左傳》軍事思想的著作甚多,如《左氏兵法》《左氏兵謀》《左氏兵略》等。協助過清康熙帝平定三藩、統一臺灣的大學士李光地將之視爲兵書,並上書皇帝,請求把《左傳》作爲武舉考試的教材。

《左傳》的主要版本有二,本部分用作通校本。一是叢刊本,即《四部叢刊》本,係據玉田蔣氏藏宋刊巾箱本《春秋經傳集解》影印,左丘明撰,晉杜預集解,唐陸德明音義。二是阮刻本,即收入阮元校刻《十三經注疏》的《春秋左傳正義》,杜預注,唐孔穎達疏。方向東點校《春秋左傳注疏》、楊伯峻《春秋左傳注》、趙生羣《左傳疑義新證》是重要的校注本，本書積極吸收其校勘成果，並逐一核查其所用校本。

1. 鄭衛北制之戰（前718）

鄭人侵衛牧①，以報東門之役②。衛人以燕師伐鄭③。鄭祭足、原繁、洩駕以三軍軍其前④，使曼伯與子元潛軍軍其後⑤。燕人畏鄭三軍而不虞制人。鄭二公子以制人敗燕師于北制⑥。

君子曰："不備不虞，不可以師⑦。"（《隱公五年》）

【校注】

①鄭人侵衛牧：各本"鄭人"上有"四月"二字，此處闕，當爲王陽明所删。〇牧，郊外之地。《爾雅》："郊外謂之牧。"

②以報東門之役：東門之役，魯隱公四年，衛與陳、蔡等國伐鄭，圍攻鄭都東門。是役，鄭國步兵被擊敗，糧食被搶走。事見《左傳・隱公四年》。

③衛人以燕師伐鄭：燕，指南燕。故地在今河南延津縣東北。孔疏云："南燕國，姞姓，黄帝之後也。始祖爲伯儵。小國無世家，不知其君謚號。"時又有北燕，《史記・燕召公世家》有載。

④鄭祭足原繁洩駕以三軍軍其前：祭足、原繁、洩駕，皆爲鄭大夫。軍其前，駐軍於其前。或曰"軍其前"指"包圍其前"。軍，包圍。《説文》："軍，圜圍也。"

⑤使曼伯與子元潛軍軍其後：曼伯與子元潛軍軍其後，此兩支部隊起到了"奇兵"的作用。前文"祭足、原繁、洩駕以三軍軍其前"，三支軍隊起到了正兵的作用。此戰爲"正合奇勝"的經典戰例，也是見於文獻記載的最早採用迂迴進攻戰法的戰例。朱鶴齡《讀左日鈔》卷一云："《孫武子》'凡戰者以正合，以奇勝'，張預曰：'兩軍相臨，先以正兵與之合戰，徐發奇兵，或擣其前，或擊其後，以勝之。若鄭伯禦燕師，以三軍軍其前，以潛軍軍其後，是也。'"〇曼伯，鄭公子忽之字，後爲鄭昭公。子元，鄭公子突之字，後爲鄭厲公。潛軍，秘密出兵。

⑥鄭二公子以制人敗燕師于北制：各本"鄭二公子"前有"六月"二字，此處闕，當爲王陽明所删。

⑦不備不虞不可以師：不防備意外，就不可以率軍作戰。〇王陽明《孫

子・九地》注云:“幾事不密則害成。”打仗應當防備意外情況,任何意外事件都可能帶來覆軍殺將、亡國滅種的結局;同時攻擊敵人要“出其不意,攻其無備”,給予敵人强大的心理打擊,讓敵人措手不及,迅速潰敗。《孫子・計》:“出其不意,攻其無備,此兵家之勝。”〇不虞,指意外之事。《詩・大雅・抑》“質爾人民,謹爾侯度,用戒不虞”,鄭玄箋:“平女萬民之事,慎女爲君之法度,用備不億度而至之事。”〇本篇中王陽明批點的文句,正揭示了領兵作戰的兩大基本原則,一是正合奇勝,二是嚴備不虞。

2. 鄭抗北戎之戰(前714)

北戎侵鄭,鄭伯禦之。患戎師①,曰:“彼徒我車,懼其侵軼我也②。”公子突曰:“使勇而無剛者,嘗寇而速去之,君爲三覆以待之③。戎輕而不整,貪而無親,勝不相讓,敗不相救。先者見獲必務進,進而遇覆必速奔④。後者不救,則無繼矣,乃可以逞。”從之。

戎人之前遇覆者奔,祝聃逐之⑤。衷戎師,前後擊之,盡殪⑥。戎師大奔⑦。鄭人大敗戎師。(《隱公九年》)

【校注】

① 患戎師:鄭伯害怕戎人的軍隊。

② 彼徒我車懼其侵軼我也:徒,步兵。車,車兵。侵軼,偷偷地侵入於前而突襲。杜注:“軼,突也。”段玉裁注:“軼,車之後者突出於前也。”

③ 使勇而無剛者嘗寇而速去之君爲三覆以待之:派遣一些勇敢而能不堅定持久的兵士,和敵人一接觸就迅速逃離他們,君王設下三批伏兵等着伏擊敵人的追兵。〇公子突,後爲鄭厲公。剛,堅毅。嘗寇,試探敵人。三覆,三批伏兵。覆,伏兵。

④ 先者見獲必務進進而遇覆必速奔:處於前列的部隊見到能够獲得的財物俘虜,一定會只顧往前衝,而不顧後面部隊,前進過程中遭遇伏兵一定會快速奔逃。〇正體現了“勝不相讓,敗不相救”,其結果必然是“後者不救,則無繼矣”。〇先者,在前面的士卒。

⑥ 祝聃逐之：祝聃，鄭大夫。

⑦ 衷戎師前後擊之盡殪：把戎軍從中斬斷，另外兩支埋伏的部隊分别從戎軍的首尾前後夾攻，一舉全殲戎軍。○衷，中。殪，死。

⑧ 戎師大奔：各本此下有"十一月甲寅"五字。

3. 鄭滅許之戰（前712）

鄭伯伐許[①]。潁考叔取鄭伯之旗蝥弧以先登[②]。瑕叔盈又以蝥弧登，周麾而呼曰："君登矣[③]！"鄭師畢登。遂入許[④]。（《隱公十一年》）

【校注】

① 鄭伯伐許：各本此上有"秋七月公會齊侯"七字，下有"庚辰傅于許"五字。

② 潁考叔取鄭伯之旗蝥弧以先登：各本此下有"子都自下射之顛"七字。

③ 君登矣：國君登上城了。○瑕叔盈搶了鄭莊公的"蝥弧"之旗衝上城，向四周揮舞旗幟，作如此呼喊。鄭國的衆軍信以爲真，就都登上了城。○精神的力量是巨大的，鄭國將領前赴後繼，不畏犧牲，高舉國君的旗幟衝上城墻，並告訴鄭軍國君已經登上城墻了，鄭軍備受鼓舞，很快取得了輝煌的戰果。此戰使得鄭國成爲春秋初年的强國，史稱"鄭莊小霸"。戰中，鄭軍功勞最大，或因此之故，爲節省文字，陽明删去魯齊二國參戰的文句。

④ 遂入許：各本此上有"壬午"二字。

4. 周鄭繻葛之戰（前707）

王以諸侯伐鄭[①]，鄭伯禦之。王爲中軍；虢公林父將右軍，蔡人、衛人屬焉；周公黑肩將左軍，陳人屬焉。

鄭子元請爲左拒[②]，以當蔡人、衛人；爲右拒，以當陳人。曰："陳亂，民莫有鬬心[③]，若先犯之，必奔。王卒顧之，必亂[④]。蔡、衛不枝，固將先奔，既而萃於王卒，可以集事[⑤]。"從之。曼伯爲右拒，祭仲足爲左拒，原繁、高渠彌以中軍奉公，爲魚麗之陳[⑥]。

先偏後伍,伍承彌縫[⑦]。

戰于繻葛,命二拒曰:“旝動而鼓!”[⑧]蔡、衛、陳皆奔,王卒亂,鄭師合以攻之,王卒大敗。(《桓公五年》)

【校注】

① 王以諸侯伐鄭:各本“王”前有“秋”字。〇王,這裏指周桓王。以,介詞,表示主使或處置,猶言“帶領”“率領”。僖公二十六年《傳》:“凡師,能左右之曰以。”

② 鄭子元請爲左拒:鄭子元,鄭國公子,名突。拒,方陣。

③ 陳亂民莫有鬬心:陳桓公之弟趁桓公死亡之機,殺太子而自立,國内政局混亂,士卒無心力戰。

④ 王卒顧之必亂:周王的軍隊見到陳國的軍隊奔潰,一定也會跟着亂起來。

⑤ 蔡衛不枝固將先奔既而萃於王卒可以集事:蔡衛兩國軍隊抵擋不住,肯定會最先奔潰,然後我們就可以集中兵力對付周王的軍隊,這樣才能够成事。〇馬克思指出,“拿破崙的秘訣在於集中。”又説:“戰略的奥妙就在於集中兵力。”克勞塞維茨説:“應該永遠打擊敵人的重心,而不是以整體打擊敵人的部分。”又説:“戰略上最重要而又最簡單的準則是集中兵力。……我們要嚴格遵守這一原則,並把它看作是一種可靠的行動指南。”列寧也曾指出:“在決定時機和決定地點擁有壓倒優勢——這是取得軍事勝利的‘規律’。”鄭軍的進攻,先弱後强,終於打得敵人潰不成軍。進行運籌的鄭人子元看準了突破點:先打最容易潰散的陳軍,這樣就能引起連鎖反應,周軍見之必亂,蔡、衛等屬軍難以支撑則必奔。陽明云:“用兵之法,伐謀爲先;處夷之道,攻心爲上。”一切戰鬬都要用盡可能小的損失獲得最大的利益,伐謀必不可少;一旦戰鬬不可避免,伐謀要以攻心爲上,一切戰鬬都是心戰。戰鬬中,人們常常會有一種盲從心理,常常會出現一潰皆潰現象。

⑥ 魚麗之陳:晉杜預注:“《司馬法》:‘車戰二十五乘爲偏。’以車居前,以伍次之,承偏之隙而彌縫闕漏也。五人爲伍。此蓋魚麗陳法。”

⑦ 先偏後伍伍承彌縫:偏居前,伍居後,伍彌補偏留下的縫隙。

⑧ 旝動而鼓:“動”爲從旁補入的小字。

5. 楚武王侵隨之戰(前706)

楚武王侵隨,使薳章求成焉,軍於瑕以待之[①]。隨人使少師董成[②]。鬭伯比言於楚子曰:"吾不得志於漢東也,我則使然[③]。我張吾三軍而被吾甲兵,以武臨之,彼則懼而協以謀我,故難間也[④]。漢東之國,隨爲大。隨張,必棄小國。小國離,楚之利也。少師侈,請羸師以張之[⑤]。"王毁軍而納少師[⑥]。少師歸,請追楚師。季梁止之[⑦]。(《桓公六年》)

【校注】

① 使薳章求成焉軍於瑕以待之:(楚武王)派楚大夫薳章前往談判講和,率軍在瑕地駐紮等待。

② 隨人使少師董成:隨國人派少師前來主持和談。

③ 吾不得志於漢東也我則使然:我們在漢水以東無法實現自己的意圖,這是我們自己造成的。

④ 以武臨之彼則懼而協以謀我故難間也:(我們)用武力臨逼他們,他們心生恐懼,就會聯合起來圖謀算計我們,所以我們就難以離間他們。○《孫子·計》云:"親而離之。"敵人之間關係密切就要設法離間敵人,讓他們離心離德,無法形成合力,這樣對己方有利,也是戰爭中代價極低而收穫極高的手段。

⑤ 少師侈請羸師以張之:少師這個人驕縱自大,請君王向他展示我們羸弱的士卒,以此來助長他的驕縱自大。

⑥ 王毁軍而納少師:各本此下有"師熊率且比曰季梁在何益鬭伯比曰以爲後圖少師得其君"二十四字。○毁軍,撤除營壘。據趙生羣説。

⑦ 季梁止之:各本此上有"隨侯將許之"五字,下有陳述"季梁止之"理由的大段議論。

6. 楚隨速杞之戰(前704)

隨少師有寵。楚鬭伯比曰:"可矣。讎有釁,不可失也[①]!"楚子合諸侯于沈鹿[②]。黄、隨不會,使薳章讓黄。楚子伐隨,軍於漢淮之間。

季梁請下之:"弗許而後戰,所以怒我而怠寇也[③]。"少師謂隨侯曰:"必速戰,不然,將失楚師。"隨侯禦之。望楚師。季梁曰:"楚人上左,君必左,無與王遇,且攻其右,右無良焉,必敗,偏敗,衆乃攜矣[④]。"少師曰:"不當王,非敵也[⑤]。"弗從。戰於速杞。隨師敗績,隨侯逸。鬬丹獲其戎車,與其戎右少師。

隨及楚平[⑥]。楚子將不許。鬬伯比曰:"天去其疾矣,隨未可克也[⑦]。"乃盟而還。(《桓公八年》)

【校注】

① 讐有釁不可失也:仇敵内部出現了嫌隙,不可以失掉這個機會。

② 楚子合諸侯于沈鹿:各本此上有"夏"字。

③ 弗許而後戰所以怒我而怠寇也:等到他們連向我們投降都得不到應允,我們再去與他們打仗,這樣可以振發我軍的怒氣,而讓敵寇的軍士洩氣。

④ 且攻其右右無良焉必敗偏敗衆乃攜矣:姑且先攻擊他們的右軍,右軍没有精兵强將,他們一定會戰敗。他們的偏師一敗,其餘的兵衆就跟着逃散了。

⑤ 不當王非敵也:不與楚王直接正面作戰,這就代表着我們和他不是同一級别的。

⑥ 隨及楚平:隨國要求與楚國媾和。○及,介詞,與,跟,同。

⑦ 天去其疾矣隨未可克也:意謂隨國少師被擒殺,這是上天幫助隨國除掉一大禍害,隨國還是不能制服。

7. 楚攻巴鄾之戰(前 703)

巴子使韓服告于楚,請與鄧爲好。楚子使道朔將巴客以聘於鄧[①]。鄧南鄙鄾人攻而奪之幣,殺道朔及巴行人。楚子使薳章讓於鄧,鄧人弗受。

楚使鬬廉帥師及巴師圍鄾[②]。鄧養甥、聃甥帥師救鄾。三逐巴師,不克[③]。鬬廉衡陳其師於巴師之中,以戰,而北[④]。鄧

人逐之，背巴師而夾攻之[⑤]。鄧師大敗，鄾人宵潰[⑥]。（《桓公九年》）

【校注】

① 楚子使道朔將巴客以聘於鄧：各本此上有“夏”字。○楚武王派遣道朔帶領着巴國的使者前往鄧國進行聘問。

② 楚使鬬廉帥師及巴師圍鄾：各本此上有“夏”字。

③ 三逐巴師不克：鄧軍追擊巴軍，追擊了三次，都没有取得勝利。

④ 鬬廉衡陳其師於巴師之中以戰而北：楚人鬬廉率軍在巴師之中擺開軍陣，交戰時（故意假裝）敗逃。

⑤ 鄧人逐之背巴師而夾攻之：鄧軍追擊楚軍，巴軍就處在他們背後，與掉轉過頭的楚軍兩面夾擊鄧軍。○鄧軍將領寡謀，没有識别誘敵之計，終於中了圈套，遭到兩面夾擊。

⑥ 鄾人宵潰：鄾地的人入夜時就潰散了。

8. 楚鄖蒲騷之戰（前 701）

楚屈瑕將盟貳、軫。鄖人軍於蒲騷，將與隨、絞、州、蓼伐楚師。莫敖患之。鬬廉曰：“鄖人軍其郊，必不誡，且日虞四邑之至也[①]。君次於郊郢，以禦四邑。我以鋭師宵加於鄖，鄖有虞心而恃其城，莫有鬬志[②]。若敗鄖師，四邑必離。”莫敖曰：“盍請濟師於王？”對曰：“師克在和，不在衆。商、周之不敵，君之所聞也。成軍以出，又何濟焉？”莫敖曰：“卜之？”對曰：“卜以決疑，不疑何卜[③]？”遂敗鄖師於蒲騷，卒盟而還。（《桓公十一年》）

【校注】

① 且日虞四邑之至也：況且他們鄖國人天天期待着隨、絞、州、蓼四國軍隊的來到。○鄖國人過於依賴外援，没有把立足點放在自己力量上，爲此後的戰敗埋下了禍根。

② 我以鋭師宵加於鄖鄖有虞心而恃其城莫有鬬志：我們用精鋭部隊在入夜

時分進攻鄖國,鄖國滿心期待着四國軍隊,而且又仰仗自己城郭堅固,没有鬭志。○鄖國人一味依賴外援和物質力量,没有把立足點放在自己力量上,也没有足够的精神力量,決定了其必敗的結局。

③ 卜以決疑不疑何卜:占卜是用來決斷疑難問題的,既然没有疑難問題,爲什麽還要占卜呢?

9. 楚伐絞之戰(前 700)

楚伐絞,軍其南門。莫敖屈瑕曰:"絞小而輕,輕則寡謀,請無扞采樵者以誘之①。"從之。絞人獲三十人。明日,絞人爭出,驅楚役徒於山中。楚人坐其北門,而覆諸山下②,大敗之。爲城下之盟而還。

伐絞之役,楚師分涉於彭。羅人欲伐之,使伯嘉諜之,三巡數之③。(《桓公十二年》)

【校注】

① 絞小而輕輕則寡謀請無扞采樵者以誘之:絞國地小而其國人輕狂,輕狂就缺少謀略,請不要再對砍柴的人進行護衛,用這引誘他們。○香餌之下必有死魚,利令智昏必遭不測。

② 楚人坐其北門而覆諸山下:楚軍待在北門等候,同時在山下也設下伏兵。○絞弱而謀寡,楚强而謀多,敗絞必矣。

③ 三巡數之:把楚軍的人數了三遍。○羅國人深悉敵情。

10. 楚攻隨之戰(前 690)

楚武王荆尸,授師孑焉,以伐隨①。將齊,入告夫人鄧曼曰:"余心蕩。"鄧曼歎曰:"王禄盡矣。盈而蕩,天之道也。先君其知之矣,故臨武事,將發大命,而蕩王心焉②。若師徒無虧,王薨於行,國之福也③。"王遂行,卒於樠木之下。令尹鬭祁、莫敖屈重除道梁溠,營軍臨隨④。隨人懼,行成。莫敖以王命入盟隨侯⑤,

且請爲會於漢汭，而還。濟漢而後發喪[⑥]。（《莊公四年》）

【校注】

① 楚武王荆尸授師孑焉以伐隨：楚武王命令擺開了名叫荆尸的軍陣，把戟頒授到軍中，打算去攻打隨國。

② 臨武事將發大命而蕩王心焉：瀕臨戰事，即將發布征伐命令，而使君王的心動蕩不安。

③ 若師徒無虧王薨於行國之福也：如果軍隊没有什麽損失，而君王死在行軍路上，没有死於敵人之手，這就是國家的福分了。

④ 除道梁溠營軍臨隨：開通新路，並在溠水築橋，在逼近隨國之處建築營壘。○謂楚人秘不發喪，繼續進行各種軍事活動，從間道出奇兵進攻隨國。

⑤ 莫敖以王命入盟隨侯：莫敖屈重以楚王的名義進入隨國，和隨侯結盟。

⑥ 濟漢而後發喪：渡過了漢水以後宣告喪事。○這時楚國已經實現了自己的既定目標，發喪不再會有不利的影響。

11. 齊魯長勺之戰（前 684）

齊師伐我[①]。公將戰，曹劌請見。其鄉人曰：“肉食者謀之，又何間焉[②]？”劌曰：“肉食者鄙，未能遠謀[③]。”乃入見。問：“何以戰？”公曰：“衣食所安，弗敢專也，必以分人。”對曰：“小惠未徧，民弗從也[④]。”公曰：“犧牲玉帛，弗敢加也，必以信。”對曰：“小信未孚，神弗福也[⑤]。”公曰：“小大之獄，雖不能察，必以情[⑥]。”對曰：“忠之屬也，可以一戰[⑦]。戰則請從。”

公與之乘。戰于長勺。公將鼓之，劌曰：“未可。”齊人三鼓，劌曰：“可矣！”齊師敗績。公將馳之。劌曰：“未可。”下視其轍，登軾而望之[⑧]，曰：“可矣。”遂逐齊師。

既克，公問其故。對曰：“夫戰，勇氣也，一鼓作氣，再而衰，三而竭[⑨]。彼竭我盈，故克之[⑩]。夫大國，難測也，懼有伏焉[⑪]。吾視其轍亂，望其旗靡，故逐之[⑫]。”（《莊公十年》）

【校注】

① 齊師伐我：各本此上有“十年春”三字。

② 肉食者謀之又何間焉：這是那些天天都吃肉的人謀劃的事情，你又去瞎摻和幹什麽？

③ 肉食者鄙未能遠謀：吃肉的人淺陋庸俗，不能深謀遠慮。

④ 小惠未徧民弗從也：這些小恩小惠没有能普遍施放到每一個人身上，民衆不會聽從您的。

⑤ 小信未孚神弗福也：小小的誠信也不足以讓神明信服，神明不會賜福的。

⑥ 小大之獄雖不能察必以情：無論是一般的訴訟案件還是重大的訴訟案件，我雖然不能一一詳察，但都必定按照案件的實情進行處理。

⑦ 忠之屬也可以一戰：您忠於自己的職守了，憑這個可以跟敵人打一仗。

⑧ 下視其轍登軾而望之：向下看了看齊軍的車轍，然後登上車前横木遠望。

⑨ 夫戰勇氣也一鼓作氣再而衰三而竭：作戰靠的是勇氣，擂第一通鼓振發勇氣，第二通鼓勇氣就衰減了一些，第三通鼓勇氣就窮竭了。○勇氣，勇敢無畏的氣概。○曾國藩：“‘夫戰，勇氣也。’‘再而衰，三而竭。’國藩於此數語，常常體念。大約用兵無他巧妙，常存有餘不盡之氣而已。孫仲謀之攻合肥，受創於張遼；諸葛武侯之攻陳倉，受創於郝昭，皆初氣過鋭，漸就衰竭之故。惟荀罃之拔逼（偪）陽，氣已竭而復振；陸抗之拔西陵，預料城之不能遽下，而蓄養鋭氣，先備外援，以待内之自斃。此善用氣者也。”（曾國藩《挺經》卷一一《六戰》）

⑩ 彼竭我盈故克之：他們的勇氣窮竭了，而我們的勇氣才剛剛振發，所以就戰勝了他們。

⑪ 夫大國難測也懼有伏焉：大國的情況是難以揣測的，我害怕有埋伏。○陽明反對流俗所謂“兵，詭道也，全以陰謀取勝”的説法，强調“陰非我能謀”，必須“握算於未戰”，“校之以計而索其情”。

⑫ 吾視其轍亂望其旗靡故逐之：我細看他們的車轍已經錯亂，遠望見他們的旗子已經倒下，所以才追擊他們。

12. 宋魯乘丘之戰（前 684）

齊師、宋師次于郎[①]。公子偃曰：“宋師不整，可敗也[②]。宋

敗，齊必還，請擊之。”公弗許。自雩門竊出，蒙皋比而先犯之[③]。公從之。大敗宋師于乘丘。齊師乃還。（《莊公十年》）

【校注】

① 齊師宋師次於郎：各本此上有“夏六月”三字。

② 宋師不整可敗也：宋軍軍容不整，我們能够打敗他。

③ 蒙皋比而先犯之：把馬蒙上老虎皮，先攻宋軍。○皋比，老虎皮。

13. 宋楚泓水之戰（前638）

宋公及楚人戰于泓[①]。宋人既成列，楚人未既濟[②]。司馬曰：“彼衆我寡，及其未既濟也，請擊之[③]！”公曰：“不可。”既濟而未成列，又以告。公曰：“未可。”既陳而後擊之[④]，宋師敗績。公傷股。門官殲焉[⑤]。國人皆咎公。公曰：“君子不重傷，不禽二毛[⑥]。古之爲軍也，不以阻隘也[⑦]。寡人雖亡國之餘，不鼓不成列[⑧]。”子魚曰：“君未知戰。勍敵之人，隘而不列，天贊我也；阻而鼓之，不亦可乎[⑨]？猶有懼焉。且今之勍者，皆吾敵也。雖及胡耇，獲則取之，何有於二毛？明恥、教戰，求殺敵也。傷未及死，如何勿重？若愛重傷，則如勿傷；愛其二毛，則如服焉？三軍以利用也，金鼓以聲氣也。利而用之，阻隘可也。聲盛致志，鼓儳可也。”（《僖公二十二年》）

【校注】

① 宋公及楚人戰于泓：各本此上有“冬十一月己巳朔”七字。

② 宋人既成列楚人未既濟：宋軍已經排好隊列，楚軍還没有全部過河。

③ 彼衆我寡及其未既濟也請擊之：他們兵多，我們兵少，趁他們還没有全部過河的時候，請君王下令攻擊他們。

④ 既陳而後擊之：等楚軍擺開陣列然後才攻擊他們。

⑤ 門官殲焉：跟隨宋襄公擔任護衛任務的門官全部被殲滅。

⑥ 君子不重傷不禽二毛：君子不能傷害已經受傷的敵人，不擒捉頭髮斑白的敵人。○重傷，傷害已經受傷的人。

⑦ 古之爲軍也不以阻隘也：古代領兵作戰，不依靠狹隘不平的地形取勝。

⑧ 寡人雖亡國之餘不鼓不成列：寡人雖然是殷商亡國的殘餘，也不會攻擊那没有擺開陣列的敵人。

⑨ 勍敵之人隘而不列天贊我也阻而鼓之不亦可乎：强大的敵人，由於狹隘的地形而没有擺開陣列，這是上天在幫助我們；敵人遇到高低不平的地形，我們鳴鼓進擊，不也是可以的嗎？

14. 晉侯圍曹之戰（前 632）

晉侯圍曹，門焉[①]，多死。曹人尸諸城上，晉侯患之。聽輿人之謀[②]稱："舍於墓！"師遷焉。曹人兇懼。爲其所得者，棺而出之。因其兇也而攻之[③]。遂入曹[④]。（《僖公二十八年》）

【校注】

① 門焉：攻擊曹國的城門。

② 聽輿人之謀：原"謀"下有"曰"字，石經本、宋本皆無，據王引之説及敦煌本（P.3634）删。

③ 因其兇也而攻之：晉軍於是趁着曹軍恐懼的時機繼續攻擊城門。○兇，懼。

④ 遂入曹：各本作"三月丙午入曹"。《通典》卷第一六二、《册府元龜》卷二三八、《容齋續筆》卷一、《武經總要》後集卷一一皆引作"遂入曹"。

15. 晉楚城濮之戰（前 632）

楚子入居于申，使申叔去穀，使子玉去宋，曰："無從晉師！晉侯在外，十九年矣，而果得晉國。險阻艱難，備嘗之矣。民之情僞，盡知之矣。天假之年，而除其害[①]，天之所置，其可廢乎？《軍志》曰：'允當則歸[②]。'又曰：'知難而退[③]。'又曰：'有德不可敵[④]。'此三志者，晉之謂矣。"子玉使伯棼請戰，曰：非敢必有功也，願以間執讒慝之口[⑤]。”王怒，少與之師，惟西廣、東宫與若敖之六卒實從之。

子玉使宛春告於晉師曰：“請復衛侯而封曹，臣亦釋宋之圍。”子犯曰：“子玉無禮哉！君取一，臣取二[⑥]，不可失矣。”先軫曰：“子與之！定人之謂禮，楚一言而定三國，我一言而亡之。我則無禮，何以戰乎？不許楚言，是棄宋也。救而棄之，謂諸侯何？楚有三施，我有三怨，怨讎已多，將何以戰？不如私許復曹、衛以攜之，執宛春以怒楚，既戰而後圖之[⑦]。”公説。乃拘宛春于衛，且私許復曹、衛，曹、衛告絶於楚[⑧]。

子玉怒，從晉師。晉師退三舍[⑨]。楚衆欲止，子玉不可。晉侯夢與楚子搏[⑩]，楚子伏己而盬其腦[⑪]，是以懼。子犯曰：“吉。我得天，楚伏其罪[⑫]，吾且柔之矣。”

子玉使鬬勃請戰，曰：“請與君之士戲，君馮軾而觀之，得臣與寓目焉[⑬]。”晉侯使欒枝對曰：“寡君聞命矣。楚君之惠，未之敢忘，是以在此。爲大夫退，其敢當君乎？既不獲命矣，敢煩大夫，謂二三子：‘戒爾車乘，敬爾君事，詰朝將見[⑭]！’”晉侯登有莘之虚以觀師[⑮]，曰：“少長有禮，其可用也。”遂伐其木，以益其兵[⑯]。

晉師陳于莘北[⑰]，胥臣以下軍之佐當陳、蔡。子玉以若敖之六卒將中軍，曰：“今日必無晉矣。”子西將左，子上將右。胥臣蒙馬以虎皮[⑱]，先犯陳、蔡。陳、蔡奔，楚右師潰。狐毛設二旆而退之[⑲]。欒枝使輿曳柴而僞遁[⑳]，楚師馳之，原軫、郤溱以中軍公族横擊之[㉑]。狐毛、狐偃以上軍夾攻子西[㉒]，楚左師潰。楚師敗績。（《僖公二十八年》）

【校注】

① 天假之年而除其害：上天賜給了他長壽，同時除掉了他的政敵惠公、懷公、吕甥、郤芮等。〇晉獻公有子九人，當時唯獨重耳尚在人世。

② 允當則歸：原誤作“允歸則當”，據各本改。〇意思相當於今天的“見好就收”“適可而止”。

③ 知難而退：預知有難處就退卻。〇戰爭非兒戲，一着不慎滿盤皆輸，不可逞强硬拼。

④ 有德不可敵：對有德的人，不要對抗。

⑤ 非敢必有功也願以間執讒慝之口：下臣不敢説一定獲取功勞，願意藉此堵住那些整天搬弄是非的奸惡小人的嘴巴。〇讒慝，蔿賈曾經指責子玉剛而無禮，説他所率戰車如果超過三百輛，就一定會有去無回。陽明謂主將之心要如明鏡，具有良好的意志力，行動不能受感情和情緒等因素的影響。

⑥ 君取一臣取二：您作爲君王得到的好處，只是解除對宋國的包圍一項，而子玉作爲臣子，卻要求從君王那裏得到讓衛侯復位和讓曹國復國兩項好處。

⑦ 不如私許復曹衛以攜之執宛春以怒楚既戰而後圖之：不如暗地裏答應讓曹、衛復國來離間他們，扣押宛春來激怒楚國，等打起仗來再作打算。〇攜，離間，這裏指離間楚國與曹、衛的關係。

⑧ 曹衛告絶於楚：曹、衛向楚國宣佈絶交。

⑨ 晉師退三舍：各本“晉師退”下有“軍吏曰以君辟臣辱也且楚師老矣何故退子犯曰師直爲壯曲爲老豈在久乎微楚之惠不及此退三舍辟之所以報也背惠食言以亢其讎我曲楚直其衆素飽不可謂老我退而楚還我將何求若其不還君退臣犯曲在彼矣退”八十九字。

⑩ 晉侯夢與楚子搏：各本此上有“夏四月戊辰晉侯宋公齊國歸父崔夭秦小子慭次于城濮楚師背酅而舍晉侯患之聽輿人之誦曰原田每每舍其舊而新是謀公疑焉子犯曰戰也戰而捷必得諸侯若其不捷表裏山河必無害也公曰若楚惠何欒貞子曰漢陽諸姬楚實盡之思小惠而忘大恥不如戰也”一百零六字。

⑪ 楚子伏己而盬其腦：楚王伏在自己（晉文公）的身上吸食着自己的腦漿。

⑫ 我得天楚伏其罪：我們在下面臉朝着上天，是得到了上天的保佑；楚王臉朝地伏着，這代表着他要伏罪。

⑬ 請與君之士戲君馮軾而觀之得臣與寓目焉：下臣懇請和貴國君主的戰士玩一玩遊戲，君王靠在車横木上欣賞，得臣我可以陪同君王一起大飽眼福了。

⑭ 謂二三子戒爾車乘敬爾君事詰朝將見：各本此下有“晉車七百乘韅靷鞅靽”九字。○本句的意思是，準備好你們的戰車，不要怠慢了你們的國事，明天早晨再見。

⑮ 晉侯登有莘之虚以觀師：晉文公登上有莘遺棄的舊城上觀看軍容。○有莘，古國名，商湯娶有莘氏之女，即其國。

⑯ 遂伐其木以益其兵：就命令砍伐那裏的樹木，用來增補作戰的武器。

⑰ 晉師陳於莘北：各本此上有“己巳”二字。

⑱ 胥臣蒙馬以虎皮：胥臣在戰馬身上蒙上老虎皮。

⑲ 狐毛設二旆而退之：狐毛樹起兩面大旗，僞裝成晉國主力中軍撤退。

⑳ 欒枝使輿曳柴而僞遁：欒枝讓戰車在後面拖着木柴、揚着塵土假裝敗逃。

㉑ 原軫郤溱以中軍公族横擊之：晉國的原軫、郤溱率領中軍的公族横着截擊楚軍。○曾國藩：“懸軍深入而無後繼，是用兵大忌。”城濮之戰，晉國“一戰而霸”。

㉒ 狐毛狐偃以上軍夾攻子西：晉國的狐毛、狐偃率領上軍夾攻子西。

16. 晉楚泜水之戰（前 627）

晉陽處父侵蔡，楚子上救之，與晉師夾泜而軍①。陽子患之，使謂子上曰：“吾聞之：‘文不犯順，武不違敵。’子若欲戰，則吾退舍，子濟而陳，遲速惟命。不然，紓我②。老師費財，亦無益也。”乃駕以待③。子上欲涉，大孫伯曰：“不可。晉人無信，半涉而薄我，悔敗何及④？不如紓之。”乃退舍。陽子宣言曰：“楚師遁矣⑤。”遂歸。楚師亦歸。（《僖公三十三年》）

【校注】

① 與晉師夾泜而軍：與晉軍夾着泜水駐紮下來。

② 紓我：請您後撤，讓我渡過河來緩口氣。

③ 乃駕以待：於是陽處父就駕上戰車等着楚國的反應。

④ 半涉而薄我悔敗何及：如果他們趁着我們渡過一半而攻擊我們，被打敗

了才後悔,哪裏還來得及?

⑤ 陽子宣言曰楚師遁矣:陽處父宣揚説:"楚軍逃跑了。"

17. 秦晉令狐之戰(前620)

秦康公送公子雍于晉,曰:"文公之入也無衛,故有吕、郤之難。"乃多與之徒衛①。

穆嬴日抱大子以啼于朝②,曰:"先君何罪?其嗣亦何罪?舍適嗣不立,而外求君,將焉寘此③?"出朝,則抱以適趙氏,頓首於宣子④,曰:"先君奉此子也而屬諸子曰:'此子也才,吾受子之賜;不才,吾唯子之怨⑤。'今君雖終,言猶在耳,而棄之,若何?"宣子與諸大夫皆患穆嬴,且畏偪⑥,乃背先蔑而立靈公,以禦秦師。

箕鄭居守。趙盾將中軍,先克佐之;荀林父佐上軍;先蔑將下軍,先都佐之。步招御戎,戎津爲右。及堇陰,宣子曰:"我若受秦,秦則賓也;不受,寇也⑦。既不受矣,而復緩師,秦將生心。先人有奪人之心,軍之善謀也⑧。逐寇如追逃,軍之善政也⑨。"訓卒,利兵,秣馬,蓐食,潛師夜起⑩。敗秦師于令狐。(《文公七年》)

【校注】

① 乃多與之徒衛:於是就多給了公子雍步兵衛士。〇公子雍,晉文公之子。

② 穆嬴日抱大子以啼于朝:穆嬴每天抱着太子在朝廷上啼哭。〇穆嬴,晉襄公夫人,晉文公的兒媳。

③ 舍適嗣不立而外求君將焉寘此:捨棄嫡子不立,反而到外邊去尋求國君,你們準備怎樣安置這位太子?

④ 出朝則抱以適趙氏頓首於宣子:走出了朝廷,穆嬴就抱着孩子到趙氏家去,向趙盾叩頭。

⑤ 此子也才吾受子之賜不才吾唯子之怨:這個孩子如果能成材,我就是蒙受了您的恩賜;如果不成材,我就一定要怨恨您。

⑥ 宣子與諸大夫皆患穆嬴且畏偪：趙盾和大夫們都害怕穆嬴，而且害怕她以大義威逼。〇至此，作爲一介弱女子的穆嬴，鍥而不捨地大打感情牌、道義牌，終於起到了很大的作用。

⑦ 我若受秦秦則賓也不受寇也：我們如果接受秦國送回公子雍，他們就是我們的賓客；不接受，他們就是我們的敵人。〇趙盾此言，幫助人們迅速分清敵我，爲迅速採取行動做好必要的準備。

⑧ 先人有奪人之心軍之善謀也：先發制人，削奪敵人的軍心士氣，這是作戰的好策略。

⑨ 逐寇如追逃軍之善政也：驅逐敵人如同追趕逃跑的人，這是作戰的好準則。

⑩ 訓卒利兵秣馬蓐食潛師夜起：各本此下有"戊子"二字。〇意謂，磨礪兵器，喂飽戰馬，早早地讓部隊吃飽飯，秘密出兵，夜裏出發。晉軍將領能够迅速確定敵我，果斷抓住戰機，先發制人，出其不意，攻其不備。〇阮校謂《論語》"必先利其器"，《漢書·梅福傳》作"厲其器"，陳樹華云"古'利''厲'通用"。

18. 秦晉河曲之戰(前615)

秦爲令狐之役故[①]，秦伯伐晉，取羈馬。晉人禦之。趙盾將中軍，荀林父佐之；郤缺將上軍，臾駢佐之；欒盾將下軍，胥甲佐之。范無恤御戎，以從秦師於河曲。臾駢曰："秦不能久，請深壘固軍以待之[②]。"從之。

秦人欲戰。秦伯謂士會曰："若何而戰？"對曰："趙氏新出其屬曰臾駢，必實爲此謀，將以老我師也[③]。趙有側室曰穿，晉君之婿也，有寵而弱，不在軍事，好勇而狂，且惡臾駢之佐上軍也，若使輕者肆焉，其可[④]。"秦伯以璧祈戰於河。

秦軍掩晉上軍[⑤]。趙穿追之，不及。反，怒曰："裹糧坐甲，固敵是求，敵至不擊，將何俟焉[⑥]？"軍吏曰："將有待也。"穿曰："我不知謀，將獨出[⑦]。"乃以其屬出，宣子曰："秦獲穿也，獲一卿矣[⑧]。秦以勝歸，我何以報？"乃皆出戰。交綏。

秦行人夜戒晉師曰:"兩君之士,皆未憖也⑨,明日請相見也。"臾駢曰:"使者目動而言肆,懼我也,將遁矣⑩。薄諸河,必敗之。"胥甲、趙穿當軍門呼曰:"死傷未收而棄之,不惠也。不待期而薄人於險,無勇也⑪。"乃止。秦師夜遁。復侵晉,入瑕。(《文公十二年》)

【校注】

① 秦爲令狐之役故:令狐之役,見《左傳·文公七年》。

② 臾駢曰秦不能久請深壘固軍以待之:臾駢説:"秦軍不能持久作戰,請高築軍壘鞏固軍營等待他們。"〇此實爲老成持重的疲敵之謀,"先爲不可勝,以待敵之可勝"。〇臾駢,上軍的新任輔佐。

③ 趙氏新出其屬曰臾駢必實爲此謀將以老我師也:趙盾新近啓用的部下名叫臾駢,一定是他出的這個主意,想要使我軍持久在外而疲憊不堪。〇士會此言,可見其深悉敵情。

④ 趙有側室曰穿晉君之壻也有寵而弱不在軍事好勇而狂且惡臾駢之佐上軍也若使輕者肆焉其可:趙氏有一個旁支的子弟名叫穿,是晉國國君的女婿,受到寵信而且年少,不懂得軍事,好逞勇猛而又輕狂,又嫉恨臾駢擔任上軍的輔佐,如果派出一些輕躁好勇的人對上軍突襲後迅速撤離,就可以達到目的。〇壻,各本皆作"埍",字通。

⑤ 秦軍掩晉上軍:各本此上有"十二月戊午"五字。〇掩,掩襲,襲擊。

⑥ 裹糧坐甲固敵是求敵至不擊將何俟焉:帶好糧食,披好甲胄,坐卧不離身,本來就是要謀求與敵人交戰,敵人來了卻不去攻擊,打算等什麽呢?

⑦ 我不知謀將獨出:我不懂得什麽計謀,我打算獨自出擊。〇時機未到,趙穿欲不當戰而戰。

⑧ 秦獲穿也獲一卿矣:秦軍要是俘獲了趙穿,那就是俘虜了一個卿了。〇意謂不能聽憑趙穿獨自出擊。趙穿獨自出擊的言行,實際上打亂了晉軍的既定計劃。俗語云:"莫用三爺,廢職亡家。"所謂三爺:"子爲少爺,婿爲姑爺,妻兄弟爲舅爺。"

⑨ 兩君之士皆未憖也:我們兩國國君的將士都没閑着。〇憖,閑,息。《説

文・心部》"愸,問(閑)也。"《玉篇》引《説文》作"閑也"。《國語・晉語》"可以少閑",注云:"閑,息也。"《説苑・至公》敘此事,正作"息"。

⑩ 使者目動而言肆懼我也將遁矣:秦國使者眼神不定而聲音失常,這是害怕我們的表現,秦軍想要逃走了。〇《孫子・行軍》:"辭强而進驅者,退也。"秦使者近之。人的肢體語言是最誠實的。

⑪ 死傷未收而棄之不惠也不待期而薄人於險無勇也:死傷的人没有收羅而丢棄不管,這是不仁慈的。没等到約定的時間而把人逼到險境,這是不勇武的。〇胥甲、趙穿此言,又爲敵國立一功,爲本國挖一坑,最終致使晉軍當戰而不戰,白白放走了敵軍。

19. 楚滅庸之戰(前 611)

楚大饑,戎伐其西南,至于阜山,師于大林。又伐其東南,至于陽丘,以侵訾枝。庸人帥羣蠻以叛楚,麇人率百濮聚于選。將伐楚。於是申、息之北門不啓[①]。

楚人謀徙於阪高。蔿賈曰:"不可。我能往,寇亦能往[②],不如伐庸。夫麇與百濮,謂我饑不能師,故伐我也。若我出師,必懼而歸。百濮離居,將各走其邑,誰暇謀人[③]?"乃出師。旬有五日,百濮乃罷。

自廬以往,振廩同食[④]。次于句澨。使廬戢黎侵庸,及庸方城。庸人逐之,囚子揚窻。三宿而逸,曰:"庸師衆,羣蠻聚焉,不如復大師,且起王卒,合而後進。"師叔曰:"不可。姑又與之遇以驕之[⑤]。彼驕我怒,而後可克,先君蚡冒所以服陘隰也。"又與之遇,七遇皆北[⑥],唯裨、鯈、魚人實逐之。庸人曰:"楚不足與戰矣。"遂不設備。

楚子乘馹,會師于臨品,分爲二隊,子越自石溪,子貝自仞以伐庸。秦人、巴人從楚師。羣蠻從楚子盟[⑦],遂滅庸。(《文公十六年》)

【校注】

① 於是申息之北門不啓：在這時候，申邑、息邑的北門没有打開。○申邑、息邑都在楚國之北方邊境，爲了防備中原諸侯國來犯，故緊閉其城門。

② 我能往寇亦能往：我們能够前往，敵人也能够前往。

③ 若我出師必懼而歸百濮離居將各走其邑誰暇謀人：如果我們出兵，他們必定害怕而撤兵返回。百濮居處分散，將會各自跑回到各自的地方，誰還有空來算計别人呢？○衆小國敢於糾集起來聯合進攻楚國，因爲他們以爲楚國鬧饑荒，無力反擊。

④ 自廬以往振廩同食：到達廬地以後，士卒與接受賑濟的民衆一同食用開倉賑濟的糧食。○意謂廬地之前食用的是自帶軍糧。

⑤ 姑又與之遇以驕之：我們姑且再跟他們接戰而故意讓他們驕傲。○遇，戰，接戰。

⑥ 七遇皆北：七次接戰，楚軍都故意佯裝敗退。○此又是楚國驕敵之計。

⑦ 羣蠻從楚子盟：蠻人們的各部落都屈從楚王，和他結盟。○蠻人們的各部落進攻楚國，以庸國爲首，現楚國與蠻人諸部落結盟，庸國失其所與，故滅庸之前當先結盟諸蠻部落。此乃各個擊破之法也。

20. 晉楚邲之戰（前 597）

晉師救鄭[①]。荀林父將中軍，先縠佐之[②]；士會將上軍，郤克佐之[③]；趙朔將下軍，欒書佐之[④]；趙括、趙嬰齊爲中軍大夫，鞏朔、韓穿爲上軍大夫，荀首、趙同爲下軍大夫[⑤]，韓厥爲司馬[⑥]。

及河，聞鄭既及楚平，桓子欲還，曰："無及於鄭而勦民[⑦]，焉用之？楚歸而動，不後[⑧]。"隨武子曰："善。會聞：'用師，觀釁而動[⑨]。'德、刑、政、事、典禮不易，不可敵也，不爲是征[⑩]。楚軍討鄭，怒其貳而哀其卑。叛而伐之，服而舍之，德、刑成矣。伐叛，刑也；柔服，德也。二者立矣。昔歲入陳，今兹入鄭，民不罷勞，君無怨讟，政有經矣。荆尸而舉，商農工賈不敗其業，而卒乘輯睦,事不奸矣[11]。蔿敖爲宰,擇楚國之令典。軍行,右轅,左追蓐,前茅慮無,中權,後勁[12]。百官象物而動,軍政不戒而備,能用典矣。其君之舉也,内姓選於親,外姓選於舊[13]。舉不失德,賞不失勞。老有加惠,旅有施舍。君子小人,物有服章。貴有常尊,賤有等威,禮不逆矣。德立刑行,政成事時,典從禮順,若之何敵之?見可而進,知難而退,軍之善政也[14]。兼弱攻昧,武之善經也[15]。子姑整軍而經武乎[16]!猶有弱而昧者,何必楚[17]?"彘子曰[18]:"不可。晉所以霸,師武、臣力也。今失諸侯,不可謂力;有敵而不從,不可謂武。由我失霸,不如死。且成師以出,聞敵彊而退,非夫也[19]。命有軍帥,而卒以非夫,唯羣子能,我弗爲也。以中軍佐濟。"

知莊子曰:"此師殆哉!《周易》有之,在《師》之《臨》[20],曰:'師出以律,否臧,凶。執事順成爲臧,逆爲否。衆散爲弱,川壅爲澤[21]。有律以如己也,故曰律。否臧,且律竭也。盈而以竭,夭且不整,所以凶也。不行之謂《臨》。有帥而不從,臨孰甚焉[22]?此之謂矣。果遇,必敗。彘子尸之,雖免而歸,必有大咎。"韓獻子謂桓子曰:"彘子以偏師陷,子罪大矣。子爲元帥,師不用命,誰之罪也?失屬亡師,爲罪已重,不如進也。事之不捷,惡有所分。與其專罪,六人同之,不猶愈乎[23]?"師遂濟。

楚子北師次於郔。沈尹將中軍,子重將左,子反將右,將飲馬於河而歸[24]。聞晉師既濟,王欲還,嬖人伍參欲戰。令尹孫叔敖弗欲,曰:"昔歲入陳,今兹入鄭,不無事矣。戰而不捷,參之肉其足食乎?"參曰:"若事之捷,孫叔爲無謀矣。不捷,參之肉將在晉軍,可得食乎[25]?"令尹南轅,反旆,伍參言於王曰:"晉之從政者新[26],未能行令。其佐先縠剛愎不仁,未肯用命。其三帥者,專行不獲[27]。聽而無上,衆誰適從[28]?此行也,晉師必敗。

且君而逃臣，若社稷何？”王病之，告令尹改乘轅而北之[29]，次於管以待之。

晉師在敖、鄗之間。鄭皇戌使如晉師[30]，曰：“鄭之從楚，社稷之故也，未有貳心。楚師驟勝而驕，其師老矣，而不設備，子擊之，鄭師爲承，楚師必敗。”彘子曰：“敗楚、服鄭，於此在矣。必許之。”欒武子曰：“楚自克庸以來，其君無日不討國人，而訓之於民生之不易、禍至之無日、戒懼之不可以怠[31]；在軍，無日不討軍實，而申儆之於勝之不可保、紂之百克而卒無後，訓之以若敖、蚡冒篳路藍縷以啓山林[32]。箴之曰：‘民生在勤，勤則不匱。’不可謂驕[33]。先大夫子犯有言曰：‘師直爲壯，曲爲老。’我則不德，而徼怨于楚[34]。我曲楚直，不可謂老[35]。其君之戎，分爲二廣，廣有一卒，卒偏之兩。右廣初駕，數及日中，左則受之，以至於昏；内官序當其夜，以待不虞。不可謂無備[36]。子良，鄭之良也。師叔，楚之崇也。師叔入盟，子良在楚，楚、鄭親矣[37]。來勸我戰，我克則來，不克遂往，以我卜也[38]！鄭不可從。”趙括、趙同曰：“率師以來，唯敵是求。克敵、得屬，又何俟？必從彘子！”知季曰：“原、屏，咎之徒也[39]。”趙莊子曰：“欒伯善哉！實其言，必長晉國[40]。”

楚少宰如晉師，曰：“寡君少遭閔凶，不能文[41]。聞二先君之出入此行也，將鄭是訓定，豈敢求罪於晉[42]？二三子無淹久[43]！”隨季對曰：“昔平王命我先君文侯曰：‘與鄭夾輔周室，無廢王命[44]！’今鄭不率，寡君使羣臣問諸鄭，豈敢辱候人？敢拜君命之辱[45]。”彘子以爲諂，使趙括從而更之，曰：“行人失辭。寡君使羣臣遷大國之跡於鄭[46]，曰：‘無辟敵！’羣臣無所逃命。”

楚子又使求成於晉，晉人許之，盟有日矣。楚許伯御樂伯，攝叔爲右，以致晉師。許伯曰：“吾聞致師者，御靡旌，摩壘而還。”樂伯曰：“吾聞致師者，左射以菆，代御執轡，御下，兩馬[47]、掉鞅而還。”攝叔曰：“吾聞致師者，右入壘，折馘、執俘而還。”皆行其所聞而復㊽。晉人逐之，左右角之㊾。樂伯左射馬而右射人，角不能進㊿。矢一而已，麋興於前，射麋麗龜(51)。晉鮑癸當其後，使攝叔奉麋獻焉，曰：“以歲之非時，獻禽之未至，敢膳諸從者。”鮑癸止之曰：“其左善射，其右有辭，君子也。”既免。

晉魏錡求公族未得而怒，欲敗晉師。請致師，弗許。請使，許之。遂往，請戰而還。楚潘黨逐之，及熒澤，見六麋，射一麋以顧獻，曰：“子有軍事，獸人無乃不給於鮮，敢獻於從者(52)。”叔黨命去之。趙旃求卿未得，且怒於失楚之致師者(53)，請挑戰，弗許。請召盟，許之。與魏錡皆命而往。郤獻子曰：“二憾往矣，弗備，必敗。”彘子曰：“鄭人勸戰，弗敢從也。楚人求成，弗能好也(54)。師無成命，多備何爲？”士季曰：“備之善。若二子怒楚，楚人乘我，喪師無日矣，不如備之。楚之無惡，除備而盟，何損於好(55)？若以惡來，有備，不敗(56)。且雖諸侯相見，軍衛不徹，警也(57)。”彘子不可。

士季使鞏朔、韓穿帥七覆于敖前(58)，故上軍不敗。趙嬰齊使其徒先具舟于河，故敗而先濟。

潘黨既逐魏錡，趙旃夜至於楚軍，席於軍門之外，使其徒入之(59)。楚子爲乘廣三十乘，分爲左右。右廣雞鳴而駕，日中而說。左則受之，日入而說。許偃御右廣，養由基爲右；彭名御左廣，屈蕩爲右；王乘左廣以逐趙旃(60)。趙旃棄車而走林，屈蕩搏之，得其甲裳(61)。晉人懼二子之怒楚師也，使軘車逆之(62)。潘黨望其塵，使騁而告曰：“晉師至矣！”楚人亦懼王之入晉軍也(63)，遂出陳。孫叔曰：“進之！寧我薄人，無人薄我。《詩》云‘元戎十乘，以先啓行’，先人也。《軍志》曰‘先人有奪人之志’(64)，薄之也。遂疾進師，車馳，卒奔，乘晉軍(65)。桓子不知所爲，鼓於軍中，曰：

“先濟者有賞！”中軍、下軍爭舟，舟中之指可掬也[66]。

晉師右移，上軍未動。工尹齊將右拒卒以逐下軍。楚子使唐狡與蔡鳩居告唐惠侯曰：“不穀不德而貪，以遇大敵，不穀之罪也。然楚不克，君之羞也。敢藉君靈，以濟楚師。”使潘黨率游闕四十乘，從唐侯以爲左拒以從上軍。駒伯曰：“待諸乎？”隨季曰：“楚師方壯，若萃於我，吾師必盡，不如收而去之。分謗、生民，不亦可乎？”殿其卒而退，不敗。

王見右廣，將從之乘。屈蕩户之[67]，曰：“君以此始，亦必以終。”自是楚之乘廣先左。

晉人或以廣隊不能進，楚人惎之脱扃[68]。少進，馬還，又惎之拔旆投衡，乃出[69]。顧曰：“吾不如大國之數奔也[70]。”

趙旃以其良馬二濟其兄與叔父，以他馬反。遇敵不能去，棄車而走林[71]。逢大夫與其二子乘，謂其二子無顧[72]。顧曰：“趙傁在後。”怒之，使下，指木曰：“尸女於是[73]。”授趙旃綏，以免。明日，以表尸之，皆重獲在木下[74]。

楚熊負羈囚知罃，知莊子以其族反之，廚武子御，下軍之士多從之。每射，抽矢，菆，納諸廚子之房[75]。廚子怒曰：“非子之求，而蒲之愛，董澤之蒲，可勝既乎[76]？”知季曰：“不以人子，吾子其可得乎？吾不可以苟射故也[77]。”射連尹襄老，獲之，遂載其尸；射公子穀臣，囚之。以二者還。

及昏，楚師軍於邲。晉之餘師不能軍，宵濟，亦終夜有聲[78]。（《宣公十二年》）

【校注】

① 晉師救鄭：各本此上有“夏六月”三字。

② 荀林父將中軍先縠佐之：荀林父，晉國正卿，邲之戰任中軍帥，謚號“桓子”，下文“桓子”即其人。先縠，晉大夫，先軫後裔，下文或稱“彘子”。

③ 士會將上軍郤克佐之：士會，士蔿之孫，下文稱“隨武子”。郤克，郤缺之子，謚號“獻子”。

④ 趙朔將下軍欒書佐之：趙朔，趙盾之子。欒書，欒盾之子。

⑤ 趙括、趙嬰齊，皆爲趙盾之弟。鞏朔，又稱“鞏伯”。荀首，荀林父之弟，下文稱“知莊子”。趙同，趙嬰齊之兄。

⑥ 韓厥爲司馬：韓厥，韓簡之孫，下文稱“韓獻子”。

⑦ 無及於鄭而勦民：没有趕上救援鄭國，又讓晉國之民勞累疲憊。○意謂興師動衆，無功而返，白白走一遭。

⑧ 楚歸而動不後：等楚軍返回本國以後，我軍再出兵進攻鄭國，也不算遲。

⑨ 用師觀釁而動：用兵，就要觀察到敵人有隙可乘，見縫插針，果斷地調兵遣將，採取行動。○釁，間隙。

⑩ 不爲是征：不征伐這樣的國家。

⑪ 荆尸而舉商農工賈不敗其業而卒乘輯睦事不奸矣：楚軍擺成荆尸之陣而後發兵，在外經商的、在田務農的、在家做工的、在店經營的都不荒廢他們的事業，步兵與車兵關係和睦，各自行事互不干擾了。

⑫ 右轅左追蓐前茅慮無中權後勁：右軍緊隨着主將車轅的指向而進退，左軍尋求住宿所需要的草蓐，前軍舉着報警用的旄旌開路以及時告知有無敵人的出没，中軍負責權衡謀劃全局，後軍以精兵勁旅殿後押陣。

⑬ 内姓選於親外姓選於舊：在同姓中選擇關係近的近親，在異姓中選擇舊臣的後裔。

⑭ 見可而進知難而退軍之善政也：看到可以前進就前進，看到困難就後退，這是治軍的妥善法則。

⑮ 兼弱攻昧武之善經也：兼併和攻擊虛弱昏亂的國家，這是用兵的至善準則。

⑯ 子姑整軍而經武乎：您姑且整飭軍隊、整治武備吧。

⑰ 猶有弱而昧者何必楚：還有弱小而昏暗的國家，爲什麽一定要去進攻楚國？

⑱ 彘子曰：各本此上有“仲虺有言曰取亂侮亡兼弱也汋曰於鑠王師遵養時晦耆昧也武曰無競惟烈撫弱耆昧以務烈所可也”四十一字。

⑲ 且成師以出聞敵彊而退非夫也：況且我們晉國大軍整頓好後傾巢出動，聽説敵人强大就後撤，這不是大丈夫所爲。○先穀（彘子）不明大義，只顧個人榮

辱等私利，爲晉國戰敗埋下伏筆。陽明云："'進不求名，退不避罪'，單留一片報國丹心，將苟利國家，生死以之。"（見本書上編卷一評注《孫子》）

⑳ 在師之臨：各本作"在師☷☵之臨☷☱"。

㉑ 衆散爲弱川壅爲澤：衆人離散就會變得虚弱不堪，流水壅塞就會變成難行的沼澤。○《師》變爲《臨》，是由於其中的坎☵變爲兑☱，坎爲衆，變爲兑是衆散的卦象，所以弱；坎爲川，兑爲澤，所以有川壅的卦象。

㉒ 有帥而不從臨孰甚焉：意謂先穀（彘子）不聽主帥命令，法令之不行，莫此爲甚。

㉓ 事之不捷惡有所分與其專罪六人同之不猶愈乎：如果打仗不能取勝，失敗的罪過可以由我們共分擔，與其一個人獨擔罪責，六個人共同承擔，不是更好一些嗎？○韓獻子（韓厥）没有能够勸説主帥及時"止損"，而是獻上避罪之計，主帥聽從其計，又向大敗邁進了一步。

㉔ 將飲馬於河而歸：打算到黄河飲馬以後就返回本國。

㉕ 若事之捷孫叔爲無謀矣不捷參之肉將在晉軍可得食乎：如果作戰獲勝，就顯示你孫叔敖没有計謀。如果不能獲勝，我伍參的肉將會在晉軍那裏，你孫叔敖哪裏還能吃得上呢？

㉖ 晉之從政者新：晉國現在執政的是新上任的。

㉗ 專行不獲：想要獨斷獨行而不能辦到。

㉘ 聽而無上衆誰適從：士卒們想要服從命令卻不知道誰是上級，不知該聽從誰的命令呢？

㉙ 改乘轅而北之：把戰車的車轅調轉向北。

㉚ 鄭皇戌使如晉師：戌，各本如此，《兵志》原作"戍"。阮校謂：宋本、岳本、閩本、監本"戍"作'戌"，是也，《釋文》亦作"戌"。浦鏜云："凡人名，除《定十三年》'公叔戍'外，並從'戌亥'之'戌'。"校不悉出。

㉛ 其君無日不討國人而訓之於民生之不易禍至之無日戒懼之不可以怠：他們的國君没有一天不在治理國内的人們，並訓導人們民衆生計不容易、災禍不知哪一天就會降臨、要警戒恐懼而不能懈怠。

㉜ 在軍無日不討軍實而申儆之於勝之不可保紂之百克而卒無後訓之以若敖蚡冒篳路藍縷以啓山林：在軍隊裏，没有一天不修治軍械，反復告誡軍隊勝利

不能長期保持、商紂王百戰百勝最終卻亡國絶後，他用若敖、蚡冒乘着簡陋的柴車、穿着破爛的衣服開闢山林的事迹進行教導。

㉝ 箴之曰民生在勤勤則不匱不可謂驕：他告誡説："民衆的生計在于勤勞，勤勞就不會出現物資匱乏。"這就不能説他們驕傲。〇一説，曰，以也。

㉞ 我則不德而徼怨于楚：我們做的事情不道德，又和楚國結怨。

㉟ 我曲楚直不可謂老：我們理曲，楚國理直，這就不能説他們氣衰。

㊱ 其君之戎分爲二廣廣有一卒卒偏之兩右廣初駕數及日中左則受之以至於昏内官序當其夜以待不虞不可謂無備：他們國君的兵車分爲左右二廣，每廣有兵車一卒三十輛，每卒又分左右兩偏，每偏有戰車十五輛；右廣先駕車，時間到了中午，左廣便接替右廣，一直到值班夜幕降臨；近侍之臣按次序值夜班，以防備意外的發生。這就不能説他們没有防備。

㊲ 師叔入盟子良在楚楚鄭親矣：師叔進入鄭國前來結盟，子良住在楚國作爲人質，楚國和鄭國是親密的。

㊳ 我克則來不克遂往以我卜也：我們打勝了，他們就來歸服，没打勝仗，他們就跑去投靠楚國，這都是根據我們晉國的勝敗決定是否順從我們晉國。

㊴ 原屏咎之徒也：趙同、趙括的主意，是一條招來災禍之道。〇此楊伯峻説。〇徒借爲塗。一説，咎指彘子；徒，黨也。

㊵ 實其言必長晉國：欒伯的話確實可靠，他一定能够職掌晉國的國政。

㊶ 寡君少遭閔凶不能文：寡君年輕時就遭到憂患凶喪之事，不善辭令。

㊷ 聞二先君之出入此行也將鄭是訓定豈敢求罪於晉：聽到楚成王、楚穆王兩位先君在這條道路上來來往往，就是爲了教訓和平定鄭國，哪裏敢得罪晉國？

㊸ 二三子無淹久：您幾位就不要久留此地了。

㊹ 無廢王命：無，各本作"毋"，"無"通"毋"。

㊺ 寡君使羣臣問諸鄭豈敢辱候人敢拜君命之辱：寡君派遣下臣們向鄭國問罪，豈敢勞駕貴國的候人您來迎送？我謹拜謝貴國君王的命令。

㊻ 寡君使羣臣遷大國之跡於鄭：寡君要使臣下們把貴國的痕跡從鄭國遷移出去。〇這是外交辭令，意思是説把楚國從鄭國趕走。

㊼ 兩馬：飾馬。〇兩，讀爲掚。據阮校，惠棟云鄭注《周禮・環人》引作"掚馬"，《釋文》引徐先民云"或作'掚'"，案"此則'兩'本'掚'字，故服、杜訓爲

‘飾’,古文省作‘兩’”。

㊽ 皆行其所聞而復:這三個人都按照自己所聽到的完成任務返回。

㊾ 左右角之:從左右兩邊包抄夾擊。

㊿ 欒伯左射馬而右射人角不能進:欒伯向左邊射馬,向右邊射人,使晉軍左右兩翼都不能前進。

51 矢一而已麋興於前射麋麗龜:他的箭只剩下一枝了,有麋鹿出現在他的眼前,他用箭射向麋鹿,正中麋鹿背部中央。

52 子有軍事獸人無乃不給於鮮敢獻於從者:您有軍隊大事在身,貴國打獵的人恐怕還不能供給新鮮的野獸吧,謹以此進獻給您的隨從。

53 怒於失楚之致師者:對於白白放掉楚國單車挑戰的人很不滿意。

54 鄭人勸戰弗敢從也楚人求成弗能好也:鄭國人勸我們打仗,我們不敢聽從;楚國人求和,我們又不能和他們通好。

55 楚之無惡除備而盟何損於好:如果楚國人没有惡意,解除防備而結盟,哪裏會損害通好?

56 若以惡來有備不敗:如果他們帶着惡意而來,有了防備就不會失敗。

57 且雖諸侯相見軍衛不徹警也:況且即使是諸侯相見,軍隊的守衛也不解除,這是警惕的緣故。〇士季提醒防備是正確的意見,可惜未被採納。

58 帥七覆于敖前:率領七支伏兵埋伏在敖山之前。〇士季此舉,使其上軍得以自保。

59 潘黨既逐魏錡趙旃夜至於楚軍席於軍門之外使其徒入之:潘黨已經驅逐了魏錡,趙旃夜裏來到楚軍駐地,在軍門的外面鋪開席子坐着,派遣他的部下先進軍門。

60 王乘左廣以逐趙旃:各本此上有“乙卯”二字。

61 趙旃棄車而走林屈蕩搏之得其甲裳:趙旃丢棄車子逃入樹林裏,屈蕩和他搏鬭,獲得了他的鎧甲的下衣。〇趙旃只爲“求卿”的私利,勇而無謀,終致敗逃。

62 晉人懼二子之怒楚師也使軵車逆之:晉國人害怕這兩個人會惹惱楚軍,就讓屯守的兵車趕來接他們。

63 楚人亦懼王之入晉軍也:楚國人也害怕楚莊王深陷晉軍。

64 先人有奪人之志:志,各本皆作“心”,義近。《册府元龜》卷四〇四、《宋書》卷一〇〇、《南史》卷五七、《皇明經世文編》卷三六九《寄譚二華都堂》、《武經總要》後集卷二及後集卷九皆有“先人有奪人之志”之語。《武經總要》後集卷二注云：“奪敵之戰心也”。

⑥⑤ 車馳卒奔乘晉軍：戰車在前面奔馳，士卒緊隨其後奔跑，突襲晉軍。

⑥⑥ 中軍下軍爭舟舟中之指可掬也：中軍、下軍在一起爭奪船隻，先上船的人恐怕上船的人太多會導致船隻沉没，就用刀砍斷後上船的人攀附着船舷的手指，船中砍斷的指頭多得用雙手捧雙手都能捧得滿滿的。〇主帥荀林父（桓子）胸無成謀，遭到襲擊，被動應對，驚慌失措，竟要求軍隊逃跑，無謀無勇，終致此亂。

⑥⑦ 户之：户，原誤作“尸”，據阮元校記改。〇户，止，阻止。

⑥⑧ 晉人或以廣隊不能進楚人惎之脱扃：晉國人有兵車陷入泥坑裏而不能前進，楚國人就教他們把車的欄板卸下來。

⑥⑨ 少進馬還又惎之拔旆投衡乃出：没走多遠，馬又盤旋不能前進，楚國人又教他們拔掉軍隊的大旗和車轅頭上的横木，丢掉，這樣才得以逃脱而去。

⑦⓪ 吾不如大國之數奔也：我們可不像你們大國的人那樣經常逃跑啊。

⑦① 遇敵不能去棄車而走林：路上，碰上敵人不能逃脱，就丢棄了車子逃到樹林裏。

⑦② 逢大夫與其二子乘謂其二子無顧：逢，原誤作“逄”，據阮校改。〇晉國逢大夫和他的兩個兒子坐在車上，告訴他兩個兒子不要回頭去看。〇逢大夫，晉大夫逢氏。

⑦③ 顧曰趙傁在後怒之使下指木曰尸女於是：兒子們回頭去看了看説：“趙老在後邊。”逢大夫很生氣，就讓他們倆下車，指着樹説：“在這裏爲你們收屍。”

⑦④ 明日以表尸之皆重獲在木下：第二天，按照標記去找尋屍體，在那棵樹下找到了兄弟二人叠壓在一起的屍體。

⑦⑤ 抽矢菆納諸廚子之房：抽箭如果抽到堅利的菆箭，就放到魏錡的箭袋裏。

⑦⑥ 非子之求而蒲之愛董澤之蒲可勝既乎：你不是去尋找兒子，而是吝惜蒲柳，董澤的蒲柳，能够用得完嗎？

⑦⑦ 吾不可以苟射故也：堅利的菆箭我是不能隨便射出去的。〇晉人知莊子（荀首）不去尋子，愛惜菆箭，正是爲了積攢利箭，爲子報仇，但他只想着家仇，不顧國仇，私自行動。有將如此，晉國不戰敗那是很困難的。此次戰敗，主要敗在

各將領各自爲謀,缺乏强有力的統一指揮。

⑱ 晉之餘師不能軍宵濟亦終夜有聲:晉國剩餘的殘兵敗將已經不能排成隊伍了,他們夜裏渡河,一整夜都能聽到渡河發出的各種聲音。

21. 楚滅蕭之戰(前 597)

楚子伐蕭[①]。申公巫臣曰[②]:"師人多寒。"王巡三軍,拊而勉之[③]。三軍之士皆如挾纊[④]。(《宣公十二年》)

【校注】

① 楚子伐蕭:各本此上有"冬"字。

② 申公巫臣曰:各本此上敘滅蕭戰事,有"宋華椒以蔡人救蕭蕭人囚熊相宜僚及公子丙王曰勿殺吾退蕭人殺之王怒遂圍蕭蕭潰"三十六字,陽明删去,而保留楚王戰後巡軍之事。

③ 王巡三軍拊而勉之:楚莊王巡視三軍,撫慰並勉勵將士們。

④ 三軍之士皆如挾纊:三軍的將士們倍感温暖,一個個都好像裹上了絲綿一樣。○禮到人心暖。明正德十四年(1519),太監張忠自稱"天子弟",許泰自稱"天子同僚",率軍到江西南昌等地騷擾,欲奪陽明軍功。十二月二十五日,陽明發佈對南昌軍民的告諭,對遠道而來的北軍士兵的疾苦表示深切同情。同一時期,他還親自安撫北軍士兵,贏得了他們的敬重:"(陽明)每出,遇北軍喪,必停車問故,厚與之櫬,嗟嘆乃去。久之,北軍咸服。"並讓人們舉行祭奠活動,勾起北軍思歸之情:"會冬至節近,(陽明)預令城市舉奠。時新經濠亂,哭亡酹酒者聲聞不絶。北軍無不思家,泣下求歸。"(《王文成公全書》卷三二《年譜》)這些攻心之術,取得了很好的效果,最後,張忠、許泰不得不撤走軍隊。

22. 晉攻鄭之戰(前 595)

晉侯伐鄭[①],爲邲故也[②]。告於諸侯,蒐焉而還[③]。中行桓子之謀也,曰:"示之以整,使謀而來[④]。"鄭人懼,使子張代子良於楚。鄭伯如楚,謀晉故也。鄭以子良爲有禮,故召之。(《宣公十四年》)

【校注】

① 晉侯伐鄭：各本此上有“夏”字。

② 爲邲故也：這是由於邲之戰的緣故。○邲之戰之前，晉本欲救援鄭國，但鄭國卻在戰前交好楚國；邲之戰之後，鄭國更加親楚，故而晉國要討伐鄭國。

③ 告於諸侯蒐焉而還：晉國昭告諸侯，閱兵以後回國了。

④ 示之以整使謀而來：向他們展示我軍隊伍的齊整威嚴，讓他們自己主動謀劃前來歸順我們。○耀武揚威，這是迫使對方歸順的手段之中代價最低的，可達到不戰而勝的目的。

23. 齊晉鞍之戰（前 589）

孫桓子還於新築，不入，遂如晉乞師①。臧宣叔亦如晉乞師②。皆主郤獻子③。晉侯許之七百乘。郤子曰：“此城濮之賦也④。有先君之明與先大夫之肅，故捷⑤。克於先大夫，無能爲役⑥，請八百乘。”許之。郤克將中軍，士燮佐上軍，欒書將下軍，韓厥爲司馬，以救魯、衛。臧宣叔逆晉師，且道之⑦。季文子帥師會之。及衛地，韓獻子將斬人，郤獻子馳，將救之。至，則既斬之矣。郤子使速以徇，告其僕曰：“吾以分謗也⑧。”

師從齊師於莘。師至於靡笄之下。齊侯使請戰，曰：“子以君師辱於敝邑，不腆敝賦，詰朝請見⑨。”對曰：“晉與魯、衛，兄弟也，來告曰：‘大國朝夕釋憾於敝邑之地⑩。’寡君不忍，使羣臣請於大國，無令輿師淹於君地⑪。能進不能退，君無所辱命。”齊侯曰：“大夫之許，寡人之願也。若其不許，亦將見也⑫。”齊高固入晉師，桀石以投人，禽之而乘其車，繫桑本焉，以徇齊壘，曰：“欲勇者賈余餘勇⑬！”

師陳於鞍⑭。邴夏御齊侯，逢丑父爲右⑮。晉解張御郤克，鄭丘緩爲右。齊侯曰：“余姑翦滅此而朝食。”不介馬而馳之⑯。郤克傷於矢，流血及屨，未絶鼓音⑰，曰：“余病矣。”張侯曰：“自始合,而矢貫余手及肘,余折以御,左輪朱殷⑱,豈敢言病?吾子忍之!”緩曰:“自始合,苟有險,余必下推車,子豈識之?然子病矣!”張侯曰:“師之耳目,在吾旗鼓,進退從之。此車一人殿之,可以集事。若之何其以病敗君之大事也?擐甲執兵,固即死也。病未及死,吾子勉之!”左并轡,右援枹而鼓,馬逸不能止,師從之⑲。齊師敗績。逐之,三周華不注⑳。

韓厥夢子輿謂己曰:“且辟左右!”故中御而從齊侯㉑。邴夏曰:“射其御者,君子也。”公曰:“謂之君子而射之,非禮也。”射其左,越于車下;射其右,斃于車中㉒。綦毋張喪車,從韓厥曰:“請寓乘㉓!”從左右,皆肘之,使立於後㉔。韓厥俛,定其右㉕。逢丑父與公易位㉖。將及華泉,驂絓於木而止㉗。丑父寢於轏中,蛇出於其下,以肱擊之,傷而匿之,故不能推車而及㉘。韓厥執縶馬前,再拜稽首,奉觴加璧以進㉙,曰:“寡君使羣臣爲魯、衛請,曰:‘無令輿師,陷入君地。’下臣不幸,屬當戎行,無所逃隱;且懼奔辟,而忝兩君㉚。臣辱戎士,敢告不敏,攝官承乏。”丑父使公下,如華泉取飲㉛。鄭周父御佐車,宛茷爲右,載齊侯以免。(《成公二年》)

【校注】

① 孫桓子還於新築不入遂如晉乞師:孫桓子回到新築,卻没有進衛國的國都,就直接趕到晉國請求出兵救援。○當時齊頃公派兵攻魯,衛穆公派孫良夫率軍攻齊救魯,在新築,衛軍大敗,孫良夫便與魯臧宣叔到晉國求援。○孫桓子,孫良夫,衛大夫。新築,衛地,在今河北省邯鄲市魏縣。

② 臧宣叔亦如晉乞師:臧宣叔,名許,臧文仲之子,魯國大夫。

③ 皆主郤獻子:孫桓子、臧宣叔二人都投奔郤克。○意謂他們都通過與齊人有隙的郤克向晉景公求援。○郤獻子,名克,郤缺之子,時任中軍將,下文稱“郤子”“克”。

④ 此城濮之賦也：這是城濮之戰時的軍賦。○城濮之戰，晉軍出動兵車七百乘。○郤獻子的意思是説，兵車七百乘在當時已經不够用了。

⑤ 有先君之明與先大夫之肅故捷：當時有先君晉文公的明智和先大夫先軫等人的機敏，所以取勝。○陽明多次强調，主將要心如明鏡。

⑥ 克於先大夫無能爲役：我郤克和先大夫們相比，連做供他們役使的僕人的能力都沒有。

⑦ 且道之：並且給他們作嚮導帶路。

⑧ 郤子使速以徇告其僕曰吾以分謗也：郤克派人把屍體拿到軍中示衆，對他的御者説："我用這樣的行爲來分擔人們對韓厥（韓獻子）的指責。"○郤克本來要救此人，但到達後此人已經被韓厥斬殺，他便順水推舟，將此人示衆，以分擔韓厥的罪責，這體現了郤克顧全大局、忍辱負重的大將風度。

⑨ 子以君師辱於敝邑不腆敝賦詰朝請見：您帶領貴國國君的軍隊不以爲恥辱光臨敝邑，敝國兵微將寡，請求明天早上與你們相見。

⑩ 大國朝夕釋憾於敝邑之地：大國齊國不分早晚地來到敝邑的領土上發泄憤恨。

⑪ 使羣臣請於大國無令輿師淹於君地：令，各本同，《兵志》原作"能"，但旁注朱文小字"令"。○意謂派我們這些下臣們前來向大國請求，不讓我軍那麽多人在貴國長期停留。這是委婉的説法，表達了奉陪到底的決心。

⑫ 若其不許亦將見也：如果不允許，也要戰場上相見。

⑬ 桀石以投人禽之而乘其車繫桑本焉以徇齊壘曰欲勇者賈余餘勇：舉起石頭向晉軍投擲，抓獲晉軍戰俘並乘着他的兵車，把桑樹根繫在兵車上，齊營巡行示衆，宣稱："想要勇氣的來買我多餘的勇氣！"○齊人高固此言此行，足見其驕傲輕狂。

⑭ 師陳于鞌：各本此上有"癸酉"二字。

⑮ 邴夏御齊侯逢丑父爲右：邴夏爲齊頃公駕車，逢丑父擔任車右。○右，車右，負責保衛和協助將領的武士。古代戰車，一般將領居左，御者居中，武士居右，但將領爲主帥或國君，則御者居左，主帥或國君居中，武士居右。

⑯ 齊侯曰余姑翦滅此而朝食不介馬而馳之：齊頃公説："我姑且消滅了他們這些人再吃早飯。"他没有把馬尾編結起來就奔向晉軍。○齊頃公之驕傲輕狂，

一如其臣高固。○介,同騔,尾結,這裏用作動詞。齊頃公没有編結馬尾,爲下文因“驂絓於木”而險些被活捉埋下伏筆。《孫子·行軍》云:“夫惟無慮而易敵者,必擒於人。”

⑰ 郤克傷於矢流血及屨未絶鼓音:郤克被箭射傷,血流到鞋子上,但是没有讓鼓聲停止。

⑱ 張侯曰自始合而矢貫余手及肘余折以御左輪朱殷:解張説:“一開始交戰,箭就射穿了我的手和肘,我把箭折斷了繼續駕車,左邊的車輪都被染成了暗紅色。”○解張此言,可見其忠其勇。○張侯,即解張,晉大夫,字張,名侯。

⑲ 左并轡右援枹而鼓馬逸不能止師從之:於是他(解張)就用左手握住原先分别用左右手握着的馬繮,騰出右手拿起郤克的鼓槌擊鼓,馬狂奔不停,全軍都跟着向前衝去。○單手拿着所有的韁繩,難以控制,故而馬狂奔不停。○主帥郤克與其御者解張都能强忍劇痛,不廢其職,英勇無畏,是勝敵的關鍵。

⑳ 三周華不注:繞着華不注山奔跑了三圈。

㉑ 故中御而從齊侯:所以晉人韓厥就處在中間駕御戰車而追逐齊頃公。

㉒ 射其左越于車下射其右斃于車中:齊人用箭射車左,車左墜落到車下;用箭射車右,車右倒在車中。

㉓ 綦毋張喪車從韓厥曰請寓乘:齊人綦毋張喪失了兵車,追上韓厥説:“請讓我搭乘您的兵車。”

㉔ 從左右皆肘之使立於後:綦毋張上了車,準備站立在車的左邊或右邊,韓厥都用肘推開他,讓他站在自己的身後。○快要到達華泉的時候,他們乘坐的兵車的驂馬被樹木掛住了,不得不停下來。

㉕ 韓厥俛定其右:韓厥彎下身子,放穩被射死的車右的屍體。

㉖ 逢丑父與公易位:逢丑父和齊頃公乘機交换了位置。○這樣做,是爲了在遭到不測時讓敵人誤以爲坐在尊者位置的是齊君。

㉗ 驂絓於木而止:他們所乘兵車的驂馬被樹木掛住而被迫停下來。○古代一車四馬,中間二馬皆曰服,旁邊二馬皆曰驂。

㉘ 以肱擊之傷而匿之故不能推車而及:(逢丑父)用小臂去打蛇,結果小臂受了傷,但隱瞞了這件事,所以他不能用手臂推着車前進,被韓厥追上了。○這追叙了前一天逢丑父小臂受傷之事,解釋了他不能下來推車的原因。

㉙ 韓厥執縶馬前再拜稽首奉觴加璧以進：韓厥拿着絆馬索走向馬前，拜了兩拜，跪下叩首至地，捧着酒杯加上玉璧獻上。○這是在對敵國國君行君臣之禮。

㉚ 下臣不幸屬當戎行無所逃隱且懼奔辟而忝兩君：下臣我不幸，正好在軍隊裹服役，無法逃避藏匿；而且也害怕逃跑躲避會讓兩國國君受辱。○韓厥的這段話是委婉的外交辭令，表示自己參加戰鬬，就不得不盡職盡責來把對方俘虜。

㉛ 丑父使公下如華泉取飲：逢丑父讓齊頃公下車，到華泉去取水。○逢丑父與國君調换了位置，韓厥不認識齊頃公，逢丑父冒充齊頃公假裝役使他去取水，實際上是故意讓齊頃公逃脱。

24. 鄭圍許之戰（前582）

晉人執鄭伯①，鄭人圍許②，示晉不急君也③。是則公孫申謀之，曰："我出師以圍許，爲將改立君者而紓晉使④，晉必歸君。"（《成公九年》）

【校注】

① 晉人執鄭伯：此句來源並非《左傳》，而是《春秋經》。《春秋經》此上有"秋七月丙子"五字。

② 鄭人圍許：此句來源亦非《左傳》，而是《春秋經》。《經》稱時在"冬十有一月"之"庚申"，《傳》稱其時曰"冬十一月"。

③ 示晉不急君也：鄭國人這樣做是爲了向晉國顯示他們並不急於救出他們的國君鄭成公。○當時晉國人拘留了鄭成公，鄭國人没有急着去解救國君，卻發兵包圍了許國。這是欲擒故縱之計。急，以爲急。

④ 爲將改立君者而紓晉使：爲，除金澤文庫本、《釋文》所引作"僞"，各本皆作"爲"。"爲"通"僞"。

25. 鄭宋汋陵之戰（前575）

鄭子罕伐宋，宋將鉏、樂懼敗諸汋陂。退，舍於夫渠，不儆①。鄭人覆之②，敗諸汋陵，獲將鉏、樂懼，宋恃勝也③。（《成公十六年》）

【校注】

① 退舍於夫渠不儆：宋軍撤退，駐紮在夫渠，不加戒備。○儆，警戒，防備。

② 鄭人覆之：鄭軍設下伏兵進行襲擊。

③ 宋恃勝也：這是由於宋國仰仗着打了勝仗而不加警戒的緣故。○宋國反勝爲敗，原因在於因勝而驕，不加防備。失敗是成功之母，但若被勝利衝昏頭腦，得意忘形，成功也常常會成爲失敗之母。

26. 晉楚鄢陵之戰（前 575）

晉侯將伐鄭。范文子曰："若逞吾願，諸侯皆叛，晉可以逞。若唯鄭叛，晉國之憂，可立俟也①。"欒武子曰："不可以當吾世而失諸侯②，必伐鄭。"乃興師。欒書將中軍，士燮佐之；郤錡將上軍，荀偃佐之；韓厥將下軍；郤至佐新軍③。荀罃居守。郤犨如衛④，遂如齊，皆乞師焉。欒黶來乞師⑤。孟獻子曰⑥："有勝矣⑦。"戊寅，晉師起。

鄭人聞有晉師，使告於楚，姚句耳與往。楚子救鄭。司馬將中軍，令尹將左，右尹子辛將右。過申，子反入見申叔時，曰："師其何如？"對曰："德、刑、詳、義、禮、信，戰之器也。德以施惠，刑以正邪，詳以事神，義以建利，禮以順時，信以守物。民生厚而德正，用利而事節，時順而物成，上下和睦，周旋不逆，求無不具，各知其極⑧，故《詩》曰：'立我烝民，莫匪爾極。'是以神降之福，時無災害，民生敦厖，和同以聽，莫不盡力以從上命，致死以補其闕，此戰之所由克也⑨。今楚内棄其民，而外絶其好；瀆齊盟，而食話言；奸時以動，而疲民以逞⑩。民不知信，進退罪也⑪。人恤所底，其誰致死⑫？子其勉之！吾不復見子矣。"姚句耳先歸，子駟問焉。對曰："其行速，過險而不整⑬。速則失志，不整喪列⑭。志失列喪，將何以戰？楚懼不可用也。"

五月，晉師濟河。聞楚師將至，范文子欲反，曰："我僞逃楚，可以紓憂[15]。夫合諸侯，非吾所能也，以遺能者[16]。我若羣臣輯睦以事君，多矣[17]。"武子曰："不可。"

六月，晉、楚遇於鄢陵。范文子不欲戰。郤至曰："韓之戰，惠公不振旅；箕之役，先軫不反命；邲之師，荀伯不復從[18]。皆晉之恥也。子亦見先君之事矣。今我辟楚，又益恥也[19]。"文子曰："吾先君之亟戰也有故[20]。秦、狄、齊、楚皆彊，不盡力，子孫將弱。今三彊服矣，敵，楚而已[21]。唯聖人能外内無患[22]。自非聖人，外寧必有内憂，盍釋楚以爲外懼乎[23]？"

甲午晦，楚晨壓晉軍而陳[24]。軍吏患之。范匄趨進曰[25]："塞井夷竈，陳於軍中而疏行首[26]。晉、楚唯天所授，何患焉[27]？"文子執戈逐之，曰："國之存亡，天也。童子何知焉？"欒書曰："楚師輕窕，固壘而待之，三日必退。退而擊之，必獲勝焉。"郤至曰："楚有六間，不可失也[28]。其二卿相惡，王卒以舊，鄭陳而不整，蠻軍而不陳，陳不違晦，在陳而囂，合而加囂[29]。各顧其後，莫有鬭心。舊不必良，以犯天忌，我必克之。"

楚子登巢車以望晉軍[30]，子重使大宰伯州犁侍于王後[31]。王曰："騁而左右，何也？"曰："召軍吏也[32]。""皆聚於中軍矣。"曰："合謀也[33]。""張幕矣。"曰："虔卜於先君也[34]。""徹幕矣。"曰："將發命也。甚囂且塵上矣。"曰："將塞井夷竈而爲行也[35]。""皆乘矣，左右執兵而下矣。"曰："聽誓也[36]。""戰乎？"曰："未可知也[37]。""乘而左右皆下矣。"曰："戰禱也[38]。"伯州犁以公卒告王。苗賁皇在晉侯之側，亦以王卒告。皆曰："國士在，且厚，不可當也[39]。"苗賁皇言於晉侯曰："楚之良，在其中軍王族而已。請分良以擊其左右，而三軍萃於王卒，必大敗之。"公筮之。史曰："吉。其卦遇《復》，曰：'南國蹙，射其元王，中厥目。’國蹴、王傷,不敗何待?”公從之。

有淖於前,乃皆左右相違於淖㊵。步毅御晉厲公,欒鍼爲右。彭名御楚共王,潘黨爲右。石首御鄭成公,唐苟爲右。欒、范以其族夾公行㊶。陷於淖。欒書將載晉侯。鍼曰:“書退!國有大任,焉得專之?且侵官,冒也;失官,慢也;離局,姦也。有三罪焉,不可犯也。”乃掀公以出於淖㊷。

癸巳,潘尪之黨與養由基蹲甲而射之,徹七札焉㊸。以示王,曰:“君有二臣如此,何憂於戰?”王怒曰:“大辱國㊹!詰朝,爾射,死藝。”吕錡夢射月,中之,退入於泥。占之曰:“姬姓,日也;異姓,月也。必楚王也。射而中之,退入於泥,亦必死矣。”及戰,射共王,中目。王召養由基,與之兩矢,使射吕錡,中項,伏弢,以一矢復命㊺。

郤至三遇楚子之卒,見楚子,必下,免冑而趨風。楚子使工尹襄問之以弓,曰:“方事之殷也,有韎韋之跗注㊻,君子也。識見不穀而趨,無乃傷乎?”郤至見客,免冑承命㊼,曰:“君之外臣至從寡君之戎事,以君之靈,間蒙甲冑,不敢拜命㊽。敢告不寧,君命之辱㊾。爲事之故,敢肅使者㊿。”三肅使者而退(51)。

晉韓厥從鄭伯,其御杜溷羅曰:“速從之,其御屢顧,不在馬(52),可及也。”韓厥曰:“不可以再辱國君(53)。”乃止。郤至從鄭伯,其右茀翰胡曰:“諜輅之,余從之乘,而俘以下(54)。”郤至曰:“傷國君有刑。”亦止。石首曰:“衛懿公唯不去其旗,是以敗於熒(55)。”乃内旌於弢中(56)。唐苟謂石首曰:“子在君側,敗者壹大。我不如子,子以君免,我請止。”乃死。

楚師薄於險,叔山冉謂養由基曰:“雖君有命,爲國故,子必射(57)。”乃射,再發,盡殪(58)。叔山冉搏人以投,中車,折軾(59)。晉師乃止。囚楚公子茷。欒鍼見子重之旌,請曰:“楚人謂夫旌,子重之麾也，彼其子重也[60]。日臣之使於楚也，子重問晉國之勇[61]，臣對曰：'好以衆整[62]。'曰：'又何如？'臣對曰：'好以暇[63]。'今兩國治戎，行人不使，不可謂整；臨事而食言，不可謂暇。請攝飲焉[64]。"公許之。使行人執榼承飲，造於子重[65]，曰："寡君乏使，使鍼御持矛，是以不得犒從者，使某攝飲。"子重曰："夫子嘗與吾言於楚，必是故也。不亦識乎[66]？"受而飲之，免使者而復鼓[67]。旦而戰，見星未已[68]。

子反命軍吏察夷傷，補卒乘，繕甲兵，展車馬，雞鳴而食，唯命是聽。晉人患之。苗賁皇徇曰："蒐乘補卒，秣馬利兵，脩陳固列，蓐食申禱，明日復戰[69]！"乃逸楚囚[70]。王聞之，召子反謀。穀陽豎獻飲於子反，子反醉而不能見。王曰："天敗楚也夫！余不可以待[71]。"乃宵遁。晉入楚軍，三日穀[72]。（《成公十六年》）

【校注】

① 范文子曰若逞吾願諸侯皆叛晉可以逞若唯鄭叛晉國之憂可立俟也：范文子說："如果滿足我的意願，諸侯都背叛，晉國的内部危機就可以得到緩解。如果只是鄭國一國背叛，晉國的内憂，立馬就會到來。"○當時晉國的内部危機是晉厲公無道，三郤驕横，爲了轉移國内矛盾，厲公打算討伐鄭國。○范文子，下文稱"士燮"。立俟，站立着等待。

② 欒武子曰不可以當吾世而失諸侯：欒武子說："不能在我們這些人執政的時代失掉諸侯。"○欒武子，欒書，又稱欒伯，時任中軍帥。

③ 郤錡將上軍荀偃佐之韓厥將下軍郤至佐新軍：郤錡，郤克嫡子。荀偃，荀林父之孫，荀庚之子，又稱中行伯、中行獻子。韓厥，韓簡之孫。郤至，郤克族侄，郤缺從子。

④ 郤犫如衛：郤犫，郤豹曾孫，郤克堂弟。郤犫與郤錡、郤至，皆身居要職，驕横跋扈，並稱"三郤"。

⑤ 欒黶來乞師：欒黶，欒書之子。

⑥ 孟獻子曰：孟獻子，仲孫蔑。仲孫氏爲魯國"三桓"之一。

⑦ 有勝矣：各本“有”上皆無“晉”字，唯唐石經於“曰”下增“晉”字。依文義，以有“晉”字爲長。〇意謂晉國將要取勝了。

⑧ 求無不具各知其極：需求無不具辦，每個人都知道做事所要遵循的準則。

⑨ 莫不盡力以從上命致死以補其闕此戰之所由克也：没有人不竭盡全力地聽從上面的命令，不怕犧牲地去替補戰死者的空缺，這就是戰爭能够勝利的原因。

⑩ 今楚内棄其民而外絶其好瀆齊盟而食話言奸時以動而疲民以逞：現在楚國在内部拋棄他的民衆，在外部斷絶他的友邦，褻瀆盟約，言而無信，不顧農時去發動戰爭，疲弊百姓以求滿足自己的欲望。

⑪ 民不知信進退罪也：人們不知國君的信用在哪裏，進退都可能會獲罪。

⑫ 人恤所底其誰致死：人們都在擔憂自己的歸宿，誰還會去送死？

⑬ 過險而不整：經過險礙難行之處隊列就會不整齊。

⑭ 速則失志不整喪列：動作疾速就會喪失心志，謀事不周，隊列不整齊就會喪失位次行列。

⑮ 我僞逃楚可以紓憂：我們假裝畏怯而逃避楚軍，這樣就能够紓緩憂患。

⑯ 夫合諸侯非吾所能也以遺能者：會合諸侯來交戰，不是我能做到的，還是留給有能力的人吧。

⑰ 我若羣臣輯睦以事君多矣：我如果能够讓羣臣和睦地奉事國君，就已經够好的了。

⑱ 韓之戰惠公不振旅箕之役先軫不反命邲之師荀伯不復從：韓地那一戰，惠公没有能够帶着完整的軍隊歸來；箕地那一役，先軫没有能够歸國復命；邲地那一仗，荀伯讓軍隊潰敗得不能再從原路撤回。〇不復從，杜預注：“不復故道。”謂戰敗而不能從原路退回。從讀爲“踪”。一説，“從”乃“徒”字之譌。（王引之《經義述聞》卷一七《春秋左傳上》“荀伯不復從”條）

⑲ 今我辟楚又益恥也：如今我們逃避楚國，這又給晉國增加了恥辱。〇郤至先言以往與敵三戰三恥，再言逃楚則又增一恥，意欲與楚作戰。

⑳ 吾先君之亟戰也有故：我們先君屢屢興兵作戰，是有原因的。

㉑ 今三彊服矣敵楚而已：現在三彊（秦、狄、齊）已經收服，我們的敵人只有楚國了。

㉒ 唯聖人能外内無患：只有聖人才能够讓國外國内都没有憂患。

㉓ 自非聖人外寧必有内憂盍釋楚以爲外懼乎：不是聖人的話，如果外部安寧，内部一定會有憂患，何不放下楚國，而讓它成爲外部讓我們戒懼的憂患呢？

㉔ 楚晨壓晉軍而陳：楚軍一大早就逼近晉軍，擺開軍陣。

㉕ 范匄趨進曰：范匄，士燮之子。

㉖ 塞井夷竈陳於軍中而疏行首：填平水井，夷平鍋竈，就在軍營裏擺開軍陣，讓行列間的距離疏闊。

㉗ 晉楚唯天所授何患焉：晉、楚兩國的勝負都是要看上天的惠賜，我們害怕什麽呢？

㉘ 楚有六間不可失也：楚國有六個破綻，我們不要坐失時機。〇作戰要"觀釁而動"，果斷地抓住時機。

㉙ 合而加囂：加，原作"皆"，據各本改。

㉚ 楚子登巢車以望晉軍：軍，原作"車"，據各本改。〇巢車，一種用於瞭望敵情的高大的兵車。陸德明《釋文》："兵車高如巢，以望敵也。"

㉛ 子重使大宰伯州犁侍于王後：伯州犁，晉大夫伯宗之子。伯宗因三郤進讒遭到殺害，伯州犁奔楚，事見上一年《左傳》。請伯州犁侍從於王，因其深悉晉軍情況。

㉜ 王曰騁而左右何也曰召軍吏也：楚共王説："晉軍兵車向左右兩邊馳騁，在幹什麽？"伯州犁説："這是在召集軍官們。"

㉝ 皆聚於中軍矣曰合謀也：楚共王説："那些人都集合在部隊的中央了。"伯州犁説："這是他們一起共同謀議。"

㉞ 張幕矣曰虔卜於先君也：楚共王説："帳幕張設起來了。"伯州犁説："這是在先君的神主前誠心問卜。"

㉟ 徹幕矣曰將發命也甚囂且塵上矣曰將塞井夷竈而爲行也：楚共王説："帳幕撤去了。"伯州犁説："這是快要發布命令了。"楚共王説："喧囂得很厲害，而且塵土飛昇起來了。"伯州犁説："這是準備填平水井，夷平鍋竈，擺開軍陣。"

㊱ 皆乘矣左右執兵而下矣曰聽誓也：楚共王説："全都登上了戰車，但將領和車右都拿着武器下車了。"伯州犁説："是在聽從主帥發佈誓師的軍令。"

㊲ 戰乎曰未可知也：楚共王説："他們要來交戰了嗎？"伯州犁説："還不好確定。"

㊳ 乘而左右皆下矣曰戰禱也：楚共王説："晉軍上了戰車，將帥和車右又下來了。" 伯州犁説："這是在作戰前的祈禱。" ○本段中，通過楚共王與伯州犁的問對，可見伯州犁深悉晉軍情形。

㊴ 皆曰國士在且厚不可當也：（晉厲公左右的將士們）都説："楚國有伯州犁這樣的全國傑出的人物在，而且他們的人數衆多，軍陣厚密，我們無法抵禦。"

㊵ 乃皆左右相違於淖：於是晉軍都或左或右地躲開了泥沼而行。

㊶ 欒范以其族夾公行：欒、范率領着他們的家族部隊左右護衛着晉厲公前進。○欒、范之族兵强，故護衛於國君左右。

㊷ 乃掀公以出於淖：於是欒鍼就從泥沼中掀起了晉厲公的兵車。

㊸ 潘尫之黨與養由基蹲甲而射之徹七札焉：潘尫的兒子潘黨和養由基把甲衣重叠起來比賽射箭，他們都把七層甲衣射穿了。

㊹ 王怒曰大辱國：楚共王發怒説："這真是楚國的一大恥辱！" ○意謂二人以勇力技藝相誇示，而不尚智謀，適足爲國之恥辱。

㊺ 王召養由基與之兩矢使射吕錡中項伏弢以一矢復命：楚王召來養由基，給他兩支箭，讓他射吕錡，結果養由基射中吕錡的脖子，吕錡趴在弓套上死了，養由基拿着剩下的那一支箭向楚共王回話。

㊻ 方事之殷也有韎韋之跗注：正當戰事激烈緊張的時候，有一位身穿淺紅色熟皮軍服的人。

㊼ 郤至見客免冑承命：郤至見到客人工尹襄，摘下頭盔受命。○這是爲了表現對對方的尊敬。

㊽ 君之外臣至從寡君之戎事以君之靈間蒙甲冑不敢拜命：貴國國君的外臣郤至跟隨寡君作戰，托貴國國君的福佑，加入了披甲戴冑的行列，不敢拜謝君命。

㊾ 敢告不寧君命之辱：外臣我謹向君王報告没有受傷的，感謝君王賜給我的命令。

㊿ 爲事之故敢肅使者：鑒於戰事的緣故，我謹向使者肅拜行禮。

(51) 三肅使者而退：三次向使者肅拜以後才退走。

(52) 其御屢顧不在馬：他的御者反復回頭張望，心不在駕御馬匹上。○意謂御者注意力不集中。

(53) 不可以再辱國君：不能再羞辱他們的國君了。

(54) 諜輅之余從之乘而俘以下：另外派輕兵從小道迎擊，我追上他的戰車就把他俘獲過來。○輅，當讀爲迓。

(55) 衛懿公唯不去其旗是以敗於熒：從前衛懿公由於堅持不去掉他的旗子，所以才在熒地戰敗。○事見閔公二年《左傳》。

(56) 乃内旌於弢中：於是就把旗子放到弓袋裏。

(57) 雖君有命爲國故子必射：雖然國君有命令不讓您射箭，但是爲了國家的緣故，您一定要再射箭。○國君曾禁止養由基射箭，但現在從國家利益出發，養由基必須射箭。

(58) 再發盡殪：射了兩次，被射的人都被射死了。

(59) 叔山冉搏人以役中車折軾：役，原作"投"，據各本改。○叔山冉舉起晉國人投擲過去，砸中兵車，折斷了車前的横木。

(60) 楚人謂夫旌子重之麾也彼其子重也：楚國人説那面旗幟是子重的旗子，他恐怕就是子重吧。

(61) 日臣之使於楚也子重問晉國之勇：往日下臣出使到楚國，子重問起過晉國的勇武有何表現。

(62) 臣對曰好以衆整：下臣回答説："喜好人數多的、整齊有紀律的集團行動。"

(63) 曰又何如臣對曰好以暇：子重説："還有什麽？"下臣回答説："喜好遇到戰事從容鎮定。"

(64) 請攝飲焉：請大王派人替我給子重進酒。

(65) 使行人執榼承飲造於子重：派遣使者拿着酒器奉酒，送到了子重那裏。

(66) 子重曰夫子嘗與吾言於楚必是故也不亦識乎：子重説："欒鍼夫子曾經跟我在楚國説過一番話，送酒來一定是這個原因，您不記得了嗎？"

(67) 受而飲之免使者而復鼓：他接受了酒就喝，不留使者而重新擊鼓。

(68) 旦而戰見星未已：早晨開始作戰，直到星星都出來了還没打完仗。

(69) 蒐乘補卒秣馬利兵脩陳固列蓐食申禱明日復戰：檢閲兵車，補充士卒，餵飽馬匹，磨礪武器，修整軍陣，緊固行列，早早吃飯，再次祈禱，明天再戰。

(70) 乃逸楚囚：故意讓楚國的俘虜逃逸。○這是爲了讓這些楚國的俘虜回去傳遞明天再戰的信息。

(71) 余不可以待：我不能等了。○意謂要回楚國去了。楚王欲找子反謀議，没想到他卻醉了。

⑫ 晉人楚軍三日穀:晉軍進入楚國軍營,吃楚軍留下的糧食,一連吃了三天。

27. 晉魏絳諫阻伐戎之戰(前569)

無終子嘉父使孟樂如晉,因魏莊子納虎豹之皮,以請和諸戎。

晉侯曰:"戎狄無親而貪,不如伐之①。"魏絳曰:"諸侯新服,陳新來和,將觀於我②。我德則睦,否則攜貳。勞師於戎③,而楚伐陳,必弗能救,是棄陳也,諸華必叛④。戎,禽獸也。獲戎失華,無乃不可乎⑤!"

公曰⑥:"然則莫如和戎乎?"對曰:"和戎有五利焉⑦:戎狄荐居,貴貨易土,土可賈焉,一也。邊鄙不聳,民狎其野,穡人成功,二也。戎狄事晉,四鄰振動,諸侯威懷,三也。以德綏戎,師徒不動⑧,甲兵不頓,四也。鑒于后羿,而用德度,遠至邇安,五也。君其圖之!"公説,使魏絳盟諸戎。(《襄公四年》)

【校注】

① 戎狄無親而貪不如伐之:戎狄没有什麽親密友好的邦交國,而且貪得無厭,不如討伐他們。○魏絳的話,是在提醒晉君,要注意國際影響和國際觀瞻。

② 諸侯新服陳新來和將觀於我:諸侯最近才歸順我們,陳國最近才前來媾和,都會觀察我們的所作所爲。

③ 勞師於戎:原"戎"上衍一"陳"字,據各本删。

④ 是棄陳也諸華必叛:這就是抛棄了陳國,中原諸國一定會背叛我們。

⑤ 獲戎失華無乃不可乎:獲得戎國而失去中原諸國,恐怕是不可以的吧。○意謂得不償失。

⑥ 公曰:各本此上尚有"夏訓有之曰有窮后羿公曰后羿何如對曰昔有夏之方衰也后羿自鉏遷于窮石因夏民以代夏政恃其射也不脩民事而淫于原獸棄武羅伯困熊髠尨圉而用寒浞寒浞伯明氏之讒子弟也伯明后寒棄之夷羿收之信而使之以爲己相浞行媚于内而施賂于外愚弄其民而虞羿于田樹之詐慝以取其國家外内

咸服羿猶不悛將歸自田家衆殺而亨之以食其子其子不忍食諸死于窮門靡奔有鬲氏浞因羿室生澆及豷恃其讒慝詐僞而不德于民使澆用師滅斟灌及斟尋氏處澆于過處豷于戈靡自有鬲氏收二國之燼以滅浞而立少康少康滅澆于過后杼滅豷于戈有窮由是遂亡失人故也昔周辛甲之爲大史也命百官官箴王闕於虞人之箴曰芒芒禹跡畫爲九州經啓九道民有寢廟獸有茂草各有攸處德用不擾在帝夷羿冒于原獸忘其國恤而思其麀牡武不可重用不恢于夏家獸臣司原取告僕夫虞箴如是可不懲乎於是晉侯好田故魏絳及之" 三百三十九字。

⑦ 和戎有五利焉:跟戎人講和修好有五種好處。○嘉靖七年(1528)二月十三日,陽明所上《奏報田州思恩平復疏》陳述了平定叛亂,招撫則有十善,征剿則有十患,蓋係受本篇影響。

⑧ 師徒不動:動,原作"勤",據各本改。

28. 晉圍鄭都之戰(前564)

諸侯伐鄭①。季武子、齊崔杼、宋皇鄖從荀罃、士匄門於鄟門②,衛北宫括、曹人、邾人從荀偃、韓起門於師之梁③,滕人、薛人從欒黶、士魴門於北門④,杞人、郳人從趙武、魏絳斬行栗⑤。師於氾⑥。令於諸侯曰:"脩器備,盛餱糧,歸老幼,居疾於虎牢,肆眚,圍鄭⑦。"

鄭人恐,乃行成。中行獻子曰:"遂圍之,以待楚人之救也,而與之戰⑧。不然,無成。"知武子曰:"許之盟而還師,以敝楚人⑨。吾三分四軍,與諸侯之鋭,以逆來者,於我未病,楚不能矣⑩。猶愈於戰。暴骨以逞,不可以爭。大勞未艾。君子勞心,小人勞力,先王之制也。"諸侯皆不欲戰,乃許鄭成。(《襄公九年》)

【校注】

① 諸侯伐鄭:各本此上有"冬十月"三字。

② 季武子齊崔杼宋皇鄖從荀罃士匄門於鄟門:各本此上有"庚午"二字。○(魯國的)季武子、齊國的崔杼、宋國的皇鄖跟隨着晉國中軍將荀罃、士匄攻打

鄭國都城的東門鄟門。〇鄟門,鄭都東門。

③ 衛北宫括曹人邾人從荀偃韓起門於師之梁:衛國的北宫括、曹國人、邾國人跟隨着晉國的上軍將荀偃、韓起攻打鄭國都城的西門梁門。

④ 滕人薛人從欒黶士魴門於北門:滕國人、薛國人跟隨着下軍將欒黶、士魴攻打鄭國的北門。

⑤ 杞人郳人從趙武魏絳斬行栗:杞國人、郳國人跟隨着新軍將趙武、魏絳砍伐道路兩邊的栗樹。

⑥ 師於氾:各本此上有"甲戌"二字。氾,阮刻本作"汜",陸德明音義云"氾音汎"。《史記・高帝紀》"大司馬怒,渡兵汜水",司馬貞《索隱》:"今此水見名汜水,音似。"裴駰《集解》引如淳曰:"汜音祀。"《漢書・高帝本紀》"大司馬咎怒,渡兵汜水",臣瓚曰:"今成皋城東汜水是也。"顔師古曰:"此水舊讀音凡,今彼鄉人呼之爲祀。"今按地名讀音"名從主人"的原則,作"汜"。

⑦ 居疾於虎牢肆眚圍鄭:讓有病的人到虎牢去居住,赦免罪人,包圍鄭國。

⑧ 遂圍之以待楚人之救也而與之戰:完成對鄭國的包圍,讓他們等待楚國人救援,我們再和他打仗。〇這是圍鄭誘楚之計。

⑨ 許之盟而還師以敝楚人:答應他們結盟然後撤兵,用這種方法讓楚國人疲憊困乏。

⑩ 吾三分四軍與諸侯之鋭以逆來者於我未病楚不能矣:我們把我們的四軍分爲三部分,加上諸侯的精鋭部隊,以迎擊前來的楚國軍隊,對我們來説並不會疲弊困乏,而楚軍就不能承受得了。

29. 晉滅偪陽之戰(前563)

晉荀偃、士匄請伐偪陽而封宋向戌焉。荀罃曰:"城小而固,勝之不武,弗勝爲笑①。"固請。圍之②,弗克。孟氏之臣秦堇父輦重如役③。偪陽人啓門,諸侯之士門焉④。縣門發,郰人紇抉之⑤。以出門者,狄虒彌建大車之輪,而蒙之以甲,以爲櫓⑥。左執之,右拔戟,以成一隊⑦。孟獻子曰:"《詩》所謂'有力如虎'者也⑧。"主人縣布,堇父登之,及堞而絶之⑨。隊則又縣之⑩。

蘇而復上者三[11]，主人辭焉，乃退。帶其斷以徇於軍三日[12]。

諸侯之師久於偪陽，荀偃、士匄請於荀罃曰："水潦將降，懼不能歸，請班師。"知伯怒，投之以機，出於其間[13]，曰："女成二事而後告余[14]。余恐亂命，以不女違。女既勤君而興諸侯，牽帥老夫以至于此，既無武守，而又欲易余罪，曰：'是實班師，不然克矣[15]。'余羸老也，可重任乎？七日不克，必爾乎取之[16]！"五月庚寅，荀偃、士匄帥卒攻偪陽，親受矢石[17]。滅之。書曰"遂滅偪陽"，言自會也[18]。

以與向戌。向戌辭曰："君若猶辱鎮撫宋國，而以偪陽光啓寡君，羣臣安矣，其何貺如之[19]！若專賜臣，是臣興諸侯以自封也[20]，其何罪大焉！敢以死請。"乃予宋公。（《襄公十年》）

【校注】

① 城小而固勝之不武弗勝爲笑：城池很小卻很堅固，攻下來不算勇武，攻不下會被人恥笑。〇此城猶如雞肋，應當早早放棄。《孫子·九變》："城有所不攻。"

② 圍之：各本此上有"丙寅"二字。

③ 孟氏之臣秦堇父輦重如役：孟氏的家臣秦堇父用人力拉了輜重車來到作戰之地。

④ 偪陽人啓門諸侯之士門焉：偪陽人開啓城門，諸侯的將士趁機攻擊城門往裏衝。

⑤ 縣門發郰人紇抉之：内城有人把閘門放下，郰縣大夫叔梁紇雙手舉起閘門。

⑥ 狄虒彌建大車之輪而蒙之以甲以爲櫓：狄虒彌把大車輪子樹立起來，蒙上皮甲做成了一面大盾牌。

⑦ 左執之右拔戟以成一隊：左手拿着它（自製大盾牌），右手拔掉戟就向前衝，自成一隊。

⑧ 詩所謂有力如虎者也：這就是《詩經》所説的"像老虎一樣有力"的人啊。

⑨ 主人縣布堇父登之及堞而絶之：偪陽守城的人把布掛下來，秦堇父拉着布向上登城，剛攀登到牆垜，守城人就把布割斷了。

⑩ 隊則又縣之：秦堇父跌落到地上，守城人又把布掛下來。

⑪ 蘇而復上者三：秦堇父蘇醒過來後重新拉着布向上攀登，這樣他登了三次摔了三次。

⑫ 帶其斷以徇於軍三日：把割斷的布做成了帶子在軍隊裏展示了三天。

⑬ 投之以機出於其間：向他們扔弩機，弩機從兩個人中間飛過。

⑭ 女成二事而後告余：你們把這兩件事情辦成了再來向我報告。

⑮ 而又欲易余罪曰是實班師不然克矣：而又想歸罪到我的身上，回去説："是他下令退兵的。不這樣的話，這座城池已經攻下來了。"〇知伯謀事只從個人私利出發，没有從全局、國家的利益出發，最後以慘勝結束。〇易，移也。

⑯ 必爾乎取之：一定要取下你們的腦袋來謝罪。

⑰ 親受矢石：親身冒着敵人射下來的箭和扔下來的壘石。

⑱ 言自會也：説的是從柤地會盟以後就開始進攻偪陽。

⑲ 君若猶辱鎮撫宋國而以偪陽光啓寡君羣臣安矣其何貺如之：如果還承蒙貴國君王屈尊安撫宋國，而用偪陽來擴大我們寡君的疆土，下臣們就安心了，還有什麽比得上這樣的賞賜呢？〇光啓，廣起，指擴大疆土。

⑳ 若專賜臣是臣興諸侯以自封也：如果專門賜給下臣我，那就是下臣發動諸侯的軍隊而自肥。〇封，同"豐"，厚也。〇向戌深明大義，堅決辭封。

30. 楚宋蕭之戰（前563）

諸侯之師城虎牢而戍之，晉師城梧及制，士魴、魏絳戍之。書曰"戍鄭虎牢"，非鄭地也，言將歸焉[①]。鄭及晉平。

楚子囊救鄭。諸侯之師還鄭而南[②]，至於陽陵。楚師不退。知武子欲退，曰："今我逃楚，楚必驕，驕則可與戰矣[③]。"欒黶曰："逃楚，晉之恥也。合諸侯以益恥，不如死。我將獨進[④]。"師遂進。己亥，與楚師夾潁而軍[⑤]。

子蟜曰："諸侯既有成行，必不戰矣。從之將退，不從亦退。退，楚必圍我。猶將退也，不如從楚，亦以退之[⑥]。"宵涉潁，與楚人盟。欒黶欲伐鄭師，荀罃不可，曰："我實不能禦楚，又不能庇鄭[7]，鄭何罪？不如致怨焉而還[8]。今伐其師，楚必救之。戰而不克，爲諸侯笑。克不可命[9]，不如還也。”諸侯之師還[10]，侵鄭北鄙而歸。楚人亦還。（《襄公十年》）

【校注】

① 書曰戍鄭虎牢非鄭地也言將歸焉：《春秋》記載説“戍鄭虎牢”，虎牢當時不是鄭國實際控制的地區，卻這樣記載，這是説晉國打算將來在鄭國屈服後把它歸還給鄭國。

② 諸侯之師還鄭而南：各本此上有“十一月”三字。〇諸侯聯軍環繞鄭國，然後向南開進。

③ 武子欲退曰今我逃楚楚必驕驕則可與戰矣：知武子想要撤兵，説：“現在我們逃避楚軍，楚軍必然會驕傲，楚軍驕傲了，我們就可以和他們打上一仗了。”〇知武子欲退兵以驕楚，待其驕而與之戰，與陽明所謂“伐謀爲先”“攻心爲上”相合。知武子，晉大夫智（知）罃，也稱“荀罃”。

④ 欒黶曰逃楚晉之恥也合諸侯以益恥不如死我將獨進：欒黶説：“逃避楚軍，是晉國的恥辱。聚合諸侯卻增加恥辱，還不如去死。我要單獨進攻敵人。”〇欒黶以退師爲恥，欲獨進。此不當進而欲進。《孫子・謀攻》：“不知三軍之不可以進而謂之進，不知三軍之不可以退而謂之退，是謂縻軍。”欒黶，欒書之子，時任下軍佐。

⑤ 與楚師夾潁而軍：各本此上有“己亥”二字。〇晉軍和楚軍夾着潁水駐紮。

⑥ 子蟜曰諸侯既有成行必不戰矣從之將退不從亦退退楚必圍我猶將退也不如從楚亦以退之：蟜，叢刊本同，阮刻本作“蟜”。〇鄭將子蟜説：“諸侯已經商議好了如何退兵，一定不會打仗了。屈從他們他們會退兵，不屈從他們他們也會退兵。他們退兵，楚軍必定包圍我們。同樣是會退兵，不如屈從楚國，用屈從楚軍的策略讓楚國退兵。”〇鄭將子蟜知無論屈從晉國與否，以晉國爲首的諸侯聯軍都會退兵，而屈從楚國便可以退楚兵，因此做出了從楚的決策。子蟜可謂陽明所云心如明鏡者。

⑦ 我實不能禦楚又不能庇鄭：我們實際上不能抵禦得了楚軍，又不能庇護鄭國。

⑧ 不如致怨焉而還：不如把這種怨恨送給楚國，然後我們撤兵回國。

⑨ 克不可命：勝利没有十足的把握。〇意謂勝負難定。〇命，信。

⑩ 諸侯之師還：各本此上有"丁未"二字。

31. 晉楚攻宋之戰（前562）

鄭人患晉、楚之故[①]，諸大夫曰："不從晉，國幾亡。楚弱於晉，晉不吾疾也。晉疾，楚將辟之[②]。何爲而使晉師致死於我，楚弗敢敵，而後可固與也[③]。"子展曰："與宋爲惡，諸侯必至，吾從之盟。楚師至，吾又從之，則晉怒甚矣[④]。晉能驟來，楚將不能，吾乃固與晉[⑤]。"大夫説之，使疆埸之司惡於宋[⑥]。

宋向戌侵鄭，大獲[⑦]。子展曰："師而伐宋可矣[⑧]。若我伐宋，諸侯之伐我必疾，吾乃聽命焉，且告於楚。楚師至，吾乃與之盟，而重賂晉師，乃免矣。"夏，鄭子展侵宋。（《襄公十一年》）

【校注】

① 鄭人患晉楚之故：鄭國人擔憂晉楚爭霸常常攻打夾在中間的鄭國的緣故。

② 晉疾楚將辟之：如果晉國急於降服我國，楚國會避開他們的。

③ 何爲而使晉師致死於我楚弗敢敵而後可固與也：怎麽才能讓晉國拼命攻打我們而楚國就不敢抵擋？這樣以後我們才能够堅定地歸附晉國。

④ 則晉怒甚矣：這樣晉國的怒氣就會非常大。

⑤ 晉能驟來楚將不能吾乃固與晉：如果晉國能頻繁地前來，楚國將不能頻繁地過來抵擋，我們就堅定地歸附晉國。

⑥ 使疆埸之司惡於宋：指使駐守邊境的官員向宋國挑釁，讓兩國關係惡化。

⑦ 大獲：俘獲很多。

⑧ 師而伐宋可矣：我們可以出兵討伐宋國了。

32. 吴楚庸浦之戰（前560）

吴侵楚，養由基奔命，子庚以師繼之[①]。養叔曰："吴乘我喪，

謂我不能師也，必易我而不戒[②]。子爲三覆以待我，我請誘之[③]。”子庚從之。戰于庸浦，大敗吴師。（《襄公十三年》）

【校注】

①吴侵楚養由基奔命子庚以師繼之：吴國侵襲楚國，楚國的養由基遵從命令作爲急先鋒迅速奔向敵人，楚國王子子庚率軍跟了上去。〇養由基，下文稱“養叔”。

②吴乘我喪謂我不能師也必易我而不戒：吴國趁着我國有國喪，認爲我們是不能興師出兵的，必然會輕視我們而不加戒備。〇由養由基此言，可見其心如明鏡，洞悉敵人之心，並善於利用敵人的懈怠打擊敵人。

③子爲三覆以待我我請誘之：您在多個地方設置伏兵等着我，我請求去引誘他們進入伏擊圈。〇三，多。

33. 齊晉平陰之戰（前555）

中行獻子將伐齊，夢與厲公訟，弗勝[①]。公以戈擊之，首隊於前，跪而戴之，奉之以走，見梗陽之巫皋[②]。他日，見之道[③]，與之言，同。巫曰：“今兹主必死。若有事於東方，則可以逞。”獻子許諾。

晉侯伐齊，將濟河，獻子以朱絲係玉二瑴而禱曰[④]：“齊環怙恃其險，負其衆庶，棄好背盟，陵虐神主。曾臣彪將率諸侯以討焉，其官臣偃實先後之。苟捷有功，無作神羞，官臣偃無敢復濟。唯爾有神裁之。”沈玉而濟。

冬十月，會於魯濟，尋湨梁之言，同伐齊。齊侯禦諸平陰，塹防門而守之，廣里[⑤]。夙沙衛曰：“不能戰，莫如守險[⑥]。”弗聽。諸侯之士門焉，齊人多死[⑦]。范宣子告析文子，曰：“吾知子，敢匿情乎[⑧]？魯人、莒人皆請以車千乘，自其鄉入，既許之矣。若入，君必失國。子盍圖之！”子家以告公。公恐。晏嬰聞之，曰：

"君固無勇,而又聞是⑨,弗能久矣。"齊侯登巫山以望晉師。晉人使司馬斥山澤之險,雖所不至,必旆而疏陳之⑩。使乘車者左實右僞,以旆先,輿曳柴而從之⑪。齊侯見之,畏其衆也,乃脱歸。丙寅晦,齊師夜遁。師曠告晉侯曰:"鳥烏之聲樂,齊師其遁⑫。"邢伯告中行伯曰:"有班馬之聲⑬,齊師其遁。"叔向告晉侯曰:"城上有烏,齊師其遁⑭。"

十一月丁卯朔,入平陰,遂從齊師。夙沙衛連大車以塞隧而殿⑮。殖綽、郭最曰:"子殿國師,齊之辱也。子姑先乎⑯!"乃代之殿,衛殺馬於隘以塞道⑰。晉州綽及之,射殖綽,中肩,兩矢夾脰⑱,曰:"止,將爲三軍獲;不止,將取其衷⑲。"顧曰:"爲私誓。"州綽曰:"有如日!"乃弛弓而自後縛之⑳。其右具丙亦舍兵而縛郭最,皆衿甲面縛,坐于中軍之鼓下㉑。

晉人欲逐歸者,魯、衛請攻險。己卯,荀偃、士匄以中軍克京兹。乙酉,魏絳、欒盈以下軍克邿;趙武、韓起以上軍圍盧,弗克。十二月戊戌,及秦周伐雍門之萩㉒,范鞅門于雍門,其御追喜以戈殺犬于門中㉓,孟莊子斬其橁以爲公琴㉔。己亥,焚雍門及西郭、南郭。劉難、士弱率諸侯之師焚申池之竹木。壬寅,焚東郭、北郭,范鞅門於揚門。州綽門於東閭,左驂迫,還于東門中,以枚數闔㉕。

齊侯駕,將走郵棠。大子與郭榮扣馬,曰:"師速而疾,略也。將退矣,君何懼焉?且社稷之主不可以輕,輕則失衆㉖。"將犯之㉗。大子抽劍斷鞅㉘,乃止。甲辰,東侵及濰,南及沂。(《襄公十八年》)

【校注】

① 中行獻子將伐齊夢與厲公訟弗勝:中行獻子將要討伐齊國,夢見自己和早已被自己殺死的晉厲公爭辯,卻爭辯不過晉厲公。○中行獻子,荀偃,時任晉

國中軍帥。荀偃嘗與欒書殺死晉厲公。

② 公以戈擊之首隊於前跪而戴之奉之以走見梗陽之巫皋：晉厲公用戈襲擊他，人頭落在他的前面，跪下去戴在脖子上，兩手捧着他的人頭跑，見到梗陽的巫皋。○巫皋，巫者名皋。

③ 見之道：之，各本作"諸"。

④ 獻子以朱絲係玉二瑴而禱曰：中行獻子用朱絲繫着兩對玉瑴而祈禱説。

⑤ 塹防門而守之廣里：在防門外挖壕堅守，壕溝有一里寬。

⑥ 不能戰莫如守險：如果不能到防門打仗，還不如固守險要的地方。○守險比守城更容易。○防門，齊地。

⑦ 諸侯之士門焉齊人多死：諸侯聯軍的士兵進擊防門，齊軍死傷衆多。

⑧ 吾知子敢匿情乎：我與您相知，哪裏敢向您隱瞞實情？

⑨ 君固無勇而又聞是：我們的國君本來就缺少勇氣，而現在又聽到這些話。○勇，是戰場上將士必備的品質。

⑩ 晉人使司馬斥山澤之險雖所不至必旆而疏陳之：晉國人派司馬偵查山澤的險阻，即使是他們到不了的地方，也一定要樹起大旗，稀疏地排列成軍陣的樣子。

⑪ 使乘車者左實右僞以旆先輿曳柴而從之：讓兵車左邊坐着真人而右邊放着假人，讓大旗在前先出現，兵車在後面拖着木柴跟着跑。○晉人此舉，是爲了給敵人造成人多勢衆的錯覺，給敵人造成心理上的打擊。

⑫ 烏烏之聲樂齊師其遁：烏鴉的聲音歡快，齊軍恐怕已經逃走了。

⑬ 有班馬之聲：有撤軍時才會出現的馬匹嘶鳴的聲音。

⑭ 城上有烏齊師其遁：城墻頂上有烏鴉停留，齊軍恐怕已經逃走了。○主將要善於根據有價值的細節判斷敵情。《孫子·行軍》記録了判斷敵情的三十二種徵候，即"相敵三十二法"。

⑮ 連大車以塞隧而殿：把大車相連在一起，堵塞進入山裏的小路，而自己充當殿後。

⑯ 子姑先乎：您姑且先走吧。

⑰ 乃代之殿衛殺馬於隘以塞道：於是就代替他充當殿後，夙沙衛殺掉馬匹放在狹路上，堵塞道路。

⑱ 兩矢夾脰：兩枝箭夾着他的脖子。○脰，頸項。

⑲ 將取其衷：我將一箭射向你脖子，正中喉嚨。

⑳ 乃弛弓而自後縛之：於是他就把弓弦鬆下來，用弓弦從後面綁縛殖綽。

㉑ 其右具丙亦舍兵而縛郭最皆衿甲面縛坐于中軍之鼓下：面縛，原作"而縛"，據各本改。○他的車右具丙也捨棄武器而綁縛郭最，都不卸盔甲就從後面綁縛，讓他們都坐在中軍的戰鼓下面。

㉒ 及秦周伐雍門之萩：到齊國都城臨淄西門外一個叫秦周的地方，砍伐了齊都西門雍門外邊的萩木。

㉓ 以戈殺犬于門中：用戈在雍門内殺狗。○用來表現自己的悠閑。

㉔ 斬其椅以爲公琴：砍下椅木，用來製作頌琴。○用來作爲戰爭勝利的紀念品。

㉕ 左驂迫還于東門中以枚數闔：左邊的驂馬被擠得不能前進，跑回門裏，〔停留了很長時間，〕他把城門上的釘子都數清楚了，毫不害怕。○由州綽此舉，可見其勇敢無畏。

㉖ 社稷之主不可以輕輕則失衆：國家之主不能輕率，輕率就會失去民心。

㉗ 將犯之：各本此下有"君必待之"四字。

㉘ 抽劍斷鞅：抽出寶劍砍斷了馬鞅。○太子此舉讓齊靈公無法逃走。

34. 齊襲晉熒庭之戰(前550)

齊侯伐衛①。先驅②，穀榮御王孫揮，召揚爲右。申驅③，成秩御莒恒，申鮮虞之傅摯爲右。曹開御戎，晏父戎爲右。貳廣④，上之登御邢公，盧蒲癸爲右。啓，牢成御襄罷師，狼蘧疏爲右。胠⑤，商子車御侯朝，桓跳爲右。大殿⑥，商子游御夏之御寇，崔如爲右。燭庸之越駟乘。

自衛將遂伐晉。晏平仲曰："君恃勇力以伐盟主。若不濟，國之福也。不德而有功，憂必及君⑦。"崔杼諫曰⑧："不可。臣聞之：'小國間大國之敗而毁焉，必受其咎⑨。'君其圖之。"弗聽。陳文子見崔武子曰："將如君何？"武子曰："吾言於君，君弗聽也。以爲盟主,而利其難。羣臣若急,君於何有[⑩]?子姑止之。"文子退,告其人曰:"崔子將死乎!謂君甚而又過之[⑪],不得其死。過君以義,猶自抑也,況以惡乎?"

齊侯遂伐晉,取朝歌。爲二隊[⑫],入孟門,登大行。張武軍於熒庭[⑬],戍郫邵,封少水,以報平陰之役,乃還。趙勝帥東陽之師以追之,獲晏氂[⑭]。(《襄公二十三年》)

【校注】

① 齊侯伐衛:各本此上有"秋"字。

② 先驅:前鋒部隊。

③ 申驅:次前鋒部隊。

④ 貳廣:(齊莊公的)副車。

⑤ 胠:戰陣的右翼。

⑥ 大殿:殿後的部隊。

⑦ 不德而有功憂必及君:没有德行卻能取得功績,憂患必將累及國君。

⑧ 崔杼諫曰:崔杼,齊大夫,名杼,謚武,下文稱"崔武子""崔子",在齊執政二十多年,驕横嗜殺,迎立齊莊公,後又殺死莊公,立其弟杵臼(齊景公),而自己擔任右相,後家族内訌,家族遭左相慶封攻滅,本人自殺,死後被景公戮屍示衆。

⑨ 小國間大國之敗而毁焉必受其咎:小國趁着大國敗亂的間隙而使用武力毁壞,一定會遭到灾禍。○由崔杼之言,可見他有遠見。

⑩ 羣臣若急君於何有:下臣們如果被逼急了,哪裹還能顧得上國君?

⑪ 謂君甚而又過之:(崔杼)説國君過分而他的所作所爲超過了國君。○崔杼雖有遠見,但私心重,不能堅持真理。

⑫ 爲二隊:(齊軍)分爲兩隊。

⑬ 張武軍於熒庭:在距晉國首都不過百里的熒庭建築軍壘。

⑭ 獲晏氂:晏氂,齊大夫,晏嬰之子。

35. 楚鄭棘澤之戰(前549)

楚子伐鄭以救齊,門於東門,次於棘澤。諸侯還救鄭。晉侯使張骼、輔躒致楚師，求御於鄭[①]。鄭人卜宛射犬，吉。子大叔戒之曰："大國之人不可與也。"對曰："無有衆寡，其上一也。"大叔曰："不然。部婁無松栢[②]。"二子在幄[③]，坐射犬於外。既食，而後食之。使御廣車而行，已皆乘乘車。將及楚師，而後從之乘，皆踞轉而鼓琴[④]。近，不告而馳之[⑤]。皆取冑於橐而冑，入壘，皆下，搏人以投，收禽挾囚[⑥]。弗待而出，皆超乘，抽弓而射[⑦]。既免，復踞轉而鼓琴[⑧]，曰："公孫！同乘，兄弟也，胡再不謀[⑨]？"對曰："曩者志入而已，今則怯也[⑩]。"皆笑曰："公孫之亟也[⑪]！"

楚子自棘澤還，使薳啓彊帥師送陳無宇。（《襄公二十四年》）

【校注】

① 求御於鄭：請求鄭國提供駕御戰車的人。○因鄭人熟悉當地地形。

② 部婁無松栢：小土山上不可能長出高大的松柏。○意謂小國與大國不能分庭抗禮。

③ 二子在幄：二子，指張骼、輔躒。幄，帳篷。

④ 皆踞轉而鼓琴：都蹲在車後面的橫木上彈琴。○張骼、輔躒勇於作戰，卻於此時失禮於同袍射犬。○轉，軫，車後橫木。

⑤ 近不告而馳之：車子接近楚軍的營壘，射犬没有告訴這兩個人就疾馳前進。

⑥ 皆取冑於橐而冑入壘皆下搏人以投收禽挾囚：這兩個人都從袋子裏取出頭盔戴上，進入營壘，他們都跳下車，把楚兵抓起來拋過去，把俘虜綁縛好挾在腋下。

⑦ 弗待而出皆超乘抽弓而射：射犬没有等着這兩個人就單獨一人駕車出來，這兩個人都急忙跳上車，抽出弓箭射擊追兵。

⑧ 復踞轉而鼓琴：他們兩個人又蹲在車後面的橫木上彈琴。○張骼、輔躒此舉又是失禮於射犬。

⑨ 胡再不謀：爲什麽接連兩次都獨自行動，不在事前跟我們打一聲招呼商量商量呢？

⑩ 曩者志入而已今則怯也：先前是我一心想着衝進敵營，這次是我心裏害怕，都没有顧得上去商量。○射犬遭遇非禮，不能忍辱，爲了洩憤，獨自行動，後又心生怯意。

⑪ 皆笑曰公孫之亟也：他們兩個人都笑了，説："公孫真是個急性子啊！"

36. 楚吴舒鳩之戰（前548）

楚薳子馮卒，屈建爲令尹，屈蕩爲莫敖。舒鳩人卒叛楚[①]，令尹子木伐之，及離城，吴人救之。子木遽以右師先[②]，子彊、息桓、子捷、子駢、子盂帥左師以退[③]。吴人居其間七日[④]。子彊曰："久將墊隘，隘乃禽也，不如速戰[⑤]。請以其私卒誘之，簡師，陳以待我。我克則進，奔則亦視之，乃可以免。不然，必爲吴禽[⑥]。"從之。五人以其私卒先擊吴師，吴師奔。登山以望，見楚師不繼[⑦]，復逐之，傅諸其軍。簡師會之[⑧]，吴師大敗。遂圍舒鳩，舒鳩潰。八月，楚滅舒鳩。（《襄公二十五年》）

【校注】

① 舒鳩人卒叛楚：舒鳩人終於背叛了楚國。○舒鳩，楚國的屬國。

② 子木遽以右師先：子木，屈建，時任楚國令尹。

③ 帥左師以退：帥，原誤作"師"，據各本改。○楚人子彊等五人率領左軍撤退。

④ 吴人居其間七日：吴國人在楚國左右兩軍之間被困七天。

⑤ 久將墊隘隘乃禽也不如速戰：時間久了，我們的將士將會羸瘦困乏，就會被輕易擒獲，不如迅速出擊。

⑥ 不然必爲吴禽：不這樣，我們一定會被吴國擒獲俘虜。

⑦ 登山以望見楚師不繼：吴人爬上山遠望，看到楚軍没有後援部隊。○吴人没有識破對方的誘敵之計。

⑧ 簡師會之：楚軍經過挑選的精鋭部隊就和家兵會合在一起打仗。○楚軍先以私家部隊誘敵追擊，然後出其不意，讓其精鋭部隊與私家武裝聯合攻擊吴

軍,打得對手措手不及。

37. 吴楚巢之戰(前 548)

吴子諸樊伐楚[①],以報舟師之役。門于巢。巢牛臣曰[②]:“吴王勇而輕,若啓之,將親門[③]。我獲射之,必殪[④]。是君也死,疆其少安[⑤]。”從之。吴子門焉,牛臣隱於短牆以射之,卒[⑥]。(《襄公二十五年》)

【校注】

① 吴子諸樊伐楚:各本此上有“十二月”三字。

② 巢牛臣曰:巢牛臣,楚臣。

③ 吴王勇而輕若啓之將親門:吴王勇猛而輕率,如果我們打開城門,他將會親自率軍攻進城門。○勇而輕,即勇而無謀,匹夫之勇。

④ 殪:死。

⑤ 是君也死疆其少安:這個國君死了,邊境上可以稍微安定一段時間。

⑥ 隱於短牆以射之卒:牛臣隱藏在短墻後面用箭射他,吴王被射死了。

38. 晉謀取烏餘封邑之戰(前 547)

齊烏餘以廪丘奔晉[①],襲衛羊角,取之;遂襲我高魚。有大雨,自其竇入,介於其庫,以登其城,克而取之[②]。又取邑於宋。於是范宣子卒,諸侯弗能治也。及趙文子爲政,乃卒治之。文子言於晉侯曰:“晉爲盟主,諸侯或相侵也,則討而使歸其地[③]。今烏餘之邑,皆討類也[④],而貪之,是無以爲盟主也。請歸之。”公曰:“諾。孰可使也?”對曰:“胥梁帶能無用師。”晉侯使往。(《襄公二十六年》)

胥梁帶使諸喪邑者具車徒以受地[⑤],必周。使烏餘具車徒以受封[⑥]。烏餘以其衆出,使諸侯僞效烏餘之封者,而遂執之,盡獲

之[⑦]。皆取其邑而歸諸侯。諸侯是以睦於晉。(《襄公二十七年》)

【校注】

① 齊烏餘以廩丘奔晉：齊國的大夫烏餘憑藉着自己的廩丘之地投奔到晉國。

② 有大雨自其竇入介於其庫以登其城克而取之：下着大雨，齊軍從城墻的排水道鑽入城中，來到城裏的武器庫，取出了甲胄供給齊軍使用，然後爬上城墻，攻克並輕鬆取得了高魚。

③ 則討而使歸其地：而，各本皆無此字。

④ 今烏餘之邑皆討類也：當今的烏餘是侵奪來的，這一類侵奪而來的土地都是必須討伐而讓其歸還原主的。○大國晉國欲延續霸業，必須不計小利，不計一城一池之得失。

⑤ 胥梁帶使諸喪邑者具車徒以受地：各本此上有"二十七年春"五字。本條第一小段和第二小段分別見於《左傳》之《襄公二十六年》《二十七年》，或以爲本當爲一體，即在一年之中，後人割裂之。

⑥ 使烏餘具車徒以受封：讓烏餘準備車兵來接受封地。

⑦ 烏餘以其衆出使諸侯僞效烏餘之封者而遂執之盡獲之：烏餘帶領他的部衆出來，胥梁帶着諸侯假裝把土地進獻給烏餘，趁着烏餘没有防備，把他和他的部衆全部抓獲。○烏餘之徒利令智昏，不知是計，被一網打盡。

39. 晉狄大原之戰(前541)

晉中行穆子敗無終及羣狄於大原，崇卒也[①]。將戰，魏舒曰："彼徒我車，所遇又阨，以什共車，必克。困諸阨，又克。請皆卒，自我始[②]。"乃毁車以爲行[③]，五乘爲三伍。荀吴之嬖人不肯即卒，斬以徇[④]。爲五陳以相離，兩於前，伍於後，專爲右角，參爲左角，偏爲前拒，以誘之。翟人笑之，未陳而薄之[⑤]，大敗之。(《昭公元年》)

【校注】

① 晉中行穆子敗無終及羣狄於大原崇卒也：晉國的中行穆子在大原打敗了

無終國和其他各部狄人,這是由於他崇尚使用步兵的緣故。

② 請皆卒自我始:請允許我將全部車兵改爲步兵,從我的部隊開始。○戰爭的實踐性很强,最忌諱教條主義。

③ 乃毁車以爲行:捨棄車乘,將車兵編入步兵行列。○毁,捨也。

④ 荀吴之嬖人不肯即卒斬以徇:荀吴的寵臣不願意被編入步兵,魏舒就殺了巡行示衆。○《六韜·將威》云"以誅大爲威","殺一人而三軍震者殺之","殺貴大"。

⑤ 翟人笑之未陳而薄之:狄人看到他們人數少就譏笑他們,没有等狄人擺開軍陣,晉兵就向前壓上去進攻。

40. 楚吴鵲岸之戰(前537)

楚子以諸侯及東夷伐吴[①],以報棘、櫟、麻之役。薳射以繁揚之師會於夏汭。越大夫常壽過帥師會楚子於瑣。聞吴師出,薳啓彊帥師從之,遽不設備,吴人敗諸鵲岸[②]。

楚子以馹至於羅汭[③]。吴子使其弟蹶由犒師,楚人執之,將以釁鼓。王使問焉,曰:"女卜來吉乎?"對曰:"吉。寡君聞君將治兵於敝邑,卜之以守龜,曰:'余亟使人犒師,請行以觀王怒之疾徐,而爲之備,尚克知之[④]!'龜兆告吉,曰:'克可知也。'君若驩焉好逆使臣,兹敝邑休怠而忘其死,亡無日矣[⑤]。今君奮焉震電馮怒,虐執使臣,將以釁鼓,則吴知所備矣[⑥]。敝邑雖羸,若早脩完,其可以息師。難易有備,可謂吉矣。且吴社稷是卜,豈爲一人[⑦]?使臣獲釁軍鼓,而敝邑知備,以禦不虞,其爲吉孰大焉[⑧]?國之守龜,其何事不卜?一臧一否,其誰能當之[⑨]?城濮之兆,其報在邲[⑩]。今此行也,其庸有報志[⑪]?"乃弗殺。

楚師濟於羅汭。沈尹赤會楚子,次於萊山。薳射帥繁揚之師先入南懷,楚師從之,及汝清。吴不可入[⑫]。楚子遂觀兵於坻箕之山。是行也,吴早設備,楚無功而還[⑬],以蹶由歸。楚子懼吴,

使沈尹射待命于巢，薳啓彊待命于雩婁，禮也[14]。（《昭公五年》）

【校注】

① 楚子以諸侯及東夷伐吴：各本此上有“冬十月”三字。

② 遽不設備吴人敗諸鵲岸：倉促中没有設防，吴國人在鵲岸擊敗了他（薳啓彊）。

③ 楚子以馹至於羅汭：楚靈王乘坐驛車到達了羅水彎曲的地方。○羅，水名。

④ 余亟使人犒師請行以觀王怒之疾徐而爲之備尚克知之：我馬上就要派人去犒勞楚國的軍隊，請查看楚王火氣的大小而加以戒備，或許我們可以預先知道吉凶。

⑤ 君若驩焉好逆使臣兹敝邑休殆而忘其死亡無日矣：兹，各本皆作“滋”。兹，“滋”之古字。○君王如果心情好，友好地迎接使臣，滋長敝邑懈怠的情緒而忘記死亡的危險，我們的滅亡就没有多少時日了。

⑥ 則吴知所備矣：那麽吴國就清楚該怎樣加以戒備了。○楚人若殺吴王弟蹶由，等於告訴對方要加强防備。

⑦ 且吴社稷是卜豈爲一人：而且吴國是爲了整個國家而占卜，難道是爲了使臣我一個人？

⑧ 使臣獲釁軍鼓而敝邑知備以禦不虞其爲吉孰大焉：使臣獲用己血塗軍鼓行祭，而敝邑就曉得提前防備，以防備意外的事情，還有比這更大的吉利嗎？

⑨ 一臧一否其誰能當之：當，原作“常”，據各本改。○或吉或凶，誰能確定在什麽事上應驗？

⑩ 城濮之兆其報在邲：楚國城濮之戰的吉兆，在邲之戰得到應驗。○僖公二十八年，楚人占卜得吉兆而戰敗；宣公十二年，楚人勝。

⑪ 今此行也其庸有報志：現今的這次出使，難道讓占卜得到的吉兆也會應驗？○其庸，豈。其、庸義同。

⑫ 吴不可入：無法進入吴國。

⑬ 是行也吴早設備楚無功而還：這一次行動，吴國提早做了防備，楚國没有收穫就返回去了。○楚人無備，吴師敗諸鵲岸；吴人有備，楚師無功而還，故爲軍必有備。

⑭ 楚子懼吴使沈尹射待命于巢薳啓彊待命于雩婁禮也：楚靈王懼怕吴國，讓沈尹射在巢地待命，薳啓彊在雩婁待命，這是合乎禮法的。

41. 晉荀吴攻鮮虞之戰（前527）

晉荀吴帥師伐鮮虞，圍鼓。鼓人或請以城叛，穆子弗許[①]。左右曰："師徒不勤，而可以獲城，何故不爲？"穆子曰："吾聞諸叔向曰：'好惡不愆，民知所適，事無不濟。'或以吾城叛，吾所甚惡也[②]；人以城來，吾獨何好焉[③]？賞所甚惡，若所好何？若其弗賞，是失信也，何以庇民？力能則進，否則退，量力而行。吾不可以欲城而邇姦[④]，所喪滋多。"使鼓人殺叛人而繕守備[⑤]。

圍鼓三月，鼓人或請降。使其民見，曰："猶有食色[⑥]，姑脩而城。"軍吏曰："獲城而弗取，勤民而頓兵，何以事君？"穆子曰："吾以事君也，獲一邑而教民怠，將焉用邑[⑦]？邑以賈怠，不如完舊。賈怠無卒，棄舊不祥。鼓人能事其君，我亦能事吾君。率義不爽，好惡不愆，城可獲而民知義所。有死命而無二心，不亦可乎！"鼓人告食竭力盡而後取之[⑧]。克鼓而反，不戮一人[⑨]，以鼓子鳶鞮歸。（《昭公十五年》）

【校注】

① 穆子弗許：穆子，荀吴。

② 或以吾城叛吾所甚惡也：如果有人帶着我們的城邑叛變，這是我們特别憎惡的。

③ 人以城來吾獨何好焉：别人帶着城邑前來叛變，我們爲什麽偏偏喜歡呢？

④ 吾不可以欲城而邇姦：我們不能因爲想要得到城邑而親近奸人。

⑤ 使鼓人殺叛人而繕守備：讓鼓國人殺了叛徒並修繕了防禦設備。

⑥ 使其民見曰猶有食色：穆子讓鼓國人進見，説："看你們都有未挨餓的氣色。"○意謂對方仍能繼續抵抗。

⑦ 吾以事君也獲一邑而教民怠將焉用邑：我事奉國君，得到一個城邑卻讓

民衆懈怠，這個城邑又哪裏用得着？

⑧ 鼓人告食竭力盡而後取之：鼓國人報告食物已經吃完，力量已經用盡，然後攻取了鼓國。○晉人攻鼓，納叛，不受降，直至對方食竭力盡而後取之，一則從當時情況來看鼓不難攻，二則從長遠利益着眼，此舉可以培養軍隊的忠誠之心。

⑨ 克鼓而反不戮一人：穆子攻克鼓國回國，没殺一個人。

42. 吴楚長岸之戰（前 525）

吴伐楚，陽匄爲令尹①，卜戰，不吉。司馬子魚曰②："我得上流，何故不吉③？且楚故司馬令龜，我請改卜④。"令曰："魴也以其屬死之，楚師繼之，尚大克之！"吉。戰於長岸，子魚先死，楚師繼之，大敗吴師，獲其乘舟餘皇，使隨人與後至者守之，環而塹之，及泉，盈其隧炭，陳以待命⑤。

吴公子光請於其衆曰："喪先王之乘舟，豈唯光之罪？衆亦有焉。請藉取之，以救死⑥。"衆許之。使長鬣者三人潛伏於舟側⑦。曰："我呼皇則對⑧。"師夜從之，三呼皆迭對⑨。楚人從而殺之。楚師亂，吴人大敗之，取餘皇以歸。（《昭公十七年》）

【校注】

① 陽匄爲令尹：陽匄，楚穆王曾孫。

② 司馬子魚曰：司馬子魚，楚公子魴。

③ 我得上流何故不吉：我們得以處於上游，爲什麽不吉利？

④ 且楚故司馬令龜我請改卜：而且按照楚國的舊例，應該由司馬在占卜前告訴要占卜的事情，我請求重新占卜。

⑤ 環而塹之及泉盈其隧炭陳以待命：在這條船周圍挖深溝，一直挖到能見到泉水的深度，用炭填滿，擺開軍陣等待命令。

⑥ 請藉取之以救死：請允許我藉着大家的力量奪回來，以免除我們的死罪。

⑦ 使長鬣者三人潛伏於舟側：公子光派遣三個長鬣的人潛伏在那艘船旁邊。

⑧ 曰我呼皇則對：公子光説："我叫'餘皇'，你們就回答。"

⑨ 三呼皆迭對：公子光喊了三次，潛伏的人在那裏交替回答。〇吴公子光喊“餘皇”，餘皇船有人應答，楚人不知船旁吴人的人數，所以楚軍易亂，吴師可乘亂取船，反敗爲勝。

43. 齊高發攻莒之戰（前523）

齊高發帥師伐莒，莒子奔紀鄣，使孫書伐之。初，莒有婦人，莒子殺其夫，已爲嫠婦，及老，託於紀鄣。紡焉以度而去之，及師至，則投諸外[①]。或獻諸子占，子占使師夜縋而登[②]，登者六十人，縋絶。師鼓譟，城上之人亦譟。莒共公懼[③]，啓西門而出。齊師入紀。（《昭公十九年》）

【校注】

① 紡焉以度而去之及師至則投諸外：莒國丈夫被其國君殺害的寡婦，紡綫並搓成繩子，量了城墻的高度，然後就藏了起來，等到齊軍來到，就把繩子一端固定在城墻上，另一端扔到城外。〇寡婦爲亡夫復仇。〇去，當讀爲弆，藏。則，乃，就。

② 子占使師夜縋而登：孫書派部隊在夜裏順着這條繩子登上城墻。〇子占，即孫書，陳無宇之子。

③ 莒共公懼：莒共公害怕。〇莒共公只是聽到擂鼓聲、吶喊聲就如驚弓之鳥，以爲城池已被攻破，急忙逃跑。〇古今之戰敗，多是自敗而後人敗之。自敗者，陽明所謂“心中賊”，恐懼是其中的一種。

44. 宋平華氏之戰（前521）

冬十月，華登以吴師救華氏[①]。齊烏枝鳴戍宋。廚人濮曰[②]：“《軍志》有之：‘先人有奪人之心，後人有待其衰。’盍及其勞且未定也伐諸[③]？若入而固，則華氏衆矣[④]，悔無及也。”從之。丙寅，齊師、宋師敗吴師于鴻口，獲其二帥公子苦雂、偃州員。華登帥其餘以敗宋師。公欲出，廚人濮曰：“吾小人，可藉死，而不能送亡，君請待之⑤！"乃徇曰："揚徽者，公徒也。"衆從之⑥。公自揚門見之，下而巡之，曰："國亡君死，二三子之恥也，豈專孤之罪也？"齊烏枝鳴曰："用少莫如齊致死，齊致死莫如去備。彼多兵矣，請皆用劍⑦。"從之。華氏北，復即之。廚人濮以裳裹首，而荷以走，曰："得華登矣⑧！"遂敗華氏于新里。翟僂新居于新里，既戰，説甲于公而歸⑨。華妵居于公里，亦如之⑩。

十一月癸未，公子城以晉師至。曹翰胡會晉荀吴、齊苑何忌、衛公子朝救宋。丙戌，與華氏戰于赭丘。鄭翩願爲鸛，其御願爲鵝。子禄御公子城，莊堇爲右。干犨御吕封人華豹，張匄爲右。相遇，城還。華豹曰："城也！"城怒，而反之。將注，豹則關矣。曰："平公之靈，尚輔相余。"豹射，出其間。將注，則又關矣。曰："不狎，鄙！"抽矢，城射之，殪。張匄抽殳而下，射之，折股。扶伏而擊之，折軫。又射之，死。干犨請一矢⑪，城曰："余言汝於君。"對曰："不死伍乘，軍之大刑也。干刑而從子，君焉用之？子速諸。"乃射之，殪。大敗華氏，圍諸南里。華亥搏膺而呼，見華貙，曰："吾爲欒氏矣⑫。"貙曰："子無我迋，不幸而後亡。"使華登如楚乞師，華貙以車十五乘、徒七十人犯師而出，食於睢上，哭而送之，乃復入⑬。楚薳越帥師將逆華氏，大宰犯諫曰："諸侯唯宋事其君。今又爭國，釋君而臣是助，無乃不可乎！"王曰："而告我也後，既許之矣⑭。"（《昭公二十一年》）

【校注】

① 華登以吴師救華氏：宋人華登帶領着吴軍救援宋國的華氏。○上一年，宋國内亂，華登由宋奔吴。

② 廚人濮曰：廚人濮，宋國廚邑大夫，名濮。

③ 盍及其勞且未定也伐諸：您爲什麽不趁着他們勞倦和没有安定下來而討

伐他們呢?

④ 若入而固則華氏衆矣:如果華登率領的敵軍已經深入進來,而且已經安定下來,華氏的人就多了。

⑤ 廚人濮曰吾小人可藉死而不能送亡君請待之:廚人濮説:"我這個小人物能够死於亂軍中的相互踐踏,但不能護送别人逃亡,請求君王等着吧!"〇廚人濮的意思是説,他寧願戰死,也不願護送宋元公出逃。

⑥ 乃徇曰揚徽者公徒也衆從之:於是廚人濮就巡行全軍宣示:"揮舞旌旗的,是國君的士兵。"衆人都聽從他的話揮舞旌旗。〇廚人濮此舉,鼓舞士氣,收攬人心,增强軍隊的戰鬭力和向心力。《智囊·兵智二》:"廚人濮一奮,而衆皆揚徽;王孫賈一呼,而市皆左袒。忠義在,人心不泯也,難其倡之者耳!"王陽明平定寧藩之亂,誠如王得春《浙江巡撫奏復封爵疏》所云:"守仁以書生,民非素屬,地非統轄,兵非素練,餉非素具,徒以區區忠義號召豪傑,倉卒調度,誓死討賊。"

⑦ 彼多兵矣請皆用劍:他們的兵器很多,我建議我軍都用劍和他們打仗。〇烏枝鳴建議丢掉長兵器而使用短劍,欲率軍與敵人拼命死戰,有破釜沉舟的氣概。

⑧ 廚人濮以裳裹首而荷以走曰得華登矣:廚人濮用下身穿的裳裙包着人頭扛着跑,説:"俘獲華登了!"〇廚人濮詐言已經獲得叛亂首領的人頭,鼓舞了己軍之士氣,滅掉了敵軍之威風。陽明未擒寧王,而詐言已擒寧王,或受其啓發。《智囊·兵智二》:"王文成與寧王戰,尚鋭。值風不便,我兵少挫。急令斬取先却者頭,知府伍文定等立于銃炮之間,方奮督各兵殊死抵戰。賊兵忽見一大牌,書:'寧王已擒,我軍毋得縱殺!'一時驚擾,遂大潰。"

⑨ 翟僂新居于新里既戰説甲于公而歸:翟僂新住在華氏佔據的新里,打完仗後,他到宋元公那裏脱下盔甲而回到新里。

⑩ 華妵居于公里亦如之:華妵住在宋元公佔據的公里,也像翟僂新那樣,打完仗後,到華氏那裏脱下盔甲而回到公里。

⑪ 干犫請一矢:干,原作"于",據各本改。

⑫ 華亥搏膺而呼見華貙曰吾爲欒氏矣:華亥捶着胸脯大聲呼喊,謁見華貙,説:"我們成爲晉國的欒氏了!"

⑬ 使華登如楚乞師華貙以車十五乘徒七十人犯師而出食於睢上哭而送之乃復入：他就派華登到楚國祈求援兵，華貙帶領兵車十五輛、步兵七十人衝出敵人的包圍圈，去送華登，他們在睢水岸上吃飯，哭着送走了華登，就再次衝入南里的包圍圈。

⑭ 王曰而告我也後既許之矣：楚平王説："你對我説晚了，我已經答應他們了。"

45. 晉滅鼓之戰（前 520）

晉之取鼓也，既獻，而反鼓子焉，又叛於鮮虞。六月，荀吴略東陽，使師僞糴者負甲以息於昔陽之門外，遂襲鼓，滅之[①]。以鼓子鳶鞮歸，使涉佗守之。（《昭公二十二年》）

【校注】

① 荀吴略東陽使師僞糴者負甲以息於昔陽之門外遂襲鼓滅之：荀吴巡視東陽，讓軍隊僞裝成購買穀物的人，背着皮甲在昔陽城門外歇息，就趁機侵襲鼓國，滅掉了鼓國。〇荀吴使士卒僞裝爲賣糧者，停於鼓國國都之外，乘其不備，相機攻取之。

46. 魯邾武城之戰（前 519）

邾人城翼，還，將自離姑[①]。公孫鉏曰："魯將御我[②]。"欲自武城還，循山而南[③]。徐鉏、丘弱、茅地曰："道下，遇雨，將不出，是不歸也[④]。"遂自離姑[⑤]。武城人塞其前，斷其後之木而弗殊[⑥]，邾師過之，乃推而蹷之。遂取邾師，獲鉏、弱、地。（《昭公二十三年》）

【校注】

① 邾人城翼還將自離姑：邾人在翼地築城，返回，打算經過翼地之北的邾地離姑，回到邾國的都城繹。〇翼，邾邑。離姑，邾邑，在翼邑之北。

② 公孫鉏曰魯將御我：公孫鉏説："魯國將會阻止我們。"〇公孫鉏，邾國大夫。

③ 欲自武城還循山而南：公孫鉏想從武城調頭折返回去，繞過武城，沿着沂蒙山的山路向南走。○此路雖難走，但安全。對於行軍而言，兩點之間常常是曲綫最短。

④ 道下遇雨將不出是不歸也：這條山道一路朝下，如果遇到雨天，我們將會出不去，這就没法回去了。

⑤ 遂自離姑：於是他們就取道離姑。○此路雖易行，但易遭襲擊。在軍事上，兩點之間常常是曲綫最短。

⑥ 武城人塞其前斷其後之木而弗殊：武城人出兵在前面阻攔，又砍了退路兩旁的樹木，砍而不斷，讓這些樹木藕斷絲連。○這是爲了阻斷邾軍前進的道路與退路，然後俘獲他們。

47. 吴楚雞父之戰（前519）

吴人伐州來[①]，楚薳越帥師及諸侯之師奔命救州來。吴人禦諸鍾離。子瑕卒，楚師熸[②]。吴公子光曰："諸侯從於楚者衆，而皆小國也[③]。畏楚而不獲已，是以來[④]。吾聞之曰：'作事威克其愛，雖小，必濟。'胡、沈之君幼而狂，陳大夫齧壯而頑，頓與許、蔡疾楚政。楚令尹死，其師熸。帥賤、多寵，政令不壹。七國同役而不同心[⑤]，帥賤而不能整，無大威命，楚可敗也。若分師先以犯胡、沈與陳，必先奔。三國敗，諸侯之師乃搖心矣[⑥]。諸侯乖亂，楚必大奔。請先者去備薄威，後者敦陳整旅[⑦]。"吴子從之。戊辰晦，戰于雞父。吴子以罪人三千先犯胡、沈與陳，三國爭之。吴爲三軍以繫於後[⑧]，中軍從王，光帥右，掩餘帥左。吴之罪人或奔或止，三國亂，吴師擊之，三國敗[⑨]，獲胡、沈之君及陳大夫。舍胡、沈之囚使奔許與蔡、頓，曰："吾君死矣[⑩]！"師譟而從之，三國奔，楚師大奔。

書曰："胡子髡、沈子逞滅，獲陳夏齧。"君臣之辭也。不言戰，楚未陳也。（《昭公二十三年》）

【校注】

① 吴人伐州來：吴國人討伐州來國。〇州來，國名，春秋時期常常是吴楚爭奪的對象。

② 子瑕卒楚師熸：令尹子瑕病故，楚軍潰敗。〇熸，本指火熄滅。

③ 諸侯從於楚者衆而皆小國也：諸侯跟從楚國的衆多，但都是小國。

④ 畏楚而不獲已是以來：他們畏懼楚國，不得已，所以才來到這裏。

⑤ 七國同役而不同心：七國一同參戰但不同心。〇同役不同心，容易被各個擊破、分化瓦解。〇七國，指前文出現的楚、胡、沈、陳、頓、許、蔡。

⑥ 三國敗諸侯之師乃摇心矣：這三個國家敗退了，其他諸侯國軍隊的軍心就動摇了。

⑦ 請先者去備薄威後者敦陳整旅：請允許我的先頭部隊撤去防備減損軍威，以引誘敵人；後繼部隊整飭軍陣整治軍旅，以迎擊敵人。〇《孫子·計》："兵者，詭道也，故能而示之不能，用而示之不用。"

⑧ 吴爲三軍以繫於後：吴國事先準備好的三支軍隊緊隨那三千罪人之後。〇吴軍趁着三國軍士忙着俘虜吴國囚犯的時機，準備出其不意地發動進攻。

⑨ 吴之罪人或奔或止三國亂吴師擊之三國敗：吴國的罪犯有的四處奔逃，有的止步不前，三國的軍隊亂了，吴軍進擊，三國的軍隊敗了。

⑩ 舍胡沈之囚使奔許與蔡頓曰吾君死矣：吴軍放掉了胡國、沈國的戰俘，讓他們奔逃到許、蔡、頓三國的軍隊裏，説："我們的國君已經死了！"〇這與陽明未擒寧王而詐言寧王已擒相類。三國戰俘被釋放後，都宣稱本國國君已死，三國之軍，必不戰自敗。

48. 吴楚潛之戰（前515）

吴子欲因楚喪而伐之，使公子掩餘、公子燭庸帥師圍潛，使延州來季子聘於上國①，遂聘於晉，以觀諸侯。楚莠尹然、王尹麇帥師救潛②；左司馬沈尹戌帥都君子與王馬之屬以濟師③，與吴師遇於窮，令尹子常以舟師及沙汭而還。左尹郤宛、工尹壽帥師至於潛，吴師不能退。

吴公子光曰:“此時也,弗可失也。”告鱄設諸曰:“上國有言曰:‘不索,何獲[④]?’我,王嗣也,吾欲求之。事若克,季子雖至,不吾廢也。”鱄設諸曰:“王可弑也。母老子弱,是無若我何[⑤]。”光曰:“我,爾身也[⑥]。”

夏四月,光伏甲於堀室而享王。王使甲坐於道及其門[⑦]。門階户席,皆王親也,夾之以鈹[⑧]。羞者獻體改服於門外,執羞者坐行而入,執鈹者夾承之,及體,以相授也[⑨]。光僞足疾,入於堀室[⑩]。鱄設諸寘劍於魚中以進,抽劍刺王,鈹交於胷,遂弑王[⑪]。闔廬以其子爲卿。

季子至,曰:“苟先君無廢祀,民人無廢主,社稷有奉,國家無傾,乃吾君也[⑫]。吾誰敢怨?哀死事生,以待天命。非我生亂,立者從之,先人之道也。”復命哭墓,復位而待[⑬]。吴公子掩餘奔徐,公子燭庸奔鍾吾。楚師聞吴亂而還。(《昭公二十七年》)

【校注】

① 使延州來季子聘於上國:延州來季子,季札,先封於延陵,後封於州來。上國,這裏指中原諸國。

② 楚莠尹然王尹麇帥師救潛:王尹,原作“工尹”,據阮元校勘記改。○莠尹、王尹,皆爲楚官名。然、麇,皆人名。

③ 左司馬沈尹戌帥都君子與王馬之屬以濟師:左司馬沈尹戌率領着楚王的都邑親兵和王馬的部屬前往增援。

④ 不索何獲:不去求索,哪裏會有收穫。

⑤ 鱄設諸曰王可弑也母老子弱是無若我何:鱄設諸説:“大王,我可以去弑殺。他的母親老了,兒子幼小(且兄弟都被困在外),吴王僚及其家人不能把我怎樣。”○據《史記》之《吴太伯世家》《刺客列傳》,其意如此。一説,“母老子弱”是鱄設諸就自身而言。鱄設諸,《史記》作“專諸”。

⑥ 光曰我爾身也:公子光説:“我,就是你本身。”

⑦ 王使甲坐於道及其門:吴王州于讓甲士坐在道路兩旁,甲士一直排到

大門口。

⑧ 門階户席皆王親也夾之以鈹：大門、臺階、内室門、坐席上都是吴王州于的親兵，他們手持短劍站立在吴王兩旁護衛。○鈹，一種形如短劍的兵器。

⑨ 羞者獻體改服於門外執羞者坐行而入執鈹者夾承之及體以相授也：奉上食物的人，要先在門外脱下原有的衣服，再改穿别的衣服。端送食物的人，要雙膝跪地，再用雙膝前行。持短劍的兩個人用短劍夾着他，劍刃觸及他的身體，然後才把食物轉遞給吴王近身侍從。

⑩ 光僞足疾入於堀室：公子光假裝腿脚有毛病，躲進地下室。

⑪ 鱄設諸寘劍於魚中以進抽劍刺王鈹交於胷遂弑王：鱄設諸把劍放在魚肚子裏，然後端着魚進入，從中抽出劍刺向吴王，自己也被兩旁親兵的短劍交叉刺進了胸部，最終還是弑殺了吴王。

⑫ 苟先君無廢祀民人無廢主社稷有奉國家無傾乃吾君也：如果先君没有廢掉祭祀，百姓没有廢掉君主，土地和五穀之神有人奉祀，國家與家族没有傾覆，那麽他就是我的國君。

⑬ 復命哭墓復位而待：季子到墳墓前滙報出使的情況並放聲哭泣，回到自己原來的職位上等待新君命令。

49. 吴滅徐之戰（前 512）

吴子使徐人執掩餘，使鍾吾人執燭庸，二公子奔楚[①]。楚子大封，而定其徙[②]，使監馬尹大心逆吴公子，使居養，莠尹然、左司馬沈尹戌城之，取於城父與胡田以與之，將以害吴也[③]。

子西諫曰："吴光新得國，而親其民，視民如子，辛苦同之，將用之也。若好吾邊疆，使柔服焉，猶懼其至。吾又彊其讎，以重怒之，無乃不可乎！吴，周之胄裔也，而棄在海濱，不與姬通。今而始大，比於諸華。光又甚文，將自同於先王。不知天將以爲虐乎？使翦喪吴國而封大異姓乎？其抑亦將卒以祚吴乎[④]？其終不遠矣。我盍姑億吾鬼神，而寧吾族姓，以待其歸。將焉用自播揚焉[⑤]？"

王弗聽。

吴子怒。冬十二月，吴子執鍾吾子，遂伐徐，防山以水之[⑥]。己卯，滅徐。徐子章禹斷其髮，攜其夫人以逆吴子[⑦]。吴子唁而送之，使其邇臣從之，遂奔楚[⑧]。楚沈尹戌帥師救徐，弗及[⑨]。遂城夷，使徐子處之。(《昭公三十年》)

【校注】

① 吴子使徐人執掩餘使鍾吾人執燭庸二公子奔楚：吴王闔閭讓徐國人拘捕吴公子掩餘，讓鍾吾人拘捕吴公子燭庸，兩個公子就奔逃到楚國。〇掩餘、鍾吾皆於昭公二十七年奔徐，見前一條。

② 楚子大封而定其徙：楚昭王向他們封賞了衆多的土地，還確定了他們將要遷居的地方。

③ 取於城父與胡田以與之將以害吴也：把城父和胡地的土田賞給他們，想用他們來危害吴國。

④ 不知天將以爲虐乎使翦喪吴國而封大異姓乎其抑亦將卒以祚吴乎：不知道上天將要讓他做暴虐的事，使吴國滅亡而讓異姓諸侯國擴大土地，還是將最終要佑助吴國呢？〇意謂前途不明朗時要静觀其變。封大，大。

⑤ 將焉用自播揚焉：哪裏用得着我們自己操勞呢？〇播揚，張揚發動。

⑥ 防山以水之：堵住山上的水，然後放水衝擊徐國。

⑦ 徐子章禹斷其髮攜其夫人以逆吴子：徐國國君章禹剪斷頭髮，帶着他的夫人迎接吴王。〇吴俗斷髮。徐君斷髮，表示臣服。

⑧ 吴子唁而送之使其邇臣從之遂奔楚：吴王加以慰問後送走了徐國國君，讓他的近侍之臣跟從着，於是徐國國君就逃亡到楚國。

⑨ 楚沈尹戌帥師救徐弗及：楚國的沈尹戌率軍救徐國，没有來得及。

50. 吴攻楚誤楚之戰(前512)

吴子問於伍員曰："初而言伐楚，余知其可也，而恐其使余往也，又惡人之有余之功也[①]。今余將自有之矣，伐楚何如？"對曰："楚執政衆而乖，莫適任患。若爲三師以肄焉，一師至，彼必皆出。彼出則歸，彼歸則出[②]，楚必道敝。亟肄以罷之，多方以誤之。既罷而後以三軍繼之，必大克之。"闔廬從之，楚於是乎始病。(《昭公三十年》)

【校注】

① 初而言伐楚余知其可也而恐其使余往也又惡人之有余之功也：起初你説討伐楚國，我知道那能行得通，但恐怕他們派我前往，又討厭别人佔有我的功勞。

② 彼出則歸彼歸則出：他們出動，我們就退回去；他們退回去，我們就出動。○這是疲敵之計。作戰要把握主動權。《孫子·虛實》："善戰者，致人而不致于人。"

51. 吴楚豫章之戰(前 508)

秋，楚囊瓦伐吴，師於豫章。吴人見舟於豫章，而潛師於巢[①]。冬十月，吴軍楚師於豫章，敗之。遂圍巢，克之，獲楚公子繁。(《定公二年》)

【校注】

① 吴人見舟於豫章而潛師於巢：吴國人裝作害怕楚國而協助楚國討伐桐國，故意讓戰船在豫章虛張聲勢地顯現出來，而暗中在巢地集結軍隊準備伏擊楚軍。○《孫子·計》以"出其不意，攻其不備"爲兵家之勝，是也。○見，同"現"，這裏作使動用法。

52. 吴楚柏舉之戰(前 506)

伍員爲吴行人以謀楚[①]。楚之殺郤宛也，伯氏之族出[②]。伯州犁之孫嚭爲吴大宰以謀楚。楚自昭王即位，無歲不有吴師[③]。蔡侯因之[④]，以其子乾與其大夫之子爲質於吴。

冬，蔡侯、吴子、唐侯伐楚，舍舟於淮汭，自豫章與楚夾漢[⑤]。

左司馬戌謂子常曰⑥："子沿漢而與之上下，我悉方城外以毀其舟⑦，還塞大隧、直轅、冥阨，子濟漢而伐之，我自後擊之⑧，必大敗之。"既謀而行。

武城黑謂子常曰⑨："吴用木也，我用革也⑩，不可久也。不如速戰。"史皇謂子常："楚人惡子而好司馬，若司馬毀吴舟於淮，塞城口而入，是獨克吴也⑪。子必速戰，不然，不免。"乃濟漢而陳，自小别至於大别。三戰，子常知不可，欲奔。史皇曰："安，求其事；難而逃之，將何所入？子必死之，初罪必盡説⑫。"

十一月庚午，二師陳於柏舉。闔廬之弟夫槩王晨請於闔廬曰⑬："楚瓦不仁，其臣莫有死志，先伐之，其卒必奔。而後大師繼之，必克⑭。"弗許。夫槩王曰："所謂'臣義而行，不待命'⑮者，其此之謂也。今日我死，楚可入也⑯。"以其屬五千先擊子常之卒。子常之卒奔，楚師亂，吴師大敗之。子常奔鄭。史皇以其乘廣死⑰。吴從楚師，及清發，將擊之。夫槩王曰："困獸猶鬭，況人乎？若知不免而致死，必敗我。若使先濟者知免，後者慕之，蔑有鬭心矣⑱。半濟而後可擊也。"從之，又敗之。楚人爲食，吴人及之，奔。食而從之，敗諸雍澨。五戰，及郢。

己卯，楚子取其妹季芈畀我以出⑲，涉雎。鍼尹固與王同舟，王使執燧象以奔吴師⑳。

庚辰，吴入郢，以班處宫㉑。子山處令尹之宫，夫槩王欲攻之，懼而去之，夫槩王入之。

左司馬戌及息而還，敗吴師於雍澨，傷。初，司馬臣闔廬，故恥爲禽焉，謂其臣曰："誰能免吾首㉒？"吴句卑曰："臣賤，可乎[23]？”司馬曰：“我實失子，可哉[24]！”三戰皆傷，曰：“吾不可用也已。”句卑布裳，剄而裹之，藏其身，而以其首免[25]。

楚子涉雎，濟江，入於雲中。王寢，盜攻之，以戈擊王，王孫由於以背受之[26]，中肩。王奔鄖，鍾建負季芈以從，由於徐蘇而從。鄖公辛之弟懷將弑王，曰：“平王殺吾父，我殺其子，不亦可乎[27]？”辛曰：“君討臣，誰敢讐之？君命，天也，若死天命，將誰讐[28]？《詩》曰：‘柔亦不茹，剛亦不吐。不侮矜寡，不畏彊禦。’唯仁者能之。違彊陵弱，非勇也[29]；乘人之約，非仁也[30]；滅宗廢祀，非孝也[31]；動無令名，非知也[32]。必犯是，余將殺女。”鬭辛與其弟巢以王奔隨。吴人從之，謂隨人曰：“周之子孫在漢川者，楚實盡之。天誘其衷，致罰於楚，而君又竄之，周室何罪？君若顧報周室，施及寡人，以獎天衷[33]，君之惠也。漢陽之田，君實有之。”楚子在公宫之北，吴人在其南。子期似王，逃王，而己爲王[34]，曰：“以我與之，王必免。”隨人卜與之，不吉，乃辭吴曰：“以隨之辟小，而密邇於楚，楚實存之[35]。世有盟誓，至於今未改[36]。若難而棄之，何以事君[37]？執事之患不唯一人[38]。若鳩楚竟，敢不聽命！”吴人乃退。鑪金初宦於子期氏[39]，實與隨人要言[40]。王使見，辭，曰：“不敢以約爲利[41]。”王割子期之心以與隨人盟[42]。

初，伍員與申包胥友。其亡也，謂申包胥曰：“我必復楚國。”申包胥曰：“勉之！子能復之[43]，我必能興之。”及昭王在隨，申包胥如秦乞師，曰：“吴爲封豕、長蛇，以荐食上國，虐始於楚。寡君失守社稷，越在草莽，使下臣告急，曰：‘夷德無厭，若鄰於君，疆埸之患也。逮吴之未定，君其取分焉[44]。若楚之遂亡，君之土也。若以君靈撫之，世以事君。’”秦伯使辭焉，曰：“寡人聞命矣。子姑就館,將圖而告[45]。”對曰:“寡君越在草莽,未獲所伏,下臣何敢即安[46]?”立,依於庭牆而哭,日夜不絶聲,勺飲不入口七日[47]。秦哀公爲之賦《無衣》[48]。九頓首而坐,秦師乃出[49]。(《定公四年》)

【校注】

① 伍員爲吴行人以謀楚:各本此上有“秋楚爲沈故圍蔡”七字。〇伍員,名員,字子胥,封於申地,故又稱“申胥”,本爲楚人,父兄遭楚平王殺害,逃至吴國。行人,使者。

② 楚之殺郤宛也伯氏之族出:郤宛,郤氏,又爲伯氏,稱伯宛,遭陷害而死。伯氏家族有伯州犁,出奔楚國。事見昭公二十七年《左傳》。伍員、太宰嚭本皆爲楚人,深悉楚國之情,吴人用楚人謀楚,故能成大功。

③ 無歲不有吴師:没有一年没有吴國軍隊來犯。

④ 蔡侯因之:蔡昭侯順應這種形勢。

⑤ 舍舟於淮汭自豫章與楚夾漢:他們行軍到蔡國,把船停泊在淮河彎曲處的水邊,從豫章出發,與楚軍隔着漢水駐紮下來。〇本段主要講“司馬戌與子常定謀”,以下各部分的主要内容分别是“子常爽約”“楚師之敗”“司馬戌之忠勇”“隨人保楚”“申包胥乞秦師”。

⑥ 左司馬戌謂子常曰:子常,楚令尹囊瓦。

⑦ 子沿漢而與之上下我悉方城外以毁其舟:您沿着漢水和他們上下周旋,讓他們無法渡過漢水;我率領方城山之外的全部人馬來焚毁他們的船隻。

⑧ 子濟漢而伐之我自後擊之:您渡過漢水攻擊他們,我從後面攻擊他們。〇二人互相配合:子常與敵周旋,司馬則毁壞敵船;子常從敵人正面攻擊,司馬從後面攻擊。是爲戰前定謀。

⑨ 武城黑謂子常曰:武城黑,楚武城大夫。

⑩ 吴用木也我用革也:吴國人用的是純木製的兵車,我們用的是帶有皮革的兵車。〇意謂子常必須爽約,速戰。

⑪ 是獨克吴也:這是他一個人單獨獲得了戰勝吴軍的功勞。〇史皇之言,意謂按戰前定謀行事,司馬戌毁壞敵船,就獨佔勝吴的功勞,於子常不利。史皇,

楚大夫。

⑫ 安求其事難而逃之將何所入子必死之初罪必盡説：太平年月，您把持國政，現在國家有難您就逃離，您想逃到哪裏去？您一定要拼死打這一仗，這樣您原先的罪過一定可以全部開脱。○史皇謂死戰可脱罪，亦從子常之私利出發。○説，通“脱”。

⑬ 闔廬之弟夫槩王晨請於闔廬曰：吴王闔廬的弟弟夫槩王晨向闔廬請示説。○夫槩王晨，王子晨，姬姓，據清華簡二《繫年》，其名爲“晨”，春秋晚期的《王子臣俎》《王子臣戈》“晨”作“臣”。

⑭ 楚瓦不仁其臣莫有死志先伐之其卒必奔而後大師繼之必克：楚國的令尹囊瓦不仁，他的屬下没有拼死作戰的鬬志，我們搶先攻打他們，他們的士兵一定會奔逃，然後我們的大部隊跟上去，一定會克敵制勝。○楚瓦，楚令尹子常名瓦，囊氏，或稱囊瓦。

⑮ 臣義而行不待命：臣下遵循着道義去做事，不需要等到了上級的命令才去做。○《孫子・九變》：“君命有所不受。”

⑯ 今日我死楚可入也：今天我不要命了，就能攻進楚國的郢都了。

⑰ 史皇以其乘廣死：史皇衝在前面，帶領着子常的兵車戰死。○乘廣，楚國主帥或國君所乘的兵車。

⑱ 若使先濟者知免後者慕之蔑有鬬心矣：如果讓先渡過河的楚軍曉得一過河就免於一死，後邊的人艷羡那些先渡河的，楚軍就没有鬬志了。○如果敵軍全都渡過了河，也就喪失了打擊的好機會，所以下文説，要乘着敵軍渡河渡到一半以後再實施打擊。

⑲ 楚子取其妹季芈畀我以出：芈，原作“芊”，據各本改。

⑳ 王使執燧象以奔吴師：楚昭王讓鍼尹固驅趕着尾巴上點火的大象奔跑着衝擊吴軍。○燧象，尾巴上拴着火把的大象。

㉑ 以班處宫：吴國君臣按照尊卑的等次分别住在楚國宫室裏。

㉒ 司馬臣闔廬故恥爲禽焉謂其臣曰誰能免吾首：左司馬沈尹戌做過闔廬的臣下，所以認爲被吴軍俘虜是恥辱，他對部下説：“誰能讓我的人頭避免落入吴國人的手中？”

㉓ 吴句卑曰臣賤可乎：他部下中的吴國人句卑説：“下臣低賤，可以做這件

事嗎?”

㉔ 司馬曰我實失子可哉:司馬沈尹戌説:“我以前竟然漏掉您而没有重視,您當然可以!”〇失,没留意。

㉕ 句卑布裳剄而裹之藏其身而以其首免:句卑鋪開褲裙,割下沈尹戌的人頭包裹好,藏好屍體,就帶着沈尹戌的人頭逃走了。

㉖ 王孫由於以背受之:王孫由於用背去擋。

㉗ 平王殺吾父我殺其子不亦可乎:平王殺死了我父親,我殺死他的兒子,不也是可以的嗎?

㉘ 若死天命將誰讎:如果死於天意,您將要仇恨誰?〇昭公十四年,楚平王殺蔓成然。其子曰辛,即鬭辛。

㉙ 違彊陵弱非勇也:躲避强暴,欺淩弱小,這是不勇。

㉚ 乘人之約非仁也:趁人之危,這是不仁。

㉛ 滅宗廢祀非孝也:消滅宗族、廢止祭祀,這是不孝。

㉜ 動無令名非知也:行動没有好的名聲,這是不智。

㉝ 以獎天衷:天,原作“夭”,據各本改。

㉞ 子期似王逃王而己爲王:子期的樣子像楚昭王,他讓楚昭王逃走,而將自己裝扮成昭王的樣子。〇子期,楚昭王兄公子結。

㉟ 以隨之辟小而密邇於楚楚實存之:隨國僻遠狹小而且緊鄰楚國,楚國確實保全了我們。

㊱ 世有盟誓至於今未改:隨、楚世世代代都有盟誓,到今天都没有改變。

㊲ 若難而棄之何以事君:如果楚國有了危難我們就拋棄他們,又怎麽能事奉貴國的大王?

㊳ 執事之患不唯一人:執事所擔心的並不在於昭王這一個人。

㊴ 鑪金初宦於子期氏:鑪,原作“罏”,據阮元校記改。〇鑪金起初做子期氏的家臣。

㊵ 實與隨人要言:曾經與隨國人有過約定。〇要言,指此前約定的不把楚王交給吴國人的諾言。

㊶ 不敢以約爲利:不敢利用君王身處困境而謀求私利。〇約,困。

㊷ 王割子期之心以與隨人盟:楚昭王割破子期胸口取血和隨國人盟誓。〇

這是爲了表示赤誠。

㊸ 子能復之：復，讀爲覆，顛覆，傾覆。

㊹ 君其取分焉：君王可以佔取楚國的一部分。○這是從利害關係上説服秦哀公出兵相助，曉之以利害。

㊺ 子姑就館將圖而告：您姑且回到賓館休息，寡人要和羣臣商量一下再把決定告訴您。

㊻ 寡君越在草莽未獲所伏下臣何敢即安：寡君遠逃於草莽之中，連個趴的地方都没有，下臣哪敢去安歇呢？○此及以下言行都是爲了動之以情。

㊼ 立依於庭牆而哭日夜不絶聲勺飲不入口七日：申包胥站起來，靠着宫牆大哭，白天黑夜都是哭聲不斷，七天裹連一勺子水都没有喝。

㊽ 秦哀公爲之賦無衣：秦哀公吟誦了《無衣》這首詩。

㊾ 九頓首而坐秦師乃出：申包胥叩頭九次後才坐下，秦軍於是就出動了。○古來九頓首之禮罕見，申包胥求援兵之心切，見秦哀公願出援兵，甚爲感激，故行此重禮。

53. 魯侵齊之戰一（前 502）

公侵齊①，門於陽州②。士皆坐列③，曰："顏高之弓六鈞④。"皆取而傳觀之⑤。陽州人出，顏高奪人弱弓，籍丘子鉏擊之⑥，與一人俱斃⑦。偃，且射子鉏，中頰，殪。顏息射人中眉，退曰："我無勇，吾志其目也⑧。"師退，冉猛僞傷足而先。其兄會乃呼曰："猛也殿！"（《定公八年》）

【校注】

① 公侵齊：各本此上有"八年春王正月"六字。

② 門於陽州：攻打陽州的城門。○陽州，本爲魯邑，當時已爲齊所有。

③ 士皆坐列：魯國的士兵們都排成列坐着。○表現了魯軍無心爲戰。

④ 顏高之弓六鈞：顏高的强弓需要六鈞的力量才能拉滿。○鈞，孔穎達疏《書·五子之歌》"關石和鈞"引《律曆志》："三十斤爲鈞。"顏高及下文顏息、冉猛，俱爲魯人。

⑤ 皆取而傳觀之：大家都拿過來傳着看。

⑥ 籍丘子鉏擊之：籍丘子鉏，齊人。

⑦ 與一人俱斃：顔高與另一人都被擊中倒地。

⑧ 我無勇吾志其目也：我真不勇猛，我本想射中他的眼睛。

54. 魯侵齊之戰二（前 502）

"公侵齊"①，攻廩丘之郛②。主人焚衝，或濡馬褐以救之③，遂毁之。主人出，師奔。陽虎僞不見冉猛者④，曰："猛在此，必敗。"猛逐之，顧而無繼，僞顛⑤。虎曰："盡客氣也⑥。"

苫越生子，將待事而名之。陽州之役獲焉，名之曰"陽州"。（《定公八年》）

【校注】

① 公侵齊：各本此上有"三月己丑"四字。

② 攻廩丘之郛：攻擊廩丘的外城。○廩丘，齊邑。郛，外城。

③ 主人焚衝或濡馬褐以救之：守城的一方焚燒魯國衝城的車輛，有人沾濕了粗麻布短衣來滅火。

④ 陽虎僞不見冉猛者：陽虎假裝没有看見冉猛。

⑤ 猛逐之顧而無繼僞顛：冉猛追擊廩丘的齊軍，看到後面没有人跟上來，就假裝從車上墜落下來。

⑥ 虎曰盡客氣也：陽虎説："都是在演戲。"○客氣，虚驕之氣。一説，指魯軍作爲主動進擊一方的客軍士氣。

55. 魯侵齊之戰三（前 501）

齊侯執陽虎，將東之。陽虎願東，乃囚諸西鄙①。盡借邑人之車，鍥其軸，麻約而歸之②。載葱靈，寢於其中而逃③。（《定公九年》）

【校注】

① 陽虎願東乃囚諸西鄙：陽虎表示願意到東部去，齊侯就派人把他囚禁在西部邊境。

② 盡借邑人之車鍥其軸麻約而歸之：陽虎把當地城邑内的車子全部都借過來，用刀子截斷車軸，包上麻綫後歸還。〇毁壞邑内人之車而後歸還，是爲了防止將來他們駕車追趕打算逃跑的他。

③ 載葱靈寢於其中而逃：陽虎登上有窗欞裝載衣物的蔥靈車，睡在裏面逃跑了。〇“葱”同“蔥”。蔥靈，一種有窗欞裝載衣物的車。孔穎達疏：“賈逵云：‘葱（蔥）靈，衣車也，有葱（蔥）有靈。’然則此車前後有蔽，兩旁開葱（蔥），可以觀望。葱（蔥）中豎木謂之靈。”

56. 齊晉夷儀之戰（前501）

秋，齊侯伐晉夷儀。敝無存之父將室之[①]，辭，以與其弟，曰：“此役也，不死，反必娶於高國[②]。”先登，求自門出，死於霤下[③]。東郭書讓登[④]，犁彌從之，曰：“子讓而左，我讓而右，使登者絶而後下[⑤]。”書左，彌先下。書與王猛息。猛曰：“我先登。”書斂甲曰[⑥]：“曩者之難，今又難焉！”猛笑曰：“吾從子，如驂之靳[⑦]。”

晉車千乘在中牟[⑧]，衛侯將如五氏，卜過之，龜焦。衛侯曰：“可也！衛車當其半，寡人當其半，敵矣[⑨]。”乃過中牟。中牟人欲伐之。衛褚師圃亡在中牟，曰：“衛雖小，其君在焉，未可勝也。齊師克城而驕，其帥又賤，遇，必敗之[⑩]，不如從齊。乃伐齊師。”敗之。齊侯致禚、媚、杏於衛。

齊侯賞犁彌，犁彌辭曰：“有先登者，臣從之[⑪]。皙幘而衣貍製。公使視東郭書，曰：“乃夫子也。吾貺子[⑫]。”公賞東郭書，辭曰：“彼，賓旅也[⑬]。”乃賞犁彌。

齊師之在夷儀也，齊侯謂夷儀人曰：“得敝無存者，以五家

免,乃得其尸。”公三襚之,與之犀軒,與直蓋而先歸之[14]。坐引者以師哭之,親推之三[15]。(《定公九年》)

【校注】

① 敝無存之父將室之:齊人敝無存的父親準備給他迎娶妻室。

② 此役也不死反必娶於高國:這一戰如果我不死的話,回來一定要娶高氏、國氏的女子。○高氏、國氏,當時齊國顯赫的家族。

③ 先登求自門出死於霤下:打仗時,敝無存搶先登上夷儀的城墻進入,後來試圖從城門衝出去,結果被打死在城門的屋簷下。

④ 東郭書讓登:東郭書喧嚷着搶先登上城墻。○東郭書及下文犁彌(王猛)皆爲齊國大夫。讓,讀爲嚷,喧嚷。大聲喧嚷,可以虚張聲勢,爲己方壯膽,並震懾敵方。

⑤ 使登者絶而後下:讓我們的人全都登上城墻以後我們再下去。

⑥ 書斂甲曰:斂甲,整理盔甲。

⑦ 吾從子如驂之靳:我跟從着您,就像驂馬跟從着服馬。○王猛(犁彌)是説自己與東郭書協調一致,配合無間,没有故意去搶風頭。

⑧ 晉車千乘在中牟:中牟,晉邑。

⑨ 衛車當其半寡人當其半敵矣:衛國的兵車相當於他們一半,寡人在這裏也相當於他們的一半,這就匹敵了。

⑩ 齊師克城而驕其帥又賤遇必敗之:齊軍攻克城邑就會驕縱,他們的將領地位又低賤,兩軍相遇,我們一定能打敗他們。○敵驕則失智,帥賤則無威,故必敗之。

⑪ 齊侯賞犁彌犁彌辭曰有先登者臣從之:犁彌辭謝,説:“有比我先登城墻的人,下臣跟從着他。”

⑫ 公使視東郭書曰乃夫子也吾貺子:齊景公讓他看看那個人是不是東郭書,他説:“正是那位。——我把賞賜讓給您。”

⑬ 公賞東郭書辭曰彼賓旅也:齊景公要把賞賜給東郭書,東郭書辭謝,説:“他是客卿。”○師克在和,齊國將領有功則相讓,有戰則爭先。

⑭ 公三襚之與之犀軒與直蓋而先歸之:齊景公三次爲他的遺體穿衣服,給

了他犀牛皮裝飾的軒車和形如長柄傘的車蓋，先把這具遺體送回去。

⑮ 坐引者以師哭之親推之三：拉靈車的人跪着停在那裏，齊景公讓全軍將士都來弔唁，還親自推了三次靈車。〇坐，雙膝跪在地上，臀部置於脚後跟之上。齊景公這樣做，可以激勵將士在今後的戰場上奮勇殺敵。

57. 齊衛聯合攻晉之謀(前 497)

"齊侯、衛侯次於垂葭"，實郹氏[①]，使師伐晉。將濟河，諸大夫皆曰："不可。"邴意茲曰："可。銳師伐河內，傳必數日而後及絳[②]。絳不三月不能出河，則我既濟水矣[③]。"乃伐河內。

齊侯皆斂諸大夫之軒，唯邴意茲乘軒[④]。齊侯欲與衛侯乘，與之宴，而駕乘廣，載甲焉[⑤]。使告曰："晉師至矣。"齊侯曰："比君之駕也，寡人請攝[⑥]。"乃介而與之乘，驅之。或告曰："無晉師。"乃止。(《定公十三年》)

【校注】

① 實郹氏：郹，原作"郥"。本或作"郥"，楊伯峻注：作"郥"，誤，當從阮元《校勘記》及金澤文庫本訂爲"郹"。郹音决。阮元云："次于垂葭實郹氏，是也。閩本、監本、毛本'郹'作'郥'，非。"

② 銳師伐河内傳必數日而後及絳：用精鋭部隊攻打本爲衛地的河内(黄河西北地區)，傳車肯定需要幾天才能到達晉都絳邑。

③ 絳不三月不能出河則我既濟水矣：絳邑的兵馬不到三個月不能到達黄河，到那時我軍已經折返渡河了。

④ 齊侯皆斂諸大夫之軒唯邴意茲乘軒：齊景公把大夫們的軒車都收起來，只有邴意茲可以乘坐軒車。〇軒車本來是有大夫爵位的人都能乘坐的，但齊景公認爲除了邴意茲的説法正確外，其他人都不對，故只允許邴意茲乘坐軒車。

⑤ 齊侯欲與衛侯乘與之宴而駕乘廣載甲焉：齊景公跟衛靈公一起飲宴，而背地裏命令齊人套好乘廣車，在車上放置甲胄。

⑥ 比君之駕也寡人請攝:都是君主乘的車子,寡人就請用我替您的御者駕車。○比,皆。齊景公先使人向衛靈公謊稱晉軍將至,繼而要求對方與自己同乘一車,視兵事爲兒戲,很不莊重。

58. 吴越檇李之戰(前 496)

吴伐越,越子句踐禦之。陳於檇李。句踐患吴之整也,使死士再禽焉,不動[①]。使罪人三行,屬劍於頸,而辭曰[②]:"二君有治,臣奸旗鼓。不敏於君之行前,不敢逃刑,敢歸死。"遂自剄也。師屬之目,越子因而伐之,大敗之[③]。靈姑浮以戈擊闔廬,闔廬傷將指,取其一屨還[④],卒於陘,去檇李七里。

夫差使人立於庭,苟出入,必謂己曰:"夫差,而忘越王之殺而父乎[⑤]?"則對曰:"唯。不敢忘!"三年乃報越。(《定公十四年》)

【校注】

① 使死士再禽焉不動:越王勾踐派敢死隊兩次衝擊吴軍的軍陣,並擒殺吴軍人員返回,吴軍軍陣仍然牢不可破。○上孫家寨《孫子》佚文云:"軍患陣不堅。"

② 使罪人三行屬劍於頸而辭曰:勾踐讓罪犯排成三行,把劍放在脖子上,道歉説。

③ 師屬之目越子因而伐之大敗之:吴軍都注視着越國罪犯自殺的場景,越王勾趁機下令進擊討伐,大敗吴軍。○越王以罪犯自殺誘使吴軍心生恐懼而進伐,大獲全勝,乃攻心之功也。陽明云:"攻心爲上。"

④ 闔廬傷將指取其一屨還:越國大夫靈姑浮打傷了闔廬的大脚趾,獲取他的一隻鞋子。○將指,大指,這裏指大脚趾。

⑤ 夫差而忘越王之殺而父乎:夫差,你忘記越王勾踐殺死你的父親嗎?○而,爾,你。

59. 楚攻蔡之戰（前 494）

楚子圍蔡①，報柏舉也。里而栽②，廣丈，高倍。夫屯晝夜九日，如子西之素。蔡人男女以辨，使疆於江汝之間而還。蔡於是乎請遷於吴。（《哀公元年》）

【校注】

① 楚子圍蔡：各本此上有"元年春"三字。

② 里而栽：離蔡國都城一里處栽設板築，建立圍壘。○楚國此舉，意欲圍困蔡國都城，坐等蔡國來降。

60. 晉攻齊鄭之戰（前 493）

齊人輸范氏粟，鄭子姚、子般送之①。士吉射逆之，趙鞅禦之②，遇於戚。陽虎曰："吾車少，以兵車之旆與罕、駟兵車先陳。罕、駟自後隨而從之，彼見吾貌，必有懼心③，於是乎會之，必大敗之。"從之。卜戰，龜焦。樂丁曰："《詩》曰：'爰始爰謀，爰契我龜。'謀協以故，兆詢可也④。"簡子誓曰："范氏、中行氏反易天明，斬艾百姓，欲擅晉國而滅其君，寡君恃鄭而保焉⑤。今鄭爲不道，棄君助臣，二三子順天明，從君命，經德義，除詬恥，在此行也。克敵者，上大夫受縣，下大夫受郡，士田十萬，庶人工商遂，人臣隸圉免⑥。志父無罪，君實圖之！若其有罪，絞縊以戮，桐棺三寸，不設屬辟，素車樸馬，無入於兆，下卿之罰也。"

將戰⑦。郵無恤御簡子，衛太子爲右。登鐵上，望見鄭師衆，大子懼，自投於車下。子良授大子綏而乘之，曰："婦人也⑧。"簡子巡列⑨，曰："畢萬，匹夫也。七戰皆獲，有馬百乘，死於牖下。羣子勉之！死不在寇⑩。"繁羽御趙羅，宋勇爲右。羅無勇，麇之。吏詰之，御對曰："痁作而伏⑪。"衛大子禱曰："曾孫蒯聵，敢昭告皇祖文王、烈祖康叔、文祖襄公：鄭勝亂從，晉午在難，不能治亂，使鞅討之。蒯聵不敢自佚，備持矛焉[12]。敢告無絶筋，無折骨，無面傷，以集大事，無作三祖羞。大命不敢請，佩玉不敢愛。"

鄭人擊簡子，中肩，斃於車中，獲其蠭旗。大子救之以戈。鄭師北，獲温大夫趙羅。大子復伐之，鄭師大敗，獲齊粟千車。趙孟喜曰："可矣。"傅傁曰："雖克鄭，猶有知在，憂未艾也。"

初，周人與范氏田，公孫尨税焉，趙氏得而獻之。吏請殺之。趙孟曰："爲其主也，何罪？"止而與之田。及鐵之戰，以徒五百人，宵攻鄭師，取蠭旗於子姚之幕下，獻曰："請報主德。"追鄭師，姚、般、公孫林殿而射，前列多死[13]。趙孟曰："國無小[14]。"既戰，簡子曰："吾伏弢嘔血，鼓音不衰，今日我上也[15]。"太子曰："吾救主於車，退敵於下。我，右之上也。"郵良曰："我兩靷將絶，吾能止之[16]。我，御之上也[17]。"駕而乘材，兩靷皆絶[18]。(《哀公二年》)

【校注】

① 齊人輸范氏粟鄭子姚子般送之：齊國人向范氏輸送粟米，鄭國的子姚、子般押送這些糧食。○范氏從晉國出奔到朝歌以後，長期居於朝歌，缺少糧食。○范氏，晉國强卿家族之一，晉大夫士會後裔，士會的采邑在范地，他的後裔以邑爲氏。子姚，罕達，下文稱罕。子般，駟弘，下文稱駟。

② 士吉射逆之趙鞅禦之：范氏集團的士吉射迎接他們，晉國時任上卿的趙鞅防禦他們。○趙鞅，又名志父，謚簡，或稱趙簡子，亦稱趙孟。

③ 彼見吾貌必有懼心：子姚、子般看到我軍的軍貌陣容，一定會産生戒懼之心。○陽虎欲張大聲勢，未戰而先攻敵心。

④ 謀協以故兆詢可也：現在我們謀議確定的策略没有變化，前後一致，就不需要另行占卜，相信先前我們接納衛太子蒯聵在戚地的卜兆就可以了。

⑤ 欲擅晉國而滅其君寡君恃鄭而保焉：想要在晉國擅權而消滅晉國的國君，我們晉國的國君本來是仰仗着鄭國保護自己。○趙簡子誓師，此是從君臣大

義入手，佔領道德的至高點，激勵士氣。

⑥ 庶人工商遂人臣隸圉免：庶人工商會獲得官職，奴隸會免除奴隸的身份。

⑦ 將戰：各本此上有"甲戌"二字。

⑧ 婦人也：你真是個小婦人。〇子良（郵無恤）是在説太子膽小，唤醒他的羞恥心。知恥近乎勇。

⑨ 簡子巡列：趙鞅巡行視察部隊。

⑩ 死不在寇：不要死在敵人的手上。

⑪ 痁作而伏：痁，原誤作"痞"，據各本改。

⑫ 備持矛焉：拿着長矛暫時充任車右。〇車右，手持長矛，衛太子蒯聵的意思是説自己忝居行伍。

⑬ 追鄭師姚般公孫林殿而射前列多死：追擊鄭軍，負責殿後掩護退軍的子姚、子般、公孫林射擊晉國的追軍，部隊的前鋒大多戰死。

⑭ 國無小：國家没有小的。〇趙鞅的意思是説，小國也有如此善射的人，不能輕視。

⑮ 吾伏弢嘔血鼓音不衰今日我上也：我伏在弓袋上吐血，但鼓聲没有衰竭，今天我的功勞最大。〇趙鞅表明自己指揮的功勞。

⑯ 我兩靷將絶吾能止之：我驂馬的兩根帶子快要斷了，我還能操控着馬匹，不讓帶子斷掉。

⑰ 我御之上也：我在車御中功勞是最大的。〇郵無恤表明自己的御車之功。

⑱ 駕而乘材兩靷皆絶：郵無恤往駕車上裝點木材，兩根革帶就全都斷了。

61. 吴攻魯夷之戰（前 487）

吴爲邾故，將伐魯，問於叔孫輒①。叔孫輒對曰："魯有名而無情②，伐之，必得志焉。"退而告公山不狃，公山不狃曰："非禮也。君子違，不適讎國③。未臣而有伐之，奔命焉，死之可也④。所託也則隱⑤。且夫人之行也，不以所惡廢鄉⑥。今子以小惡而欲覆宗國，不亦難乎？若使子率，子必辭。王將使我。"子張病之⑦。王問於子洩。對曰："魯雖無與立，必有與斃⑧，諸侯將救之,未可以得志焉。晉與齊、楚輔之,是四讐也⑨。夫魯,齊晉之脣。脣亡齒寒,君所知也。不救何爲?”

三月,“吴伐我”。子洩率,故道險,從武城⑩。初,武城人或有因於吴竟田焉,拘鄫人之漚菅者⑪,曰:“何故使吾水滋⑫?”及吴師至,拘者道之以伐武城⑬,克之。王犯嘗爲之宰,澹臺子羽之父好焉,國人懼。懿子謂景伯:“若之何?”對曰:“吴師來,斯與之戰,何患焉⑭?且召之而至,又何求焉⑮?”吴師克東陽而進,舍於五梧。明日,舍於蠶室。公賓庚、公甲叔子與戰於夷,獲叔子與析朱鉏,獻於王。王曰:“此同車,必使能,國未可望也⑯。”明日,舍於庚宗,遂次於泗上。微虎欲宵攻王舍⑰,私屬徒七百人三踊於幕庭⑱,卒三百人,有若與焉。及稷門之内,或謂季孫曰:“不足以害吴,而多殺國士,不如已也⑲。”乃止之。吴子聞之,一夕三遷⑳。

吴人行成,將盟,景伯曰:“楚人圍宋,易子而食,析骸而爨,猶無城下之盟。我未及虧,而有城下之盟,是棄國也。吴輕而遠,不能久,將歸矣㉑。請少待之。”弗從,景伯負載,造於萊門㉒,乃請釋子服何於吴,吴人許之。以王子姑曹當之,而後止㉓,吴人盟而還。(《哀公八年》)

【校注】

① 吴爲邾故將伐魯問於叔孫輒:吴國因爲前一年應允過援救被魯國攻擊的邾國的緣故,準備討伐我們魯國,吴王詢問從魯國奔逃過來的叔孫輒可否攻打魯國。

② 魯有名而無情:魯國有大國之名而無大國之實。

③ 君子違不適讐國:君子即便離開自己的國家,也不到與本國敵對的國家去。

④ 未臣而有伐之奔命焉死之可也:在魯國没有盡到作爲臣下職責,卻又去

討伐魯國，爲吴國應命奔走，只有死掉才是合適的。

⑤ 所託也則隱：在自己託身的國家就應當迴避以所託身的敵國攻打故國。

⑥ 不以所惡廢鄉：不應該因爲有所怨恨而出賣故鄉。

⑦ 子張病之：病，阮刻本作“疾”。

⑧ 魯雖無與立必有與斃：魯國雖然平時没有與之站在一起的盟國，但在遇到緊急的情況時一定會有願共生死的援國。

⑨ 是四讐也：這些國家合在一起是吴國的四個仇敵。

⑩ 子洩率故道險從武城：公山不狃率軍打頭陣，故意從高低不平的路走，從武城經過。○這是爲了故意消磨時間，讓魯國有時間備戰迎敵。○子洩，公山不狃，魯人，本爲魯國費邑宰，不得志，後爲避禍奔吴。

⑪ 武城人或有因於吴竟田焉拘鄫人之漚菅者：武城人有人在吴國邊境上種田，拘禁了浸泡菅草的鄫國人。○武城，這裏指的是南武城。

⑫ 何故使吾水滋：爲什麽把我的水弄髒？○滋，濁，《説文・玄部》引作“兹”，訓爲“黑”。

⑬ 拘者道之以伐武城：那個被拘捕的鄫國人引導吴軍攻打武城。

⑭ 吴師來斯與之戰何患焉：吴軍來了就和他們打，愁什麽？

⑮ 且召之而至又何求焉：而且我們魯國是因爲攻打邾國才引來吴軍的，還想怎麽樣？

⑯ 此同車必使能國未可望也：俘獲的這三個人是乘同一輛車一同戰死，魯國一定任用了賢能的人，魯國還不能企望啊。○吴王這句話是説，魯國能任用賢能，得到魯國還是非分之想。

⑰ 微虎欲宵攻王舍：微虎想要趁夜色偷襲吴王的住所。○微虎，魯大夫。

⑱ 私屬徒七百人三踊於幕庭：私下囑咐他的七百名屬下在帳幕外的庭院裏向上跳躍三次。

⑲ 不足以害吴而多殺國士不如已也：這樣做不足以殘害吴國，反而只會讓我們的這些舉國少有的勇士白白送命，不如趁早終止這次行動。

⑳ 一夕三遷：一夜之間，吴王三次遷移了住所。○吴王爲了避免遭到襲擊。雖其身未受襲擊，其心已遭創傷，故最後雖魯君主動要求訂立盟約，但吴王也没有敢提過分的要求，空手而歸。《孫子・軍爭》：“將軍可奪心。”親自率軍的國君

亦可奪心。

㉑ 吴輕而遠不能久將歸矣：吴國輕率舉兵，遠道來攻，不能堅持多久，他們快要返回了。

㉒ 景伯負載造於萊門：景伯背着盟書，到萊門去了。〇景伯反對結盟的意見没有被採納，所以他負載着盟書，準備結盟景伯。〇子服景伯，又稱子服何，魯大夫。

㉓ 以王子姑曹當之而後止：魯國相應地要求吴國王子姑曹留在魯國當人質，吴王不願意，後來雙方都停止了人質交換。

62. 齊攻魯都郊之戰（前484）

十一年春，齊爲鄎故，國書、高無丕帥師伐我，及清[①]。季孫謂其宰冉求曰[②]："齊師在清，必魯故也[③]，若之何？"求曰："一子守，二子從公禦諸竟[④]。"季孫曰："不能。"求曰："居封疆之間[⑤]。"季孫告二子，二子不可。求曰："若不可，則君無出。一子帥師，背城而戰，不屬者，非魯人也[⑥]。魯之羣室衆於齊之兵車，一室敵車優矣[⑦]。子何患焉？二子之不欲戰也宜，政在季氏。當子之身，齊人伐魯而不能戰，子之恥也，大不列於諸侯矣。"季孫使從於朝，俟於黨氏之溝。武叔呼而問戰焉[⑧]。對曰："君子有遠慮，小人何知？"懿子强問之[⑨]，對曰："小人慮材而言、量力而共者也[⑩]。"武叔曰："是謂我不成丈夫也。"退而蒐乘。孟孺子洩帥右師，顔羽御，邴洩爲右[⑪]。冉求帥左師，管周父御，樊遲爲右[⑫]。季孫曰："須也弱。"有子曰："就用命焉[⑬]。"季孫之甲七千，冉有以武城人三百爲己徒卒。老幼守宫，次於雩門之外。五日，右師從之，公叔務人見保者而泣曰[⑭]："事充，政重[⑮]，上不能謀，士不能死，何以治民？吾既言之矣，敢不勉乎？"

師及齊師戰於郊。齊師自稷曲，師不踰溝。樊遲曰："非不能也，不信子也[⑯]。請三刻而踰之[⑰]。"如之，衆從之。

師入齊軍。右師奔,齊人從之。陳瓘、陳莊涉泗[18]。孟之側後入以爲殿[19],抽矢策其馬曰:“馬不進也[20]。”林不狃之伍曰:“走乎[21]?”不狃曰:“誰不如?”曰:“然則止乎?”不狃曰:“惡賢[22]?”徐步而死[23]。

師獲甲首八十,齊人不能師。宵諜曰:“齊人遁。”冉有請從之三,季孫弗許。

孟孺子語人曰:“我不如顔羽,而賢於邴洩。子羽鋭敏,我不欲戰而能默,洩曰:‘驅之[24]。’”公爲與其嬖僮汪錡乘,皆死皆殯[25]。孔子曰:“能執干戈以衛社稷,可無殤也。”冉有用矛於齊師[26],故能入其軍。孔子曰:“義也。”(《哀公十一年》)

【校注】

① 及清:清,魯地。

② 季孫謂其宰冉求曰:季孫,名肥,謚康,又稱季康子。季孫氏,與叔孫氏、孟孫氏同出魯桓公,在執掌魯國國政的三桓之中居首。冉求,孔子弟子。

③ 必魯故也:必定是爲了魯國的緣故。

④ 一子守二子從公禦諸竟:咱們季孫家和孟孫家、叔孫家三家,一家留守國内,兩家跟着國君到邊境上防禦。

⑤ 居封疆之間:那就讓他們在境内近郊防禦。

⑥ 不屬者非魯人也:他們兩家都不去打仗,就不是魯國的臣屬,不算是魯國人。〇屬,臣屬;一説,聚也。

⑦ 魯之羣室衆於齊之兵車一室敵車優矣:魯國卿大夫各家兵車總數比齊國的要多得多,就是您一家的兵車總數也要多於齊國的。

⑧ 武叔呼而問戰焉:叔孫武叔叫冉求過去,冉求詢問他對於打仗的看法。〇武叔,叔孫武叔,謚武,名州仇,魯國三桓之一。

⑨ 懿子强問之:懿子,孟懿子仲孫何忌。下文孟孺子是其子,名彘,字洩,謚武,稱孟武伯。

⑩ 小人慮材而言量力而共者也:我是考慮了自己的才能才説話,衡量了自己

的力量才出力的。○意謂對方所問,是自己才能達不到的,所以不能説。

⑪ 顔羽御邴洩爲右:顔羽、邴洩,孟氏家臣。

⑫ 樊遲爲右:樊遲,名須,字子遲,孔子弟子,比孔子小三十六歲。

⑬ 就用命焉:他能够服從命令。

⑭ 公叔務人見保者而泣曰:公叔務人,下文稱公爲,魯昭公之子。

⑮ 事充政重:徭役繁多,徵税繁重。

⑯ 非不能也不信子也:這不是不能,而是不相信您。○樊遲這句話是説軍隊不願跨過壕溝的原因在於不信任冉求的號令。

⑰ 請三刻而踰之:請您把號令申明三遍,然後帶頭跨過壕溝。

⑱ 陳瓘陳莊涉泗:陳瓘、陳莊,皆屬齊國陳恒宗族,齊大夫。

⑲ 孟之側後入以爲殿:孟之側,屬魯國孟孫氏家族,字反。

⑳ 馬不進也:我落在最後是由於馬不肯往前走。

㉑ 林不狃之伍曰走乎:與林不狃同伍的人説:"逃跑吧。"○林不狃,季孫氏家臣。五人爲伍。

㉒ 惡賢:〔逃跑與停下來跟敵人打仗相比,〕哪個更好?○惡,何。賢,勝過,超過。

㉓ 徐步而死:他緩步從容地撤退,被敵人殺死。

㉔ 我不欲戰而能默洩曰驅之:我心裏不想作戰,但嘴裏不説逃跑的話,邴洩卻説:"趕馬快逃吧。"

㉕ 皆死皆殯:公叔務人因爲和他寵愛的小僮汪錡同坐一輛兵車,一同戰死,就都加以殯殮。○意謂也用成人之禮治喪、安葬。正因爲有公叔務人、汪錡這樣的拼死作戰之士,魯軍才未大敗。

㉖ 冉有用矛於齊師:冉有使用矛攻打齊國軍隊。

63. 吴齊艾陵之戰(前484)

爲郊戰故,公會吴子伐齊①。五月,克博。壬申,至於嬴②。中軍從王,胥門巢將上軍,王子姑曹將下軍,展如將右軍③。齊國書將中軍④,高無丕將上軍,宗樓將下軍。陳僖子謂其弟書⑤:

"爾死，我必得志[⑥]。"宗子陽與閭丘明相厲也[⑦]。桑掩胥御國子。公孫夏曰："二子必死。"將戰，公孫夏命其徒歌《虞殯》[⑧]。陳子行命其徒具含玉[⑨]，公孫揮命其徒曰："人尋約，吴髮短[⑩]。"東郭書曰："三戰必死，於此三矣[⑪]。"使問弦多以琴，曰："吾不復見子矣[⑫]。"陳書曰："此行也，吾聞鼓而已，不聞金矣[⑬]。"

甲戌，戰於艾陵。展如敗高子，國子敗胥門巢，王卒助之，大敗齊師。獲國書、公孫夏、閭丘明、陳書、東郭書，革車八百乘，甲首三千，以獻於公。

將戰，吴子呼叔孫曰："而事何也[⑭]？"對曰："從司馬[⑮]。"王賜之甲、劍鈹曰[⑯]："奉爾君事，敬無廢命！"叔孫未能對，衛賜進曰[⑰]："州仇奉甲從君[⑱]。"而拜。

公使大史固歸國子之元，寘之新篋，褽之以玄纁，加組帶焉，寘書於其上[⑲]，曰："天若不識不衷，何以使下國[⑳]。"（《哀公十一年》）

【校注】

① 爲郊戰故公會吴子伐齊：因爲本年齊魯在魯國都城郊外那次作戰的緣故，魯哀公會合吴王夫差討伐齊國。○郊戰，詳見上一則戰例。

② 五月克博壬申至於嬴：博、嬴，皆齊邑。

③ 中軍從王胥門巢將上軍王子姑曹將下軍展如將右軍：王，吴王。胥門巢、王子姑曹、展如，皆爲吴大夫。

④ 齊國書將中軍：國書，下文稱國子。

⑤ 陳僖子謂其弟書：陳僖子對他的弟弟陳書説。○陳僖子，陳乞，又作田乞。

⑥ 爾死我必得志：你要是戰死的話，我必定能够得志。○陳僖子是在勉勵其弟勇敢作戰，不要有後顧之憂。

⑦ 宗子陽與閭丘明相厲也：宗子陽和閭丘明也以不怕犧牲互相勉勵。○宗子陽，宗樓。

⑧ 公孫夏命其徒歌虞殯：公孫夏命令他的部下唱送葬的輓歌《虞殯》。〇齊唱輓歌，顯示必死的決心。

⑨ 陳子行命其徒具含玉：陳子行命令他的部下準備好死後用的含玉。〇齊備含玉，也是爲了顯示必死的決心。

⑩ 人尋約吴髮短：每人都要拿一根八尺長的繩子，因爲吴國人的頭髮短，砍下的人頭無法用他們的頭髮繫在一起。

⑪ 三戰必死於此三矣：打了三次仗，難免戰死，我現在在這裏是打第三次仗了。

⑫ 吾不復見子矣：我再也見不到您了。

⑬ 吾聞鼓而已不聞金矣：我只能聽到命令進軍的鼓聲，聽不到命令退軍的金聲了。〇陳書是在宣示自己將血戰到底，絶不後退。

⑭ 而事何也：你擔任什麽職務？

⑮ 從司馬：充當司馬。謙辭，意謂擔任司馬之職。

⑯ 王賜之甲劍鈹曰：曰，原闕，據各本補。〇吴王把皮甲、長劍和短劍賜給了他，説。

⑰ 衛賜進曰：衛賜，端木賜，字子貢，孔子弟子，衛人，故稱衛賜。

⑱ 州仇奉甲從君：州仇（叔孫武叔）敬受鎧甲跟隨着您。〇按照中原習俗，國君賜劍，是命其自殺，吴王賜劍給州仇，州仇不知如何應對，子貢説這番話爲其解圍。

⑲ 公使大史固歸國子之元寘之新篋褽之以玄纁加組帶焉寘書於其上：魯哀公派太史固歸還國書的人頭，人頭放在嶄新的小箱子裏，下面墊着黑色和紅色的絲綢，加上綢帶，還在上面放上一封信。

⑳ 天若不識不衷何以使下國：上天如果不是曉得貴國的不善不誠，怎麽會讓下國得勝？

64. 吴越姑蘇之戰（前 482）

越子伐吴[①]，爲二隧[②]。疇無餘、謳陽自南方，先及郊。吴大子友、王子地、王孫彌庸、壽於姚自泓上觀之。彌庸見姑蔑之旗[③]，曰："吾父之旗也，不可以見讎而弗殺也[④]。"大子曰："戰而不克，將亡國，請待之。”彌庸不可，屬徒五千，王子地助之。戰[⑤]，彌庸獲疇無餘，地獲謳陽。越子至，王子地守。丙戌[⑥]，復戰，大敗吴師，獲大子友、王孫彌庸、壽於姚。

吴人告敗於王[⑦]，王惡其聞也，自剄七人於幕下[⑧]。（《哀公十三年》）

【校注】

① 越子伐吴：各本此上有“六月丙子”四字。

② 爲二隧：越軍兵分兩路進攻。〇隧，道路；一説，同“隊”。

③ 彌庸見姑蔑之旗：姑蔑，越地。

④ 吾父之旗也不可以見讎而弗殺也：那是敵人俘獲的我父親的旗幟啊，我不能眼看着仇敵而不去殺死他們。〇由彌庸此言，可見其有德、有情、有勇而無謀。

⑤ 戰：各本此上有“乙酉”二字。

⑥ 丙戌：戌，原闕，據各本補。

⑦ 吴人告敗於王：各本此上有“丁亥入吴子”五字。

⑧ 王惡其聞也自剄七人於幕下：吴王害怕諸侯聽到這個消息，親手在帳幕裏殺死那七個前來報信的吴人。〇吴王殺人滅口，嚴防消息洩露。

65. 楚白公勝之亂（前479）

楚太子建之遇讒也[①]，自城父奔宋。又辟華氏之亂於鄭，鄭人甚善之。又適晉，與晉人謀襲鄭，乃求復焉。鄭人復之如初。晉人使諜於子木[②]，請行而期焉[③]。子木暴虐於其私邑，邑人訴之。鄭人省之，得晉諜焉，遂殺子木[④]。

其子曰勝，在吴，子西欲召之[⑤]，葉公曰[⑥]：“吾聞勝也詐而亂，無乃害乎？”子西曰：“吾聞勝也信而勇，不爲不利。舍諸邊竟，使衛藩焉[⑦]。”葉公曰：“周仁之謂信，率義之謂勇。吾聞勝也好復言，而求死士，殆有私乎[⑧]！復言，非信也；期死，非勇也。子必悔之。”弗從。召之，使處吴竟[⑨]，爲白公。請伐鄭，子西曰："楚未節也[10]。不然，吾不忘也。"他日，又請，許之，未起師。晉人伐鄭，楚救之，與之盟。勝怒曰："鄭人在此，讎不遠矣[11]。"

勝自厲劍，子期之子平見之，曰："王孫何自厲也[12]？"曰："勝以直聞，不告女，庸爲直乎[13]？將以殺爾父。"平以告子西。子西曰："勝如卵，余翼而長之[14]。楚國第，我死，令尹、司馬，非勝而誰？"勝聞之，曰："令尹之狂也！得死，乃非我[15]。"子西不悛。勝謂石乞曰："王與二卿士，皆五百人當之，則可矣。"乞曰："不可得也。"曰："市南有熊宜僚者，若得之，可以當五百人矣。"乃從白公而見之，與之言，説。告之故，辭[16]。承之以劍，不動[17]。勝曰："不爲利諂，不爲威惕，不洩人言以求媚者，去之[18]。"

吴人伐慎，白公敗之。請以戰備獻[19]，許之，遂作亂。秋七月，殺子西、子期於朝，而劫惠王[20]。子西以袂掩面而死[21]。子期曰："昔者吾以力事君，不可以弗終。"抉豫章以殺人而後死[22]。石乞曰："焚庫、弑王，不然，不濟。"白公曰："不可。弑王，不祥；焚庫，無聚，將何以守矣？"乞曰："有楚國而治其民，以敬事神，可以得祥，且有聚矣，何患？"弗從。

葉公在蔡[23]，方城之外皆曰："可以入矣。"子高曰："吾聞之，以險徼幸者，其求無饜，偏重必離。"聞其殺齊管脩也，而後入[24]。

白公欲以子閭爲王[25]，子閭不可，遂劫以兵。子閭曰："王孫若安靖楚國，匡正王室，而後庇焉，啓之願也，敢不聽從[26]。若將專利以傾王室，不顧楚國，有死不能[27]。"遂殺之，而以王如高府。石乞尹門。圉公陽穴宫，負王以如昭夫人之宫[28]。

葉公亦至，及北門，或遇之，曰："君胡不胄[29]？國人望君如望慈父母焉，盜賊之矢若傷君，是絶民望也，若之何不胄[30]？"乃胄而進。又遇一人曰："君胡胄？國人望君如望歲焉，日日以幾,若見君面,是得艾也。民知不死,其亦夫有奮心,猶將旌君以徇於國;而又掩面以絶民望,不亦甚乎!”乃免胄而進。遇箴尹固帥其屬,將與白公。子高曰:“微二子者,楚不國矣[31]。棄德從賊,其可保乎?”乃從葉公。使與國人以攻白公,白公奔山而縊,其徒微之[32]。生拘石乞而問白公之死焉,對曰:“余知其死所,而長者使余勿言[33]。”曰:“不言,將烹。”乞曰:“此事克則爲卿,不克則烹,固其所也,何害[34]?”乃烹石乞。王孫燕奔頯黄氏。

沈諸梁兼二事,國寧,乃使寧爲令尹,使寬爲司馬,而老於葉[35]。(《哀公十六年》)

【校注】

① 楚太子建之遇讒也:楚太子建,字子木,楚平王太子,遭讒毁而奔宋,事在魯昭公二十年。太子建有子名勝,號白公,稱白公勝、公孫勝。

② 晉人使諜於子木:晉國人派間諜到太子建那裏。

③ 請行而期焉:請示行動的日期。

④ 鄭人省之得晉諜焉遂殺子木:鄭國人前往考察,查獲了晉國的間諜,於是就殺死了太子建。

⑤ 子西欲召之:子西,公子申,楚國令尹。

⑥ 葉公曰:葉公,沈諸梁,字子高,楚人,據劉信芳考證,上博簡《柬大王泊旱》所謂“聖人”即其人。

⑦ 舍諸邊竟使衛藩焉:我打算把他安置在邊境上,讓他保衛邊境。○藩,衛。

⑧ 吾聞勝也好復言而求死士殆有私乎:我聽説勝這個人無論如何都會實踐自己許下的諾言,而又不斷尋求亡命之徒,大概是有什麽私心吧。○葉公見亂於未萌,可惜他的意見未得到重視。

⑨ 使處吴竟:讓他去駐守楚國與吴國接壤的邊境。○其地名白,楚邑。公孫勝駐守於此,故稱之爲白公、白公勝。

⑩ 楚未節也:楚國的政事現在還没有節制法度。

⑪ 鄭人在此讎不遠矣:鄭國人在這裏,仇人不遠了。○鄭人殺害了白公勝

的父親，而子西救援鄭國，並與鄭國結盟，所以白公勝視子西爲鄭人。

⑫ 子期之子平見之曰王孫何自厲也：子期的兒子王孫平看見了，説："王孫您爲什麽要親自磨礪呢？"〇子期，公子結，楚國司馬。白公勝爲楚平王之孫，故稱王孫。

⑬ 不告女庸爲直乎：不告訴您，我怎麽能算得上直爽呢？

⑭ 子西曰勝如卵余翼而長之：子西説："王孫勝就像蛋，我用羽翼覆蓋而讓他長大。"

⑮ 得死乃非我：他要得以好死，叫勝的那個人就不是我了。

⑯ 告之故辭：石乞就把找他的意圖告知熊宜僚，熊宜僚拒絶了。

⑰ 承之以劍不動：石乞用劍指着熊宜僚的喉嚨，熊宜僚一動不動。

⑱ 不爲利諂不爲威惕不洩人言以求媚者去之：這是不會被利益誘惑、不會因爲威脅懼怕、不泄漏别人的話去諂媚别人的人，咱們離開這兒吧。〇由白公勝此言，可見其人深悉人情世故。

⑲ 請以戰備獻：白公勝請求把武器裝備進獻上來。〇這實際上是爲了方便作亂。

⑳ 而劫惠王：惠王，楚昭王之子，名章。

㉑ 子西以袂掩面而死：子西後悔不聽葉公的話，就用袖子遮蓋着臉而死。

㉒ 抉豫章以殺人而後死：説着就拔起一棵樟樹打死了若干個作亂的人，然後死去。〇這是爲了踐行以力事君有始有終的信念。〇豫章，一種樟樹。

㉓ 蔡地此時已爲楚所有。

㉔ 聞其殺齊管脩也而後入：葉公聽説白公勝殺了齊國的管脩，然後才攻入郢都。〇葉公一直在等待白公勝做令人們離心離德之事，管脩係管仲七世孫，他慘遭殺害，足以引起人們的不滿。由此可見葉公的耐心與清醒。

㉕ 白公欲以子閭爲王：子閭，楚平王之子，白公勝的叔父，名啓，曾五次辭讓王位。

㉖ 王孫若安靖楚國匡正王室而後庇焉啓之願也敢不聽從：您如果能讓楚國安定平静下來，扶正王室，然後對我加以庇護，這是我的願望，怎麽敢不聽？

㉗ 若將專利以傾王室不顧楚國有死不能：如果您只是想要專謀私利來覆滅王室，不顧我們楚國的國家利益，那麽我寧死不從。〇此言可見子閭深明

大義。

㉘ 石乞尹門圉公陽穴宫負王以如昭夫人之宫：石乞守着宫門，圉公陽在宫墻上打洞，背上楚惠王來到昭夫人的宫中。

㉙ 君胡不胄：您爲什麽不戴上頭盔？

㉚ 國人望君如望慈父母焉盗賊之矢若傷君是絶民望也若之何不胄：國内的人們盼望您的到來就像盼望慈愛的父母的到來一樣，盗賊的箭如果射傷了您，這就斷絶了人們的期望。您爲什麽不戴上頭盔？〇下文又云國人急切地盼望葉公如同盼望農業收成一樣，見到他的臉，人心就能安定，希望他不要用頭盔遮住臉，因而要求他戴上頭盔。由此可見，葉公深受國人愛戴，在人們心中的地位很高。

㉛ 子高曰微二子者楚不國矣：葉公説："如果没有子西、子期他們兩位，楚國就不成國家了。"〇葉公之言，曉之以至理，明之以大義，令箴尹固幡然醒悟，棄暗投明。

㉜ 白公奔山而縊其徒微之：白公勝奔逃到山上自己上吊死了，他的部下把屍體藏匿起來。〇微，隱藏。

㉝ 余知其死所而長者使余勿言：我知道他屍體藏匿的地方，但是白公死前讓我不要説。

㉞ 此事克則爲卿不克則烹固其所也何害：這件事成了我就是卿，不成我就被烹，這本來是應該盡的本分，被烹又何妨？〇由石乞之言，可見其忠於故主而無所畏懼。

㉟ 沈諸梁兼二事國寧乃使寧爲令尹使寬爲司馬而老於葉：葉公兼任令尹、司馬二職，國家安定平静下來以後，就讓前令尹子西的兒子王孫寧做令尹，前司馬子期的兒子寬做司馬，自己到葉地去養老。〇葉公不貪戀權位，功成身退。

66. 吴越笠澤之戰（前 478）

越子伐吴[①]，吴子禦之笠澤，夾水而陳。越子爲左右句卒，使夜或左或右，鼓譟而進，吴師分以禦之[②]。越子以三軍潛涉，當吴中軍而鼓之[③]，吴師大亂，遂敗之。（《哀公十七年》）

【校注】

① 越子伐吴:各本此上有“三月”二字。

② 越子爲左右句卒使夜或左或右鼓譟而進吴師分以禦之:越王在三軍之外另組建了兩支用於左右迂迴的偏軍,讓他們在夜裏輪番擊鼓呐喊進擊,吴軍分散軍隊用來防禦。○《孫子·行軍》云,爲兵“足以併力料敵取人而已”。吴軍分兵防禦,不能併力,又不知敵人意圖,不能料敵,最終被敵人掩取而不能掩取敵人。

③ 越子以三軍潛涉當吴中軍而鼓之:越王帶領三軍偷偷渡過河,對着吴國的中軍擊鼓進擊。○越軍出其不意,攻其不備,併力攻擊對方最重要的中軍,令對方措手不及。

67. 晉攻鄭之戰(前468)

晉荀瑶帥師伐鄭①,次於桐丘②。鄭駟弘請救於齊。齊師將興,陳成子屬孤子三日朝③。設乘車兩馬,繫五邑焉④。召顔涿聚之子晉,曰:“隰之役,而父死焉。以國之多難,未女恤也⑤。今君命女以是邑也,服車而朝,毋廢前勞⑥。”乃救鄭。及留舒⑦,違穀七里,穀人不知⑧。

及濮,雨,不涉。子思曰:“大國在敝邑之宇下,是以告急。今師不行,恐無及也。”成子衣製杖戈,立於阪上,馬不出者,助之鞭之⑨。

知伯聞之,乃還⑩,曰:“我卜伐鄭,不卜敵齊。”使謂成子曰:“大夫陳子,陳之自出。陳之不祀,鄭之罪也。故寡君使瑶察陳衷焉⑪,謂大夫其恤陳乎?若利本之顛,瑶何有焉⑫?”成子怒曰:“多陵人者皆不在,知伯其能久乎?”

中行文子告成子曰⑬:“有自晉師告寅者,將爲輕車千乘以厭齊師之門,則可盡也⑭。”成子曰:“寡君命恒曰:‘無及寡,無畏衆。’雖過千乘,敢辟之乎?將以子之命告寡君。”文子曰:“吾

乃今知所以亡。君子之謀也,始、衷、終皆舉之⑮,而後入焉。今我三不知而入之,不亦難乎⑯!”(《哀公二十七年》)

【校注】

① 晉荀瑤帥師伐鄭:晉國的知伯荀瑤率軍討伐鄭國。○荀瑤,知(智)伯,謚襄,稱智襄子,時任晉國執政大臣。

② 次於桐丘:桐丘,鄭地。

③ 陳成子屬孤子三日朝:起兵前,陳成子召集本國戰死者的兒子,分三天朝見國君。○這是爲了表示特殊的禮遇,以此可以激勵士氣。○陳成子,陳恒,下文稱成子,自魯哀公十四年弑齊簡公、立齊平公以來,任齊相,專齊政。屬,聚集,召集。

④ 設乘車兩馬繫五邑焉:陳成子在現場設置了配有兩匹馬的一輛車,這是給士的禮遇,並把分封五個城邑的册書放置在口袋裏。

⑤ 以國之多難未女恤也:因爲國家多難,没有能及時撫恤你。

⑥ 今君命女以是邑也服車而朝毋廢前勞:現在國君命令把這個城邑分封給你,請你駕着車子去朝見國君,不要廢棄你父親先前的勛勞。

⑦ 及留舒:留舒,鄭地。

⑧ 違穀七里穀人不知:齊軍距離穀地七里,穀地人竟没有察覺。○由此可見齊軍紀律嚴明。○違,相距,距離。

⑨ 馬不出者助之鞭之:馬不願意前進的,陳成子就用鞭子抽打迫使它前行。

⑩ 知伯聞之乃還:知伯聽説了,就收兵回去。○知伯聽聞齊軍來援救鄭國,得知陳成子深得衆心,所以返回。

⑪ 故寡君使瑤察陳衷焉:所以寡君派我來查清陳國被滅的内情。○陳恒家族源自已經滅亡的陳國貴族,所以知伯的這番話會刺痛陳恒的心。

⑫ 若利本之顛瑤何有焉:如果您認爲傾覆宗族的根本有利,那與我有什麽關係?

⑬ 中行文子告成子曰:中行文子,荀寅,當時在齊國流亡。

⑭ 將爲輕車千乘以厭齊師之門則可盡也:晉軍準備出動輕車一千乘,近距離攻擊齊軍的營門,齊軍就能被我們全部消滅。

⑮ 始衷終皆舉之：對事情的開始、發展、結果都要全面考慮到。○衷，中。舉，窮盡。

⑯ 今我三不知而入之不亦難乎：現在我對這三方面都不了解就向上級報告，不也是很難嗎！

68. 齊魯奚之戰（前 695）

夏，及齊師戰於奚，疆事也。

於是齊人侵魯疆，疆吏來告，公曰："疆埸之事，慎守其一[①]，而備其不虞。姑盡所備焉。事至而戰，又何謁焉[②]？"（《桓公十七年》）

以下補録[③]。

【校注】

① 慎守其一：一，己方的一側。

② 事至而戰又何謁焉：意外的戰事發生了就去迎戰，又何必戰前謁告請示呢？○明正德十四年，陽明奉敕戡處福建叛軍，到達豐城，聽聞寧王朱宸濠反叛，遂不待上級下達命令就返回吉安，自發倡導義兵以平叛。陽明此舉，或是受本篇影響之故。

③ 以下補録：此四字，原書所有，係小字。○實際上，補録係從上一則戰例開始的。

69. 楚攻鄭新鄭之戰（前 666）

楚令尹子元欲蠱文夫人[①]，爲館於其宫側，而振《萬》焉[②]。夫人聞之，泣曰："先君以是舞也，習戎備也[③]。今令尹不尋諸仇讎，而於未亡人之側，不亦異乎[④]！"御人以告子元。子元曰："婦人不忘襲讎[⑤]，我反忘之！"

秋，子元以車六百乘伐鄭，入於桔柣之門。子元、鬬御彊、鬬梧、耿之不比爲旆，鬬班、王孫游、王孫喜殿。衆車入自純門，及逵市[⑥]。縣門不發，楚言而出[⑦]。子元曰："鄭有人焉。"諸侯救鄭，楚師夜遁。鄭人將奔桐丘，諜告曰："楚幕有烏[⑧]。"乃止。(《莊公二十八年》)

【校注】

① 楚令尹子元欲蠱文夫人：楚國的令尹子元想勾引楚文王夫人。〇令尹，楚國最高軍政長官。子元，楚武王之子，楚文王之弟。文夫人，楚文王夫人息嬀，貌美，先是嫁給息國國君，後楚文王爲了娶她而滅掉息國，她被迫嫁給楚文王。

② 爲館於其宫側而振萬焉：就在她住的宫殿旁建造了宫館，在裏邊摇鈴鐸跳《萬》舞。

③ 先君以是舞也習戎備也：先君讓人跳這種舞蹈，是用來演練戰備的。

④ 今令尹不尋諸仇讎而於未亡人之側不亦異乎：現今令尹不把它用於仇敵而用於未亡人旁邊，不也是奇怪了嗎？

⑤ 婦人不忘襲讎：婦女都没有忘記襲擊仇敵。〇意謂自己作爲令尹更應該不忘記襲擊仇敵。

⑥ 衆車入自純門及逵市：車隊攻入純門，到達城郭内大路上的市場。〇純門，鄭國外郭門。

⑦ 縣門不發楚言而出：内城的懸門没有放下，鄭國人用楚國話説了一陣子就從内城出來了。〇通常，遇到外敵入侵，防守國就要立即關閉平日懸掛着的城門。鄭人用楚言，也是怪事，故而楚軍未敢輕舉妄動。〇縣，同"懸"。

⑧ 楚幕有烏：楚國的帳篷上停有烏鴉。〇這顯示楚國人早已離開。〇楚軍中了鄭國的空城計，無功而返，原因在於主帥令尹子元一時起意攻鄭，倉促興兵，没有事先偵察敵情。

70. 秦晉韓原之戰(前645)

晉侯之入也，秦穆姬屬賈君焉[①]，且曰："盡納羣公子。"晉侯烝於賈君，又不納羣公子，是以穆姬怨之。晉侯許賂中大夫，既而皆背之。賂秦伯以河外列城五[②]，東盡虢略，南及華山，内及解梁城，既而不與。晉饑，秦輸之粟；秦饑，晉閉之糴[3]。故秦伯伐晉。卜徒父筮之，吉："涉河，侯車敗。"詰之，對曰："乃大吉也，三敗，必獲晉君。其卦遇《蠱》，曰：'千乘三去，三去之餘，獲其雄狐[4]。'夫狐蠱，必其君也。《蠱》之貞，風也；其悔，山也。歲云秋矣，我落其實，而取其材，所以克也。實落材亡，不敗何待？"

三敗及韓。晉侯謂慶鄭曰："寇深矣[5]，若之何？"對曰："君實深之[6]，可若何？"公曰："不孫。"卜右，慶鄭吉，弗使[7]。步揚御戎，家僕徒爲右，乘小駟，鄭入也[8]。慶鄭曰："古者大事，必乘其産，生其水土，而知其人心，安其教訓，而服習其道，唯所納之，無不如志[9]。今乘異産以從戎事，及懼而變，將與人易。亂氣狡憤，陰血周作，張脈僨興，外彊中乾[10]。進退不可，周旋不能，君必悔之。"弗聽。

九月，晉侯逆秦師，使韓簡視師，復曰："師少於我，鬬士倍我[11]。"公曰："何故？"對曰："出因其資，入用其寵，饑食其粟，三施而無報，是以來也。今又擊之，我怠秦奮，倍猶未也[12]。"公曰："一夫不可狃，況國乎？"遂使請戰，曰："寡人不佞，能合其衆，而不能離也[13]。君若不還，無所逃命。"秦伯使公孫枝對曰："君之未入，寡人懼之[14]。入而未定列，猶吾憂也[15]。苟列定矣，敢不承命[16]？"韓簡退曰："吾幸而得囚。"

戰於韓原[17]，晉戎馬還濘而止。公號慶鄭。慶鄭曰："愎諫違卜，固敗是求，又何逃焉？"遂去之。梁由靡御韓簡，虢射爲右，輅秦伯，將止之。鄭以救公誤之，遂失秦伯。秦獲晉侯以歸。晉大夫反首拔舍，從之。秦伯使辭焉，曰："二三子何其感也？寡人之從晉君而西也[18]，亦晉之妖夢是踐，豈敢以至[19]？"晉大夫三拜稽首曰："君履后土而戴皇天，皇天后土，實聞君之言[20]。羣臣敢在下風[21]。"

穆姬聞晉侯將至，以太子罃、弘與女簡璧登臺而履薪焉[22]。使以免服衰絰逆[23]，且告曰："上天降災，使我兩君匪以玉帛相見，而以興戎。若晉君朝以入，則婢子夕以死；夕以入，則朝以死。唯君裁之。"乃舍諸靈臺。大夫請以入。公曰："獲晉侯，以厚歸也；既而喪歸，焉用之[24]？大夫其何有焉？且晉人慼憂以重我，天地以要我。不圖晉憂，重其怒也。我食吾言，背天地也。重怒難任，背天不祥，必歸晉君。"公子縶曰："不如殺之，無聚慝焉[25]。"子桑曰："歸之而質其太子，必得大成[26]。晉未可滅，而殺其君，祇以成惡[27]。且史佚有言曰：'無始禍，無怙亂，無重怒。'重怒難任，陵人不祥。"乃許晉平。

晉侯使郤乞告瑕吕飴甥，且召之[28]。子金教之言曰："朝國人而以君命賞[29]，且告之曰：'孤雖歸，辱社稷矣，其卜貳圉也[30]。'"衆皆哭。晉於是乎作爰田。吕甥曰："君亡之不恤，而羣臣是憂，惠之至也。將若君何？"衆曰："何爲而可？"對曰："徵繕以輔孺子[31]。諸侯聞之，喪君有君[32]，羣臣輯睦，甲兵益多。好我者勸，惡我者懼，庶有益乎！"衆説。晉於是乎作州兵。（《僖公十五年》）

【校注】

① 秦穆姬屬賈君焉：秦穆姬，秦穆公夫人，晉獻公之女，下文稱穆姬。〇屬，囑託。賈君，晉獻公次妃；一説，獻公之子申生之妃。

② 賂秦伯以河外列城五：秦伯，秦穆公，春秋五霸之一。

③ 晉饑秦輸之粟秦饑晉閉之糴：晉國發生饑荒，秦國給它輸送粟米；秦國發生饑荒，晉國却拒絶賣糧給秦國。〇晉侯以怨報德。

④ 千乘三去三去之餘獲其雄狐：把一千輛兵車驅走三次，驅走三次之餘，獲得了那隻雄狐。〇去，通"驅"。

⑤ 寇深矣：敵寇深入我國了。

⑥ 君實深之：是君王讓他們深入的。

⑦ 卜右慶鄭吉弗使：晉人占卜車右的人選，結果顯示慶鄭爲車右是吉利的，但是晉惠公不讓他當車右。

⑧ 步揚御戎家僕徒爲右乘小駟鄭入也：晉惠公讓步揚駕兵車，家僕徒擔任車右，用小駟馬駕車，馬是鄭國人獻來的。○小駟，鄭人所獻馬名。

⑨ 生其水土而知其人心安其教訓而服習其道唯所納之無不如志：因爲它出産在自己國家的水土上，善解人意；安穩地接受主人的調教，習慣於本國的道路；無論怎樣引導它，都會讓你稱心如意。

⑩ 亂氣狡憤陰血周作張脈僨興外彊中乾：它逆氣亢奮，血液在全身疾速地流動，使血管膨脹突起，外表强壯而内部枯竭。○意謂小駟馬空有其表，不堪實用。○陰血，血。張，通"脹"。僨，同"墳"，鼓起。

⑪ 師少於我鬭士倍我：秦軍人數比我們少，能奮力戰鬭的人却比我們多一倍。○兵貴精不貴多。

⑫ 我怠秦奮倍猶未也：現今我們又將要迎擊他們，我方懈怠，秦國憤激，鬭志相差不止一倍。○晉方理虧，故其士卒懈怠；秦方吃虧，故其士卒憤激。

⑬ 寡人不佞能合其衆而不能離也：寡人不才，能集合自己的兵衆而不能遣散他們。○這是外交辭令，意思是説一定要和敵人打仗。

⑭ 君之未入寡人懼之：當初貴國君主没有回國，寡人爲他憂懼。○此句及以下二句都是在數落晉君忘恩負義。

⑮ 入而未定列猶吾憂也：貴國君主回去後還没有穩固的地位，這是我所擔憂的。

⑯ 苟列定矣敢不承命：如果君位已經穩固，寡人敢不接受開戰的命令？

⑰ 戰於韓原：各本此上有"壬戌"二字。

⑱ 寡人之從晉君而西也：晉，原脱，據各本補。○寡人跟隨晉國國君朝西去。

⑲ 亦晉之妖夢是踐豈敢以至：只不過實現晉國的妖夢而已，哪裹敢做得太過分？○妖夢，據説，魯僖公十年，狐突在曲沃遇見了已經去世的申生，後申生又在巫者身上附體説：上帝要懲罰夷吾（晉惠公），讓他敗於韓地。

⑳ 皇天后土實聞君之言：皇天后土都能聽到您的話。

㉑ 羣臣敢在下風：我們這些下臣們願意在下邊聽候吩咐。

㉒ 以太子罃弘與女簡璧登臺而履薪焉：秦穆姬領着太子罃、公子弘和女兒簡璧登上高臺，踩着柴草。〇秦穆姬與晉惠公異母同父，她爲了保護和拯救晉惠公，帶着與秦穆公所生子女，以自焚相威脅。

㉓ 使以免服衰絰逆：穆姬派遣使者捧着喪服去迎接秦穆公。〇免，又作"絻"。

㉔ 獲晉侯以厚歸也既而喪歸焉用之：俘獲晉侯，這本來是帶着豐厚的戰利品歸來的，但回來不久後就發生喪事，這哪裏還有什麽用呢？

㉕ 無聚慝焉：不要讓他回去聚集奸邪之人報復我們。

㉖ 歸之而質其太子必得大成：放他回國，讓他的太子來作人質，必定會得到極好的媾和條件，取得巨大的好處。

㉗ 晉未可滅而殺其君祇以成惡：晉國還滅亡不了，而我們卻殺掉它的國君，只能造成雙方更大的仇恨。

㉘ 晉侯使郤乞告瑕吕飴甥且召之：晉惠公派遣郤乞告訴瑕吕飴甥，同時召他過來談判。〇瑕吕飴甥，字子金。

㉙ 朝國人而以君命賞：君王請把都城裏的人都召到宫門前，用國君的名義給予賞賜。

㉚ 孤雖歸辱社稷矣其卜貳圉也：我即使歸國了，但給社稷帶來了羞辱，還是卜筮決定一個替代太子圉的人即位吧。〇貳，通"貣"。圉，晉惠公太子。

㉛ 徵繕以輔孺子：徵收賦税，修理武器裝備，以輔助繼承人。〇孺子，這裏指太子子圉。

㉜ 諸侯聞之喪君有君：諸侯聽到我國丟失了國君，又有新的國君。

71. 魯邾升陘之戰（前638）

邾人以須句故出師，公卑邾，不設備而禦之①。臧文仲曰："國無小，不可易也；無備，雖衆不可恃也②。君其無謂邾小。蠭蠆有毒，而況國乎？"弗聽。

公及邾師戰於升陘③，我師敗績。邾人獲公胄，縣諸魚門④。（《僖公二十二年》）

【校注】

① 公卑邾不設備而禦之：魯僖公不把邾國放在眼裏，不設防備就去抵禦邾人。○僖公輕敵，看不起弱小的邾國。

② 雖衆不可恃也：各本此下有“詩曰戰戰兢兢如臨深淵如履薄冰又曰敬之敬之天惟顯思命不易哉先王之明德猶無不難也無不懼也况我小國乎”四十七字。○《左傳·隱公五年》：“不備不虞，不可以師。”

③ 公及邾師戰於升陘：各本此上有“八月丁未”四字。

④ 邾人獲公冑縣諸魚門：邾國人俘獲了僖公的頭盔，懸掛在魚門上示衆。○這是爲了羞辱輕敵草率的魯僖公。王陽明《孫子·九地》注云：“幾事不密則害成。”

72. 秦晉伐鄀之戰（前 635）

秦、晉伐鄀[①]。楚鬬克、屈禦寇以申、息之師戍商密。秦人過析，隈入而係輿人，以圍商密，昏而傅焉[②]。宵，坎血加書，僞與子儀、子邊盟者[③]。商密人懼曰：“秦取析矣！戍人反矣[④]！”乃降秦師。秦師囚申公子儀、息公子邊以歸。（《僖公二十五年》）

【校注】

① 秦晉伐鄀：各本此上有“秋”字。○鄀，楚國的附庸國，在秦楚之間，都城爲商密。

② 秦人過析隈入而係輿人以圍商密昏而傅焉：秦軍經過鄀國的析地，從丹水彎曲的地方深入鄀國境内，同時捆綁着雜役人員，把他們裝扮成被俘的析人，押着這些假俘虜包圍了鄀國的商密，到黄昏時就逼近城下。

③ 僞與子儀子邊盟者：秦國人假裝和楚國人鬬克、禦寇盟誓的樣子。○子儀，鬬克。子邊，屈禦寇。

④ 商密人懼曰秦取析矣戍人反矣：商密的人害怕起來，説：“秦軍已經攻取析地了！戍守的人反叛了！”○秦國人僅僅是故意造成了鄀國的析地人投降的假象，就兵不血刃，拿下鄀國都城商密。陽明平定寧藩之亂，未擒獲寧王而宣稱寧王已擒，與此有異曲同工之妙。

73. 秦襲鄭滅滑之戰(前 627)

秦師過周北門[①],左右免冑而下,超乘者三百乘[②]。王孫滿尚幼,觀之,言於王曰:“秦師輕而無禮,必敗。輕則寡謀,無禮則脱[③]。入險而脱,又不能謀,能無敗乎[④]?”

及滑,鄭商人弦高將市於周,遇之,以乘韋先牛十二犒師[⑤],曰:“寡君聞吾子將步師出於敝邑,敢犒從者,不腆敝邑,爲從者之淹,居則具一日之積,行則備一夕之衛[⑥]。”且使遽告於鄭[⑦]。

鄭穆公使視客館[⑧],則束載、厲兵、秣馬矣[⑨]。使皇武子辭焉,曰:“吾子淹久於敝邑,唯是脯資餼牽竭矣[⑩]。爲吾子之將行也[⑪],鄭之有原圃,猶秦之有具囿也。吾子取其麋鹿,以閒敝邑,若何[⑫]?”杞子奔齊,逢孫、揚孫奔宋。孟明曰:“鄭有備矣,不可冀也。攻之不克,圍之不繼[⑬],吾其還也。”滅滑而還。(《僖公三十三年》)

【校注】

① 秦師過周北門:各本此上有“三十三年春”五字。○秦國軍隊經過成周都城洛邑的北門。

② 左右免冑而下超乘者三百乘:兵車上除御者以外,車左、車右都脱去頭盔下車致敬,隨即跳躍登車的有三百輛兵車的將士。○依照當時的軍禮,軍隊過王城應當捲甲束兵,全部下車步行。

③ 輕則寡謀無禮則脱:輕佻就會缺少計謀,無禮就會疏略。○古代軍中有禮是有紀律的表現。

④ 入險而脱又不能謀能無敗乎:進入到危險之地還那麼疏略,又不能想出主意,怎能不打敗仗?

⑤ 鄭商人弦高將市於周遇之以乘韋先牛十二犒師:鄭國的商人弦高準備到成周做生意,遇到秦軍,弦高先送給秦軍四張熟牛皮,再送上十二頭牛,犒勞秦國軍隊。○弦高的這一自發舉動,是爲了給秦軍造成鄭國早已知曉秦軍將要到來

並已做好準備的假象。

⑥ 居則具一日之積行則備一夕之衛：您在這裏住下，我們就準備一天的供應；離開，我們就準備一夜的保衛。

⑦ 且使遽告於鄭：弦高同時又派驛車緊急把情況報告給鄭國。○這樣可以使鄭國緊急做好準備。○遽，驛車，傳車。

⑧ 鄭穆公使視客館：此句，《四部叢刊》本、阮刻本皆脱，阮元《校勘記》所引石經、宋本、淳熙本、岳本、纂圖本、監本、毛本及敦煌寫本（P.2509）皆未脱。○鄭穆公派人去探察杞子等秦人住宿的賓館。○此前秦鄭結盟，秦穆公派杞子、逢孫、揚孫戍守鄭國。

⑨ 則束載厲兵秣馬矣：（發現他們）已經捆綁好東西，磨礪好武器，喂飽了馬匹。○這顯示杞子等人已經做好採取軍事行動的準備。

⑩ 唯是脯資餼牽竭矣：敝邑的乾肉、乾糧、牲口都耗盡了。

⑪ 爲吾子之將行也：爲了各位準備出行。○這是爲了顯示對對方的情況了如指掌。

⑫ 吾子取其麋鹿以閒敝邑若何：大夫們自己獵取麋鹿，使敝邑有閑空，怎麼樣？

⑬ 攻之不克圍之不繼：攻打鄭國但不能攻克，包圍鄭國又没有後繼支援的部隊。○秦軍最終不得不空手而歸，無功而返。

74. 秦晉彭衙之戰（前625）

孟明視帥師伐晉①，以報殽之役。二月，晉侯禦之。先且居將中軍②，趙衰佐之。王官無地御戎，狐鞫居爲右。及秦師戰於彭衙③。秦師敗績。晉人謂秦"拜賜之師"。

戰於殽也，晉梁弘御戎，萊駒爲右。戰之明日，晉襄公縛秦囚，使萊駒以戈斬之。囚呼，萊駒失戈，狼瞫取戈以斬囚，禽之以從公乘，遂以爲右④。箕之役，先軫黜之，而立續簡伯。狼瞫怒。其友曰："盍死之？"瞫曰："吾未獲死所。"其友曰："吾與汝爲難。"瞫曰："《周志》有之：'勇則害上，不登於明堂。'死而不義，非勇也。共用之謂勇。吾以勇求右，無勇而黜，亦其所也[⑤]。謂上不我知，黜而宜，乃知我矣[⑥]。子姑待之。"

及彭衙，既陳，以其屬馳秦師，死焉[⑦]。晉師從之，大敗秦師。謂："狼瞫於是乎君子[⑧]。"（《文公二年》）

【校注】

① 孟明視帥師伐晉：各本此上有"二年春秦"四字。○秦國的孟明視率軍討伐晉國。

② 先且居將中軍：居，原脱，據各本補。

③ 及秦師戰於彭衙：各本此上有"甲子"二字。

④ 囚呼萊駒失戈狼瞫取戈以斬囚禽之以從公乘遂以爲右：俘虜大聲呼叫，萊駒的戈掉到地上，狼瞫拿起戈砍掉俘虜的頭，抓起萊駒就去追晉襄公的軍車，晉襄公就讓他擔任車右。

⑤ 吾以勇求右無勇而黜亦其所也：我用自己的勇敢得到了車右的位置，現今没能表現出勇敢而被罷免，也是應該的。

⑥ 謂上不我知黜而宜乃知我矣：説上面的人不了解我，這是不對的，他罷免得當，表明他還是了解我了。

⑦ 及彭衙既陳以其屬馳秦師死焉：到了彭衙，軍陣擺開以後，狼瞫率領部下疾速衝進秦軍的隊伍，死在那裏。○狼瞫失去車右之位而不怨天尤人，一貫以公利爲重，雖殞身不恤，可謂有德有勇者。

⑧ 狼瞫於是乎君子：原"狼瞫"上衍"君子"二字，據各本删。○狼瞫由於這樣的表現可以算得上是君子了。

75. 鄭宋大棘之戰（前 607）

鄭公子歸生受命於楚[①]，伐宋。宋華元、樂吕御之。二月壬子，戰於大棘，宋師敗績。囚華元，獲樂吕，及甲車四百六十乘，俘二百五十人，馘百人。

狂狡輅鄭人，鄭人入於井[②]，倒戟而出之，獲狂狡[③]。君子曰:"失禮違命,宜其爲禽也。戎,昭果毅以聽之之謂禮。殺敵爲果,致果爲毅;易之,戮也[④]。"

將戰,華元殺羊食士,其御羊斟不與[⑤]。及戰,曰:"疇昔之羊,子爲政;今日之事,我爲政[⑥]。"與入鄭師,故敗。君子謂:"羊斟,非人也,以其私憾,敗國殄民[⑦],於是刑孰大焉?《詩》所謂'人之無良'者,其羊斟之謂乎!殘民以逞。"

宋人以兵車百乘、文馬百駟,以贖華元於鄭。半入,華元逃歸,立於門外,告而入[⑧]。見叔牂,曰:"子之馬然也[⑨]。"對曰:"非馬也,其人也[⑩]。"既合而來奔。

宋城,華元爲植,巡功[⑪]。城者謳曰:"睅其目,皤其腹,棄甲而復[⑫]。于思于思,棄甲復來[⑬]。"使其驂乘謂之曰[⑭]:"牛則有皮,犀兕尚多,棄甲則那[⑮]?"役人曰:"從其有皮,丹漆若何?"華元曰:"去之,夫其口衆,我寡[⑯]。"(《宣公二年》)

【校注】

① 鄭公子歸生受命於楚:各本此上有"二年春"三字。

② 狂狡輅鄭人鄭人入於井:宋國的狂狡迎擊一個鄭國人,那個鄭國人逃到井裏。○狂狡,宋大夫。輅,通"迓",義爲迎,這裏是迎擊的意思。

③ 倒戟而出之獲狂狡:狂狡把殺敵用的戟倒過來,讓他順着戟柄從井裏爬出來了,那個鄭國人爬上來後反而俘虜了狂狡。

④ 殺敵爲果致果爲毅易之戮也:果斷殺死敵人就是果敢,做到果敢就是强毅;如果反過來,就會被敵人殺死。○《書・泰誓下》"爾衆士,其尚迪果毅,以登乃辟",孔穎達疏:"果爲果敢,毅爲强決……皆言其心不猶豫也。"作戰時,非我殺敵即敵殺我,故而軍人當以殺敵致果爲務,對敵人不能有任何心慈手軟的舉動。

⑤ 華元殺羊食士其御羊斟不與:宋國的華元殺羊犒賞士卒,他的車夫羊斟没有喫上羊肉。○食,把食物給人喫。羊斟,下文稱"叔牂"。

⑥ 疇昔之羊子爲政今日之事我爲政:昔日的羊,你作主;今天的仗,我作主。

⑦ 以其私憾敗國殄民：他因爲私人的怨恨讓國家戰敗，國人遭殃。〇羊斟僅僅因爲没有喫到羊肉，就伺機大逞私欲，故意讓本國戰敗。羊斟的良知完全被私欲蒙蔽，可謂小人之尤。主帥華元謀事不周、用人失察，也是戰敗的原因。

⑧ 立於門外告而入：華元站在宋國都城的門外，向守門人報告了自己的情況與身份，然後進入都城。

⑨ 子之馬然也：上次的事，都是您的馬無法駕御造成的。

⑩ 非馬也其人也：不是馬，而是駕御馬的人。

⑪ 宋城華元爲植巡功：宋國築城，華元作爲主持者，前來巡視工役。

⑫ 睅其目皤其腹棄甲而復：鼓大眼睛，挺大肚子，丢盔棄甲逃回去。

⑬ 于思于思棄甲復來：滿臉胡，滿臉胡，丢盔棄甲來巡視。〇思，通"偲"，多鬚之貌。

⑭ 使其驂乘謂之曰：華元使他的驂乘對他們説。〇驂乘，陪乘的人。驂，通"參"。

⑮ 牛則有皮犀兕尚多棄甲則那：有牛就有牛皮，犀牛兕牛多的是，丢了鎧甲又咋地？

⑯ 去之夫其口衆我寡：離開這裏吧！他們嘴巴多，我們嘴巴少。

76. 楚攻莒渠丘之戰（前 582）

楚子重自陳伐莒[①]，圍渠丘。渠丘城惡，衆潰，奔莒。楚入渠丘[②]。莒人囚楚公子平，楚人曰："勿殺！吾歸而俘。"莒人殺之。楚師圍莒，莒城亦惡，莒潰[③]。楚遂入鄆，莒無備故也。

君子曰："恃陋而不備，罪之大者也；備豫不虞，善之大者也。莒恃其陋，而不脩城郭，浹辰之間[④]，而楚克其三都，無備也夫！《詩》曰：'雖有絲麻，無棄菅蒯；雖有姬姜，無棄蕉萃；凡百君子，莫不代匱[⑤]。'言備之不可以已也[⑥]。"（《成公九年》）

【校注】

① 楚子重自陳伐莒：各本此上有"冬十一月"四字。

② 楚人渠丘：各本此上有"戊申"二字。

③ 莒潰：各本此上有"庚申"二字。

④ 浹辰之間：浹辰，十二日。○楚在十二日内即攻克莒國渠丘、莒、鄆三都，都是由於莒國恃陋不備造成的。

⑤ 雖有絲麻無棄菅蒯雖有姬姜無棄蕉萃凡百君子莫不代匱：即使擁有了絲麻，也不要丢棄那粗劣的菅草蒯草；即使有了姬姜美人，也不要抛棄那乾瘪的黄臉婆。所有的君子，没有不遇到匱乏而需要取之代用的時候。○今本《詩經》無此篇。○姬姜，大國之女，也泛指美女。周王室之姓是姬，齊國之姓是姜，二姓經常通婚，姬姜就成爲大國之女的代稱。蕉萃，即"憔悴"。代，備。

⑥ 言備之不可以已也：説的就是防備永遠都不能停止。

77. 吴楚鳩兹之戰（前 570）

楚子重伐吴①。爲簡之師，克鳩兹，至於衡山②，使鄧廖帥組甲三百、被練三千以侵吴。吴人要而擊之，獲鄧廖③。其能免者，組甲八十，被練三百而已④。（《襄公三年》）

【校注】

① 楚子重伐吴：各本此上有"三年春"三字。○子重，楚令尹公子嬰齊。

② 爲簡之師克鳩兹至於衡山：子重組建了人員經過挑選的軍隊，並利用他們攻克吴邑鳩兹，一直打到吴國的衡山。

③ 吴人要而擊之獲鄧廖：吴軍攔腰截擊楚軍，俘獲了鄧廖。○"靡不有初，鮮克有終"，楚軍慎始而不能慎終，没有"養得此心不動"的修養。

④ 其能免者組甲八十被練三百而已：能够逃脱的只有穿着組甲的車兵八十人、被練的步兵三百人而已。

二、《國語》兵志

相傳左丘明既著有解釋《春秋》記事之作《左傳》，又著有解釋《春秋》記言之作《國語》。《國語》號稱“春秋外傳”，着重記載了自周穆王至魯悼公五百餘年中周、魯、齊、晉、鄭、楚、吴、越八國的重要史實。

明崇禎庚午（1630），樊良樞在《陽明先生兵策序》中説：“先生用兵，大抵用《管子》制國之法，編保甲以弭内盜，選民兵以悍外寇，申軍符以嚴節制，别部伍以明分數，整操練以習形勢，要于上下相維，指臂相使，務使人可爲兵，而兵皆可用。又使人自知兵，而兵不必用。此内政寄軍令之先法，先生變而通之，以行於今，亦三代井田車徒之遺意也。”《陽明兵策》是最早的研究王陽明軍事思想的專著，現僅有孤本傳世，藏於日本尊經閣文庫。

《國語》的版本主要有兩大系統。其一爲公序本系統，《四部叢刊》初編影印明金李澤遠堂嘉靖戊子（1528）翻刻宋本是其代表，本書以之作爲對校本，徑稱“公序本”。其二爲明道本系統，黄丕烈從毛氏汲古閣北宋抄本影摹校刻的嘉慶庚申（1800）讀未見書齋重雕本是其代表，本書以之作爲對校本，徑稱“明道本”。於公序本、明道本，其一致者稱之爲“各本”。大量的異文顯示，《兵志》所用的是公序本系統的版本。公序本、明道本各有短長，但從整體上看，公序本明顯優於明道本。楊守敬《日本訪書志》云：“明道本固有勝公序本處，而公序之得者十居七八。”

《國語》的重要注本有近人徐元誥的《國語集解》，彙集諸家校注，本書積極吸收其校勘成果，並逐一核查其所用校本。

78. 周富辰諫襄王以狄伐鄭之戰（前639）

襄王將以翟伐鄭①。富辰諫曰②：“不可。古人有言曰：‘兄弟讒鬩、侮人百里③。’周文公之詩曰：‘兄弟鬩於牆，外禦其侮。’若是則鬩乃内侮,而雖鬩不敗親也。鄭在天子,兄弟也。武、莊有大勳力於平、桓[④];凡我周之東遷[⑤],晉、鄭是依;子穨之亂,又鄭之由定。今以小忿棄之,是以小怨置大德也[⑥],毋乃不可乎!且夫兄弟之怨,不徵於它;徵於它,利乃外矣[⑦]。(《周語》)

【校注】

① 襄王將以翟伐鄭:襄王將,《國語》各本作“王怒將”。此事始於周襄王十三年。翟,公序本同,明道本作“狄”。下同,校不悉出。○襄王,周襄王,姬姓,名鄭,謚襄,周惠王之子,周頃王之父,前651年至前619年在位。翟,這裏指當時活動於今陝西西北部的赤翟别種隗氏之翟。

② 富辰諫曰:富辰,周臣,後戰死於與翟人的戰鬬中。

③ 兄弟讒鬩侮人百里:兄弟之間即使因讒言在一起爭吵爭鬬,但仍然要把欺辱自家的外人拒之於百里之外。

④ 武莊有大勳力於平桓:各本“武莊”上有“鄭”字,此處闕,或爲陽明所删。桓,當作“惠”,《左傳・僖公二十四年》:“鄭有平、惠之勳。”○鄭武公、鄭莊公爲周平王、周惠王立過很大的功勳。

⑤ 凡我周之東遷:凡,公序本同,明道本闕。“遷”,《史記・周本紀》作“徙”。

⑥ 是以小怨置大德也:這就是因爲小怨而廢棄大德。○置,廢。

⑦ 且夫兄弟之怨不徵於它徵於它利乃外矣:兄弟之間的爭鬬不必招致外人來插手,如果招致外人來插手,好處就會被外人所得。○徵,召。它,指翟人伐鄭。

79. 晉秦遷延之戰(前559)

諸侯伐秦[①],及涇莫濟。晉叔嚮見叔孫穆子曰[②]:“諸侯謂秦不恭而討之,及涇而止,於秦何益?”穆子曰:“豹之業,及《匏有苦葉》矣,不知其他[③]。”叔嚮退,召舟虞與司馬,曰:“夫苦匏不材於人,共濟而已[④]。魯叔孫賦《匏有苦葉》,必將涉矣。具

舟除隧，不共有法⑤。”是行也，魯人以莒人先濟，諸侯從之。（《魯語》）

【校注】

① 諸侯伐秦：指公元前559年，晉侯派六卿率領十三國諸侯的聯軍討伐秦國，以報櫟地戰役失敗之仇。據《左傳・襄公十四年》記載，當時晉人戲稱爲“遷延之役”。遷延，乃退卻之義。本段僅敘述了此役的前奏，聯軍厭戰，到達涇水後就不願意渡河，魯軍在叔孫豹的鼓動下，先率領莒軍過河，其餘諸侯國的軍隊全部跟着渡河，體現了思想政治工作的作用和榜樣的力量。

② 晉叔嚮見叔孫穆子曰：叔嚮，晉大夫羊舌肸，字叔嚮（或作“叔向”“叔響”，或誤作“叔譽”），事晉平公。叔孫穆子，名豹，魯大夫，下文稱“豹”。

③ 豹之業及匏有苦葉矣不知其他：我叔孫豹的事，就在《匏有苦葉》上了，不曉得還有什麼其他的事。〇《匏有苦葉》，載於《詩經・邶風》。匏，一種葫蘆，果實大，味苦，渡水時，可以繫在腰間作浮囊，稱爲“腰舟”。

④ 夫苦匏不材於人共濟而已：苦匏不宜食用，對於想吃的人没用，它只是供人們渡河而已。〇不材，不成材，無用。

⑤ 具舟除隧不共有法：你們馬上準備船隻，修整道路，要是不能提供這些，就要依法懲處。

80.1 齊管仲對桓公以霸術一（前7世紀）

桓公曰：“吾欲從事於諸侯，其可乎？”管子對曰：“未可，國未安。”桓公曰：“安國若何？”管子對曰：“脩舊法，擇其善者而業用之①；遂滋民，與無財，而敬百姓，則國安矣②。”桓公曰：“諾。”遂脩舊法，擇其善者而業用之；遂滋民，與無財，而敬百姓。國既安矣，桓公曰：“國安矣，其可乎？”管子對曰：“未可。君若正卒伍，脩甲兵，則大國亦將正卒伍，脩甲兵，則難以速得志矣③。君有攻伐之器，小國諸侯有守禦之備，則難以速得志矣。君若欲速得志於天下諸侯，則事可以隱令，可以寄政④。”桓公曰：

“爲之若何？”管子對曰：“作内政而寄軍令焉⑤。”桓公曰：“善。”

管子於是制國：五家爲軌，軌爲之長；十軌爲里，里有司；四里爲連，連爲之長；十連爲鄉，鄉有良人焉。以爲軍令：五家爲軌，故五人爲伍，軌長帥之；十軌爲里，故五十人爲小戎，里有司帥之；四里爲連，故二百人爲卒，連長帥之；十連爲鄉，故二千人爲旅，鄉良人帥之；五鄉一帥，故萬人爲一軍，五鄉之帥帥之。三軍，故有中軍之鼓，有國子之鼓，有高子之鼓。春以獀振旅，秋以獮治兵。是故卒伍整於里，軍旅整於郊。内教既成，令勿使遷徙。伍之人祭祀同福，死喪同恤，禍災共之。人與人相疇，家與家相疇，世同居，少同游。故夜戰聲相聞，足以不乖；晝戰目相見，足以相識⑥。其歡欣足以相死⑦。居同樂，行同和，死同哀。是故守則同固，戰則同彊。君有此士也三萬人，以方行於天下，以誅無道，以屏周室，天下大國之君莫之能禦也。（《齊語》）

【校注】

① 脩舊法擇其善者而業用之：修飭舊有的法令，選擇其中好的依次施用。○業用，依次採用。

② 遂滋民與無財而敬百姓則國安矣：然後慈愛民衆，救助貧民，禮敬百官，這樣國家就安定了。

③ 脩甲兵則難以速得志矣：整修鎧甲兵械，我們就難以快速地實現自己的志向了。

④ 君若欲速得志於天下諸侯則事可以隱令可以寄政：君王如果想要快速地在天下諸侯中實現志向，就可以把要做的事情隱藏在政令裏面，寄寓在庶政裏面。

⑤ 作内政而寄軍令焉：在施行内政中寄寓軍令。

⑥ 故夜戰聲相聞足以不乖晝戰目相見足以相識：所以他們夜間作戰就能聽懂彼此的聲音，足以不發生差錯；白天作戰就能用眼睛相互察看，足以識别彼此。

⑦ 其歡欣足以相死：他們之間濃厚的情誼，完全能够使他們同生共死。

81.2 齊管仲對桓公以霸術二(前7世紀)

桓公曰:“吾欲從事於諸侯,其可乎?”管子對曰:“未可。隣國未吾親也。君欲從事於天下諸侯,則親隣國。”桓公曰:“若何?”管子對曰:“審吾疆埸,而反其侵地;正其封疆,無受其資;而重爲之皮幣,以驟聘覜於諸侯①,以安四隣,則四鄰之國親我矣。爲游士八十人,奉之以車馬、衣裘,多其資幣,使周遊於四方,以號召天下之賢士。皮幣玩好,使民鬻之四方,以監其上下之所好②,擇其淫亂者而先征之。”

桓公問曰:“夫軍令則寄諸内政矣,齊國寡甲兵,爲之若何?”管子對曰:“輕過而移諸甲兵③。”桓公曰:“爲之若何?”管子對曰:“制,重罪贖以犀甲一戟,輕罪贖以鞼盾一戟④,小罪讁以金分,宥閒罪。索訟者三禁而不可上下,坐成以束矢⑤。美金以鑄劒戟,試諸狗馬;惡金以鑄鉏夷斤斸⑥,試諸壤土。”甲兵大足。(《齊語》)

【校注】

① 以驟聘覜於諸侯:聘覜,諸侯國之間互訪,人數少的叫聘,多的叫覜。

② 皮幣玩好使民鬻之四方以監其上下之所好:毛皮、繒帛和供人玩賞的奇珍異寶,讓民衆四方販賣,以此來察看各個諸侯國朝野上下的不同喜好。○毛皮和繒帛,古代常作爲貴重禮物用於聘享。喜好這類貴重珍奇之物的統治者,他們所統治的國家,即是下文所説的“淫亂者”,就是首先應當討伐的對象。失敗往往是自敗而後人敗之。一國的統治者不能勵精圖治,而是沉溺於貴重珍奇之物,欲壑難填,必遭失敗。

③ 輕過而移諸甲兵:輕恕罪人的罪過,讓他們用鎧甲和兵械來抵罪。○這是利用人們的私欲和利害關係創設制度,來控制人們並讓人們爲國家利益服務。

④ 輕罪贖以鞼盾一戟:鞼盾,有繢文、用皮革製成的盾。

⑤ 索訟者三禁而不可上下坐成以束矢:提請訴訟的要先禁閉三天,讓他們

把訟詞考慮好，以後訟詞就不可改變；訟詞確定後，原告要上交一束箭才能獲准受理。○不允許改變訟詞，這與今天法學上的"禁止反言"原則接近。在受理案件前要求原告上交箭，這是爲了充實武器以備戰。

⑥ 惡金以鑄鉏夷斤欘：欘，明道本作"斸"。"斸"與"欘"音義皆同。《管子·小匡》"惡金以鑄斤斧鉏夷鋸欘，試諸木土"，尹知章注："鋸欘，钁類也。"鉏夷斤欘，四種農具。

81.3 齊管仲對桓公以霸術三(前7世紀)

桓公曰："吾欲南伐，何主？"管子對曰："以魯爲主。反其侵地棠、潛，使海於有蔽，渠弭於有渚，環山於有牢①。"桓公曰："吾欲西伐，何主？"管子對曰："以衛爲主。反其侵地臺、原姑與漆里，使海於有蔽，渠弭於有渚，環山於有牢。"桓公曰："吾欲北伐，何主？"管子對曰："以燕爲主。反其侵地柴夫、吠狗，使海於有蔽，渠弭於有渚，環山於有牢。"四隣大親。既反侵地，正封疆，地南至於䢴陰②，西至於濟，北至於河，東至於紀酅，有革車八百乘。擇天下之甚淫亂者而先征之。

即位數年，東南多有淫亂者，萊、莒、徐夷、吴、越，一戰帥服三十一國。遂南征伐楚，濟汝，踰方城，望汶山，使貢絲於周而反。荆州諸侯莫不來服③。遂北伐山戎，刜令支、斬孤竹而南歸。海濱諸侯莫不來服。與諸侯飾牲爲載，以約誓於上下庶神，與諸侯戮力同心④。西征，攘白翟之地，至於西河，方舟設泭，乘桴濟河⑤，至於石抗⑥。縣車束馬，踰大行與辟耳之谿拘夏，西服流沙、西吴⑦。南城於周⑧，反胙於絳。嶽濱諸侯莫不來服，而大朝諸侯於陽穀。兵車之屬六，乘車之會三，諸侯甲不解纍⑨，兵不解翳，弢無弓，服無矢⑩。隱武事，行文道⑪，帥諸侯而朝天子。(《齊語》)

【校注】

① 使海於有蔽渠弭於有渚環山於有牢：我們的軍隊到達海濱有了屏障，到達海灣就有了可以停駐的水中小洲，在羣山環繞的地區就有了可以殺死喫肉的豬、牛、羊。

③ 地南至於餇陰：餇陰，公序本、明道本同，徐元誥云，其所見宋庠本、賈本作"陶"。愛按："陶"或是"餇"字之譌。王引之云："'餇陰'當作'岱陰'，謂泰山之北也。齊在泰山之北，故曰南至於岱陰。桓十六年《公羊傳》'越在岱陰齊'，何注曰：'岱，岱宗，泰山也。山北曰陰。'是也。傳寫者脱去'岱'字耳。陶即陰之誤而衍者。蓋隸'陶''陰'二字形相似，故'陰'字一本誤作'陶'，校書者兩存作'陶'作'陰'之本，而傳寫者遂增'陶'字，又誤寫爲'餇'矣。《管子・小匡》正作'地南至於岱陰'。"可參看。

④ 荆州諸侯莫不來服：莫不來服，明道本"莫"下有"敢"字。下同。

⑤ 與諸侯飾牲爲載以約誓於上下庶神與諸侯戮力同心：齊國與這些國家的諸侯簽訂盟約，把祭祀用的豬牛羊擺放好，把盟書放在上面，向天上地下的各路神靈發誓約定，表示齊國願意永遠與諸侯們齊心協力。

⑥ 方舟設泭乘桴濟河：船隻用木筏并聯，乘着小木筏渡過黄河。

⑦ 縣車束馬踰大行與辟耳之谿拘夏：大行，公序本同，明道本作"太行"。"大"，"太"之古字。〇齊軍爲防滑跌，用力地牽引車身，包裹馬蹄，越過太行山和辟耳山的拘夏峽谷。

⑧ 西服流沙西吴：流，原作"汓"，公序本同，明道本作"流"。汓，古"流"字。公序本與明道本相比，多存借字、古字，本部分，凡古字一律改爲通行繁體字，如將"屮"改爲"草"之類。校不悉出。

⑨ 南城於周：於，原脱，據各本補。

⑩ 諸侯甲不解纍：纍，公序本、明道本同，《管子・小匡》作"壘"。愛按：韋昭注云："纍，所以盛甲也。"《説文》云："纍，大索也，所以束甲。"《管子》作"壘"，非爲其訛字即爲其借字。

⑪ 兵不解翳弢無弓服無矢：兵器没有離開盛放它們的器具，弓袋子裏没有弓，箭袋子裏没有箭。〇翳，通"醫"，《説文・匸部》引作"醫"，釋其義云："盛弓弩矢器也。"《廣韻・霽韻》："藏弓弩矢器。"

⑫ 隱武事行文道：齊桓公停止武備，推行文教。

81.4 齊管仲對桓公以霸術四（前 7 世紀）

葵丘之會[①]，天子使宰孔致胙於桓公[②]，曰："余一人之命有事於文、武，使孔致胙。"且有後命曰："以爾自卑勞，實謂爾伯舅，無下拜[③]。"桓公召管子而謀，管子對曰："爲君不君，爲臣不臣，亂之本也。"桓公懼，出見客曰："天威不違顏咫尺[④]，小白余敢承天子之命曰'爾無下拜'？恐隕越於下，以爲天子羞[⑤]。"遂下拜，升受命。賞服大路，龍旗九旒，渠門赤旂[⑥]，諸侯稱順焉[⑧]。（《齊語》）

【校注】

① 葵丘之會：葵丘，古地名，春秋時屬宋國，在今河南省蘭考縣境内。公元前 651 年夏，齊桓公在此舉行諸侯盟會。

② 天子使宰孔致胙於桓公：周襄王派宰孔給齊桓公送去祭肉。〇天子，指周襄王，公元前 651 年至前 619 年在位。宰孔，又稱周公忌父，是周公旦的後裔，周公黑肩之孫，春秋初期周國的國君，公爵。

③ 以爾自卑勞實謂爾伯舅無下拜：因爲你恭謹勞苦，實際上我還應該稱呼你伯舅，受賜時不要下拜。〇伯舅，因周襄王與齊桓公異姓，而姬、姜長期存在着聯姻關係，故稱其伯舅。

④ 天威不違顏咫尺：天子的威嚴離我没有咫尺的距離。

⑤ 恐隕越於下以爲天子羞：我害怕失禮了，從高處顛墜下去，讓天子蒙受羞辱。

⑥ 賞服大路龍旗九旒渠門赤旂：路，明道本作"輅"，字通。〇周襄王賞賜他天子乘坐的大輅車、垂下九條流蘇的龍旗和赤色的渠門大旗。

⑦ 諸侯稱順焉：諸侯們都稱讚齊桓公的做法合乎禮法。

81.5 齊管仲對桓公以霸術五(前7世紀)

桓公憂天下①。魯有夫人、慶父之亂,二君殺死②,國絶無嗣。桓公聞之,使高子存之③。

翟人攻邢,桓公築夷儀以封之④,男女不淫,牛馬選具。翟人攻衛,衛人出廬於曹,桓公城楚丘以封之。其畜散而無育,桓公與之繫馬三百⑤。天下諸侯稱仁焉。於是天下諸侯知桓公之爲己動也,是故諸侯歸之,譬若市人⑥。

桓公知諸侯之歸己也,故使輕其幣而重其禮。故天下諸侯罷馬以爲幣,縷綦以爲奉⑦,鹿皮四个⑧;諸侯之使,垂橐而入,稛載而歸。故拘之以利,結之以信,示之以武,故天下小國諸侯既許桓公,莫之敢背,就其利而信其仁、畏其武。桓公知天下諸侯多與己也,故又大施忠焉。可爲動者爲之動,可爲謀者爲之謀,軍譚、遂而不有也,諸侯稱寬焉。通齊國之魚鹽於東萊⑨,使關市譏而不徵⑩,以爲諸侯利,諸侯稱廣焉。築葵兹、晏、負夏、領釜丘,以禦戎翟之地,所以禁暴於諸侯也;築五鹿、中牟、蓋與、牡丘,以衛諸夏之地,所以示權於中國也⑪。教大成,定三革,隱五刃⑫,朝服以濟河而無怵惕焉,文事勝矣⑬。是故大國慙愧,小國附協⑭。唯能用管夷吾、寧戚、隰朋、賓胥無、鮑叔牙之屬而伯功立。(《齊語》)

【校注】

① 桓公憂天下:各本"天下"後有"諸侯"二字。

② 二君殺死:殺,明道本作"弑"。〇殺,這裏指被殺。二君,指太子般和魯閔公。

③ 桓公聞之使高子存之:桓公聽説後,派高子去魯國立莊公庶子姬申爲君,這就是魯僖公,讓魯國能够繼續存在。〇高子,齊國上卿高奚,字敬仲。

④ 桓公築夷儀以封之:齊桓公就在夷儀建立城池,作爲邢國的封國。

⑤ 其畜散而無育桓公與之繫馬三百：他們的牲畜在戰亂中逃散了，無法繁育，齊桓公就送給他們三百匹在馬廄裏馴養的良馬。○繫馬，繫在馬廄裏馴養的良馬，與放養的馬不同。

⑥ 諸侯歸之譬若市人：譬若市人，公序本、《管子・小匡》同，明道本脱。○諸侯們都歸附了齊桓公，歸附的諸侯像趕集的人一樣都來了。

⑦ 縷綦以爲奉：縷綦，原作"縷纂"，據明道本改。○韋昭注：縷綦，以縷織綦，不用絲，取易共也。綦，綺文。徐元誥云：作"纂"非是。

⑧ 鹿皮四个：个，明道本作"分"。韋昭曰："分，散也。"《管子・小匡》篇亦作"分"。徐元誥所見宋庠本作"介"。王引之曰："分，當爲介，介即'个'字也。鹿皮四个，即《聘禮》所謂'乘皮'。个，古書作'介'。《廣韻》云'介，俗作分'，形與分相似，因譌作'分'。"

⑨ 通齊國之魚鹽於東萊：他讓齊國的魚鹽流通到東萊。

⑩ 使關市譏而不徵：譏，公序本、明道本皆作"幾"，《晏子春秋・雜下・景公禄晏子平陰與棠邑晏子願行三言以辭》引晏子之言同，曰"關市譏而不徵"，《孟子・梁惠王下》、《漢詩外傳》卷三皆有"關市譏而不徵"之言，皆用"譏"字。○命令關市對過往的魚鹽只稽查而不徵税。

⑪ 所以示權於中國也：用來向中原各國顯示自己的威權。

⑫ 教大成定三革隱五刃：桓公的教化終於取得很大的成效，於是就收起了甲、胄、盾三種用於防禦的革製武器，封藏了刀、劍、矛、戟、矢五種進攻性武器。○這一切都是因爲齊桓公能够重用管仲、寧戚、隰朋、賓胥無、鮑叔牙這些賢才，而霸業就這樣建立起來了。

⑬ 朝服以濟河而無怵惕焉文事勝矣：穿着朝服西渡黄河，與大國晉國盟會也不驚恐害怕了，這是靠文治教化取得的成功。

⑭ 是故大國慙愧小國附協：因此大國感到慚愧，小國親附悦服。

82. 晉攻翟祖之戰（前 652）

獻公田，見翟祖之氛，歸寢不寐①。郤叔虎朝，公語之。對曰："床笫之不安邪②？抑驪姬之不存側邪③？"公辭焉。出遇士蔿，曰："今夕君不寐[④]，必爲翟柤也。夫翟柤之君，好專利而不忌，其臣競諂以求媚，其進者壅塞，其退者拒違。其上貪以忍，其下偷以幸，有縱君而無諫臣，有冒上而無忠下[⑤]。君臣上下各饜其私，以縱其回，民各有心，無所據依。以是處國，不亦難乎！君若伐之，可克也。吾不言，子必言之。"士蔿以告，公説，乃伐翟柤。郤叔虎將乘城，其徒曰："棄政而役，非其任也。"郤叔虎曰："既無老謀，而又無壯事，何以事君[⑥]？"被羽先升[⑦]，遂克之。（《晉語》）

【校注】

① 獻公田見翟柤之氛歸寢不寐：晉獻公打獵，看見翟柤國上空有預示凶兆的雲氣，回來後睡不着覺。

② 牀笫之不安邪：是因爲牀席不够安適舒坦？〇笫，用竹篾編成的牀墊、席子。

③ 抑驪姬之不存側邪：還是因爲驪姬没在身旁侍寢？

④ 今夕君不寐：明道本"君"下有"寢"字。

⑤ 有縱君而無諫臣有冒上而無忠下：有放縱無度的君主卻没有直言敢諫的臣屬，有貪婪的君上而没有忠心的臣下。

⑥ 既無老謀而又無壯事何以事君：我既没有深遠的謀略，又没有偉大的壯舉，拿什麽來事奉君主？

⑦ 被羽先升：於是郤叔虎就披着羽衣首先登上城牆。

83. 晉范文子論内睦而後圖外（前575）

鄢陵之役[①]，大夫欲爭鄭[②]，范文子不欲，曰："吾聞之，爲人臣者[③]，能内睦而後圖外，不睦内而圖外[④]，必有内爭[⑤]，盍姑謀睦乎[⑥]？考訊其阜以出，則怨靖[⑦]。"（《晉語》）

【校注】

① 鄢陵之役：鄢陵之役，又稱“鄢陵之戰”，周簡王十一年（前575），晉國與楚國爲了爭取附庸國和爭霸中原，在鄢陵地區（今河南省鄢陵縣）進行的一場戰爭。戰中，本來處於弱勢地位的晉國能够知彼知己，善於捕捉戰機，抓住敵人的弱點，反敗爲勝，俘楚公子茷，射中楚共王目，鞏固了自身的霸主地位。

② 大夫欲爭鄭：大夫，公序本作“晉大夫”，明道本作“晉人”。

③ 爲人臣者：原“人臣者”上無“爲”字，據明道本補。

④ 不睦内而圖外：睦内，明道本“睦”下無“内”字。

⑤ 必有内爭：必有，公序本同，明道本“必”下無“有”字。

⑥ 盍姑謀睦乎：爲何不姑且想辦法謀取國家内部的和睦呢？

⑦ 考訊其阜以出則怨靖：事先考查一下輿情，然後再決定是否出兵，那麽國家内部的怨恨就會平息了。

84. 晉范文子論伐鄭之戰不可（前575）

鄢陵之役，晉伐鄭，荆救之。大夫欲戰，范文子不欲，曰：“吾聞，君人者刑其民，成，而後振武於外，是以内龢而外威。今吾司寇之刀鋸日弊，而斧鉞不行①。内猶有不刑，而況外乎②？夫戰，刑也，刑之過也。過由大，而怨由細，故以惠誅怨，以忍去過③。細無怨而大不過，而後可以武刑外之不服者④。今吾刑外乎大人，而忍於小民，將誰行武⑤？武不行而勝，幸也。幸以爲政，必有内憂。且唯聖人能無外患，又無内憂；距非聖人，必偏而後可⑥。偏而在外，猶可救也；疾自中起，是難⑦。盍姑釋荆與鄭以爲外患乎？”（《晉語》）

【校注】

① 今吾司寇之刀鋸日弊而斧鉞不行：現在我們職掌司法的司寇用來處罰小民的刀鋸使用頻率太高而日益磨損，而用來處罰大臣的斧鉞卻没有使用。○這是説當時司法不公，抓小放大。

② 内猶有不刑而況外乎：在國内尚且有不能施行刑罰的，又何況對於國外呢？○下文説戰爭是一種刑罰，一種過分的刑罰。

③ 過由大而怨由細故以惠誅怨以忍去過：過錯來自大臣，而怨恨來自小民，因此我們要利用恩惠來消弭小民的怨恨，下狠心除去大臣的過錯。

④ 細無怨而大不過而後可以武刑外之不服者：國内的小民没有怨恨，大臣没有過錯，然後可以用武力去懲罰國外那些不臣服的。

⑤ 今吾刑外乎大人而忍於小民將誰行武：現今我國的刑罰對大臣格外開恩，卻狠心用在小民的身上，那麽，我們依靠誰來施行武力呢？○意謂對外使用武力主要依靠小民，而現在卻没有善待他們。

⑥ 且唯聖人能無外患又無内憂距非聖人必偏而後可：距，明道本作"詎"。"距"通"詎"。○況且只有聖人能够做到既没有外患，又没有内憂；如果不是聖人，一定要有所偏短之後才行。

⑦ 偏而在外猶可救也疾自中起是難：如果偏短於外部，還可以補救；如果憂患從内部産生，那就難了。

85. 越夫椒戰敗後大夫種諫句踐求和驕吴（前 494）

吴王夫差起師伐越，越王句踐起師逆之江[①]。大夫種乃獻謀曰[②]："夫吴之與越，唯天所授，王其無庸戰。夫申胥、華登簡服吴國之士於甲兵[③]，而未嘗有所挫也。夫一人善射，百夫決拾，勝未可成也[④]。夫謀必素見成事焉而後履之，不可以授命[⑤]。王不如設戎，約辭行成以喜其民，以廣侈吴王之心。吾以卜之於天，天若棄吴，必許吾成而不吾足也，將必寬然有伯諸侯之心焉。既罷弊其民，而天奪之食，安受其燼，乃無有命矣。"

越王許諾，乃命諸稽郢行成於吴，曰："寡君句踐使下臣郢不敢顯然布幣行禮，敢私告於下執事曰：昔者越國見禍，得罪於天王。天王親趨玉趾，以心孤句踐，而又宥赦之。君王之於越也，繄起死人而肉白骨也[⑥]。孤不敢忘天災，其敢忘君王之大賜乎！今句踐申禍無良，草鄙之人，敢忘天王之大德，而思邊垂之小怨，以重得罪於下執事⑦？句踐用帥二三之老，親委重罪，頓顙於邊。今君王不察，盛怒屬兵，將殘伐越國。越國固貢獻之邑也，君王不以鞭箠使之，而辱軍士使寇令焉⑧。句踐請盟：一介嫡女，執箕掃以晐姓於王宮⑨；一介嫡男，奉槃匜以隨諸御；春秋貢獻，不解於王府。天王豈辱裁之⑩？亦征諸侯之禮也。夫諺曰：'狐埋之而狐搰之，是以無成功。'今天王既封殖越國，以明聞於天下，而又刈亡之，是天王之無成勞也。雖四方之諸侯，則何實以事吴？敢使下臣盡辭，唯天王秉利度義焉！"（《吴語》）

【校注】

① 越王句踐起師逆之江：江，明道本闕。

② 大夫種乃獻謀曰：大夫種，即文種，越國大夫。

③ 夫申胥華登簡服吴國之士於甲兵：申胥，即伍子胥，名員，吴國大夫。因吴王把申邑封給他，所以又稱申胥。華登，吴國大夫。

④ 夫一人善射百夫決拾勝未可成也：吴國只要一個人善於射箭，就會有一百個人帶上扳指和護臂去倣傚他，我們戰勝他們的願望是不能實現的。

⑤ 夫謀必素見成事焉而後履之不可以授命：謀策一定要事先預見到成功然後才付諸實施，不能一味魯莽地去拼命。

⑥ 君王之於越也繄起死人而肉白骨也：繄，公序本、明道本皆作"繄"，二字聲近可通。韋昭注："繄，是也。"〇天王對於我們越國的大恩大德，真是如同讓死人復活，讓白骨長出新肉一樣啊。〇越王使者諸稽郢大打悲情牌，企圖迷惑對方的心智，讓對方心生驕傲、放鬆戒備。

⑦ 敢忘天王之大德而思邊垂之小怨以重得罪於下執事：哪裏敢忘記天王的大恩大德，而計較邊陲上的小仇小怨，以致於再次獲罪於天王手下的小辦事人員呢？

⑧ 越國固貢獻之邑也君王不以鞭箠使之而辱軍士使寇令焉：越國本來就是專門向吴國納貢的城邑，天王不用鞭子驅使它，卻讓天王的軍士屈尊受辱在抵禦

寇賊的命令的驅使下討伐越國。

⑨ 執箕掃以晐姓於王宫：晐，公序本、明道本皆作“晐”。晐，古同“賅”。

⑩ 天王豈辱裁之：天，原作“大”，明道本作“天”，據改。

86. 吴晉爭長未成勾踐襲吴（前482）

吴王夫差既殺申胥，不稔於歲，乃起師北征。闕爲深溝，通於商、魯之間①，北屬之沂，西屬之濟，以會晉公午於黄池。

於是越王勾踐乃命范蠡、舌庸②，率師沿海泝淮以絶吴路③，敗王子友於姑熊夷④。越王勾踐乃率中軍泝江以襲吴，入其郛，焚其姑蘇，徙其大舟⑤。

吴、晉爭長未成，邊遽乃至⑥，以越亂告。吴王懼，乃合大夫而謀曰：“越爲不道，背其齊盟。今吾道路悠遠⑦，無會而歸，與會而先晉，孰利？”王孫雄曰⑧：“夫危事不齒，雄敢先對⑨。二者莫利⑩。無會而歸，越聞章矣，民懼而走，遠無正就。齊、宋、徐、夷曰：‘吴既敗矣！’將夾溝而㓻我，我無生命矣⑪。會而先晉，晉既執諸侯之柄以臨我，將成其志以見天子。吾須之不能，去之不忍。若越聞俞章⑫，吾民恐叛。必會而先之。”

王乃步就王孫雄曰：“先之，圖之將若何？”王孫雄曰：“王其無疑，吾道路悠遠，必無有二命，焉可以濟事⑬。”王孫雄進，顧揖諸大夫曰：“危事不可以爲安，死事不可以爲生，則無爲貴知矣⑭。民之惡死而欲貴富以長没也，與我同。雖然，彼近其國，有遷；我絶慮，無遷。彼豈能與我行此危事也哉⑮？事君勇謀，於此用之。今夕必挑戰，以廣民心⑯。請王厲士，以奮其朋勢⑰。勸之以高位重畜，備刑戮以辱其不厲者，令各輕其死⑱。彼將不戰而先我，我既執諸侯之柄，以歲之不獲也，無有誅焉，而先罷之，諸侯必悦⑲。既而皆入其地，王安挺志，一日惕，一日留⑳，

以安步王志。必設以此民也,封於江、淮之間,乃能至於吴。”吴王許諾。(《吴語》)

【校注】

① 闕爲深溝通於商魯之間:通,原闕,據明道本補。○他下令開掘深溝邗溝,一直通到宋國和魯國之間。

② 於是越王勾踐乃命范蠡舌庸:舌,原作“泄”,公序本作“舌”;明道本作“后”,顯係“舌”之形近誤字。《左傳·哀公二十六年》《哀公二十七年》皆作“舌”,據改。“泄”蓋“舌”之聲近誤字。○舌庸,越大夫。

③ 率師沿海泝淮以絶吴路:率軍沿海岸上行至淮河,沿淮河向西逆流而上,用來切斷吴軍的歸路。

④ 敗王子友於姑熊夷:勾踐率越軍在姑熊夷打敗了吴國的太子友。

⑤ 越王勾踐乃率中軍泝江以襲吴入其郛焚其姑蘇徙其大舟:越王勾踐率領中軍逆江而上偷襲吴國,攻陷了吴國國都的外城,焚燒了姑蘇臺,奪走了吴王的大船。

⑥ 邊遽乃至:吴國邊境的驛車就來到了。

⑦ 今吾道路悠遠:悠遠,明道本作“脩遠”,義近。

⑧ 王孫雄曰:王孫雄,公序本及《吕氏春秋·當染》《史記·越世家》同,明道本作“王孫雒”。《吴越春秋·夫差内傳》及《勾踐伐吴外傳》、《越絶書·請糴内傳》作“王孫駱”。《困學紀聞·左氏類》引《吕氏春秋》作“王孫雒”。

⑨ 夫危事不齒雄敢先對:事情危急,我們就不按照年齡大小的順序説話了,我冒昧地搶先回答。

⑩ 二者莫利:我認爲這兩種方案都不利。○二者,指前文“無會而歸”與“會而先晉”。王孫雄的分析是正確的,但後來没有能够執行好。

⑪ 將夾溝而㢋我我無生命矣:我,原闕,據各本補。

⑫ 若越聞俞章:俞,明道本作“愈”,字通。

⑬ 必無有二命焉可以濟事:我們必定没有第二條選擇,只有這樣,我們才能够成功。

⑭ 危事不可以爲安死事不可以爲生則無爲貴知矣:知,明道本作“智”。○

面對危險的事情不能轉危爲安，面對有死亡危險的事情不能轉死爲生，那就稱不上高超的智慧。

⑮ 彼豈能與我行此危事也哉：他們晉國哪裏敢和我們較量這樣危險的事情呢？

⑯ 今夕必挑戰以廣民心：今晚我們一定要向晉軍挑戰，用來讓人寬心。○用顯貴的職位和珍貴的財寶來激勵大家。

⑰ 請王厲士以奮其朋勢：請大王激勵全軍將士，振奮他們羣情激奮的氣勢。○朋，讀爲馮。

⑱ 備刑戮以辱其不厲者令各輕其死：同時準備刑罰殺戮來羞辱那些不奮力打仗的人，讓每個人都不怕死。

⑲ 以歲之不獲也無有誅焉而先罷之諸侯必悦：悦，各本作"説"，字通。○以今年的收成不好作爲理由，不向諸侯索要貢賦，先讓他們回國，諸侯們一定會高興。

⑳ 王安挺志一日惕一日留：大王就可以安然寬心，一天快走，一天慢走。○這是讓吴王内心與行動都要像是若無其事的樣子。

87. 吴欲與晉戰得爲盟主（前 482）

吴王昏乃戒，令秣馬食士。夜中，乃令服兵擐甲，係馬舌，出火竈，陳士卒百人，以爲徹行百行。行頭皆官帥①，擁鐸拱稽②，建肥胡，奉文犀之渠。十行一嬖人夫③，建旌提鼓，挾經秉枹。十旌一將軍，載常建鼓，挾經秉枹。爲萬人以爲方陳，皆白常④、白旆、素甲、白羽之矰，望之如荼⑤。王親秉鉞，載白旗以中陳而立。左軍亦如之，皆赤常、赤旟、丹甲、朱羽之矰，望之如火。右軍亦如之，皆玄常、玄旗、黑甲、烏羽之矰，望之如墨。爲帶甲三萬，以勢攻，雞鳴乃定。既陳，去晉軍一里。昧明，王乃秉枹，親就鳴鐘鼓，丁寧、錞于、振鐸⑥，勇怯盡應，三軍皆譁釦以振旅，其聲動天地⑦。

晉師大駭，不出，周軍飭壘，乃令董褐請事[8]，曰："兩君偃兵接好，日中爲期。今大國越録，而造於弊邑之軍壘，敢請亂故[9]。"

吴王親對之曰："天子有命，周室卑約，貢獻莫入，上帝鬼神而不可以告[10]，無姬姓之振也，徒遽來告。孤日夜相繼，匍匐就君，君今非王室不安平是憂[11]，億負晉衆庶，不式諸戎、翟、楚、秦[12]；將不長弟，以力征一二兄弟之國[13]。孤欲守吾先君之班爵，進則不敢，退則不可[14]。今會日薄矣，恐事之不集，以爲諸侯笑。孤之事君在今日[15]，不得事君亦在今日。爲使者之無遠也，孤用親聽命於藩離之外[16]。"

董褐將還，王稱左畸曰："攝少司馬兹與王士五人，坐於王前[17]。"乃皆進，自剄於客前以酬客[18]。

董褐既致命，乃告趙鞅曰："臣觀吴王之色，類有大憂，小則嬖妾、嫡子死，不則國有大難，大則越入吴[19]。將毒，不可與戰[20]。主其許之先，無以待危，然而不可徒許也[21]。"趙鞅許諾。

晉乃令董褐復命曰："寡君未敢觀兵身見[22]，使褐復命曰：曩君之言，周室既卑，諸侯失禮於天子，請貞於陽卜，收文、武之諸侯[23]。孤以下密邇於天子，無所逃罪，訊讓日至，曰：'昔吴伯父不失[24]，春秋必率諸侯以顧在余一人。今伯父有蠻荆之虞，禮世不續，用命孤禮佐周公，以見我一二兄弟之國，以休君憂[25]。今君掩王東海，以淫名聞於天子，君有短垣，而自踰之[26]，況蠻荆則何有於周室？夫命圭有命，固曰吴伯，不曰吴王[27]。君若無卑天子，以干其不祥，而曰吴公，孤敢不順從君命長弟！'許諾。"

吴王許諾，乃退就幕而會[28]。吴公先歃，晉侯亞之。吴王既會，越聞愈章，恐齊、宋之爲己害也，乃命王孫雄先與勇獲帥徒師[29]，以爲過賓於宋，以焚其北郛焉而過之[30]。(《吴語》)

【校注】

① 行頭皆官帥：官帥，相當於士一級的官吏。

② 擁鐸拱稽：擁，原作“攤”，明道本作“擁”。“攤”同“擁”，現改用通行字。

③ 十行一嬖大夫：嬖大夫，下大夫。

④ 皆白常：常，明道本作“裳”，字通。下文“赤常”“玄常”皆如此，校不悉出。

⑤ 望之如荼：遠遠望去好像是一片雪白的茅草花。○此句與下文“望之如火”“望之如墨”諸句，都描繪了吴軍軍容整齊壯盛的樣子。

⑥ 昧明王乃秉枹親就鳴鐘鼓丁寧錞于振鐸：天還没有大亮，吴王就拿起鼓槌親自擂鼓、鳴鐘，敲響了銅鉦、錞于和摇鈴。

⑦ 勇怯盡應三軍皆譁釦以振旅其聲動天地：三軍裏無論是勇敢的還是膽怯的都全部一齊響應，全軍齊聲大呼，士氣大振，聲音震動天地。○譁釦，歡呼。此時軍隊狀況良好，戰則必勝。

⑧ 周軍飭壘乃令董褐請事：在部隊四周修繕軍壘，派董褐前去詢問原因。

⑨ 今大國越録而造於弊邑之軍壘敢請亂故：現在貴國違反約定，來到這偏僻城邑的軍壘外，我冒昧地請問這擾亂次序是什麽原因。○録，次第。

⑩ 貢獻莫入上帝鬼神而不可以告：諸侯的納貢没有送入，没有可以用來告祭天地鬼神的貢品。○這只是吴王夫差的藉口而已。

⑪ 孤日夜相繼匍匐就君君今非王室不安平是憂：安平，公序本同，明道本作“平安”。○我日夜兼程，不顧顛沛勞頓趕到晉君這兒，晉君現如今不爲周王室的安全穩定憂慮。

⑫ 億負晉衆庶不式諸戎狄楚秦：晉君心安理得地坐擁晉國的兵衆，不用來討伐藐視王室的戎、狄、楚、秦諸國。○億，安也。負，恃也。

⑬ 將不長弟以力征一二兄弟之國：還不講長幼，用武力攻打同姓的一些兄弟國家。

⑭ 孤欲守吾先君之班爵進則不敢退則不可：我想要保住我先君的班次爵位，進軍我不敢，退兵我也不能。○這是在委婉地説，吴國只好進攻晉國了。

⑮ 孤之事君在今日：在，原脱，據各本補。

⑯ 爲使者之無遠也孤用親聽命於藩離之外：離，明道本作“籬”，字通。○爲

了貴國的使者不遠行前往，孤王我親自來到貴軍軍營之外聽命。〇這是委婉的外交辭令。

⑰ 攝少司馬兹與王士五人坐於王前：把少司馬兹和五個王士抓來，坐到孤王的面前。〇少司馬，官名。兹，人名。

⑱ 乃皆進自剄於客前以酬客：剄，各本同，今人或徑改作"剄"。韋昭注云："賈、唐二君云：剄，剄也。"〇六人便一齊向前，在董褐面前自殺以酬謝賓客。〇這具有示威的意思。

⑲ 臣觀吴王之色類有大憂小則嬖妾嫡子死不則國有大難大則越入吴：下臣我觀察吴王的臉色，像是有大的憂患，是小事的話，可能是他的愛妾或嫡子死了，不然的話就是國内有大的災難；是大事的話，可能是越國已攻入了吴國。〇吴王没能如陽明所説"養得此心不動"，缺乏"事上磨練"的功夫，憂愁形於色，自己的表情出賣了自己。

⑳ 將毒不可與戰：他們將會非常殘暴，我們不能與他們打仗。

㉑ 主其許之先無以待危然而不可徒許也：您還是答應讓他先歃血擔任盟主，不要坐等危險的到來，但不能白白應允他。〇晉大夫董褐建議趙鞅觀察其情，静待其變，積極應對，有所作爲。

㉒ 寡君未敢觀兵身見：敝國國君不敢展示軍威，也不敢親自露面。〇這是以委婉的外交辭令解釋晉君没出現的原因。

㉓ 請貞於陽卜收文武之諸侯：貴國國君準備用龜甲占卜，恢復周文王、周武王時代分封的諸侯們對周王室的義務。

㉔ 昔吴伯父不失：以前吴國的先君不失禮。〇吴伯父，晉國對同姓諸侯尊稱伯父，這裏指吴國的先君。

㉕ 用命孤禮佐周公以見我一二兄弟之國以休君憂：命令我們晉國以禮輔助周太宰，並邀請一些同姓的兄弟國家朝聘天子，平息貴國國君的憂慮。〇周公，周王室的太宰。

㉖ 君有短垣而自踰之：您自己設有短墻，可是貴國國君自己踰越了。〇意思是説現今理虧的一方是吴國。

㉗ 不曰吴王：各本此下有"諸侯是以敢辭夫諸侯無二君而周無二王"十七字。

㉘ 乃退就幕而會：就退兵，然後來到幕帳裏進行會盟。

㉙ 乃命王孫雄先與勇獲帥徒師：勇獲，人名，吴國大夫。

㉚ 以爲過賓於宋以焚其北郛焉而過之：以回國路過的名義來到宋國，焚燒了宋國國都北面的外城作爲下馬威，然後才過境回去。○這是吴國害怕宋國襲擊自己而採取的先發制人的措施。

88. 越滅吴之戰申包胥等論伐吴（前482）

吴王夫差還自黄池，息民不戒。越大夫種乃倡謀曰①："吾謂吴王將遂涉吾地，今罷師而不戒以忘我，我不可以怠也②。日臣嘗卜於天，今吴民既罷，而大荒薦饑，市無赤米，而囷鹿空虚，其民必移就蒲嬴於東海之濱。天占既兆，人事又見，我蔑卜筮矣。王若今起師以會，奪之利，無使失悛。夫吴之邊鄙遠者罷而未至，吴王將恥不戰③，必不須至之會也，而以中國之師與我戰④。若事幸而從我，我遂踐其地，其至者亦將不能之會也已，吾用禦兒臨之⑤。吴王若愠而又戰，幸遂可出⑥。若不戰而結成，王安厚取名而去之⑦。"越王曰："善哉！"乃大戒師，將伐吴。

楚申包胥使於越⑧，越王勾踐問焉，曰："吴國爲不道，求殘我社稷宗廟，以爲平原⑨，弗使血食。吾欲與之徼天之衷⑩，唯是車馬、兵甲、卒伍既具，無以行之。請問戰奚以而可⑪？"包胥辭曰："不知。"王固問焉⑫，乃對曰："夫吴，良國也，能博取於諸侯⑬。敢問君王之所以與之戰者。"王曰："在孤之側者，觴酒、豆肉、簞食，未嘗敢不分也。飲食不致味，聽樂不盡聲，求以報吴，願以此戰。"包胥曰："善則善矣，未可以戰也。"王曰："越國之中，疾者吾問之，死者吾葬之，老其老，慈其幼，長其孤，問其病⑭，求以報吴。願以此戰。"包胥曰："善則善矣，未可以戰也。"王曰："越國之中，吾寬民以子之，忠惠以善之。吾脩令寬刑，施民所欲，去民所惡，稱其善，掩其惡，求以報吴。願以此戰。"包胥曰："善則善矣，未可以戰也。"王曰："越國之中，富者吾安之，貧者吾與之，救其不足，裁其有餘，使貧富皆利之，求以報吴。願以此戰。"包胥曰："善則善矣，未可以戰也。"王曰："越國南則楚，西則晉，北則齊，春秋皮幣、玉帛、子女以賓服焉，未嘗敢絶，求以報吴。願以此戰。"包胥曰："善哉，蔑以加焉，然猶未可以戰也。夫戰，知爲始[15]，仁次之，勇次之。不知[16]，則不知民之極，無以銓度天下之衆寡[17]；不仁，則不能與三軍共饑勞之殃[18]；不勇，則不能斷疑以發大計[19]。"越王曰："諾。"

乃召五大夫[20]，曰："吴爲不道，求殘吾社稷宗廟，以爲平原，不使血食。吾欲與之徼天之衷，唯是車馬、兵甲、卒伍既具，無以行之。吾問於王孫包胥，既命孤矣，敢訪諸大夫，問戰奚以而可？句踐願諸大夫言之，皆以情告，無阿孤[21]，孤將以舉大事。"大夫舌庸乃進對曰："審賞則可以戰乎？"王曰："聖。"大夫苦成進對曰："審罰則可以戰乎？"王曰："猛。"大夫種進對曰："審物則可以戰乎？"王曰："辯。"大夫蠡進對曰："審備則可以戰乎？"王曰："巧。"大夫皋如進對曰："審聲則可以戰乎？"王曰："可矣。"王乃命有司大令於國曰："苟任戎者，皆造於國門之外。"王乃令於國曰："國人欲告者來告，告孤不審，將爲戮不利，及五日必審之[22]，過五日，道將不行。"

王乃入命夫人。王背屏而立，夫人向屏。王曰："自今日以後，内政無出，外政無入。内有辱，是子也；外有辱，是我也。吾見子於此止矣。"王遂出，夫人送王，不出屏，乃闔左闔，填之以土，去笄側席而坐，不埽[23]。王背檐而立，大夫向檐。王命大夫曰："食土不均，地之不脩，内有辱於國，是子也；軍士不死，外有辱，是我也。自今日以後，内政無出，外政無入，吾見子於此止矣。"王遂出，大夫送王不出檐，乃闔左闔，填之以土，側席而坐，不埽。

王乃之壇列，鼓而行之，至於軍，斬有罪者以徇，曰："莫如此以環瑱通相問也[24]。"明日徙舍，斬有罪者以徇，曰："莫如此不從其伍之令。"明日徙舍，斬有罪者以徇，曰："莫如此不用王命。"明日徙舍，至於禦兒，斬有罪者以徇，曰："莫如此淫逸不可禁也。"

王乃命有司大徇於軍，曰："有父母耆老而無昆弟者，以告。"王親命之曰："我有大事，子有父母耆老，而子爲我死，子之父母將轉於溝壑，子爲我禮已重矣。子歸，没而父母之世。後若有事，吾與子圖之。"明日徇於軍，曰："有兄弟四五人皆在此者，以告。"王親命之曰："我有大事，子有昆弟四五人皆在此，事若不捷，則是盡也。擇子之所欲歸者一人。"明日徇於軍，曰："有眩瞀之疾者，以告。"王親命之曰："我有大事，子有眩瞀之疾，其歸若已。後若有事，吾與子圖之。"明日徇於軍，曰："筋力不足以勝甲兵，志行不足以聽命者歸，莫告。"明日，遷軍接龢，斬有罪者以徇，曰："莫如此志行不果。"於是人有致死之心[25]。王乃命有司大徇於軍，曰："謂二三子歸而不歸，處而不處，進而不進，退而不退，左而不左，右而不右，身斬，妻子鬻。"

於是吴王起師，軍於江北，越王軍於江南。越王乃中分其師以爲左右軍。以其私卒君子六千人爲中軍。明日將舟戰於江，及昏，乃令左軍銜枚泝江五里以須，亦令右軍銜枚踰江五里以須[26]。夜中，乃令左軍、右軍涉江鳴鼓中水以須[27]。吴師聞之，大駭，曰："越人分爲二師，將以夾攻我師。"乃不待旦，亦中分其師，將以禦越。越王乃令其中軍銜枚潛涉，不鼓不譟以襲攻之，吴師大北。越之左軍、右軍乃遂涉而從之，又大敗之於没，又郊敗之，三戰三北，乃至於吴。越師遂入吴國。(《吴語》)

【校注】

① 越大夫種乃倡謀曰：倡謀，首先提出某一計謀。

② 今罷師而不戒以忘我我不可以怠也：現在吴國遣散軍隊而不加防備，讓我們忘記他們，我們不能因此而懈怠。

③ 夫吴之邊鄙遠者罷而未至吴王將恥不戰：吴國邊疆地區離家遠的士兵，遣散回家休整，一時不能趕到，吴王將會把不立即應戰視爲恥辱。

④ 必不須至之會也而以中國之師與我戰：他一定會在没有等到離家遠的士兵趕到時，只用國都現有的部隊跟我們打仗。

⑤ 其至者亦將不能之會也已吾用禦兒臨之：吴國邊疆地區離家遠的士兵即使趕到了，也不能再與國都的吴軍會合，我們可以用禦兒之民臨敵。○禦兒，在今浙江嘉興一帶，當時地處越國北境。

⑥ 吴王若慍而又戰幸遂可出：吴王如果生气，再接着和我們打仗，他幸運的話就是吃了敗仗後能逃出。○陽明云："'主不可以怒而興師，將不可以愠而致戰'，是爲'安國全軍之道'。"無數研究成果都表明，人在情緒而不是在理智的支配下，往往會做出非理性的、導致失敗的决策。

⑦ 若不戰而結成王安厚取名而去之：如果吴王没打仗就和我們結盟媾和，大王就可以博取好的名聲後離去。

⑧ 楚申包胥使於越：申包胥，芈姓，楚蚡冒（楚厲王）後裔，蚡冒氏，名包胥，稱王孫包胥，又因封於申地，稱申包胥。

⑨ 求殘我社稷宗廟以爲平原：企圖摧毁我們祭祀的土地神、穀神以及宗廟，把它夷爲平地。

⑩ 吾欲與之徼天之衷：我想和吴國一起求取天意。

⑪ 請問戰奚以而可：請問還需要憑藉什麽我們才能打敗吴國？○此段申包胥與越王問對，與《左傳·莊公十年》曹劌論戰接近。

⑫ 王固問焉：越王再三堅持讓他回答。○由此可見越王勾踐禮賢下士，求知若渴，求勝若渴。

⑬ 夫吴良國也能博取於諸侯：吴國是强國，能廣泛地向諸侯國收取貢賦。○良國，强國。

⑭ 問其病：其，原脱，據各本補。

⑮ 知爲始：知，公序本同，明道本作“智”。“知”是“智”的古字。〇知，明智。

⑯ 不知：知，明道本作“智”。

⑰ 則不知民之極無以銓度天下之衆寡：就不會知道民心的向背，也就不會衡量天下各國的力量對比。

⑱ 不仁則不能與三軍共饑勞之殃：不仁義，就不會和三軍將士共同分擔饑餓勞累的傷害。

⑲ 不勇則不能斷疑以發大計：不勇敢，就不會果斷排除疑難以決定大計。〇智、仁、勇是儒家的“三達德”。王陽明文能提筆安天下，武能馬上定乾坤，是三達德的完美踐行者。

⑳ 乃召五大夫：各本“乃”上有“越王句踐”四字，此處或爲陽明所删。

㉑ 皆以情告無阿孤：請您全部以實情相告，不要阿諛我。〇忠言逆耳，甘詞易入。

㉒ 及五日必審之：原“及”上有“過”字，據各本删。

㉓ 不埽：埽，公序本同，明道本作“掃”。“埽”同“掃”。下同。

㉔ 莫如此以環瑱通相問也：不要像他這樣用金玉飾物進行交往，贈送賄賂。〇環，耳環。瑱，耳飾。

㉕ 於是人有致死之心：於是軍中人人有甘於赴死的決心。〇吴王恩威兼施，賞罰並用，深得人心，故能如此。

㉖ 令左軍銜枚泝江五里以須亦令右軍銜枚踰江五里以須：越王便命令左軍銜枚，逆江上行五里待命；又命令右軍銜枚，沿江下行五里待命。〇軍士銜枚，就不會發出聲音，不易被敵軍發覺，如果發動襲擊，能達到“出其不意，攻其不備”的效果。〇下文“銜枚潛涉”“不鼓不譟以襲攻之”，都能達到這一效果。

㉗ 夜中乃令左軍右軍涉江鳴鼓中水以須：乃令左軍，明道本作“命”。〇夜半時分，越王勾踐命令左右兩軍同時擊鼓渡江，在中流待命。〇江中突然出現越軍的擊鼓聲，能給吴軍帶來心靈上的震驚，也具有“出其不意，攻其不備”之效。

89. 會稽之戰越大夫種求謀臣當早（前 494）

越王句踐棲於會稽之上，乃號令於三軍曰：“凡我父兄昆弟及國子姓，有能助寡人謀而退吳者，吾與之共知越國之政[①]。”大夫種進，對曰：“臣聞之賈人，夏則資皮，冬則資絺，旱則資舟，水則資車，以待乏也。夫雖無四方之憂，然謀臣與爪牙之士，不可不養而擇也[②]。譬如蓑笠，時雨既至，必求之。今君王既棲於會稽之上，然後乃求謀臣，無乃後乎？”句踐曰：“苟得聞子大夫之言，何後之有[③]？”執其手而與之謀[④]。（《越語》）

【校注】

① 有能助寡人謀而退吳者吾與之共知越國之政：有能幫助我謀劃讓吳國軍隊撤退策略的，我願同他共同掌管越國的國政。

② 夫雖無四方之憂然謀臣與爪牙之士不可不養而擇也：平時即使没有四方的襲擾，謀臣和武將一類的關鍵人才，都不可不事先培養好、選拔好。

③ 苟得聞子大夫之言何後之有：如果能聽到您的高論，有什麽晚的呢？

④ 執其手而與之謀：拉着他的手便和他謀劃起來。

90. 越范蠡初諫句踐圖吳勿早（前 490）

四年，王召范蠡而問焉，曰：“先人就世，不穀即位。吾年既少，未有恒常，出則禽荒，入則酒荒。吾百姓之不圖，唯舟與車。上天降禍於越，委制於吳。吳人之那不穀，亦又甚焉。吾欲與子謀之，其可乎？”范蠡對曰：“未可也。蠡聞之，上帝不考，時反是守，彊索者不祥。得時不成，反受其殃。失德滅名，流走死亡。有奪，有予，有不予，王無蚤圖。夫吳，君王之吳也，王若蚤圖之，其事又將未可知也。”王曰：“諾。”（《越語》）

91. 越范蠡再諫句踐勿早圖吳謂人事至天應未至（前 485）

又一年，王召范蠡而問焉，曰：“吾與子謀吳，子曰‘未可也'，今吴王淫於樂而忘其百姓，亂民功，逆天時①；信讒喜憂，憎輔遠弼，聖人不出，忠臣解骨②；皆曲相御，莫適相非，上下相偷③。其可乎？"范蠡對曰："人事至矣，天應未也，王姑待之。"王曰："諾。"（《越語》）

【校注】

① 今吴王淫於樂而忘其百姓亂民功逆天時：吴王現在只顧尋歡作樂，不管人們的死活，擾亂百姓正常的職事，違背天時。

② 信讒喜憂憎輔遠弼聖人不出忠臣解骨：憂，各本作"優"，字通。○相信讒言，喜歡倡優之類的藝人，憎恨疏遠那些輔佐大臣，因此賢能的聖人隱居不出，忠實的大臣皆身體懈倦，不肯出力。

③ 皆曲相御莫適相非上下相偷：全都曲意逢迎，國内是非不分，上下苟且偷安。

92. 越范蠡再諫句踐勿早圖吴謂天地未形（前 484）

又一年，王召范蠡而問焉，曰："吾與子謀吴，子曰'未可也'，今申胥驟諫其王，王怒而殺之，其可乎？"范蠡對曰："逆節萌生，天地未形，而先爲之征，其事是以不成，雜受其刑①，王姑待之。"王曰："諾。"（《越語》）

【校注】

① 逆節萌生天地未形而先爲之征其事是以不成雜受其刑：吴王殺害忠臣之類的失道行爲才剛剛開始産生，天地還没有産生什麽徵兆，而我們在徵兆没出現之前就征討他們，事情不但不會成功，還會招致很多額外的傷害。

93. 越范蠡三諫句踐勿早圖吴謂人事與天地相參乃可成功（前 487）

又一年①，王召范蠡而問焉，曰："吾與子謀吴，子曰'未可也',今其稻蟹不遺種[②],其可乎?"范蠡對曰:"天應至矣,人事未盡也[③],王姑待之。"王怒曰:"道固然乎,妄其欺不穀耶[④]?吾與子言人事,子應我以天時;今天應至矣,子應我以人事。何也?"范蠡對曰:"王姑勿怪。夫人事必將與天地相參,然後乃可以成功[⑤]。今其禍新民恐[⑥],其君臣上下,皆知其資財之不足以支長久也,彼將同其力,致其死,猶尚殆[⑦]。王其且馳騁弋獵,無至禽荒;宫中之樂,無至酒荒;肆與大夫觴飲,無忘國常[⑧]。彼其上將薄其德,民將盡其力,又使之望而不得食,乃可以致天地之殛[⑨]。王姑待之。"(《越語》)

【校注】

① 又一年:返國之四年,當魯哀公八年,即公元前487年。此前有一條,亦以"又一年"開頭,王陽明未抄入本書。

② 今其稻蟹不遺種:現今稻和蟹都吃得没法繁育幼苗了。

③ 天應至矣人事未盡也:上天的感應已經來到了,但人世間的事還没有完全成熟。

④ 道固然乎妄其欺不穀邪:大道本來就是這樣的,還是您在欺騙我呢?

⑤ 夫人事必將與天地相參然後乃可以成功:那人事一定要和天地相互協同配合起來,然後才可以建成大功。

⑥ 今其禍新民恐:如今吴國的自然災害剛發生不久,人民都恐懼警戒。

⑦ 彼將同其力致其死猶尚殆:他們一定會齊心協力,拼死抵抗我們,所以現在攻打他們還有危險。

⑧ 無忘國常:不要忘記國家的常法舊規。○范蠡意在勸諫越王恣意玩樂的同時要有節制,不能忘記國政。

⑨ 又使之望而不得食乃可以致天地之殛:再使他們心裏滿懷怨恨而又得不到糧食,那時我們就可以施行天地誅殺去消滅吴國了。

94. 越句踐興師伐吴而弗與戰(前 487)

至於玄月①,王召范蠡而問焉,曰:“諺有之曰:‘觥飯不及壺飧②。’今歲晚矣,子將奈何?”范蠡對曰:“微君王之言,臣固將謁之。臣聞:‘從時者,猶救火、追亡人也,蹶而趨之,唯恐弗及③。’”王曰:“諾。”遂興師伐吴,至於五湖。

吴人聞之,出而挑戰④,一日五反。王弗忍,欲許之。范蠡進諫曰:“夫謀之廊廟,失之中原,其可乎⑤?王姑勿許也。臣聞之,得時無怠,時不再來,天予不取,反爲之災。贏縮轉化,後將悔之。天節固然,唯謀不遷⑥。”王曰:“諾。”弗許。

范蠡曰:“臣聞古之善用兵者,贏縮以爲常,四時以爲紀,無過天極,究數而止⑦。天道皇皇,日月以爲常,明者以爲法,微者則是行。陽至而陰,陰至而陽;日困而還,月盈而匡。古之善用兵者,因天地之常,與之俱行。後則用陰,先用則陽;近則用柔,遠則用剛。後無陰蔽,先無陽察,用人無藝,往從其所⑧。剛彊以禦,陽節不盡,不死其野。彼來從我,固守勿與⑨。若將與之,必因天地之災,又觀其民之饑飽勞逸以參之⑩。盡其陽節、盈吾陰節而奪之⑪。宜爲人客⑫,剛彊而力疾;陽節不盡,輕而不可取。宜爲人主,安徐而重固;陰節不盡,柔而不可迫。凡陳之道,設右以爲牝,益左以爲牡,蚤晏無失,必順天道,周旋無究。今其來也,剛彊而力疾,王姑待之。”王曰:“諾。”弗與戰。(《越語》)

【校注】

① 至於玄月:玄月,九月。《爾雅》云:“九月爲玄。”王引之以爲即勾踐返國之第四年九月,當魯哀公八年(前 487)九月,與《左傳》不同。今從之。

② 觥飯不及壺飧:豐盛的佳餚不如粗茶淡飯更能解餓。

③ 從時者猶救火追亡人也蹶而趨之唯恐弗及:追逐時機,好像救火和追捕

逃跑的人一樣，拼命急追都怕追趕不上。

④ 出而挑戰：而，原脱，據各本補。

⑤ 夫謀之廊廟失之中原其可乎：夫，原脱，據各本補。〇在廊廟裏已經謀劃好，一到原野的戰場上就違背了，這樣做合適嗎？〇廊，殿下的房屋；廟，太廟。廊廟，謀劃國家大事的場所。中原，即原中，原野之中，這裏指原野之中的戰場。

⑥ 天節固然唯謀不遷：天道變化的節律週期本來就是這樣，謀劃好了的事不要再變更了。

⑦ 無過天極究數而止：不超越天道變化的極限，到了一定的限度就會停止。

⑧ 用人無蓺往從其所：行師用兵没有固定的模式，要根據實際情況，因敵變化，指揮軍隊去應該到的地方。

⑨ 彼來從我固守勿與：敵方來找我方交戰時，我們就堅守營陣，不與他們交戰。

⑩ 若將與之必因天地之災又觀其民之饑飽勞逸以參之：如果打算出戰，一定要乘着敵方遭到災禍的時候，而且還要觀察他們的民衆是饑是飽、是勞是逸，把這些作爲決定出戰與否的參考。

⑪ 盡其陽節盈吾陰節而奪之：直到敵方的陽氣耗盡，我方的陰氣積蓄飽滿，然後才可奪取勝利。

⑫ 宜爲人客：於時宜當爲人客。〇客，先動的一方。

95. 范蠡諫句踐勿許吴成卒滅吴（前 484）

居軍三年①，吴師自潰②。吴王帥其賢良與其重禄，以上姑蘇。使王孫雄行成於越③，曰："昔者上天降禍於吴，得罪於會稽④。今君王其圖不穀，不穀請復會稽之和⑤。"王弗忍，欲許之。范蠡進諫曰："臣聞之，聖人之功，時爲之庸。得時弗成，天有還形⑥。天節不遠，五年復反⑦，小凶則近，大凶則遠。先人有言曰：'伐柯者其則不遠。'今君王不斷，其忘會稽之事乎⑧？"王曰："諾。"不許。

使者往而復來，辭愈卑，禮愈尊⑨，王又欲許之。范蠡諫曰：

"孰使我蚤朝而晏罷者,非吴乎?與我爭三江、五湖之利者,非吴邪?夫十年謀之,一朝而棄之,其可乎[10]?王姑勿許,其事將易冀已。"王曰:"吾欲勿許,而難對其使者,子其對之。"范蠡乃左提鼓,右援枹,以應使者曰:"昔者上天降禍於越,委制於吴,而吴不受。今將反此義以報此禍,吾王敢無聽天之命,而聽君王之命乎[11]?"王孫雄曰:"子范子,先人有言曰:'無助天爲虐,助天爲虐者不祥。'今吴稻蟹不遺種,子將助天爲虐,不忌其不祥乎?"范蠡曰:"王孫子,昔吾先君固周室之不成子也[12],故濱於東海之陂,黿鼉魚鱉之與處,而鼃黽之與同陼。余雖靦然而人面哉,吾猶禽獸也,又安知是諓諓者乎[13]?"王孫雄曰:"子范子將助天爲虐,助天爲虐不祥。雄請反辭於王。"范蠡曰:"君王已委制於執事之人矣[14]。子往矣,無使執事之人得罪於子。"

使者辭反。范蠡不報於王,擊鼓興師以隨使者[15],至於姑蘇之宫,不傷越民,遂滅吴[16]。(《越語》)

【校注】

① 居軍三年:據《國語·越語》,勾踐自返國之第四年(前487)九月猶未戰,此後三年吴師潰而滅吴,當在魯哀公十一年(前484);而《左傳》之文與之大不相同:《左傳》哀公十七年三月越始伐吴,伐吴之後三年圍吴,又三年而滅之。

② 吴師自潰:吴國軍隊自己潰散了。

③ 使王孫雄行成於越:王孫雄,又作"王孫雒",吴大夫。

④ 昔者上天降禍於吴得罪於會稽:之前上天給吴國降下災禍,使我在會稽得罪了君王。

⑤ 今君王其圖不穀不穀請復會稽之和:現在君王圖謀報復,我請求仍然按照當年在會稽那樣的方式和好。

⑥ 得時弗成天有還形:得了天時還不成功,上天就轉到相反的方面去了。

⑦ 天節不遠五年復反:上天運行的節律和週期爲期不遠,五年就會逆轉一次。

⑧ 今君王不斷其忘會稽之事乎:現在君王遲遲不能做出決斷,難道忘記了

在會稽遭受恥辱的事了嗎？○越王被王孫雄卑下的言辭和恭敬的禮節打動，范蠡便用會稽受辱的往事激發他的仇恨之情，讓越王拒絶求和。

⑨ 使者往而復來辭愈卑禮愈尊：吴國的使者離去了又折返回來，求和的言辭更加卑下，禮節更加恭敬。

⑩ 夫十年謀之一朝而棄之其可乎：我們用了十年時間費盡心機去謀劃討伐吴國，卻一個早晨就盡棄前功，這樣做可以嗎？○范蠡以十年的艱辛提醒越王不要被吴國使者卑辭尊禮打動内心，不要答應吴國的求和。

⑪ 吾王敢無聽天之命而聽君王之命乎：我們大王怎敢不聽從上天的命令而聽從吴王的命令呢？

⑫ 昔吾先君固周室之不成子也：從前我們的先君本來是周室不成國的子爵。

⑬ 余雖靦然而人面哉吾猶禽獸也又安知是諓諓者乎：我們雖然面貌像個人，實際上跟禽獸一樣，怎能聽懂您説的這些花言巧語呢？

⑭ 君王已委制於執事之人矣：我們君王已經全權委託給我這個管事的人了。○范蠡的這番話，完全拒絶了王孫雄“請反辭於王”的要求。

⑮ 范蠡不報於王擊鼓興師以隨使者：范蠡没有報告越王，就擂起戰鼓，出兵跟在吴國使者的後面追趕。

⑯ 至於姑蘇之宫不傷越民遂滅吴：一直追到姑蘇的吴王王宫，越國人没有傷亡，就滅掉了吴國。